芝崎みゆき

古代マヤ・アステカ不可思議大全

草思社

はじめに

マヤ文明――――！　アステカ文明――！

なんと胸躍る響き！

遺跡好き、古代文明好きには、その音を聞くだに、脳内にドーパミンが甘美に流れ出し、心さざめくことでしょう。

しかしながらローマやエジプトに比べたらマイナーですし、実際にどんな文明かはあまり知られてないような……。

四大文明は学校で勉強した覚えあるけど、マヤ文明って教科書に載ってたっけ？　時代はいつのことなの？　南米だよね。ナスカやインカとかといっしょ？

てな具合じゃないでしょうか。

もうちょっと知ってる方は、なんか生けにえとかやってて、心臓取り出したり、けっこう猟奇でグロ趣味だよなー、時間や星の観察に魅せられた人たちだよねー、とにかくピラミッドだよなー、ジャングルだよなー、となりますよね。

私もそうでした。ただ漠然と、マヤ文明、アステカ文明の字面《じづら》や響きにわくわくしてました。実際にこれらの文明の本を読んでみますと、意外な事実におどろきました。マヤやアステカだけじゃなく、その周りの文明の面白さにもおどろきました（私はあまりモノを知らないので、当たり前のようにみんなが知ってることに、ものすごくおどろけるのです）。

一番おどろいたのは、どうやってそんなもん思いついたのかという発想力です。アメリカ大陸は16世紀にスペイン人が来るまで、ほかから影響をいっさい受けていないオリジナル文化。そのあまりの珍妙さやカワイさに、ヨーロッパの影響がまったくないとこうなるのかー、とたびたび度肝を抜かれました。

★実際には、アメリカ大陸の北端に、10世紀ごろバイキングが来てました。中米には来てないでしょうが。

この本は、マヤとかアステカって単語を聞いたことがあるくらいの方に、自分が驚嘆したこれら文明の不思議さ、面白さを味わっていただきたく書いたものです。タイトルには「マヤ」、「アステカ」と銘打ってますが、それだけではなく、中米に栄えたほかの文明も紹介していきます。

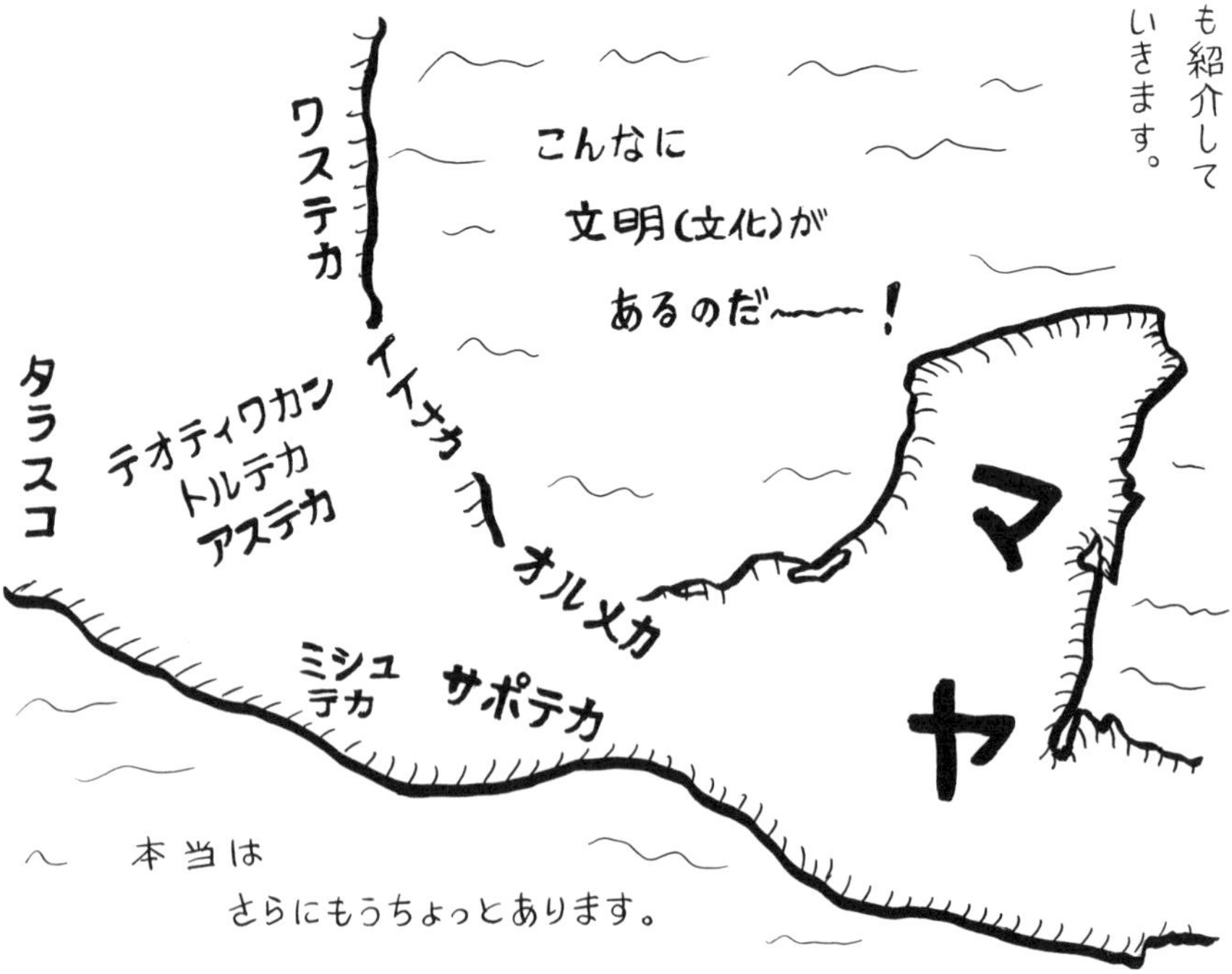
こんなに
文明(文化)が
あるのだ〜〜〜！
ワステカ
タラスコ
テオティワカン
トルテカ
アステカ
トトナカ
オルメカ
ミシュテカ
サポテカ
マヤ
本当は
さらにもうちょっとあります。

スペイン人が来るまでの、これらの地域は文化的なエリアとして「メソアメリカ」と呼ばれています。「メソ」は「中央」の意味です。音的にちょっとヤだけど、ほかの本に倣《なら》って、以降、中米とは呼ばず、メソアメリカと呼んでいきます。

ここも古代文明と呼ばれますが、四大文明や、ヨーロッパ文明の「古代」とはちがいます。16世紀の、スペイン人の統治が始まる前の「エッ、それって近代じゃないの」ぐらいまでを「古代」とするのが、慣例となってるようです（最近は見直そうという声も）。

えーーーっ⁉ マヤだけが知りたい！ べつにほかの興味ないしー、サポテカなんて初めて聞いた、という方もおられましょう。

ですが、これら各地域の文明はもんのすごーく密に絡まりあってるのです。人々は移動し、混じりあい、文化もかなり共有しています。

「謎のマヤ文明」と、マヤだけが〃謎〃の大御所扱いされ、クローズアップされがちですが、文献が残ってるアステカ以外、ほとんどすべてが謎。多くの文字が解読されてるマヤ文明なんて、テオティワカンやオルメカに比べたら、ものすごい明朗会計、サービスもよかった、女の子もかわいかった、また来週来ようってなもんです。マヤも、謎多きメソアメリカの文明のひとつに過ぎないのです。わかってることが多いので、多少ほかの文明よりページ数も多くなってますが〝謎〟の意味では、意外にほかの文明よりつまんなかったりします。滅亡だってマヤだけのものじゃなくて、いろんなとこが〝謎の滅亡〟をしています。

私たちが子供のときから、なんだかんだ、ヨーロッパ文明は生活に入り込んでいて、ヨーロッパの人名は私たちの頭に多少なりともすんなり入るようになってます。ロシアの長い名前ですら、私たちの脳は受け入れる。それにくらべて、新大陸の人名やら地名やらのさまざまなネーミングは、よっぽど親が古代文明好きだったり学者だったりしないかぎり、まったく素地がないので、最初は脳がはね返すでしょう。カック・イピヤフ・チャン・カウィール（ある王の名）とか言われてもねえ。

この本では、マヤの王はなるべくわかりやすいあだ名を使うようにしています。そのほかのむずかしい名前も身をゆだねていくうちに、だんだん慣れて受け皿ができていくでしょう。

ということで、四の五の言ってると、せっかく興味を持った方の気をそいでしまいかねません。

ぜひぜひメソアメリカの文明の流れを、面白さを、謎かげんを、ゆっくり楽しんでいただきたく思います。

紹介者　芝崎みゆき

おもな登場人物

マヤ彦
絵とか字とか
アレだけど
それも
すぐ慣れるから

温かい目で
どうぞよろしく
お願い
いたします

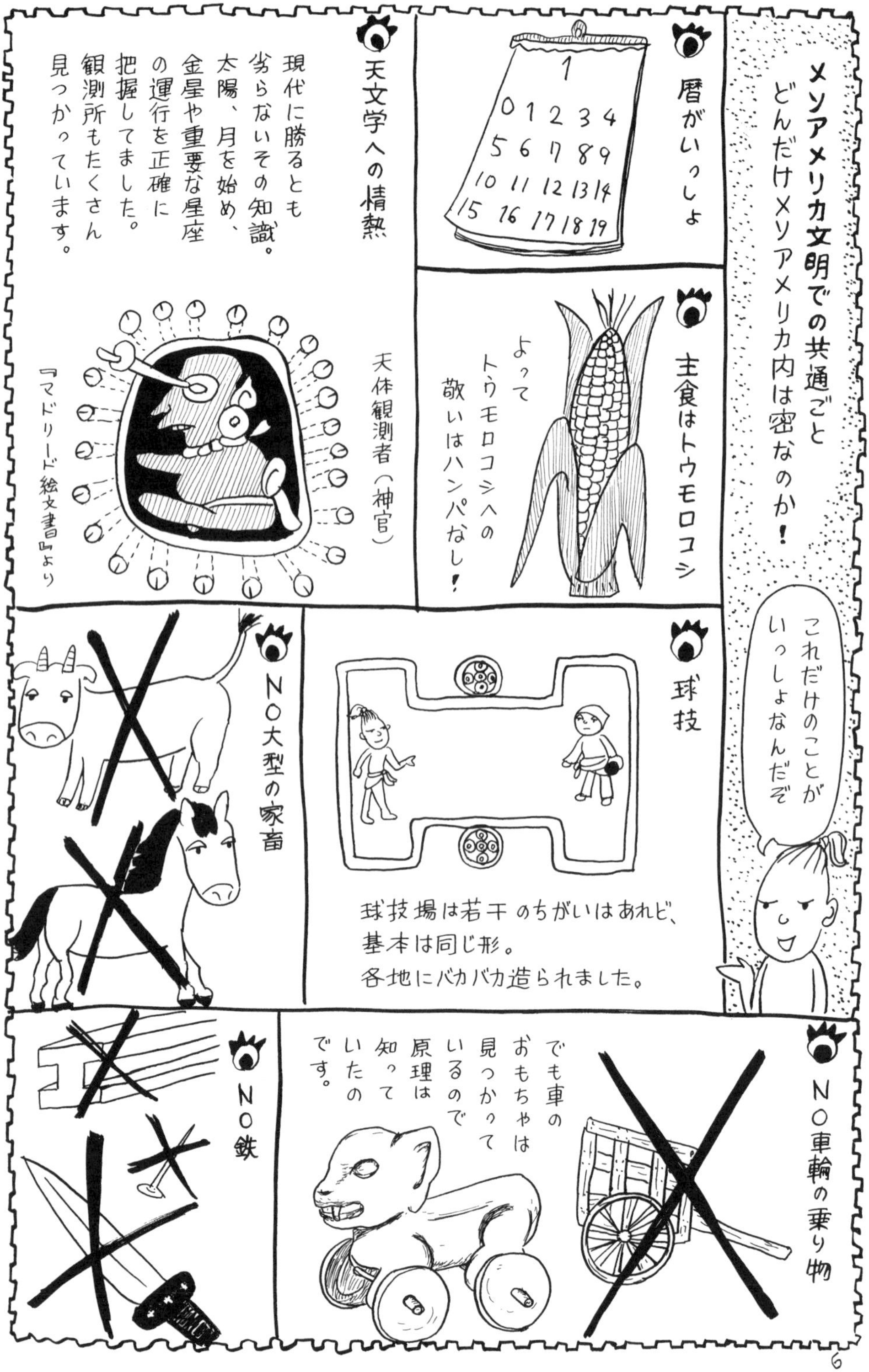
メソアメリカ文明での共通ごと
どんだけメソアメリカ内は密なのか！
これだけのことがいっしょなんだぞ
暦がいっしょ
1
0 1 2 3 4
5 6 7 8 9
10 11 12 13 14
15 16 17 18 19
主食はトウモロコシ
よって トウモロコシへの 敬いはハンパなし！
天文学への情熱
現代に勝るとも劣らないその知識。太陽、月を始め、金星や重要な星座の運行を正確に把握してました。観測所もたくさん見つかっています。
天体観測者（神官）
『マドリード絵文書』より
球技
球技場は若干のちがいはあれど、基本は同じ形。
各地にバカバカ造られました。
NO大型の家畜
NO車輪の乗り物
でも車のおもちゃは見つかっているので原理は知っていたのです。
NO鉄

生けにえや

自己の体を切り刻む流血の儀式

目をつぶす人

血は神への滋養、という思想

『ヴァティカヌスB絵文書』より

世界の成り立ちもアステカとマヤはいっしょ

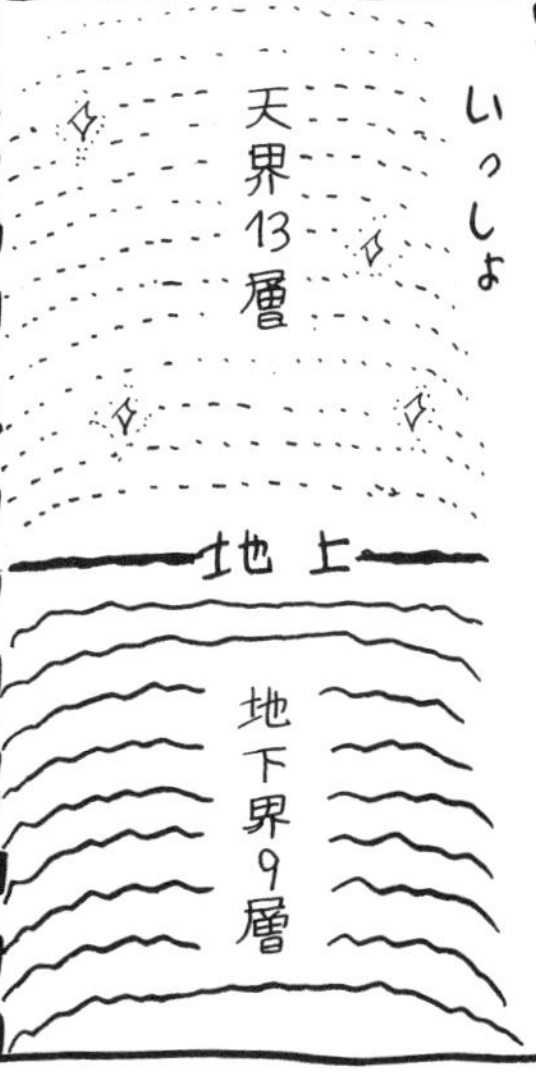

神

それぞれの地によって名前はちがうけど、内容はほぼ同じ。ギリシアの神とローマの神のような関係って言っていいのかな～。

← メソアメリカ全土を席巻した、一番出没頻度の高い2神 ←

① 羽毛のあるヘビ

ガラガラヘビが羽毛で覆われてるもの。

ヘビに羽毛って!! すごいコラボのように感じるが、竜みたいなもの、と考えれば、そう不思議ではない。メキシコ側ではケツァルコアトル、マヤではククルカンなどと呼ばれた。

② 雨神

メキシコ中央部ではトラロック。

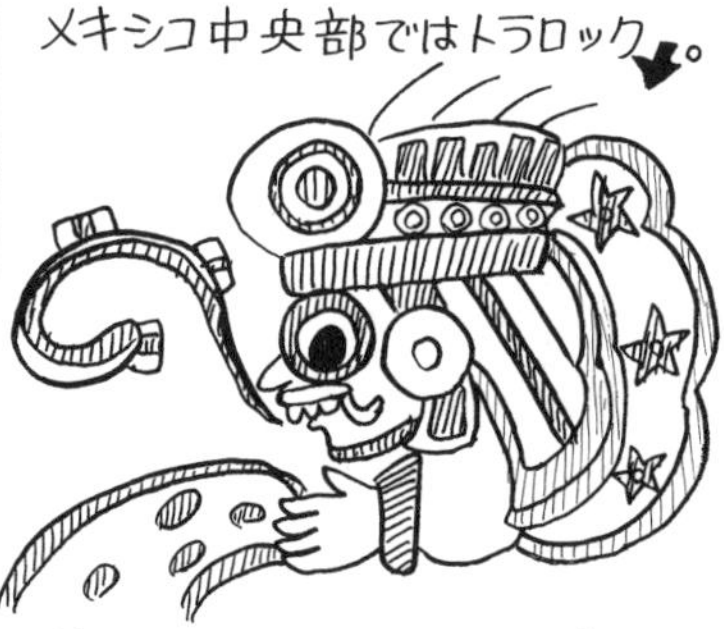

だいたいいつも丸めがね。まったくこれもどういう発想で、こんな目の飾りを……。オアハカではコシーホ、マヤではチャークが雨神にあたる。

フザケたように見えるカワイイ画！

『ナットール絵文書』より

って、最後のは主観ですけど、ざっと挙げても、これだけの共通要素があるのです。まだまだあるけど、これ以外のことは本文中でチョコチョコ触れていきます。

ユカタン半島
メキシコ湾
ジビルチャルトゥン
イサマル
マヤパン
チチェン・イツァー
コバー
ウシュマル
カバー
ラブナー
トゥルム
コスメル島
エスナー
チャンポトン
セロス
シカランコ
カラクムル
ワシャクトゥン
クエージョ
アルトゥン・ハ
ラ・ベンタ
エル・ミラドール
ラマナイ
ワカ（エル・ペルー）
パレンケ
ティカル
ナランホ
サン・バルトロ
トニナー
タヤサル
チアパ・デ・コルソ
ヤシュチラン
カラコル
ボナンパク
セイバル
（現ベリーズ）
アグアテカ
カンクエン
ドス・ピラス
キリグアー
サクレウ
ウタトラン
ミシュコ・ビエホ
イシムチェ
コパン
イサパ
カミナルフユ
タカリク・アバフ
（現ホンジュラス）
エル・バウル
（現グアテマラ）
モンテ・アルト
（現エルサルバドル）

地図
この本に出てくる主要な
都市国家のみ記載。
パヌコ
エル・タヒン
（現メキシコ）
トゥーラ
テオティワカン
ツィンツンツァン
イワツィオ
パツクアロ湖
カカシュトラ
トラスカラ
テノチティトラン
マリナルコ
チョルーラ
ショチカルコ
センポアラ
ラ・モハーラ
コアツァコアルコス
トレス・サポテス
トゥシュトラ山脈
サン・ロレンソ
ラス・リマス
エル・マナティ
オシュトティトラン洞窟
サン・ホセ・モゴテ
モンテ・アルバン
ミトラ
大ざっぱな地域区分
メキシコ盆地
メキシコ湾岸部
メキシコ側
マヤ側
メキシコ西部
マヤ
オアハカ
メキシコ中央部
この部分をもっと北に拡張させると、
一般的に"メキシコ中央高原"と
呼ばれるところとなります。
このようにこの本では、まだメキシコという国がないのに、マヤより西側を「メキシコ（側）」と記しています（「西方」では漠然としているため）。

もくじ

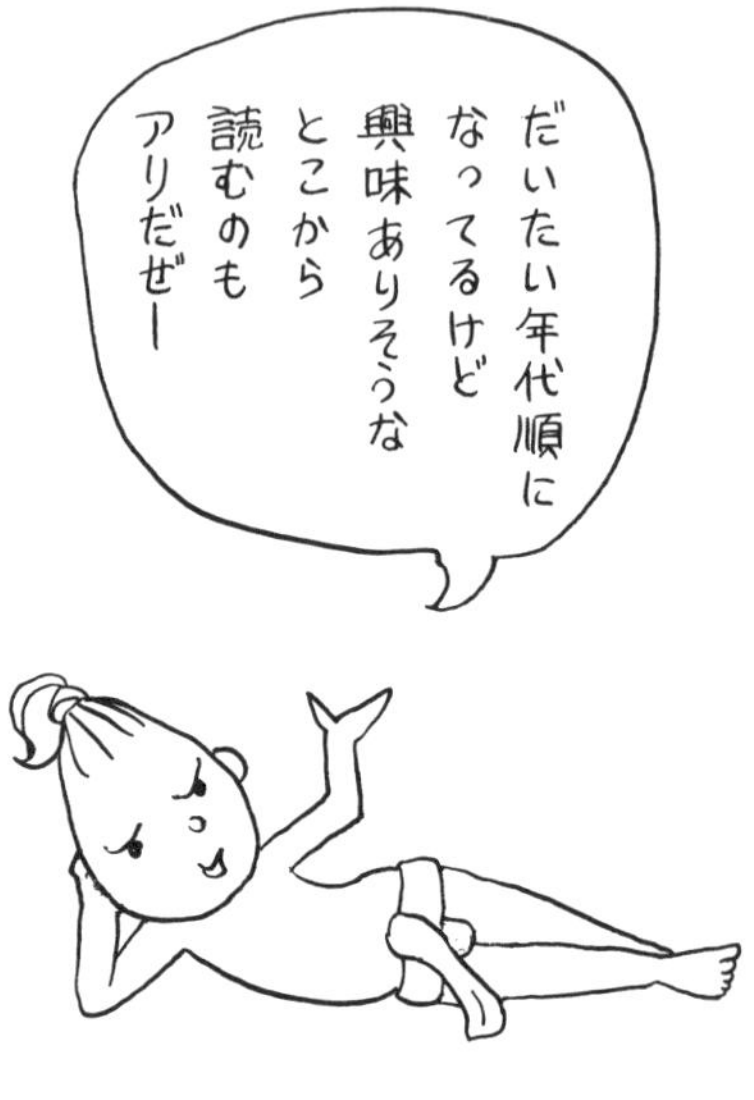

だいたい年代順になってるけど興味ありそうなとこから読むのもアリだぜー

コラム

ミニコラム

ご注意

・基本は敬称略です。
・年号は「(紀元)前」がついてないものは、すべて「(紀元)後」です。前と後が入り乱れてるところは「後」もつけてます。
・本文中、名前を挙げた本の、出版社などの基本情報は巻末の参考文献一覧ページにまとめて載せています。

第1章

最初のアメリカ人

まずはさておき輝ける文明をつくった
この方たちのルーツから

人類、人跡未踏の地へ
アメリカ大陸に
人類が初めて
足を踏み入れたのは
最後の氷河期時代。
おそらく
1万4千年前ごろのこと。
うんしょっと
ダン
アジア
アメリカ
とうちゃーーっっ
――って何気ない感じで書き出しちゃってますが、これは人類ニュースのベストテンに確実にランクインするスゴいことです！ アフリカから長い長い10万年の旅をしてきた人類が、ついに最後の大物大陸にたどり着いた記念すべき瞬間ですよ
うんうん
パンパンパンパン
おめでと〜
よっ大統領
ザッザッザッザッザッ
アメリカ大陸にはこれ以前、原人も猿人も到達していない。
類人猿すらもいなかったよ
サルはいた。
ヒト科としても〝初〟なことなのです。
海が凍って海面が下がり、現在、アジアとアメリカを隔てている海峡に陸橋が作られた。
陸橋といってもこーいうのじゃなくて
ザッパーン
ぜったいこーいうのだと思ってたよ

こーいう広大なもの。
バーン
アラスカ
シベリア
現在の海岸線
この▨部分ぜんぶがそう（南北1000～2000km、東西長いとこで4000km）。って、ぜんぜん橋じゃないよ。余裕で日本が何個も入っちゃう大きさです。陸橋は幾度か出現と消滅をくりかえした。この陸橋ができたのは2万5千年前ごろらしい。
陸橋は、氷河期だったことに加え、緯度や現在のお土地柄から見ても、すさまじく寒そうなとこに思えるんだけど、ところどころに草原や森が広がっていて、湖もあり、川も流れていた。動物も棲《す》みついていた。
人間はおそらくマンモスなどを追ってるうちにここに足を踏み入れ、そのまま留まったのだろう。
ワーワー
この間、大陸の北部（ほぼ現代のカナダにあたる場所）は巨大な氷河に覆われていたが、
氷
地球温暖化により、大きな通路ができた（1万2千年前ごろ）。
シベリア
陸橋
アラスカ
氷
氷
これも細っこい道じゃなくて幅25km（広いところで100km）以上と考えられている。
この通路の存在は否定する人もいるし、あくまでも仮説。
マンモスも人類もそれを通って南進。

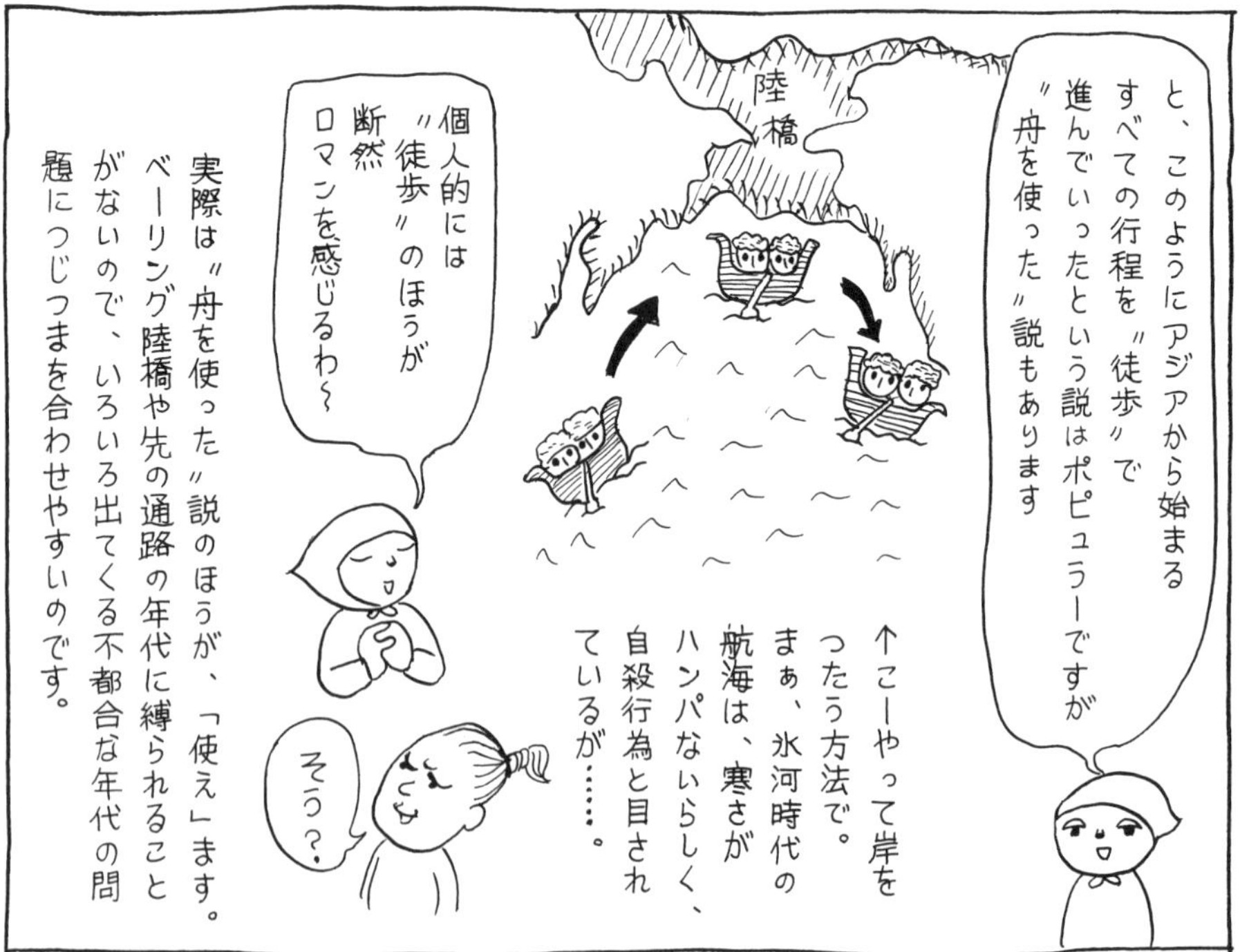
と、このようにアジアから始まるすべての行程を"徒歩"で進んでいったという説はポピュラーですが"舟を使った"説もあります
陸橋
↑こーやって岸をつたう方法で。まぁ、氷河時代の航海は、寒さがハンパないらしく、自殺行為と目されているが……。
個人的には"徒歩"のほうが断然ロマンを感じるわ〜
そう?。
実際は"舟を使った"説のほうが、「使え」ます。ベーリング陸橋や先の通路の年代に縛られることがないので、いろいろ出てくる不都合な年代の問題につじつまを合わせやすいのです。

最初のアメリカ人と我々

この南北アメリカに散らばっていた最初の住民たちは、私たちと同じモンゴロイド。

DNA分析でも遺伝的距離はとても近く、2万年前まで日本人と同族だったそうだ。

歯ぐきこっち

上の前歯の裏側が、このように中がへこんでシャベルのようになってる人が、アメリカの先住民では90%以上の割合で存在する。白人ではわずか8%、黒人で12%しかいないという。これが、東南アジアの人たち、また、アイヌの人や縄文人だと、20〜30%に上がる。でもって、日本人全体では、さらに70%という数字に跳ね上がるのだ。

顔の濃さを思うと東南アジアの人たちのほうがアメリカの先住民に近い気がするが、実は私らのほうが近いのだ。

君たちの前歯はどうかね?

★3つのグループからはみ出てる人もたくさんいるし、ミトコンドリアの研究では4分類されるという話もあり、とても一筋縄ではいかないのであるが……。

移住の波

同じモンゴロイドとはいえ、アジアでも顔の種類がえらくたくさんあるように、アメリカ大陸でも、見た目という主観的な要素しかり、遺伝的距離にしても大きな差異がある。

北はモンゴル人のように薄く素朴な顔。下に降りれば降りるほど、どんどん彫りが深く濃い顔になっていく、というイメージ。

現在の、先住の人々の歯や遺伝子、言葉などの比較研究から、すごーく大ざっぱに分けると、アメリカに入ったモンゴロイドは3つのグループに★分類されるそうだ。

そういったことからも、アジアからアメリカへの移住には3回の大きな波があった、という説が生まれた。

最初に来た人は、奥のほうに進み中南米に落ち着く。2回目は、北アメリカ大陸の北西海岸部に住んだいわゆるインディアンと呼ばれた人たち。最後が、最北部に留まったイヌイット＝エスキモーと呼ばれる人たち。

人類学者のバーゼルさんという人の説によると、最初にアメリカに入った人たちは、コーカソイド（白人）とモンゴロイドの分岐点に立ってるような人々で（アイヌもその位置の人だとされる）、2番目、3番目の人たちは、より私たちに近い人々とのこと。

でも❢ モンゴロイド以外の骨（と思われるもの）も見つかっていて、事をややこしくしている。

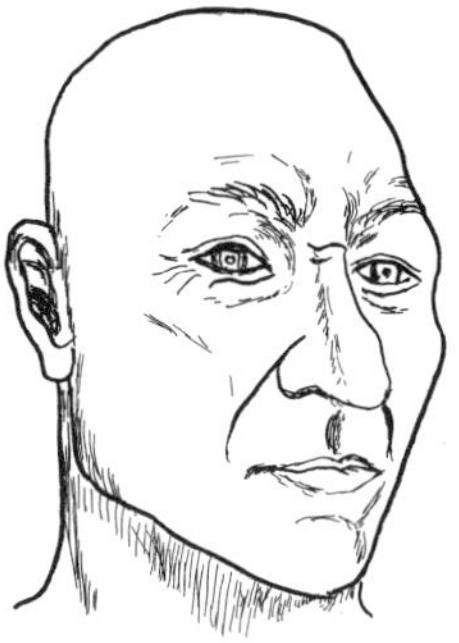
通称 ケネウィック・マンさん
炭素年代法によると9500年前ごろの人（肉付け復元図）

1996年（つい最近❢）、ワシントン州で発見されたこの人骨は「最初のアメリカ人は白人だったかも」と話題を呼んだ。

このほか、白人の特徴を持ったこの年代の骨は何体も出てるって
まぁこの方なんかはバーゼル説のコーカソイド要素を持ったモンゴロイドとも思えるけどね〜

★「ネイティブ・アメリカンの遺物はネイティブ・アメリカンにゆだねるべし」という法律があるため、先住の人たちを説得せねばならず、簡単にパパッと調べることはできないのだった。

さらにこんな方も。
ブラジルで発見された
通称ルツィアさん
こちらはもっと古く、約1万3500年前とされる遺跡で見つかった。
この方の外見も、アボリジニや黒人に似てると話題になった。この頭がい骨の大きさは、モンゴロイドに当てはまらないそうだ。
お2人のDNA鑑定は出ておらず★、頭がい骨の寸法の統計や「見た感じ」で議論されてることで、なんともいえない話ではあるのだが……。
でもベーリング以外のアメリカ入りの可能性にも目がいくね〜。ほとんど不可能って話だが……。けど5〜6万年前に、人類は舟で東南アジアからオーストラリアに行った実績もあるし命知らずの冒険野郎が成功を収めた可能性がないとは言い切れない
♪
ぶつぶつ
このブラジルの遺跡を始め、北部が完全に氷で覆われて南下できないはずの時代の遺跡や遺物が、南米でいくつも見つかっている。で、それを説明するのにルツィアさんの骨問題を受けて、たとえば、最初のアメリカ人は舟でやって来たアボリジニの人たちであり、
これなんかも2ページ前の"舟を使った"説でも説明できますが
あとに北方から来た多勢のモンゴロイドに殺された、もしくは取り込まれていった、という説を挙げる人もいる。
キャー
フムー
アジアとの別れ
温暖化とともにベーリング陸橋はじょじょに海に沈んでいき、
1万年前ごろには今の姿となり、他大陸とは没交渉の（舟で来る人々の存在は置いといて）知られざる大陸となった。

陸橋が消滅する前後に、マンモスなどの大型哺乳類は気候の急激な変化ゆえか、狩りつくされたのか、絶滅。
のちにスペイン人が連れてきたウマに、先住の人々はとてつもなくおどろかされるんだけど、そのウマももともとは北アメリカが原産だそう。
皮肉効きすぎな話でしょー
リャマ（ラマ）、アルパカは南米で生き残った。
大型の家畜といえば、私たちくらいよ
この間人々は散らばりまくり、いつのころか少しずつ落ち着く。
ハーもう移動飽きたーっ
メソアメリカ
この地域は北は砂漠、南はジャングルという自然の要塞にへだてられ、それらを突破するにはものすごい気力、体力が必要であった。
現USA
砂漠
メソアメリカ
ハンパないジャングル
現コロンビア
ふあーあ
やっとこの本で取り扱うところに入りました

これらの制約により、この地域は大きなひとかたまりとなって、根本的に同じ文化を共有することになる。
いったん落ち着いた人々は、このライン内でだいたいのことは満足できたし、これらを突破して北や南に行く気にもなれず、客人も来ず、ラインの外とはほどほどの交流しか持たなかった。
中米の「車輪」と中央アンデスの「ラマ」の出会いが実現することはなかったのである。
J・ダイアモンド(『銃・病原菌・鉄』)
大型家畜がいなかったってのがメソアメリカ文明最大の特徴!
陸では交通手段も運搬もぜんぶ人力だよ
この地域で最重要作物となったのが
グォーン
トウモロコシ!!
コロンブスが来る前まではアメリカ大陸以外の人は誰も知らなかった、今では大メジャーな作物。
最初は6~10粒の小さな野生の種《しゅ》だったが、何百年も改良に改良が重ねられ、食べてくださいと言わんばかりのあっぱれな食物になった。
もう野生種は絶滅。
人間なしには子孫を残せなくなりました
前5000年ごろ 約2.5cm
前3400年以後 5~7cm
前1500年ごろ 15cm
現在は45cmを越すものもあるって。

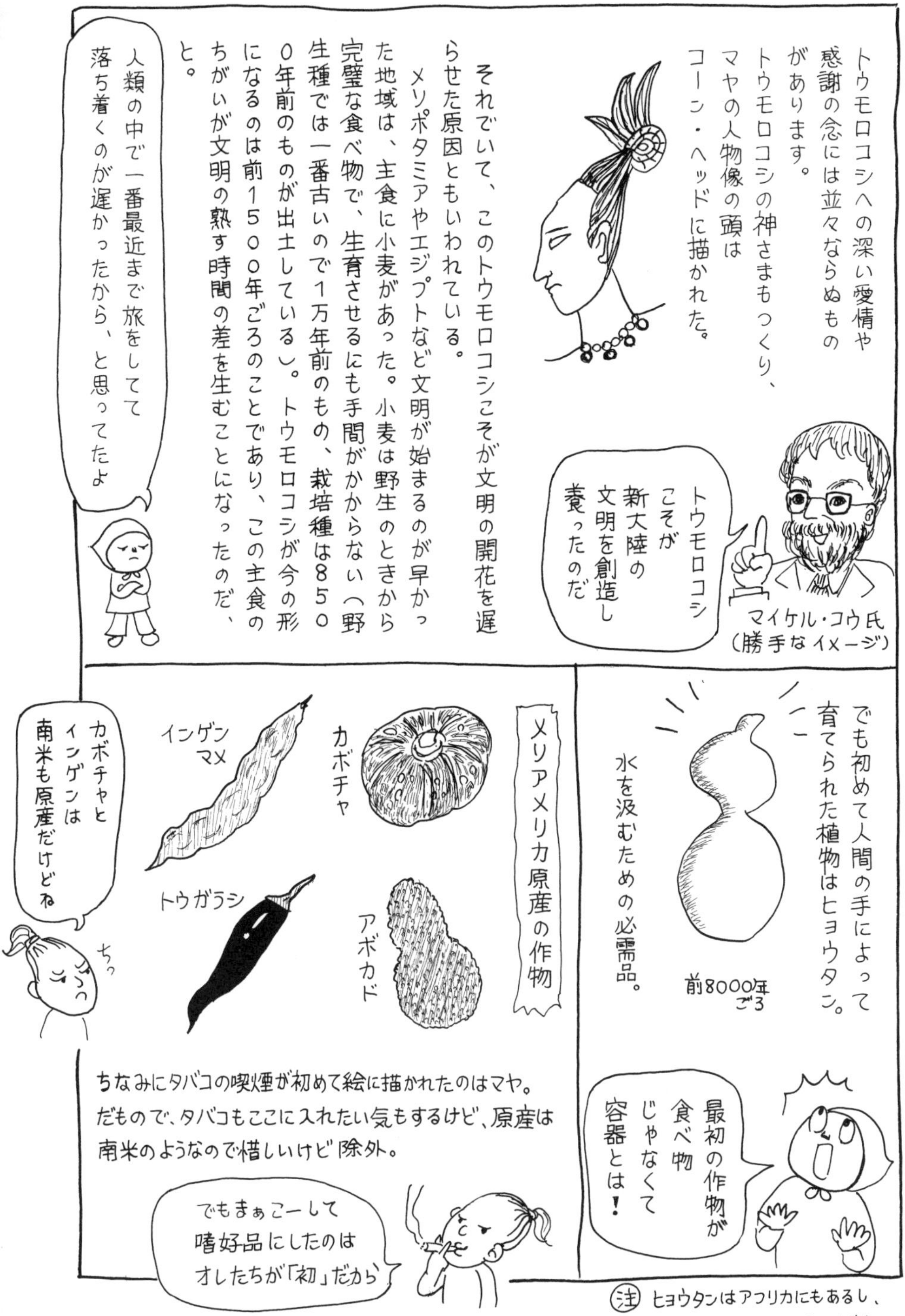

トウモロコシへの深い愛情や感謝の念には並々ならぬものがあります。
トウモロコシの神さまもつくり、マヤの人物像の頭はコーン・ヘッドに描かれた。
トウモロコシこそが新大陸の文明を創造し養ったのだ
マイケル・コウ氏（勝手なイメージ）
それでいて、このトウモロコシこそが文明の開花を遅らせた原因ともいわれている。
メソポタミアやエジプトなど文明が始まるのが早かった地域は、主食に小麦があった。小麦は野生のときから完璧な食べ物で、生育させるにも手間がかからない（野生種では一番古いので1万年前のもの、栽培種は8500年前のものが出土している）。トウモロコシが今の形になるのは前1500年ごろのことであり、この主食のちがいが文明の熟す時間の差を生むことになったのだ、と。
人類の中で一番最近まで旅をしてて落ち着くのが遅かったから、と思ってたよ
でも初めて人間の手によって育てられた植物はヒョウタン。
水を汲むための必需品。
前8000年ごろ
メソアメリカ原産の作物
カボチャ
インゲンマメ
アボカド
トウガラシ
カボチャとインゲンは南米も原産だけどね
ちっ
ちなみにタバコの喫煙が初めて絵に描かれたのはマヤ。だもので、タバコもここに入れたい気もするけど、原産は南米のようなので惜しいけど除外。
最初の作物が食べ物じゃなくて容器とは！
でもまぁこーして嗜好品にしたのはオレたちが「初」だから

注 ヒョウタンはアフリカにもあるし、ここ独自のものではありません。

そして
カカオ!!
直接木に生る
ありがとうございます! まさに神の恩寵
とはいえ、これも「原産は南米説」が優勢。でもちゃんとした食物として栽培してたのは、ここメソアメリカのみ。
メソアメリカのオリジナル家畜は七面鳥だけ。
あと人類の友だち、イヌはここでも飼われてました。
メキシカン・ヘアレス・ドッグやチワワはその名のとおりメキシコ原産です。
ハダカイヌ
食された動物は
イノシシ
イグアナ
シカ
イヌなど。
ウサギ
アルマジロ
ハー
また動物話のついでですけど、この地で絶滅した動物の中にはオオナマケモノ(メガテリウム)、巨大ビーバー(カストロイデス)といった面白そうなものもいましたよ。
オオナマケモノ体長6~8m ビーバーのほうは2・5m
ホヘー
メキシコ国立人類学博物館の模型
さぁ、人々は、だんだん土地に縛られ、放浪をやめ村落を作り始めます(前2000~前1500年ごろ)。それがやがて都市へと発展し文明が築かれていくのです
なんだよー文句あるか

第2章

オルメカ文明

メソアメリカの母文明？
（前1200～前400年）

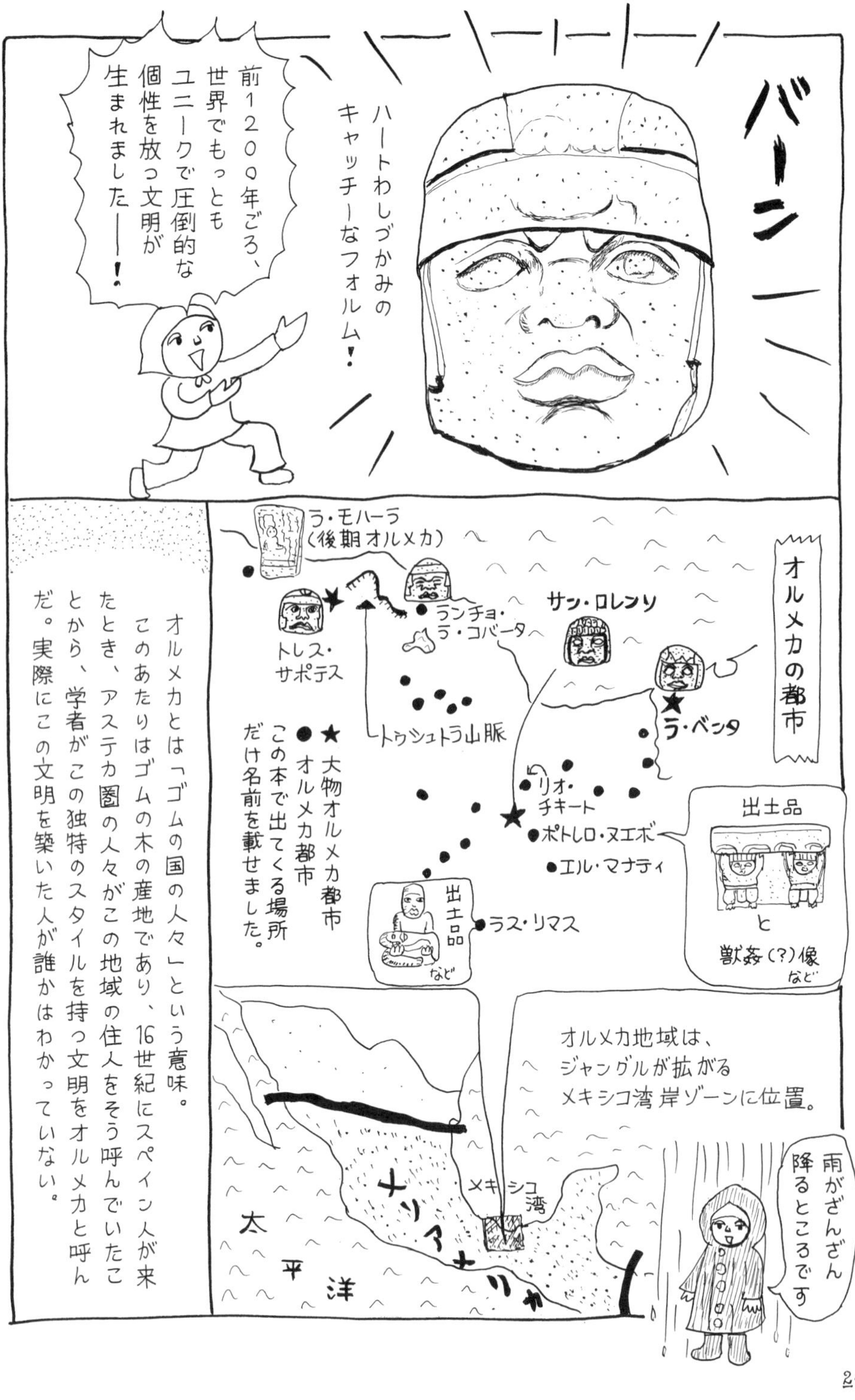
バーン
ハートわしづかみのキャッチーなフォルム！
前1200年ごろ、世界でもっともユニークで圧倒的な個性を放つ文明が生まれました——！
オルメカの都市
ラ・モハーラ（後期オルメカ）
ランチョ・ラ・コバータ
サン・ロレンソ
トレス・サポテス
ラ・ベンタ
トゥシュトラ山脈
★大物オルメカ都市
●オルメカ都市
この本で出てくる場所だけ名前を載せました。
リオ・チキート
ポトレロ・ヌエボ
エル・マナティ
ラス・リマス
出土品 など
出土品 と 獣姦（？）像 など
オルメカとは「ゴムの国の人々」という意味。このあたりはゴムの木の産地であり、16世紀にスペイン人が来たとき、アステカ圏の人々がこの地域の住人をそう呼んでいたことから、学者がこの独特のスタイルを持つ文明をオルメカと呼んだ。実際にこの文明を築いた人が誰かはわかっていない。
オルメカ地域は、ジャングルが拡がるメキシコ湾岸ゾーンに位置。
メキシコ湾
太平洋
メソアメリカ
雨がざんざん降るところです

サン・ロレンソ

前1200年ごろ〜前900年ごろ

オルメカのそれぞれの都市は宗教的な場所であり、かつ政治経済の中枢だった。水路もあり、道路もあり、インフラはどこもしっかり整備されていた。

一番古い都市は現在サン・ロレンソと呼ばれている。ここは、高さ50メートルの丘のてっぺんを削り、土を盛って整えた台地の上に作られた。

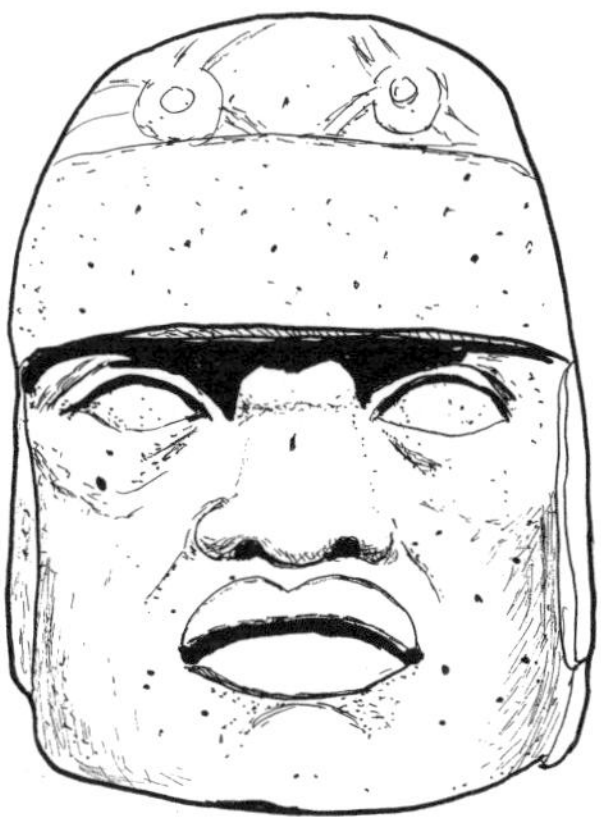

サン・ロレンソはデカ頭を、今のところ10体（最多!）出している（前ページのもサン・ロレンソ産）。石彫は約130出土。宮殿とおぼしき建物も見つかってる。

前900年ごろ、いったん都市活動は終了――。

しかし、このあと（前600〜前400年のどこかで）球技場が造られたことが発掘でわかっている。半ば捨てられたような状態のなか、ゆるいながらも人々の動きはあったようだ。

そういった人の気配も前400年には見事に消える。

ラ・ベンタ

前900年ごろ〜前400年ごろ

サン・ロレンソの突然の休止時期、前900年ごろから、オルメカの活動の中心は約80km離れたラ・ベンタに移る。

湿地に浮かぶ約5km²の小島の上に作られたその都市は、オルメカ文明最大のものであり、綿密な都市計画に沿って作られていた。

特徴①
ピラミッドがあります!

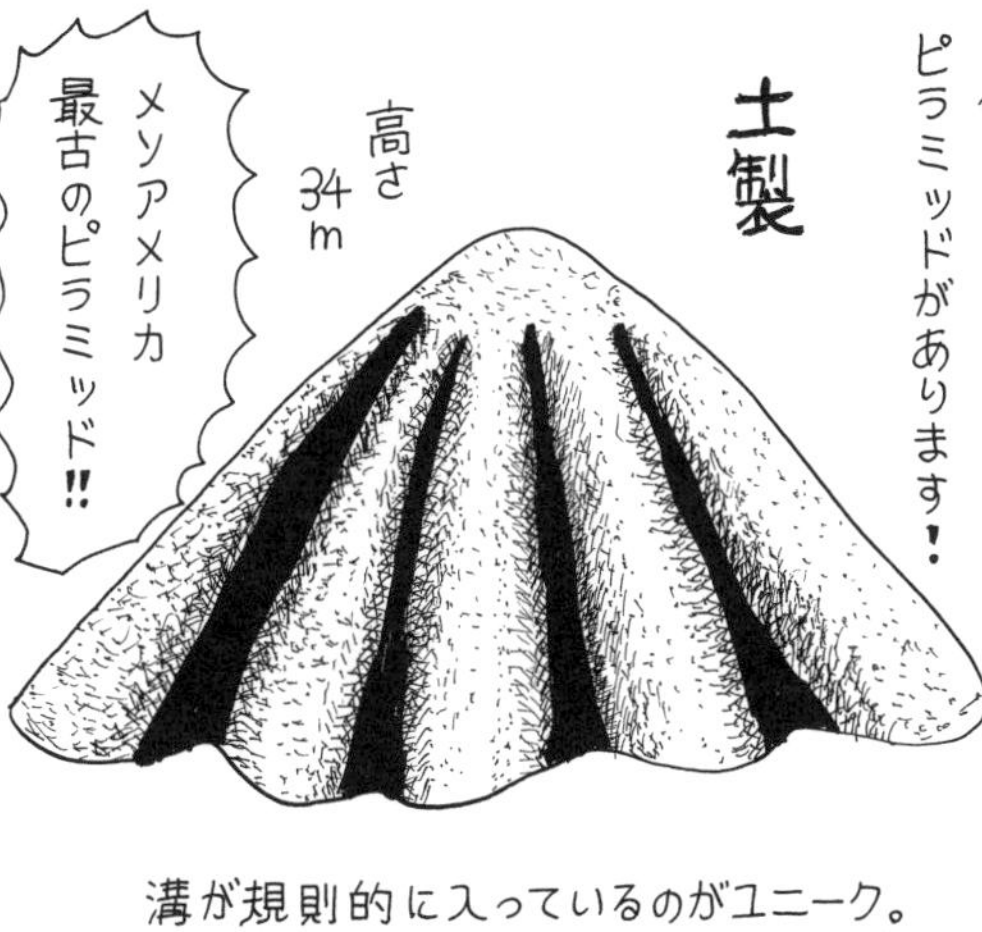

溝が規則的に入っているのがユニーク。「火山を模した」説もある。

② 柱の墳墓

墓は5つ発見されていて、そのうちの1つはこのような玄武岩の柱で覆われていた。

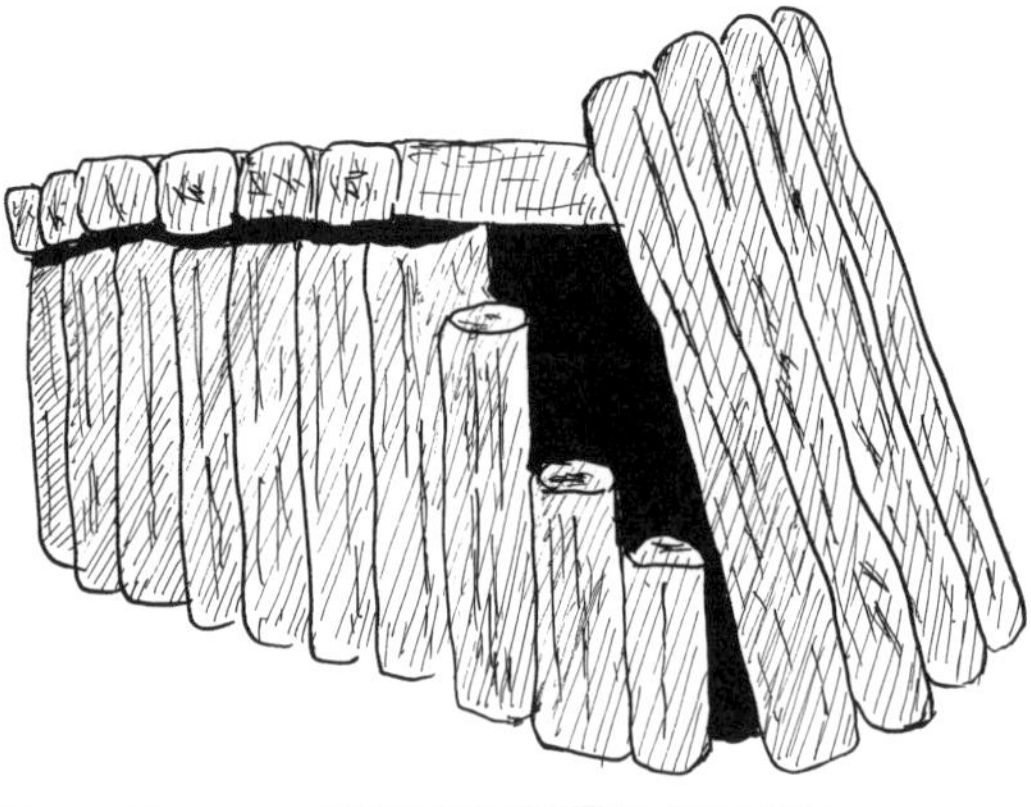

中にはヒスイ、装飾品などふんだんなぜいたく品とともに奇形の赤子が2人埋葬されていた。

③ 会議をしている(?)人形群

平均身長約17cmの小さな16人の方たち!

メソアメリカの共通文化である頭がい変形がもうここで始まっている。

一人ひとり味わい深いお顔

メソアメリカ共通文化!

頭がい変形

皆さん、頭をこのように扁平にした。やり方はあとのページで。アステカなど、やってないところもある。

見てください このキモカワイイ方たちを!!

この方たちは、このまま立って会議をしているような状態で埋められていた。最初から埋めるためのもので、供物のひとつだったと考えられている。よっぽど大事なものだったらしく、埋めたあとで、この方たちがちゃんと居るかチェックされていた(チェック用の穴が発掘で見つかっている)。

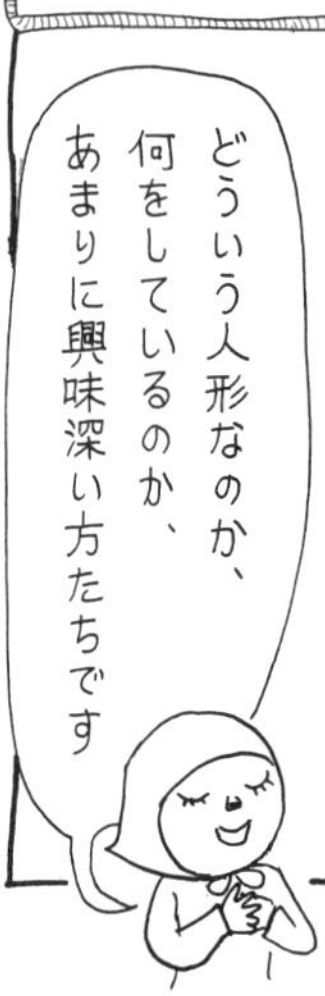
どういう人形なのか、何をしているのか、あまりに興味深い方たちです

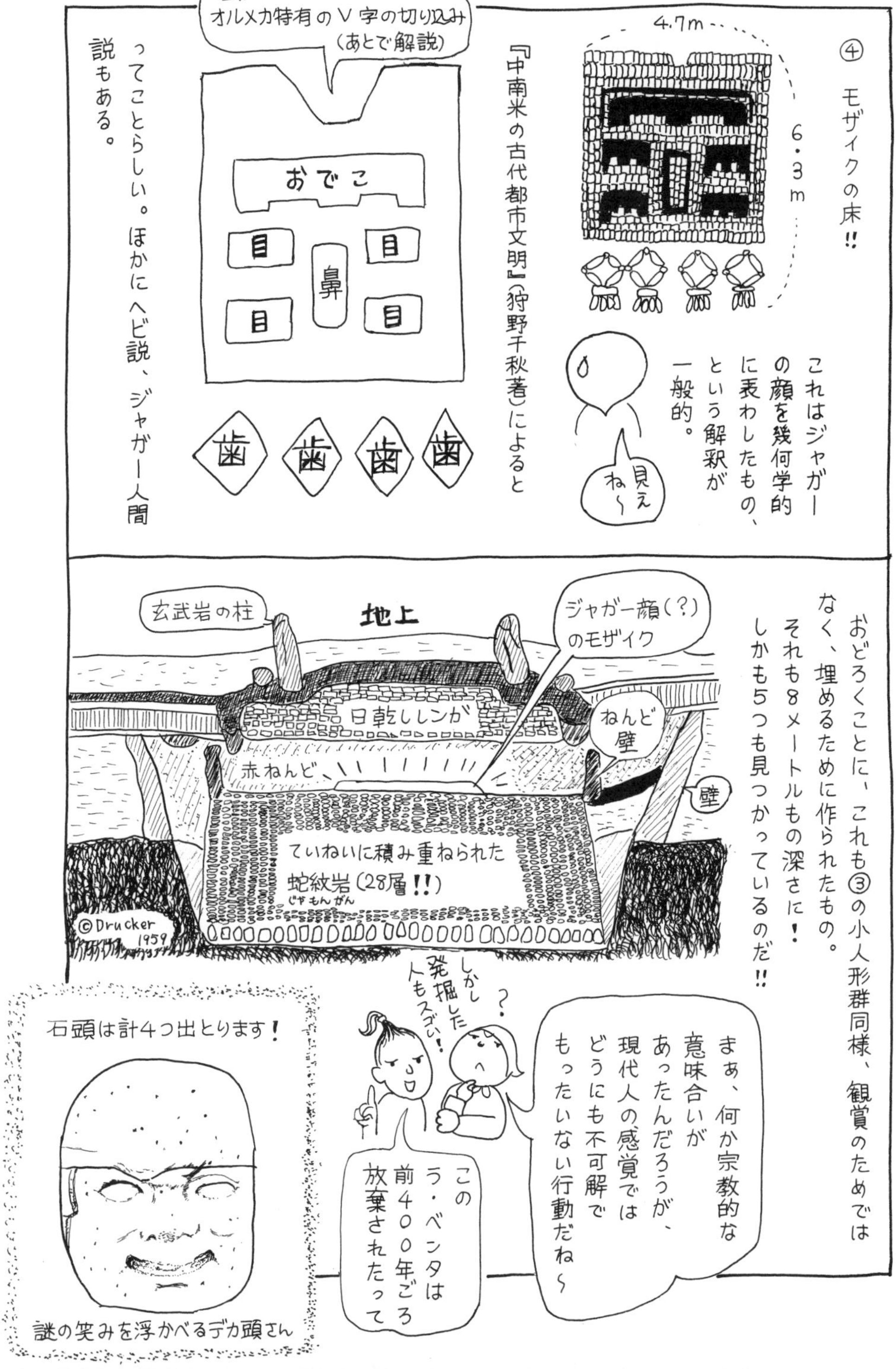

④モザイクの床!!
4.7m
6・3m
これはジャガーの顔を幾何学的に表わしたもの、という解釈が一般的。
見えね～
『中南米の古代都市文明』(狩野千秋著)によると
頭部
オルメカ特有のV字の切り込み
(あとで解説)
おでこ
目
目
鼻
目
目
歯
歯
歯
歯
ってことらしい。ほかにヘビ説、ジャガー人間説もある。
おどろくことに、これも③の小人形群同様、観賞のためではなく、埋めるために作られたもの。それも8メートルもの深さに! しかも5つも見つかっているのだ!!
地上
玄武岩の柱
ジャガー顔(?)のモザイク
日乾しレンガ
ねんど壁
赤ねんど
壁
ていねいに積み重ねられた蛇紋岩《じゃもんがん》(28層!!)
©Drucker 1959
まぁ、何か宗教的な意味合いがあったんだろうが、現代人の感覚ではどうにも不可解でもったいない行動だね～
?
しかし発掘した人もスゴい!
このラ・ベンタは前400年ごろ放棄されたって
石頭は計4つ出とります!
謎の笑みを浮かべるデカ頭さん

オルメカ美術 ー合言葉はへの字ロー

オルメカといえば、何はさておき**デカ石頭!!**

今のところ、4つの地域からぜんぶで17個発見されている。石頭は平均8トン（ゾウでいうと1・2頭分）で、一番デカいのは24トンというとんでもない重さ。

この石（玄武岩）が採れるトウシュトラ山脈というところは、一番遠いところで130km も離れている。いったいどうやって運んだのだろう。

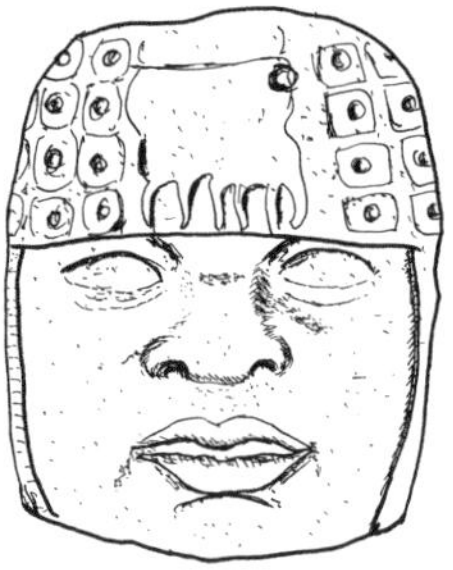

サン・ロレンソの方

「川から筏《いかだ》で運ばれた」説が、一番労力が少なくてすむとされ、優勢であった。が、最近、その説を検証するテレビ番組を見たが、なかなかの人数を使っているのに、まず石をわずか1メートル動かすのに非常に手こずり、なんとか筏《いかだ》に石を載せても、重みでまったく動かず結局失敗、すべては徒労に終わる、という始末だった。

まぁ、古代の人はもっと情熱を傾けただろうし、相当な人数を使えば、陸路でも水路でも運べるだろう。が、そんな甚大な努力を賭してまで運ばれ、こさえられたこの方たちはいったいどなたで、どういう意味があるのか？

顔は、一つひとつ若干ちがうが、ひとりの人物を表わしたといえるもの。

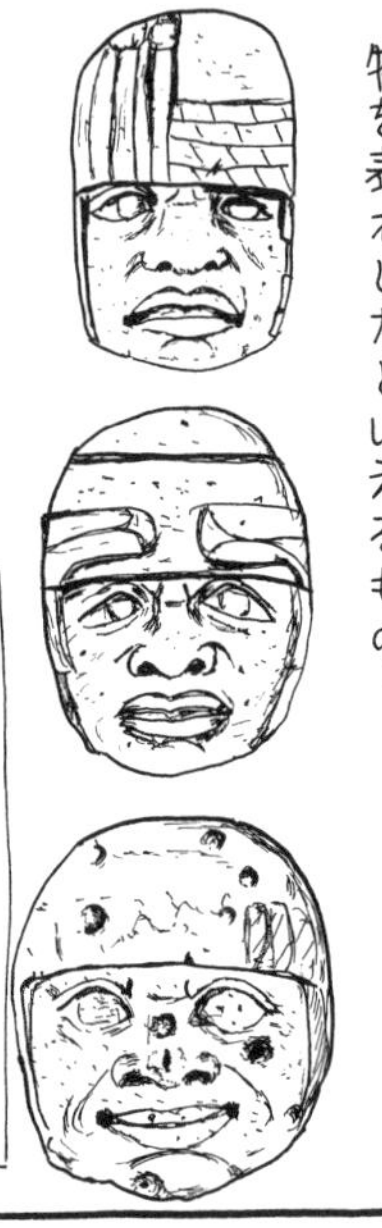

今は色ははげてるけど、すべて彩色されていた。

すべてサン・ロレンソの方

しかし最盛期の年代がちがう4つの場所から出ているのが不思議である。

地方差もある。

何百年も崇められるほどの英雄だったのか。

もしくは、暴力で権力を握った支配者だったのか？

または代々、同じ顔で生まれる支配者一族がいたのか？

アメフトのヘルメットみたいなのをかぶっていることから、球技選手説もある。

高さ3・4m
今のところ最大の石頭!

「なんか違和感」な
ランチョ・ラ・コバータの方

何よりニグロイドに見えるってことで「すわっ、黒人がアフリカからこの地に来てた!?」と考古学会はともかく、オーパーツうんぬんの方々からも熱いまなざしを注がれている。

とはいえ、こういうゴリ系の顔は黒人じゃなくても、アジアの国には一定比率でどの国にもいる。日本人でもこの顔の人は普通にけっこういるし……。

考古学会の人も

モンゴロイドの特徴をデフォルメしたもの
スターリングさん（オルメカ文明発見の功労者）

くらいに考えてるようだ。

オルメカ地域からはニグロイドの遺体は1体も発見されておらず、物証もない。まぁ、でも、確率的には低くても、アフリカからの漂流者がいなかったとも言い切れない。

実際、コンチキ号漂流記で有名なヘイエルダールが、葦《あし》の舟でモロッコから西インド諸島にたどり着いている。近年（1990年代）にも、アフリカの漁船が遭難し3週間でブラジルに漂着した事件もあった。p18のルツィアさんの例もあるし、何がどうひっくり返るかわからない。

さらにこのデカ頭のユニークな点は、すべてが何ヶ所も傷をつけられて、地中深くに埋まっていたこと。

おそらく都市が終焉を迎えた際に埋められたのだろう。像の力を削《そ》ぐため、または封じ込めるために、このように穴が開けられた、と研究者は考えている。

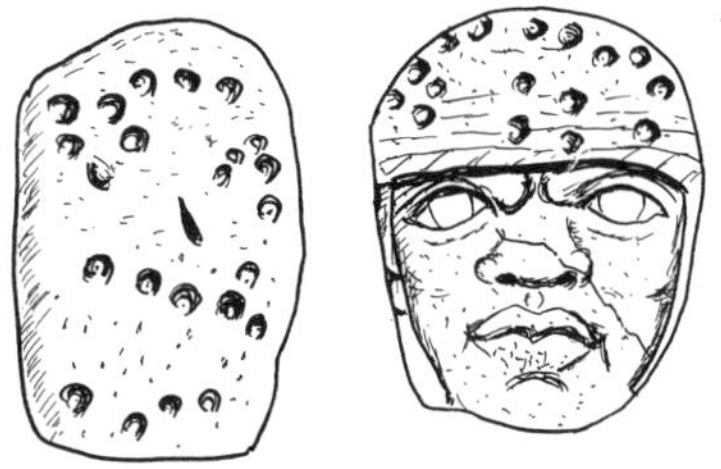
おもて
うら

傷というより、丸くくりぬかれている。
ボールを何回も打ちつけたようなポコポコ穴

メソアメリカではポピュラーな行為

アステカとか後代の人たちはこんな面白いものの存在を知らなかったんだろうな もったいない

それから**ジャガー人間**

よくわからない生物で、ジャガーの特徴をそなえた人間のようになっている。みんな幼児。性別なし。バリエーションはいろいろあり、「ジャガー神像」「神官像」などと分類してる人もいる。

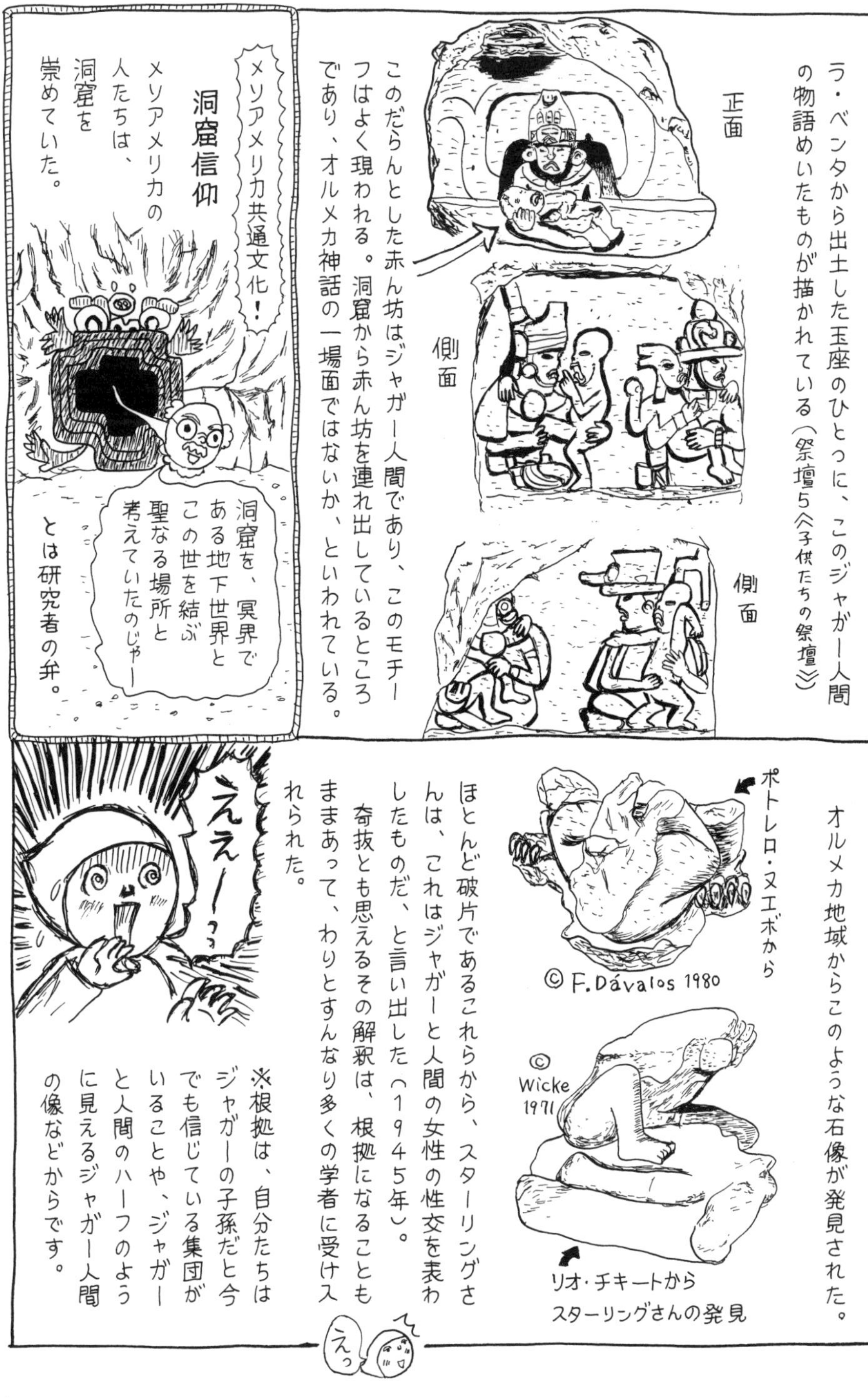
ラ・ベンタから出土した玉座のひとつに、このジャガー人間の物語めいたものが描かれている（祭壇5《子供たちの祭壇》）
正面
側面
側面
このだらんとした赤ん坊はジャガー人間であり、このモチーフはよく現われる。洞窟から赤ん坊を連れ出しているところであり、オルメカ神話の一場面ではないか、といわれている。
メソアメリカ共通文化！
洞窟信仰
メソアメリカの人たちは、洞窟を崇めていた。
洞窟を、冥界である地下世界とこの世を結ぶ聖なる場所と考えていたのじゃー
とは研究者の弁。
オルメカ地域からこのような石像が発見された。
ポトレロ・ヌエボから
© F. Dávalos 1980
© Wicke 1971
リオ・チキートから
スターリングさんの発見
ほとんど破片であるこれらから、スターリングさんは、これはジャガーと人間の女性の性交を表わしたものだ、と言い出した（１９４５年）。
奇抜とも思えるその解釈は、根拠になることもままあって、わりとすんなり多くの学者に受け入れられた。
ええー
※根拠は、自分たちは今でもジャガーの子孫だと信じている集団がいることや、ジャガーと人間のハーフのように見えるジャガー人間の像などからです。
えっ

言われてみればだんだん
そう見えてきたよ。
いや、そうとしか思えない
ほどになってきたよ

しかし最近では、これは「ジャガーが人を襲ったものだ」という意見も出されている。ジャガー人間像も、ジャガーと人間のハーフではなく、シャーマンがジャガーに変身している姿、ということ。

今では獣姦説より、こっちに納得する人が多いようだ。

いや〜、どっちが正しいかは確定されないんだろうが、それにしてもこの件からわかったのは、学説っていうのは案外いいかげん……と言ったら言い過ぎなんだろうが、「見える、見えない」の主観によってつくられるもんなんだな〜ってこと。

自身の性的ファンタジーを
勘ぐられるかもしれない、
この諸刃の剣説を出した
スターリングさんに
敬服です

シャーマニズム

メソアメリカおよび南米には、神や人間が動物に変身する話が数多く存在し、なかでも自由自在に特定の動物に変身できる（とする）人間をシャーマンと崇めた。

シャーマンは麻薬の力を借り、トランス状態に入る。オルメカでも麻薬を吸引する道具が発見されており、そこからもシャーマンの存在を嗅ぎ取れるのだそう。

これらもシャーマンの変身を表わしたものか？

オシュトティトラン洞窟の壁画

「性交」という話もあるが、
それは表情から見ても
棒の先が
独立してること
からもちがう
ような……

出土地不明の像

変身途中のシャーマンの姿といわれる。

なんにしても動物との
つながりが濃かったこと
だけはわかります

奇形の赤ん坊

ジャガー人間像の多くは、頭がパカッと割れている。これを一種の奇形の子——頭がい骨の接合がちゃんとされないまま生まれてきた子——の特徴と見る研究者もいる。

ラ・ベンタで2体の奇形の赤子を手厚く埋葬していたこと（p26）からも、それは示唆される。

「三つ口のような子供が生まれると、神と人間の子として奉るような習慣があったと思われます」

と増田義郎氏が言っており（『沈黙の古代遺跡 マヤ・インカ文明の謎』）、まさにそのとおりであろう様子がおぼろげながらもわかる。

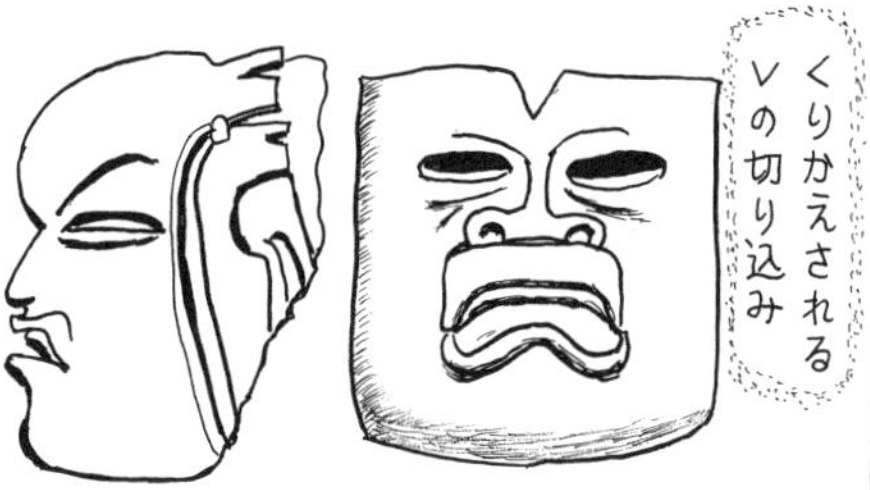
くりかえされるVの切り込み
奇形を表わしてるのかはたまた単に猫耳を表わしてるのか？

しかも生けにえというやり方で敬ったのかもしれません

オルメカ地域内のエル・マナティというところでも、オルメカグッズの副葬品とともに、生けにえにされたとおぼしきたくさんの胎児や赤子の遺体★を埋めた穴が発掘されている（それに奇形があったかはわからないが）。

おそらくラ・ベンタの2人の奇形の子も生けにえとして神に捧げられた、と考えるのが妥当なような……。

そうすると、2ページ前の赤ん坊の図も抵抗して嫌がってるように見え、おそろしいストーリーが読める。

ひーー
なんか楽しくかわいいレリーフだと思っちゃったよ

ついに出てきました。メソアメリカのダークな風習、生けにえ。

ダークついでに、オルメカでは人肉食いもあったことを付け足しておきましょう。サン・ロレンソのゴミ捨て場の発掘からわかりました。

食べ物のゴミの中に人骨も混ざってたのです

★手足が切断された子もいたそうです。

その他の石彫

敬っていたのはジャガーだけじゃありません

ヘビもいます！

ラ・ベンタ出土

メソアメリカ最重要神の1人であるケツァルコアトルの前身とも考えられている。なんかの機械操作をしているように見えるってことで、グラハム・ハンコックさんなどオーパーツうんぬん軍団の間で話題になった。

通称〃力士像〃

磨耗してるせいか中国の仙人のようなお顔立ち

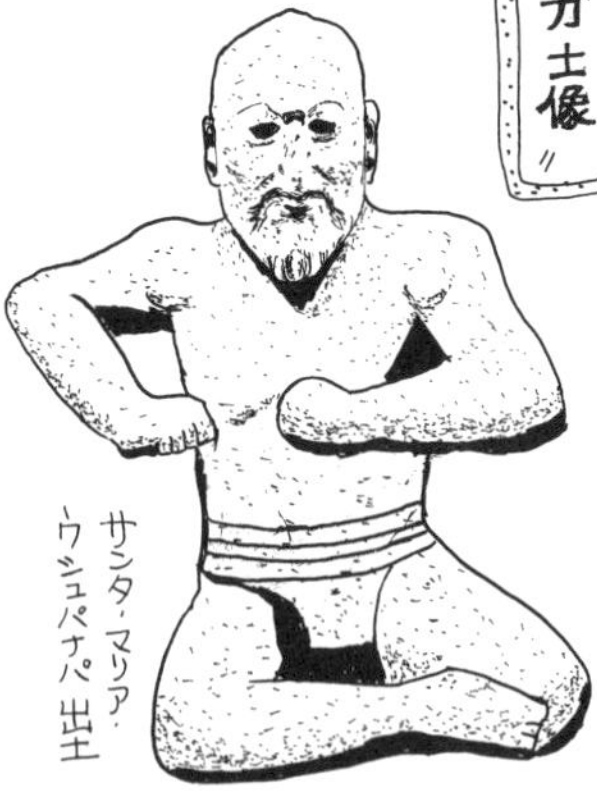

サンタ・マリア・ウシュパナパ出土

玉座

ラ・ベンタ出土

祭壇4《勝利の祭壇》

この人の持ってる縄はわきの人間につながれてる。捕虜を拘束してる、という素直な見方があるが、縄は家族などの固い絆を表わす比喩表現だ、という意見もある。

本当、見え方ってのは人の数だけありますね

小人がけんめいに支えます

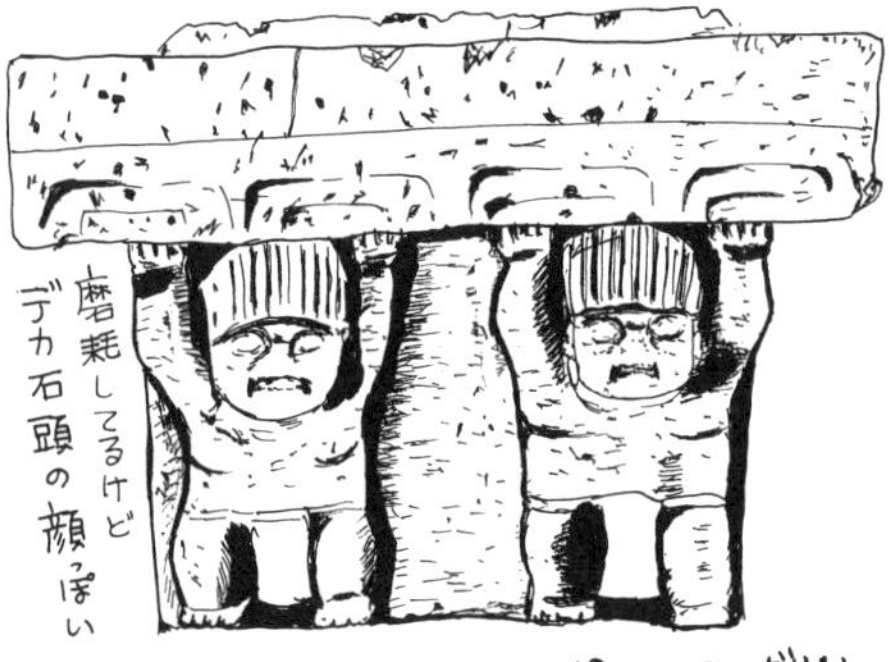

磨耗してるけどデカ石頭の顔っぽい

ポトレロ・ヌエボ出土

斧

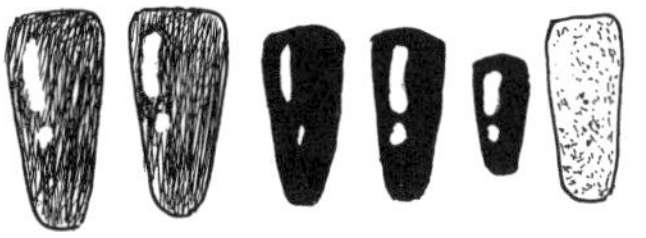

地味なこれらもていねいに並べられ埋められていた。何百と出ている。シンプルなものだけじゃなく、ジャガー人間をかたどったものや絵が彫られてるのもある。

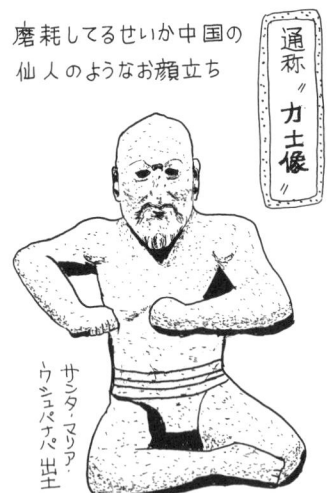

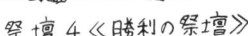

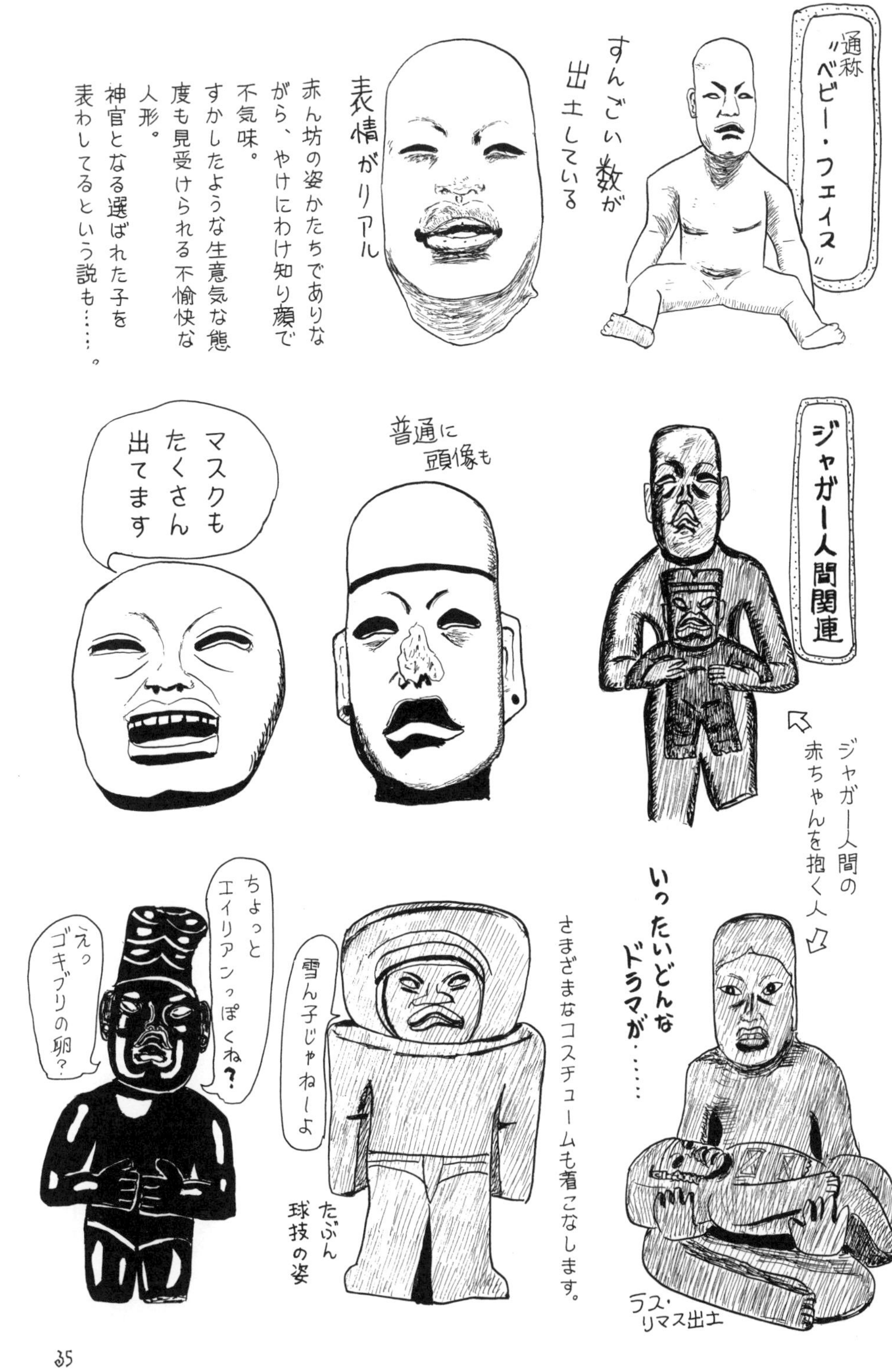

通称"ベビー・フェイス"
すんごい数が出土している
表情がリアル
赤ん坊の姿かたちでありながら、やけにわけ知り顔で不気味。すかしたような生意気な態度も見受けられる不愉快な人形。神官となる選ばれた子を表わしてるという説も……。
ジャガー人間関連
普通に頭像も
マスクもたくさん出てます
ジャガー人間の赤ちゃんを抱く人
いったいどんなドラマが……
ラス・リマス出土
さまざまなコスチュームも着こなします。
たぶん球技の姿
雪ん子じゃねーよ
ちょっとエイリアンっぽくね?
えっゴキブリの卵?

オルメカ、冷遇からスターダムへ

今でこそたいがいの古代文明本には載っているオルメカであるが、世間に認知されるようになったのは、1940年代のこと。

トレス・サポテスという村である農夫が土からほんのちょっと顔を出しているデカ頭を発見し、村のみんなで掘ってみたのが1862年。

今もトレス・サポテスにご健在

それを皮切りに、オルメカ地域のさまざまな場所から、デカ頭を始め、ジャガー人間、斧、玉座、「ベビー・フェイス」などが、ちょこちょこ見つかり、これらはひとつの文化にくくれるものと見定められ、20世紀に入り、「オルメカ」の名が冠せられた。

それから1939年になって、マシュー・スターリング（P31の獣姦説の人）が大規模な発掘を始めた。

マシュー・スターリングさん
（1896〜1975年）
アメリカ人。ジャガー人間のマスクを見て以来、オルメカに取りつかれた男。スミソニアン研究所に所属。

スターリングはメキシコに着いて早々に、トレス・サポテスにて文字のついた石碑などを発見。

つぎの年には、ラ・ベンタでさらに3つのデカ頭や、多くの石碑、玉座などを掘り当てまくる。それもわずか10日間で！　その功績が雑誌『ナショナル・ジオグラフィック』に発表されたことで、オルメカ文明はメジャー入りを果たすこととなった。

スターリングはオルメカ文明をマヤ文明よりも古いものであると主張したが、当時の権威ある学者からは「せいぜい後古典期（後900年以後）のものだ」とせせら笑われた。しかし、当時開発されてほやほやの炭素年代測定法がスターリングの味方となる。オルメカがマヤよりもずーっと古いことを証明してくれたのだ。

そこから、オルメカ文明の価値は見る見る上昇し、オルメカはすべてのメソアメリカ文明の母であり、源泉である、とまで考えられるほどになる（今では反論のほうが多いが）。

この辺の情報はおおよそ『世界の博物館5 メキシコ国立人類学博物館』から

オルメカ文明の拡散

「オルメカは母文明」説が出るのもうなずけるほどにオルメカには、マヤからだいぶのちのアステカにいたるまでの、メソアメリカ共通の文化要素となるものが詰まっている。

自らを傷つけ、血を流し、神に捧げる「自己犠牲」の儀式もすでにオルメカにあった（血を出すための穴あけ道具↓も多数見つかっている）。

オルメカでもっとも重宝されたヒスイの価値も受け継がれた。

ラブリーな
フォルムなのだが……

メソアメリカ共通文化！

ヒスイ

メソアメリカでは、ヒスイが一番価値のあるものだった。金や銀よりも！ というか、まぁこの時代には金も銀もなかったのだが……。それでも金銀が入ってきた8世紀以降もヒスイのナンバーワンの座は揺るがず。

金は「太陽の排泄物」、銀は「月の排泄物」として、ヒスイに次いで大切に扱っていたけどね
キラーン
そう…ですか……

それから、球技。

サン・ロレンソに球技場があったことはともかく、前1600〜前1500年ごろというおそろしく古い時代、ゴムボールを奉納していた跡がエル・マナティから見つかった。これらのボールは今のところ、メソアメリカ最古のボールである。

また、のちに各地域で主要神となる神々もすでにオルメカにそろっていた、と考える人もいる。

たとえばジャガー人間は各地域の雨神の原型だという意見も。

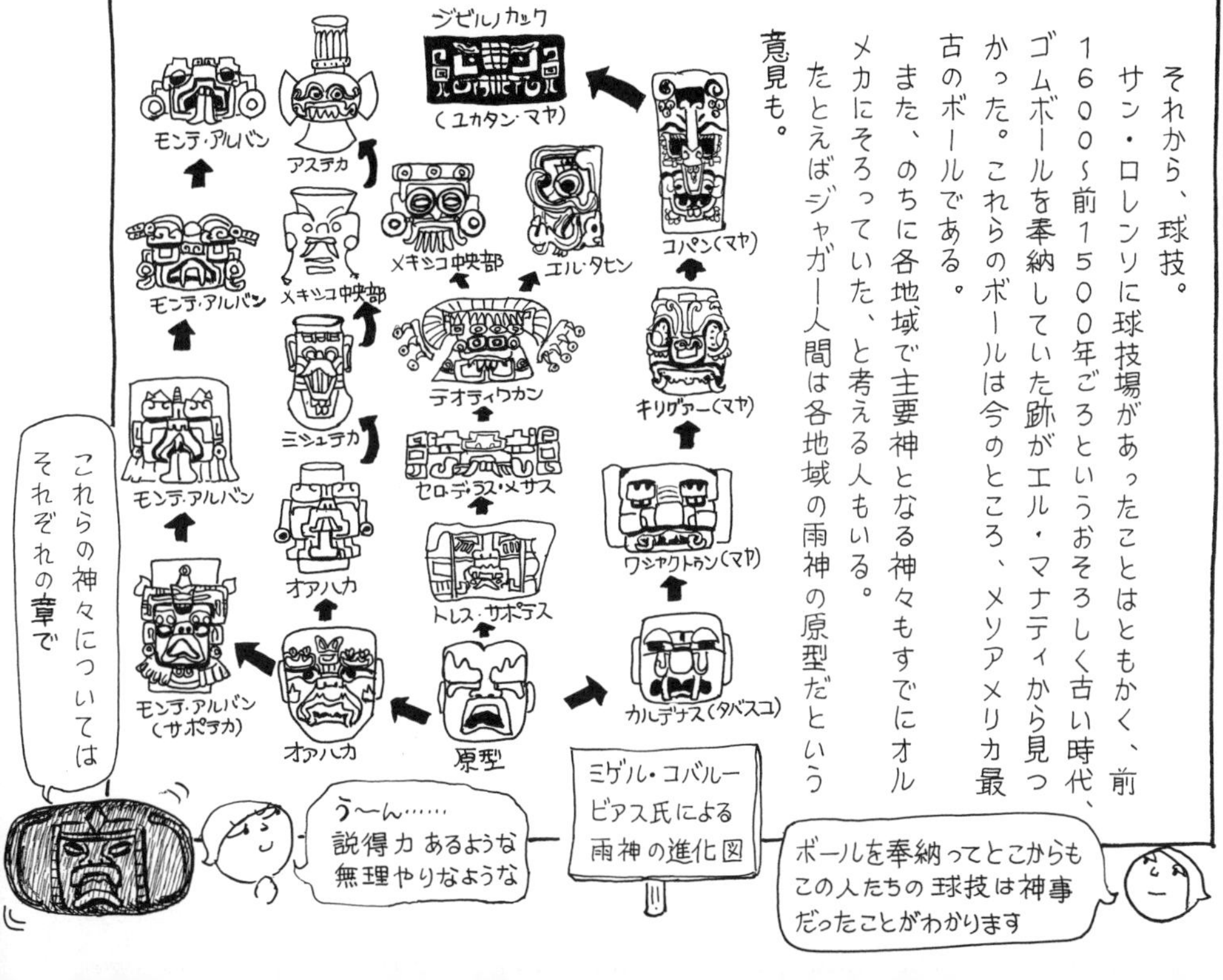
ジビルノカック（ユカタン・マヤ）
コパン（マヤ）
キリグアー（マヤ）
ワシャクトゥン（マヤ）
カルデナス（タバスコ）
原型
オアハカ
モンテ・アルバン（サポテカ）
モンテ・アルバン
モンテ・アルバン
モンテ・アルバン
オアハカ
ミシュテカ
メキシコ中央部
アステカ
トレス・サポテス
セロ・デ・ラス・メサス
テオティワカン
メキシコ中央部
エル・タヒン
ミゲル・コバルービアス氏による雨神の進化図
これらの神々についてはそれぞれの章で
う〜ん…… 説得力あるような 無理やりなような
ボールを奉納ってとこからもこの人たちの球技は神事だったことがわかります

オルメカスタイルのグッズはメソアメリカのあちこちで見つかっていて、メソアメリカ中の国々とつながりを持っていたことはまちがいのないことだろう。

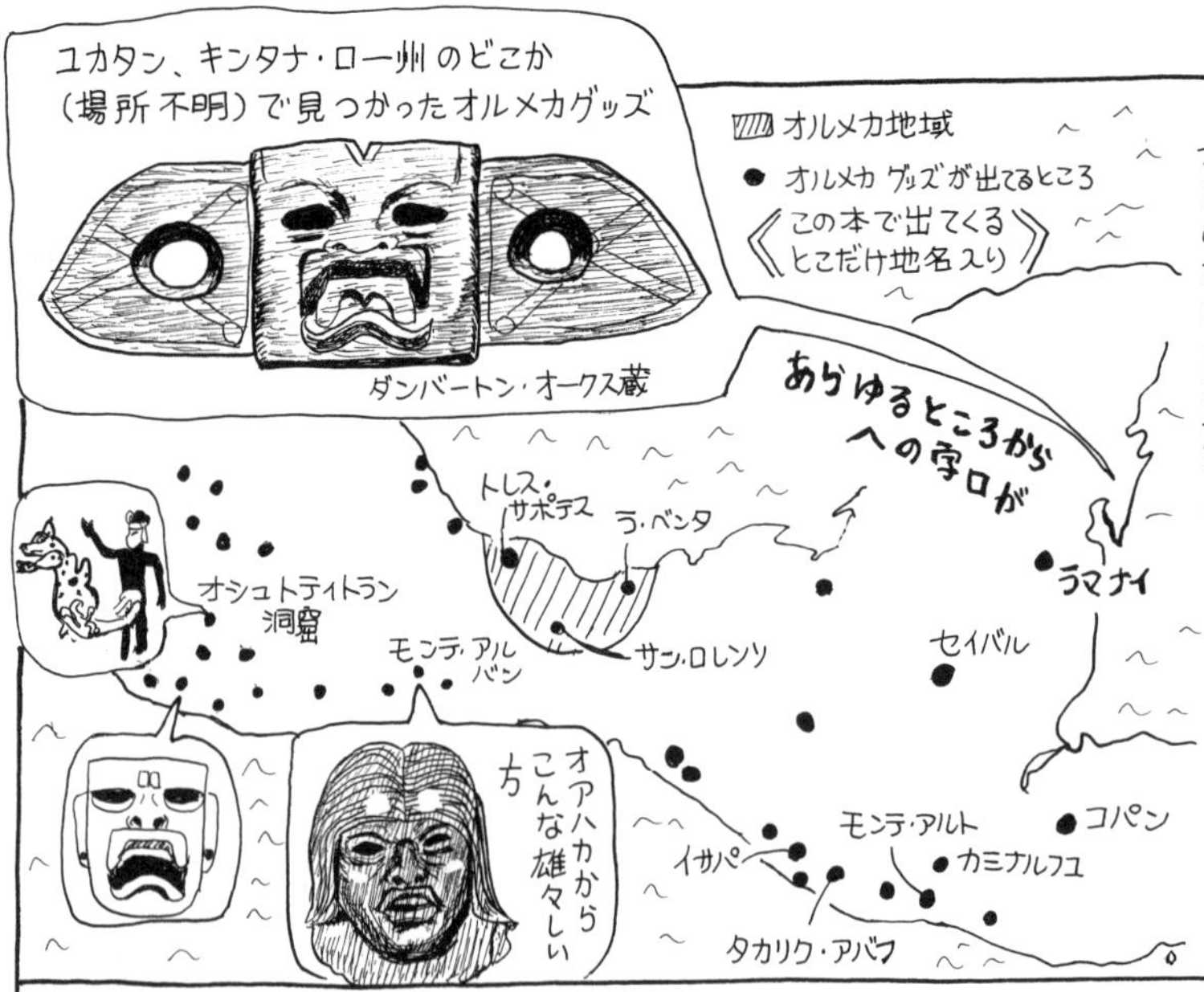

ユカタン、キンタナ・ロー州のどこか（場所不明）で見つかったオルメカグッズ
ダンバートン・オークス蔵
オルメカ地域
オルメカグッズが出てるところ
《この本で出てくるとこだけ地名入り》
あらゆるところから
への窓口が
トレス・サポテス
ラ・ベンタ
サン・ロレンソ
オシュトティトラン洞窟
モンテ・アルバン
オアハカからこんな雄々しい方
ラマナイ
セイバル
コパン
モンテ・アルト
カミナルフユ
イサパ
タカリク・アバフ

謎の終焉

いったいどんな激変があったのか、この輝かしい文明は前400年ごろに終了した。デカ頭だけではなく石碑、玉座などを儀礼的に傷つけ、すべて土深く、ていねいに秩序立てて埋納した（サン・ロレンソでは前900年に同様なことがなされた）。

とはいえ、捨てられずに存続した国もあった。ラ・ベンタと時を同じくしてスタートし、小規模ながら地味に活動していたトレス・サポテスはこのとき全盛期を迎えていたくらいである。

前400年以降のオルメカ地域の文化は、それまでのものとは大きく様変わりする。

ほとんど別物であるが、そのころの文化もいちおうオルメカにカウントされ、エピ・オルメカ（後期オルメカ）文化という呼ばれ方もされている。

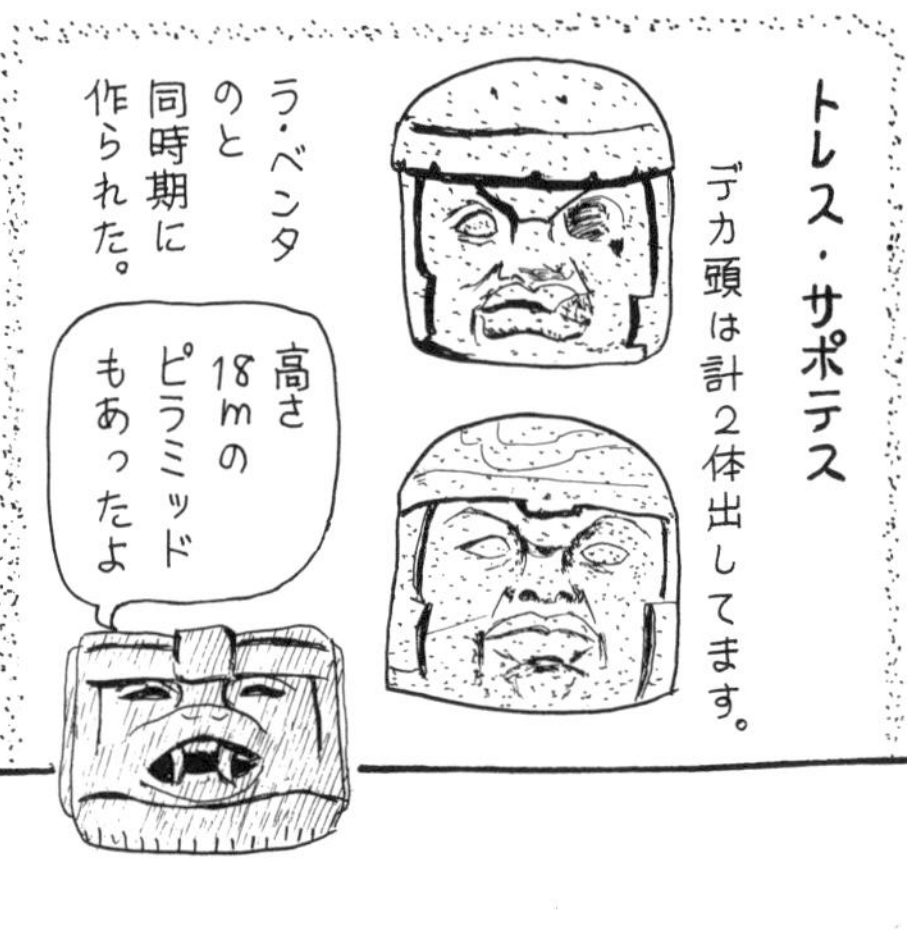

トレス・サポテス
デカ頭は計2体出してます。
ラ・ベンタのと同時期に作られた。
高さ18mのピラミッドもあったよ

文化を捨てたように見えることで支配者交代とか革命でもあったのかと推測されます

※文化はしっかり継承されていたと見る学者もいます。

文字はオルメカ始まりか？

ここ何十年かの定説では、メソアメリカにおける文字の誕生はつぎの章のサポテカ文明にあるとされていた。オルメカにも文字っぽいのはあったが、

通称「歩く人」

こーいうの
これも
in ラ・ベンタ

文章といえるようなものは見つかっていなかった。

ところが新たな発見が!!

青山和夫『古代メソアメリカ文明』によると、まったくさっきのさっき、2006年にサン・ロレンソ近くのカスカハル遺跡から最古の文字（62文字）が刻まれた石片が発見されたそうだ。炭素年代法では、前1000〜前800年ごろのものということで、これが確実だとすると、メソアメリカで最初に文字を発明した栄誉もオルメカにいくことになる。

しかし、これもまたどうひっくり返るかわからない。明日にでもちがう地域、たとえばマヤからそれ以上の古いものがひょっこり出るかもしれないし……。メソアメリカは今もって、発掘されてるところが「ほんの一部」という、まだまだ未知数の地域なのだから。

こういった「古さ」を誇る新情報の前では色あせてしまうのだが、これ以前にもオルメカ地域からは、文字の刻まれた石碑が見つかっている。ただしエピ・オルメカ期のもの。

トレス・サポテスにて
時代を経て発見されたもの

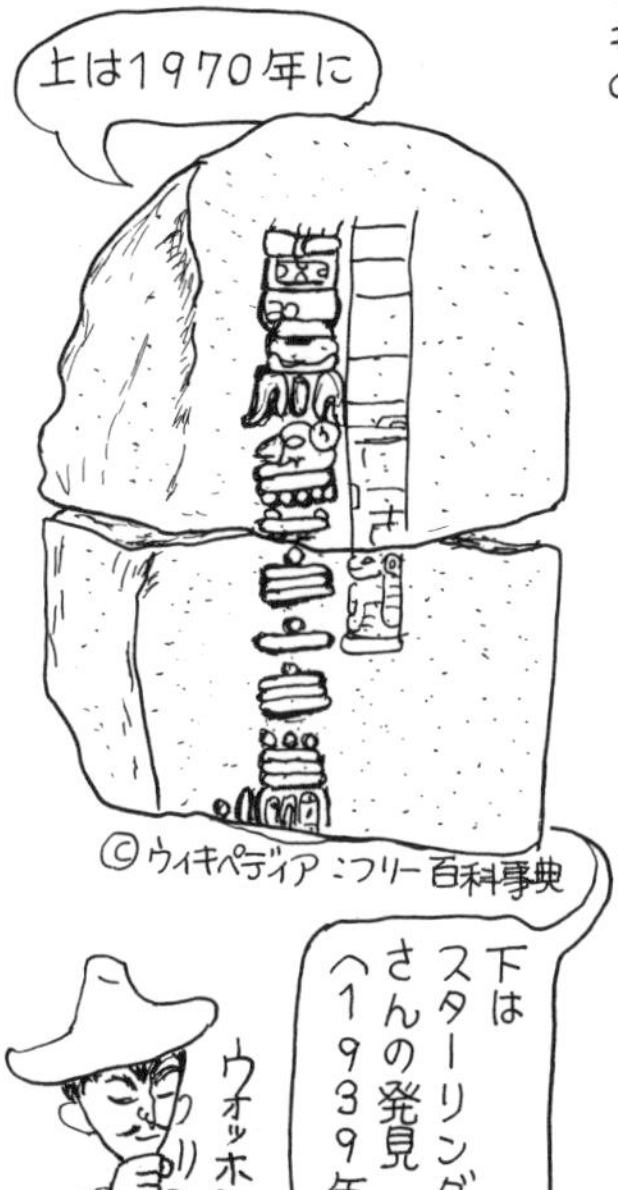

上は1970年に
©ウィキペディア：フリー百科事典
下はスターリングさんの発見（1939年）
ウォッホン

それもマヤ地域でバンバン使われた長期暦というものと同じ方式で記されていた。マヤの方式で読むと、それは前32年を表わすことになる。

これ以外でもオルメカ地域からは日づけ文字の書かれたものが出ている。

通称
「トゥシュトラ像」

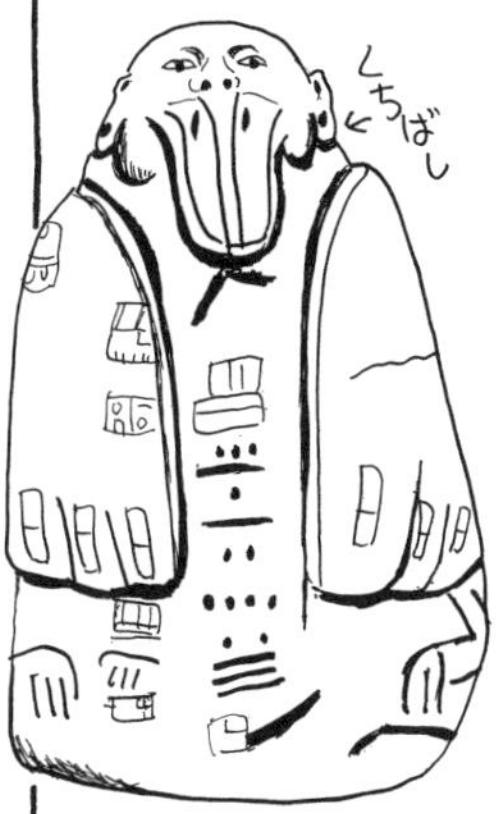

くちばし

後162年の日づけ

ヘンな顔

う・モハーラというところからも文字がぎっしり刻まれた大きな石碑が出ていて、ここには後143年、156年という日づけがあった。

約520の文字
© F. W. Capitaine
『La estela 1 La Mojarra, Veracruz, Mexico』
Center for Maya Research (1988)

1986年の発見。

トゥシュトラ像の文字とルーツが同じと思われるこの未解読文字は、最近になって「解読した」と声を挙げる研究者が出てきた。

その方たち曰く、書かれてる言葉は、現在もこの地域で使われてるミケ＝ソケ語であるとのこと。内容はマヤの石碑に書かれてるようなことらしい（それについてはマヤの章にて）。

このようなことも踏まえてオルメカ人の正体をミケ＝ソケ語を使う人々と見る人もいる。

メソアメリカの言語

この本に出てくる人たちの言語の近縁関係はこんなんなってます（大まかすぎるけど）。

「語」はそのまま「人」とか「語族」などに置き換えられます。

なかま
- マヤ語
- トトナカ語
- ミケ＝ソケ語

なかま
- サポテカ（サポテコ）語
- ミシュテカ（ミシュテコ）語

- ナワトル語（ナワ語とも。アステカを始め、ほぼメキシコ中央部一帯を占める言語）
- オトミ語

遠く離れて
- タラスコ語

これらの語族は言葉の貸し借りも見られるそうで密な付き合いをしていたことがうかがえます。

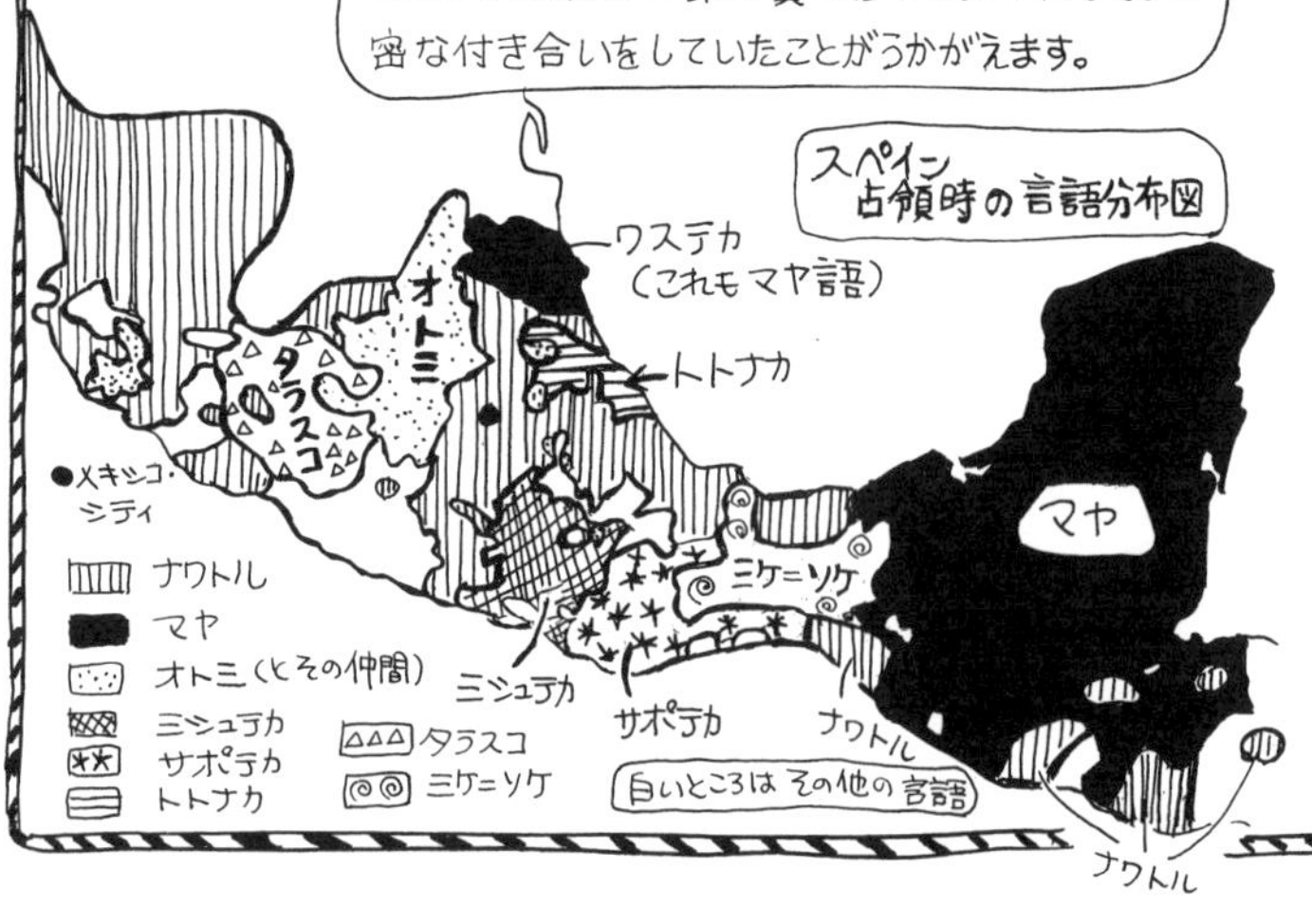
スペイン占領時の言語分布図
ワステカ（これもマヤ語）
トトナカ
オトミ
タラスコ
マヤ
ミケ＝ソケ
ミシュテカ
サポテカ
ナワトル
●メキシコ・シティ
ナワトル
マヤ
オトミ（とその仲間）
ミシュテカ
サポテカ
トトナカ
タラスコ
ミケ＝ソケ
白いところは その他の言語
ナワトル

第3章

サポテカ文明

暦発祥の地か？
（前500～後750年）

※ サポテカの「人」や「言語」を表わすときは"サポテコ"と変じるそうですが、この本では"サポテカ"で通します。あとに出てくるミシュテカも同様に。

地理的にも時代的にも、有名なオルメカとテオティワカン文明にはさまれるように、独自の文明が築かれた。

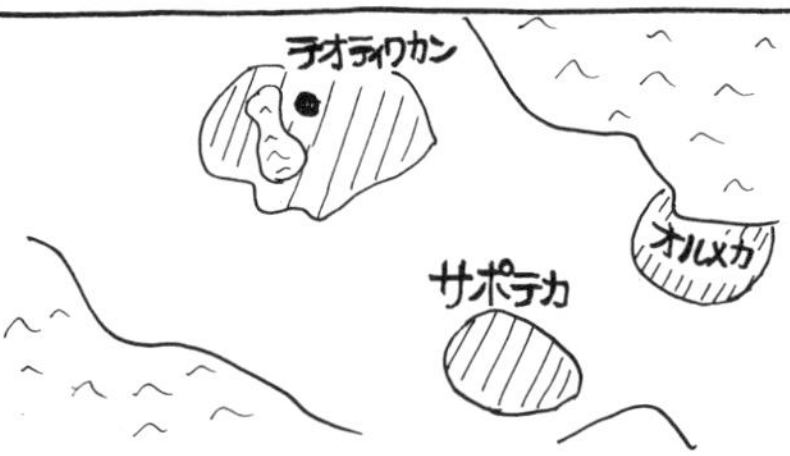

テオティワカン
オルメカ
サポテカ

この、現在オアハカと呼ばれる地域に生まれたサポテカ文明は、2つの有名文明とちがって、誰がこの文明の担い手なのかがわかっている。その名のとおり、現在もこの地域に住む50万人のサポテカ人の祖先である。

もうひとつの特色といえば、2つの文明がきれいさっぱりなくなったあとも残ったこと。

メキシコ側の地域では一番長命の文明なのです
ベタですみません

オアハカで最初に文明の萌芽が見え出したのは、現在サン・ホセ・モゴテといわれるところ。この都市の古さはオルメカのサン・ロレンソに引けを取らず、前1150年ごろにはすでに始まっていた。モンテ・アルバンが築かれるまではオアハカ随一の大都市であった。

モンテ・アルバン

サポテカ人は前500年ごろ、オアハカ盆地の真ん中の、高さ400メートルの山のてっぺんに最大の都市センターをつくる。サン・ロレンソと同じで、頂上の土を削って平らにならすという方法であるが、こっちの方は8倍の高さで、さらなる労苦がうかがわれる。

水や物資の運搬もままならぬような辺ぴな山上になぜ都市を築いたのか？

戦争国家

砦が築かれていたことや、あちこちにあるレリーフの絵から、ここいらはかなり戦争の絶えない地域だったことがわかる。

モンテ・アルバンでは、征服した国の記録を刻んだ石板を建物に貼りつけていた（40枚以上見つかっている）。

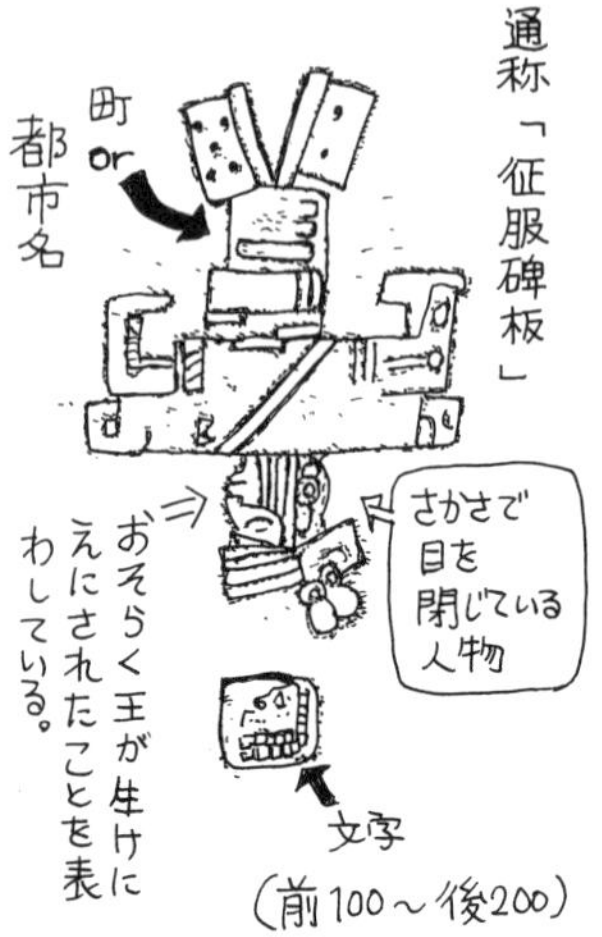

通称「征服碑板」
町 or 都市名
さかさで目を閉じている人物
文字
（前100～後200）
おそらく王が生けにえにされたことを表わしている。

国はすべてモンテ・アルバンから140km以内のもの。モンテ・アルバンは関東よりちょっと広いくらいの領域で、トップの座に君臨したのだった。

戦争ものレリーフでなんといっても有名なのが

〃踊る人〃。

――あぁ、なんて残酷な話だろうか。

発見当初、人物が踊ってるように見えたので、無邪気にもこの名称が付けられた。が、あとになって（1960年代）、実際はすさまじい拷問を受けている捕虜たちを描いたものだとわかった。

この人の名前
このうにゃうにゃしてるのはチンを切り取られた際の鮮血
そりゃー踊ってるよーに見えるけどさ～

こんなんが300以上も!!

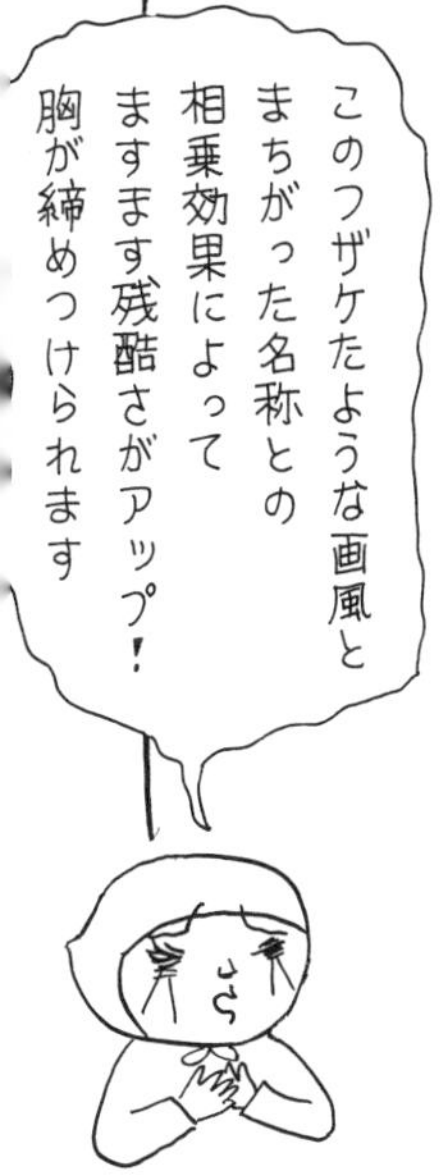
このフザケたような画風とまちがった名称との相乗効果によってますます残酷さがアップ！胸が締めつけられます

これらの悲しいレリーフも建物の壁を飾っていた（建国後間もない前500年ごろから作られ始めた。モチーフ自体はサン・ホセ・モゴテですでに見られる）。

オルメカやテオティワカンでは、壁画や石彫においてこのような戦争や暴力のダイレクトなモチーフは見つかっていない（実際はまちがいなくやってただろうが）。

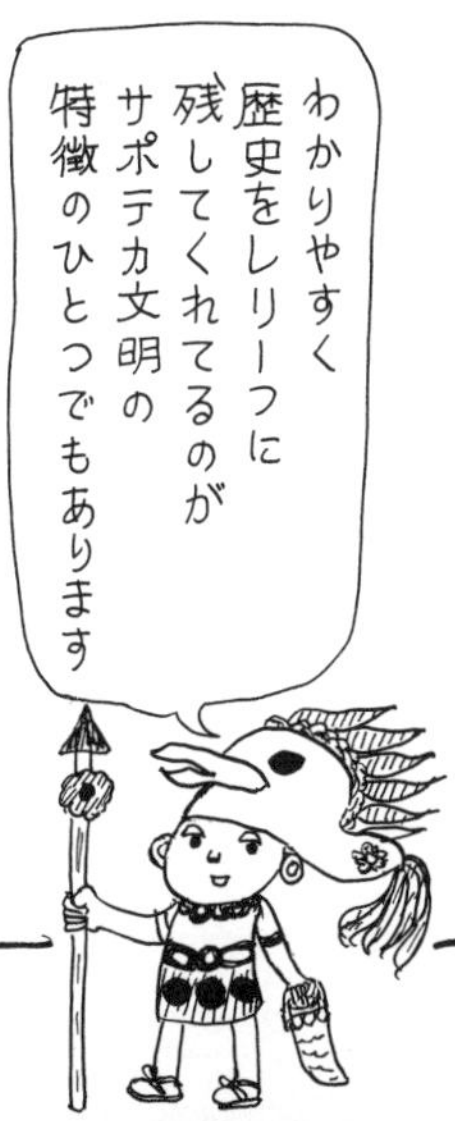
わかりやすく歴史をレリーフに残してくれてるのがサポテカ文明の特徴のひとつでもあります

これらの石板には文字もあり、日づけも見つかっている。その日づけはメソアメリカ全域にまんべんなく伝わる2つの暦、260日暦と365日暦であった。これらはメソアメリカでは最古のものであるので、2つの暦の体系を発明したのはサポテカ人だと考えられている（今のところは）。

暦の話は「マヤの章」でな！

文字や暦だけでなく、モンテ・アルバンにはメソアメリカの文化すべてがそなわっている。天体観測所も球技場もある。

球技場は前100～後200年のどこかで、すでに造られていた。

モンテ・アルバンには8つもある。

しかしサポテカ文字は残念ながら解読されていない。見つかってる文字数が絶対的に少なく、1回しか出てこない文字がほとんどだから、というのがその理由。

でも前ページの征服碑板のように、表意的なところを読み取って、なんとなくこーいうことがあった、というのは推測されている。

わかりやすい絵も助けてくれる。

たとえばこれ。

テオティワカンの使者の訪問を描いたレリーフ（部分）

手に香の袋を持ったテオティワカンの使者（笑顔！）

名前

（鼻だけ見える）モンテ・アルバンの王

テオティワカンとはなかなか対等なお付き合いをしていたようです

わかりやすい絵をいっぱい残してくれたモンテ・アルバンであるが、やはり文字がわからないということで語るべき歴史エピソードはあまりない。

ザザッと一口メモ風に言うと、

――モンテ・アルバンはテオティワカン隆盛の時期に合わせるように、後200～700年ごろ全盛期を迎え、650年ごろテオティワカンが崩壊すると、その余波をかぶったかのように少しずつ衰退。後1000年ごろには捨てられてしまった――

という実に無味乾燥なことになるのだが、これ以上膨らましようがないので、この辺で終了――。

横着野郎！
サポテカ文明は、歴史部門は（今のところ）ぱっとしなくてつまんない感じだけど、美術部門はおもしろ連発なところですよ

サポテカ文化

シペ・トテク神
この方についてはのちほど
生首

サポテカの雨神
コシーホ
もろこし
土器
この人は頭飾り
この人が本体
鼻
目
歯
舌

こういったフィギュア土器はとてもポピュラー。ザクザクあります。

後ろ手に縛られてる(?)ハナグマの石碑
モンテ・アルバン、南の基壇の隅を飾る

この雲みたいのはマンガのフキダシといっしょで、しゃべってることを表わす。

10世紀以降のレリーフ

かわいい顔!

これは結婚式のシーンだそうです

またモンテ・アルバンからはお墓もたくさん見つかっていて、その内部を飾るカラフルな壁画も有名。

その後のサポテカ人

捨てられたモンテ・アルバンを拾ったのはミシュテカ人であった。後1100年ごろより、サポテカ人の墓から遺体を引っ張り出して、自分たちの墓所としてリサイクルした。

サポテカ人はモンテ・アルバンをなぜ捨てたのか？　また捨てたあとどこへ行ったのか。

もろもろの事情はさっぱりわからない。ただサポテカ人の都市は、モンテ・アルバン以外にもたくさんあったので、そこにじょじょに分散していったと思われる。

とくにミトラは比較的大きなサポテカ都市で、モンテ・アルバンの失墜と入れ替わるように発展していった。人々の多くはこちらに移動したのかもしれない。

なんにせよ、モンテ・アルバンのような中央集権のカリスマ都市は二度とオアハカには作られず、中規模都市がそれぞれ活《い》き活《い》きと活動する時代に入った。

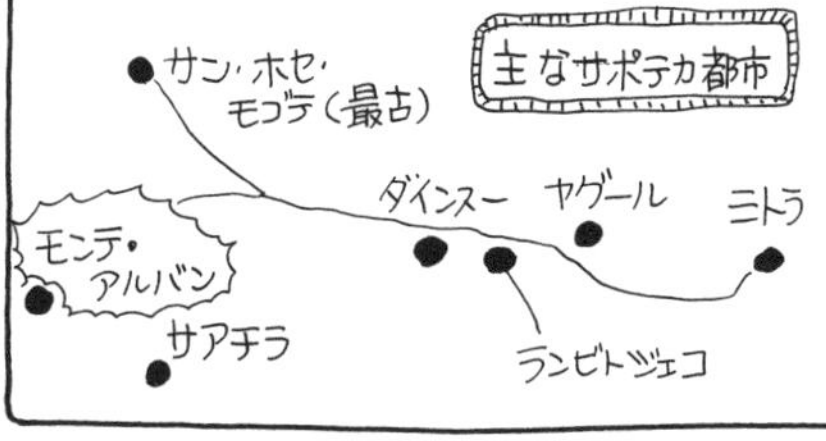
主なサポテカ都市
サン・ホセ・モゴテ(最古)
モンテ・アルバン
サアチラ
ダインズー
ヤグール
ランビトジェコ
ミトラ

ミシュテカ文明

後900〜1522年

ミシュテカ人はもともとオアハカの西部に、サポテカ人の隣人として暮らしていた人々。現在も50万人以上いらっしゃる。

この人たちはひとつにまとまらず、独立した都市にそれぞれ王朝を築き、協力したり、小競り合いしたりしていたようだ。後1000年以降は、政略結婚などの懐柔政策でサポテカ人の土地にうまいこと入り込んだ。

「ミシュテカ＝手先が器用な芸術家集団」と古くから名声を博し、この方たちの巧みすぎる工芸品が、オアハカに限らずさまざまな場所で現われている。

細かい金細工が得意。

金をあまり使わなかったメソアメリカにしては珍しく金ピカ。

ちなみに、ミシュテカの雨神はこう！

ゲッ!! なんか悪ノリしてコスプレした西洋人みたいになっちゃってるし……
てて

先に挙げたサポテカ都市ミトラの建物は、幾何学模様をふんだんにあしらった壁面を持っている。その緻密さ、異質さからもミトラ建設はミシュテカ人が強く関与している、と考える人もいる（ミシュテカ絵文書←の絵と同じ描法の壁画さえある）。

ナットール絵文書

ミシュテカ王朝の歴史は絵文書でちゃんと記録されている。

謎の文明ではないのですよ

でもこの人たちの本は絵と判じ絵★を読んでいくという原始的なものだよ。オレたちとはちがって……
なんでサポテカから文字を借りなかったかね〜
フン

それらの何冊かに、ミシュテカの一王国の王「8のシカ」の伝記が描かれている。「8のシカ」が各国を征服し、それらの王をつぎつぎに生けにえにし、その妻らと結婚し、家族も殺していき……、という落ち着きのない人生がかわいらしい絵で語られる。

シカ
8

★判じ絵　モノの音と対応した絵を描いたもの。たとえば「まちがえ」という文字を表わすのに マッチ が 絵 と描くようなもの。

涙をお流しに……
敵の王の処刑

鼻ピアスの穴を開けてもらう「8のシカ」
神官
8のシカ

その絵文書のひとつ、全長約11mにもおよぶ『ナットール絵文書』のほんの一部を。

これら3つの山は地名を、槍が刺さってるのは征服を表わす。
たまらんかわいさ
キューン

神殿で生けにえとなる敵の王

火葬される敵の王

「8のシカ」は11世紀から12世紀に生きたミシュテカ[115]ーの有名征服王。最後は敵に捕まり、生けにえとなった。

このようにミシュテカ文明は、立派な歴史文書があるにもかかわらず、遺跡自体あまり発掘されていないせいか、日本の書物では（世界は知らんが）ほんのちょっとの紹介しかされず（この本も。すみません）。たぶん、ずーっとなじみが薄いままなような……。

南米との類似

最初のほうでメソアメリカは、2つの自然の要塞によってへだてられていて、交流はもっぱらメソアメリカ内に留まった的なことを書いていますが、交流があったことを否めないようなもんが続々と！

オルメカと同時期にペルーのチャビン・デ・ワンタルでもジャガー信仰が起こり、擬人化したジャガーのモチーフが現われる。フザけてるような描法（私見）も似てるって言えば似てる。オルメカが影響を受けたのか、影響を与えたのか。

だいぶあとだけどコロンビアのサン・アグスティンでもこういう石像が作られた。

紀元前後〜後800年ごろ

それとか、セロ・セチン（これもペルー）にある建物のレリーフとモンテ・アルバンの「踊る人」も、類似を指摘されるものの大代表。

これらも戦争捕虜の処刑場面。レリーフにはくりぬいた目や切り取った体の部位も描かれている。

こんなもんじゃなくて、ほかにもかなりあります。ある分岐点までは文化を共有してたと思うくらいに……。でもなー、似てる、似てないというのは、一番あてにならない単なる主観要素だし、同じよーなものが同じ時期に発生する例はいくつもあるので、関係あるのかないのか、決定的な証拠が出ない限りなんとも言えないのだった。

第4章

テオティワカン文明

顔の見えない巨人の都
（前150〜後650年）

メソアメリカの最大権力、そして最大の謎となるテオティワカン、メキシコ中央高原に誕生——！
テオティワカンとはナワトル語で「神々の座所」という意味。テオティワカンが滅んで、だーいぶあとにやってきたアステカ人がこの都市のあまりのスケールの大きさにびっくりして、神と巨人が作った都市だと考え、自分たちの言葉ナワトル語で名前を付けたのだった。それに加えて、神々が会議をして現在の太陽と月を創造したという神話も作った。
……と、のちの人々が語るテオティワカンの話は神話の中の舞台としてしか出てこず、歴史らしい歴史はいっさい語られない。テオティワカンは「どうです」と言わんばかりに物証がある——都市がまんま残ってる——のに、語られるべきストーリーがない、なんとももったいなさすぎなところなのだ。

詳細に語られてるけど〈トップラトン〉、物証なしのアトランティスなんかとは対照的ですね〜
えっ、そことくらべる?。

ライバル都市？ テオティワカンの先駆？

クィクィルコ

テオティワカンがやっと「村」と呼べるくらいになった前6世紀ごろ、50km南にあるクィクィルコは、すでに神殿を築き上げていて、メキシコ中央部で最大の都市の座にあった。

しかし8km南西に位置するシトレ火山の、紀元前50年ごろと後200年ごろの、二度にわたる噴火で溶岩が流れ込み、クィクィルコは壊滅。その事情に連動するように、テオティワカンは急速に「都市」となっていく。

クィクィルコの住民移動がテオティワカンの都市化にどれくらいの影響を与えたかは、学者の意見もまちまちであり、答えは容易に出ない。

まぁ、そうたいしたことでもないし、なんでもいいんじゃないでしょうか
お前……本当に怒られるぞ

ちょっと珍しい円形のピラミッドがあります。前300年ごろの全盛期に造られたもよう。

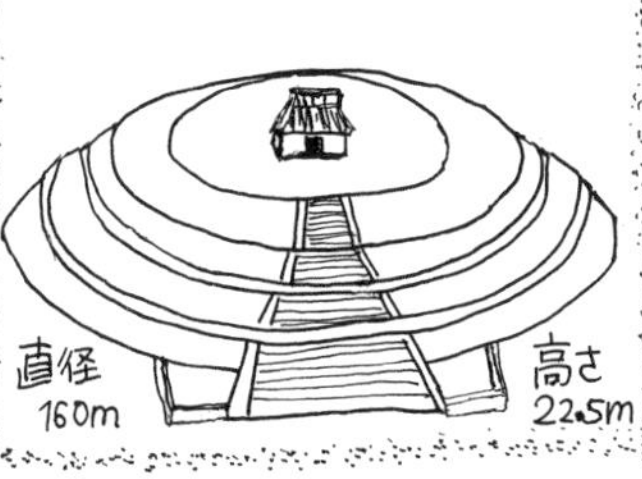
直径 160m
高さ 22.5m

テオティワカン その緻密な計画ぶり

テオティワカンの驚異は大ピラミッドの存在や都市の規模だけではない。それよりもっとすごいのが、その都市の計画性である。

ここには行き当たりばったりはない。

方位、建物の寸法、配置、中心軸、周りの山々などなど、あらゆる要素が綿密に計算されている。

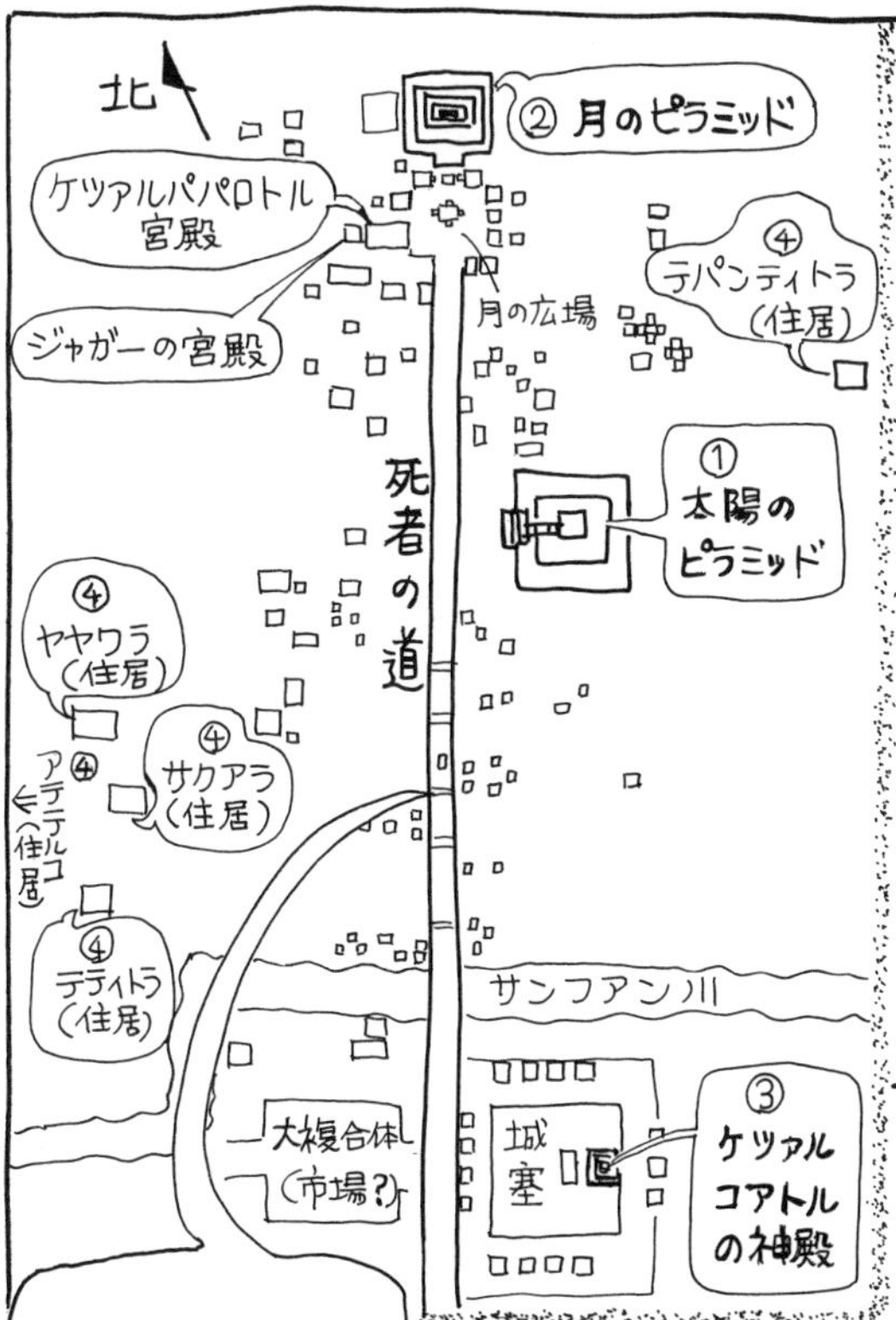
北
②月のピラミッド
ケツァルパパロトル宮殿
ジャガーの宮殿
月の広場
④テパンティトラ（住居）
①太陽のピラミッド
死者の道
④ヤヤワラ（住居）
④サクアラ（住居）
④アテテルコ（住居）
④テティトラ（住居）
サンフアン川
大複合体（市場？）
城塞
③ケツァルコアトルの神殿

テオティワカンのいたるところに時間、数学、天文学の英知が織り込まれてるのです

テオティワカン発掘リーダーの1人である杉山三郎氏が測量に当たっていて、すごいことを発見した。

それはテオティワカンの基本単位であった。

テオティワカンは私たちの単位でいうと〝83cm〟を1単位とした基本の寸法を持っており、主要な建物の大きさや、建物同士の間の距離はその数で割り切れる。それで出てきた数字といえば、52、260、584、819などメソアメリカの暦に関連したものばかりであったのだ〜（584は金星の会合周期。そのほかの数字にかんしてはマヤの章で）。

死者の道

全長約3km、幅約50mの大通り。建ち並ぶ左右の小ピラミッド神殿をアステカ人は神々や巨人の墓と見なし、こう呼んだ。真北から15度25分東にズラして造られており、すべての建物はその方位に忠実に造られた。

北
15度
25分
死者の道

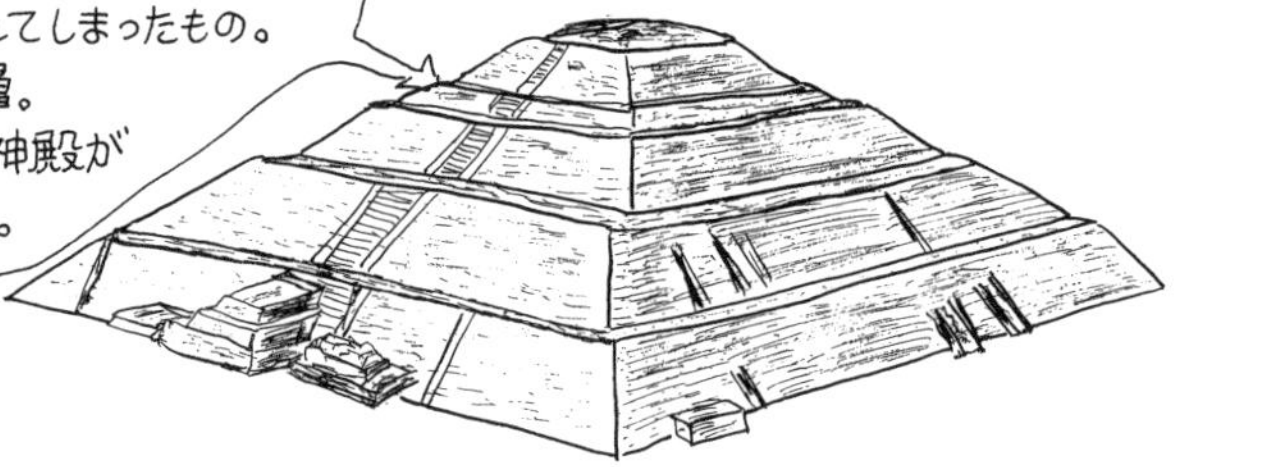
このみみっちい部分は20世紀初めに修復されたとき、なぜか付け足されてしまったもの。
本当は4層。
てっぺんに神殿が載っていた。

① 太陽のピラミッド

後100年ごろ建設スタート。250年ごろまでには今の大きさに。

何しろデカい！
テオティワカンでもっとも大きく、世界でもトップレベル！

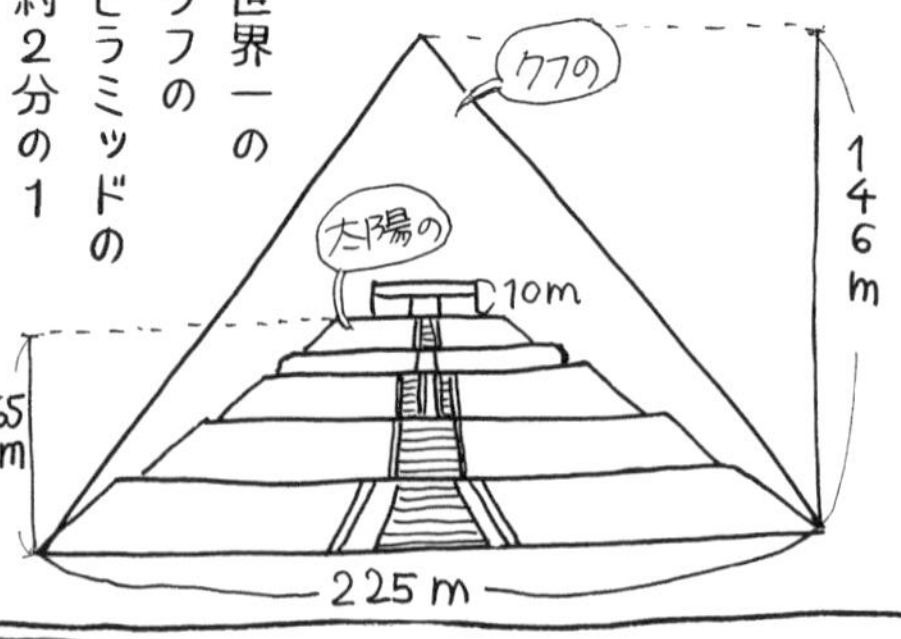
世界一のクフのピラミッドの約2分の1
クフの
太陽の
10m
146m
65m
225m

特筆すべきはピラミッドの真下に洞窟があること。ピラミッド地下には、長さ120m以上の通路があり、洞窟（泉つき）まで導いてるのだ。

オルメカのところでも記したように、メソアメリカの各地では洞窟信仰がよく見られ、これこそまさにその好例といえるもの。

もともと信仰していた洞窟の真上に来るようにピラミッドを建設したといわれている。

また、暦での重要な日（4月30日と8月13日＊）には、ピラミッドから真正面の地平線に太陽が沈む。15度25分、東にズラした方位もまた、暦に合わせて作られたようである。

＊260日暦に関連する日で、このくだりはマルムストレーム氏による。くわしくはP94で。

ダークな情報

ピラミッドの四隅に子供たちの生けにえと思われる遺体が見つかってます。

洞窟
ピラミッド西（正面）がスロ

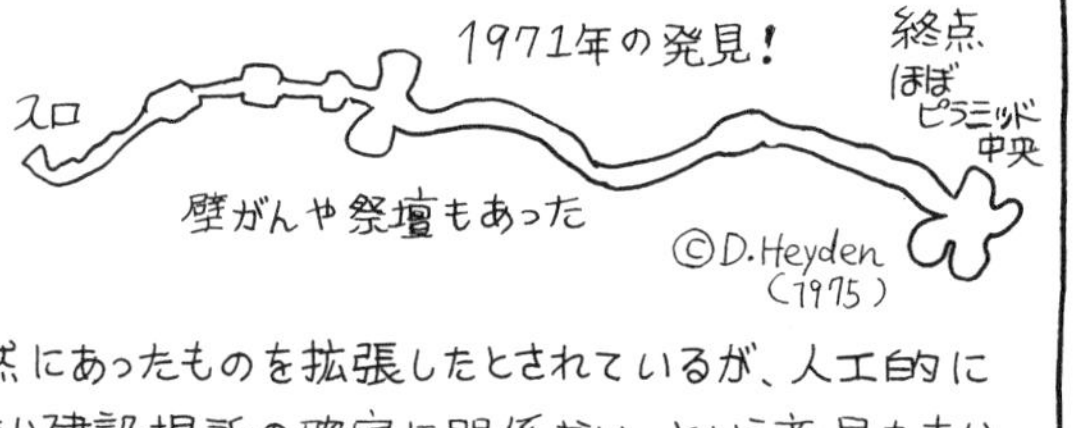
1971年の発見！
スロ
終点ほぼピラミッド中央
壁がんや祭壇もあった
©D.Heyden（1975）

この洞窟は自然にあったものを拡張したとされているが、人工的に造った洞窟であり建設場所の確定に関係ない、という意見もあり。

たまらん
く〜
地下ファン

② 月のピラミッド

後100年ごろ建設スタート。後400年ごろまで増築。

太陽のピラミッドに次ぐ大きなピラミッド。

このピラミッドはなんと7基ものピラミッドが重なっているのだ〜。

最初のピラミッドは、今見られるものの40分の1の大きさであった。たびたび増改築がなされ、そのたびに古いピラミッドは新しいピラミッドで覆われた。

高さ45m
基底部の1辺の長さ150m

NOー!

そして……増築のたびに生けにえが埋められた。

その、おそろしい、プラス悲しすぎる生けにえのための埋葬跡はいくつも見つかっている。すべてにふんだんに供物が添えられ、それぞれ人数がちがう。

たった1人のもあれば、頭がい骨だけ17個というのや、胴体だけ12体というのもある。いでたち、装飾品などからマヤ人の貴族と推測される3人組のものも見つかっている。

ジャガー、オオカミ、コヨーテ、ガラガラヘビ、ピューマ、ワシ、タカ、フクロウといったメソアメリカの重要な動物(計約40匹)も生けにえに付き合わされた。

ジャガーとピューマがオリに入れられ、ほかの動物たちも縛られていたことから、生きたまま埋められたことがうかがえるそうで……。

これらのことはつい最近、1998年から始まった(前述の杉山三郎氏たちによる)発掘でわかったことである。

テオティワカン・ザ・ビギニング

発掘調査によると、まだこんな大都市になる前に、テオティワカンで最初に人口が集中し発展していったのが、この月のピラミッド辺りということ。この辺には洞窟がいっぱいあるので、信仰の心から、人々が集まってきたと考えられる。

またこのピラミッドの背後に山(セロ・ゴルド)があり、これも偶然ではなく、この山と重ねて見えるように造られたようである。

太陽、月のピラミッドって名もアステカ人の命名です

あたかもピラミッドが山の付属物であるかのよう。

メソアメリカ共通文化！

自然崇拝

研究者によると、メソアメリカのピラミッドは聖なる「山」を模したもの、だそうである。

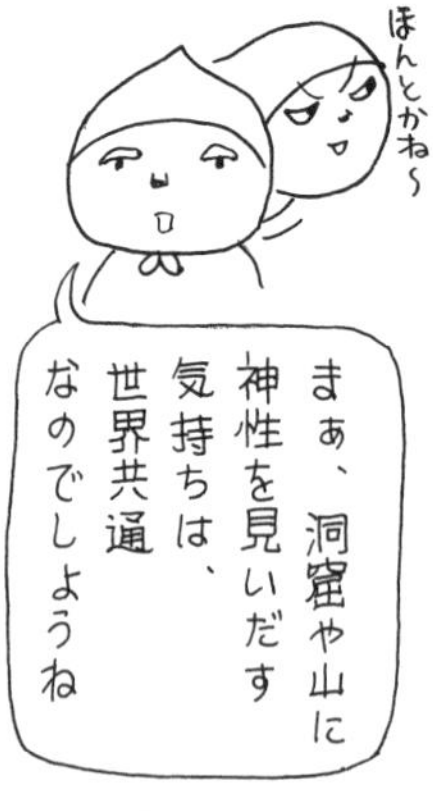
ほんとかね～
まぁ、洞窟や山に神性を見いだす気持ちは世界共通なのでしょうね

また月のピラミッドのように、古い神殿の上を新しい神殿で覆うマトリョーシカ人形方式も、メソアメリカのポピュラーな建築工法であります。

立派に築き上げたものを惜しげもなく埋められる（捨てられる）人々なのです。このいさぎよさ見習いたいものです
しみじみ
ゴミババア体質

③ ケツァルコアトル神殿

後2世紀ごろ造られる

太陽や月のピラミッドの、宇宙船格納庫みたいなSF的な外観とはまったく趣を異にし、キャラクター彫刻がぎっしりで、親近感が持てるふんいき。

テオティワカンで3番目に大きい神殿であるが、先の2つにくらべると極端に小さい。

太陽のピラミッド
ケツァルコアトル
高さ 20m
一辺 65m

4世紀ごろ用済みとなったのか、側面のうち3面は取り外され、前面部は残ったものの、それもあとに造られた建物によって見えなくなっていた。

うしろにうっすらと見える ケツァルコアトル神殿
新しい建物

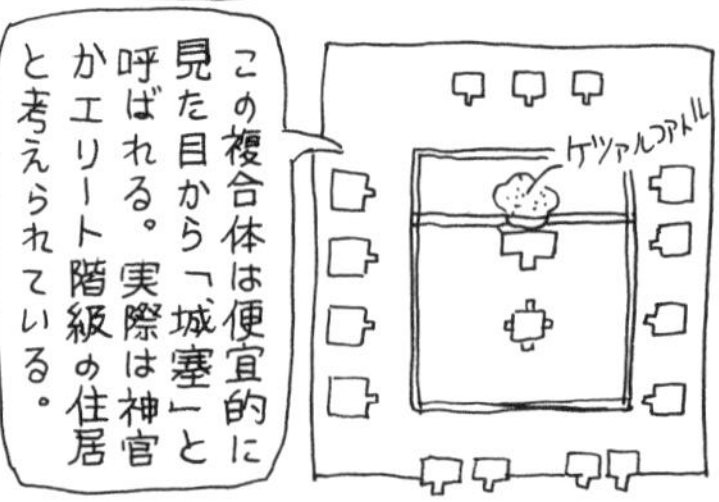
ケツァルコアトル
この複合体は便宜的に見た目から「城塞」と呼ばれる。実際は神官かエリート階級の住居と考えられている。

こんな中途半端な壊し方、残し方、隠し方は例がない。

メソアメリカ全般では、新しく神殿を造るときは、月のピラミッドの例のように、前の神殿の上にかぶせて造るというやり方がお約束になっているのに、それもせず何かの罰のようにただ放置。

そんな、どうにもスッキリしない感から、政権闘争や宗教的対立をここに見る研究者もいる。

ああ……そして出てますよ、また……

このピラミッドのための生けにえの遺骸が、神殿内外から約150体も発見されている！（合計200以上になると推測されている）

皆さん、着飾られてるのが、なおのこと哀れさを誘う。

後ろ手に縛られてる
しかもこれらのネックレス"アゴ"ですからね!! もー ここら辺は シリアル キラー・テイスト。

この方たちも、何人か一組でセットにされていたのだけれど、その人数はすべてメソアメリカの重要な数字——暦に関するものや、方位、空間の数《4、9、13、18、20》——となっている。

人間の命を数合わせに……

この方たち★の骨を理化学分析にかけ出身地を調べると、さまざまなところから集められてきた人たちであるのがわかった。

この生けにえ墓は、神殿が破壊されたとほぼ同時期に盗掘を受けている。

そこら辺もまたいろいろ意味深な……

★ストロンチウム同位体比というものの分析。くわしくはのちほどマヤの章で。

★この"羽毛のあるヘビ"神がこの時代に実際なんと呼ばれてたかはわかりませんが、同じ神を表わしてるのはほぼ確実でしょうから、とりあえずこの名称を使ってます。トラロックやそのほかの神々も同様です。

キャラクターが意味するもの

神殿を彩る2つのキャラクターの顔面は、交互に現われる。

こっちはメソアメリカのどこにでも出没する"羽毛のあるヘビ★=ケツァルコアトル神"。これがケツァルコアトルであることに異を唱える人はいないが、

問題はこっちである。

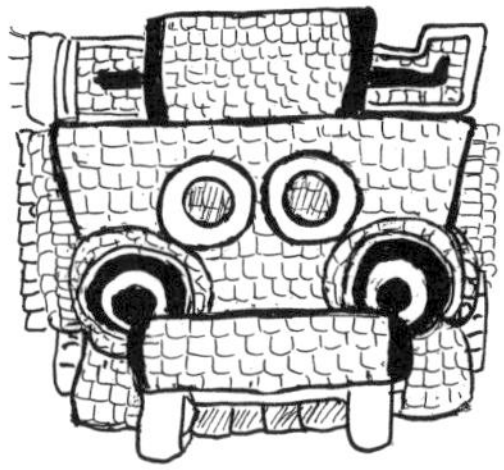

ケツァルコアトルに比べ、なんかつザけてるというか、幾何学的な感じの方である。

何はおいても目立つ丸めがねゆえに「丸めがねといえば雨神トラロック」と単純に思われていたが、最近はちがった解釈が出ている。

それによると、なんとこの丸めがねは目ではなく、目は、下のこの部分であるのだ。

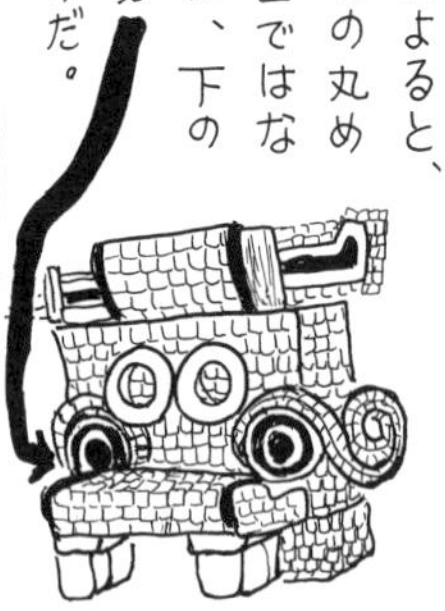

本当だ〜!! よく見りゃーしっかり目になってる!!

じゃあ上のめがねはなんなんだ？ ということになる。

トラロックをトラロックたらしめる重要アイテムに丸めがねがあるわけだが、めがねはかならずしもトラロックのしるしというわけではなく、おもに「飾り」としても機能していた。

ではこの人は誰なのかというと、「戦争のヘビ」や「シパクトリ(ワニ)」ではないか、といわれている。2神ともなんやら複雑でひと言では言えない、一見《いちげん》さんお断りのNO親近感なキャラクター(この本でもほとんど登場しません)。

しかもどっちのキャラにせよ、それらの神さまが「頭飾り」の形にトランスフォームしていて、それをケツァルコアトルが運んでいるシーンを表わしてるのだという。

で、「戦争のヘビ」というのは、カール・タウベという研究者の定義によると、壁画などで戦士の頭飾りによく現われるヘビ頭だそうで、簡単に言うと、その名のとおり戦争を象徴するキャラクターらしい。

丸めがねをど根性ガエルのヒロシ風にかけてる例は多々あります。

「シパクトリ」はアステカの260日暦の1日目の守護神であり、「始まり」や「創造」「とき」という観念に関連してる方らしい。このシパクトリの頭飾りは、テオティワカンの上半期にはよく出没するモチーフだったそうだ。

また、神殿が存在していたときは、この2神の彫刻の合計数が365だったと計算している人もいる。

生けにえの人数の数字を始め、いろんなことが「とき」「暦」を示唆するのである。

④ お住まい

テオティワカンの住民にはアパートメントが用意された。今まで見つかったアパート数は2000以上。1つの棟で100人くらいが共同生活をした。

アパートの5分の1以上は専門職に就いてる人たち用のもので、職人ごとに集められていた。

またサポテカ人の職人だけが住む地区もあった。こういうことから外国人も生活する国際都市だったと考えられている。外国人は自分たちの文化をそのまま持ち込み、居心地の悪さを感じることなく楽しく生活していたようだ。

黒い報告

これら庶民アパートのゴミ捨て場跡から、生ゴミとともに人骨が出ていて、ここでも人肉が食卓を彩っていたことがわかります。

貴族や神官など権威のある人たちが住んだと思われるお屋敷も残っていて、それらの壁はこういったキュートな絵が満載！

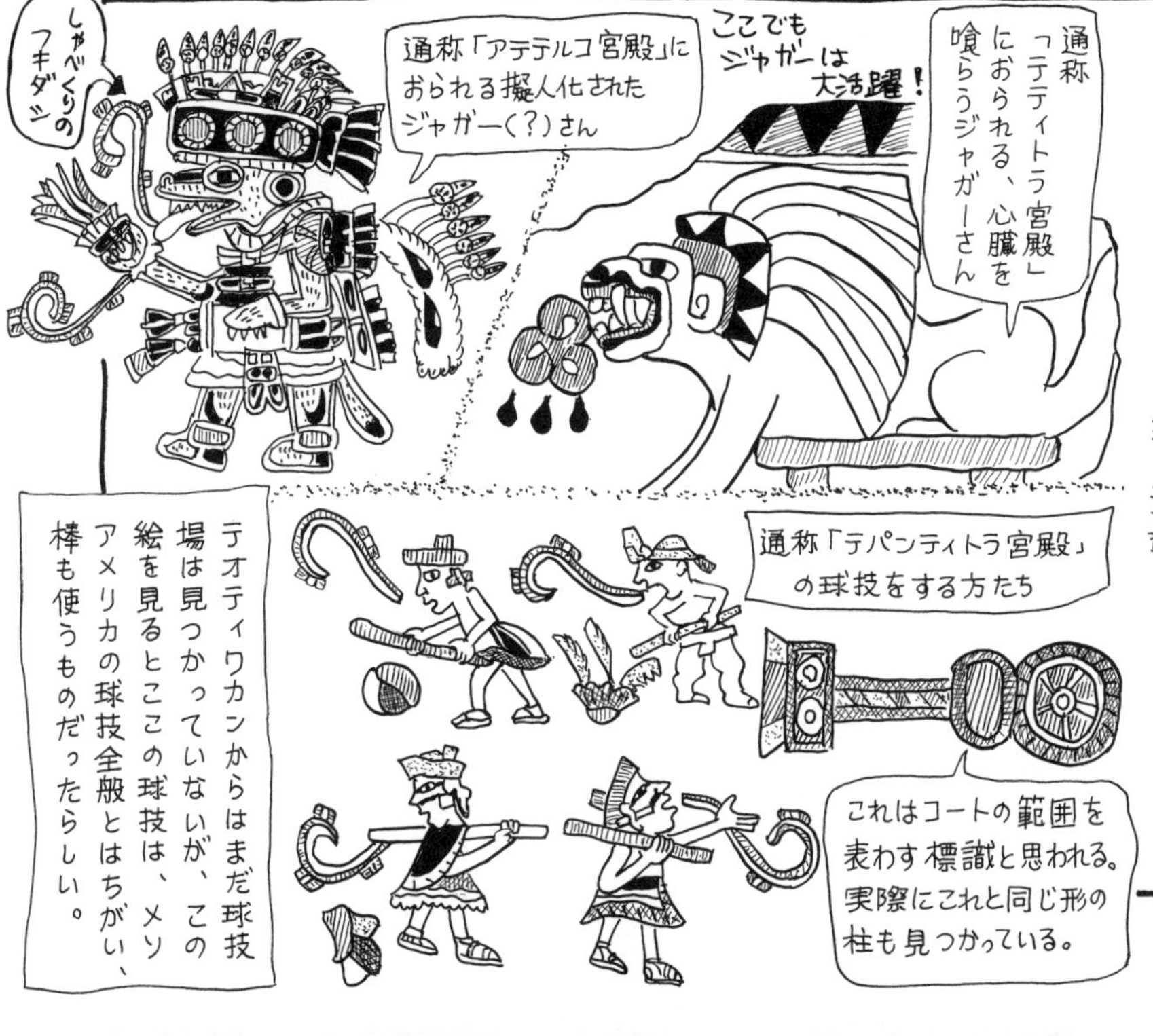
ここでもジャガーは大活躍！
通称「テティトラ宮殿」におられる、心臓を喰らうジャガーさん
通称「アテテルコ宮殿」におられる擬人化されたジャガー(?)さん
しゃべくりのフキダシ
通称「テパンティトラ宮殿」の球技をする方たち
これはコートの範囲を表わす標識と思われる。実際にこれと同じ形の柱も見つかっている。
テオティワカンからはまだ球技場は見つかっていないが、この絵を見るとここの球技は、メソアメリカの球技全般とはちがい、棒も使うものだったらしい。

テオティワカンの神々

なんといっても

トラロック

とうもろこし
雨神

テオティワカンのシンボルマーク、マスコット。いろんなとこに描かれる。

ウエウエテオトル

苦みばしった顔の火の神ジイさん

おそらくクィクィルコ（p50）がこの神の発祥地。実際クィクィルコで神像も見つかっている。火山被害――火山の爆発や溶岩流のおそるべき威力にインスパイアされて誕生したと思われる。

シペ・トテク

春の神

もともとはサポテカ人の神だとか。「春の神」なんてさわやかなこと謳《うた》ってるけど、この人の衣装は人間の皮。バッファロー・ビルやエド・ゲインの先輩とも言うべき皮剥《は》ぎ神。植物の種子が外皮を破って成長していくことを、人間の皮を剥ぐことに結びつけたんじゃないかと考えられている。アステカではこの人の名のもとで、盛大な皮剥ぎの儀式が毎年執行された。テオティワカンでも同じようなことをやっていたのは想像に難くない。

ケツァルコアトル

すこしはなじんだ？

ケツァル＝ケツァル鳥。転じて「羽毛のある」と訳される。コアトルはヘビの意味で「羽毛のあるヘビ」となる。

ヘビの顔はしてないけどね～。イヌっぽい

チャルチウトリクエ

月のピラミッド前で発見された巨像

「ヒスイのスカートの女」の意味。名前のとおり、ヒスイのスカートを着用。トラロックの妹であり、嫁でもあるという。水の女神。

メキシコ側の神々は、テオティワカンですでに確立されていて、すべてあとあと――アステカまで継承される。でも、女神たちは個々の判別がつきにくく、どの女神が、どのアステカの女神に当たるかはっきりしない。

大女神

口が蜘蛛《くも》みたいなことから"蜘蛛女""蜘蛛の女神"とも呼ばれる。たぶんテオティワカンのNo.1神。でもまったくプロフィールはわからず。

テオティワカン文化

まずは タルー・タブレロ様式

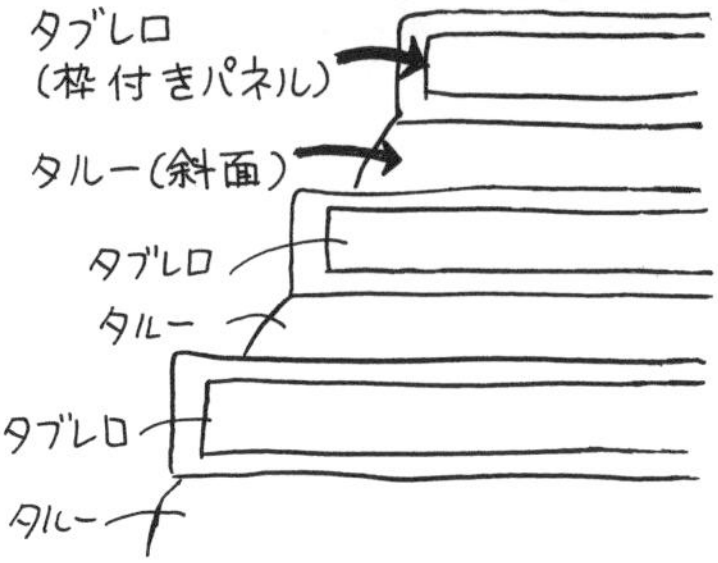

タブレロ
(枠付きパネル)
タルー(斜面)
タブレロ
タルー
タブレロ
タルー

テオティワカンらしさを表わすものの筆頭に挙げられるのがこれ。タルーとタブレロを交互にくりかえす建築様式で、ケツァルコアトル神殿を始め、多くの中規模ピラミッド神殿に採用されている
テオティワカンからメソアメリカ全土に広まった。

三足土器

全国に輸出された。

通称「狂ったためんどり」

貝づくし!

テオティワカンは海から遠いのに、交易のたまものか、貝がらグッズが多い。
それにしても貝がらって、モノをチープに見せる強力アイテムのように思います。

骨ツボのフタ

ミニチュアの作物が、どうも子供っぽさを醸し出す。研究者にいわせると豊穣を表わすそうだが。

マスク for 死者

ぬくもりのない
非人情フェイス

この蝶みたいな飾りは
魂が逃げないようにする
ためのものだとか。

胸にミニ人形を抱える人形

この人形も多い

ミニ人形は自我?

テオティワカンの立ち位置と軍事活動

この時代、こんな規模を持った国はもちろんほかになく、経済面でテオティワカンがひとり勝ちしていたのはまちがいないっぽい。

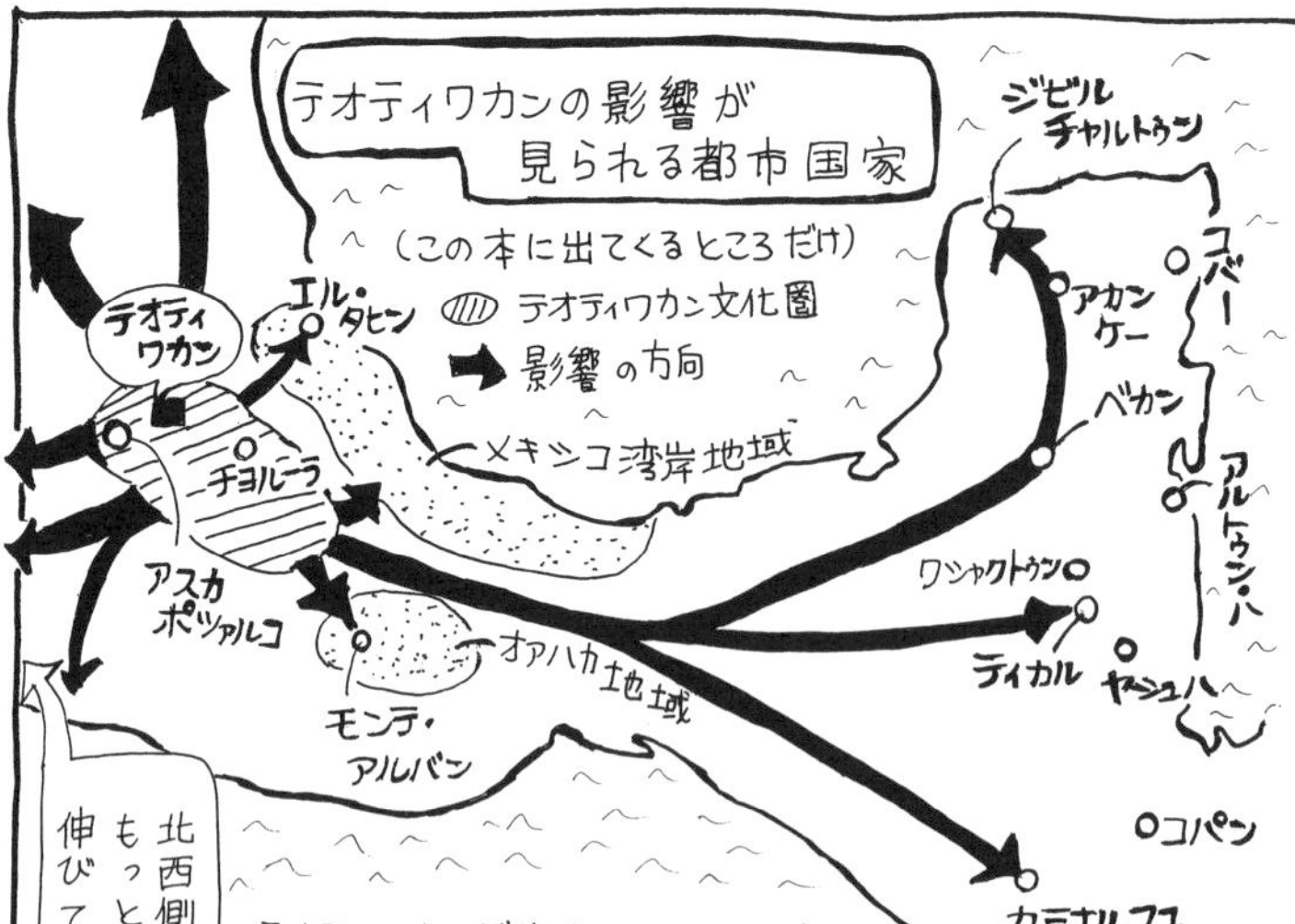
テオティワカンの影響が
見られる都市国家
(この本に出てくるところだけ)
テオティワカン文化圏
影響の方向
テオティワカン
エル・タヒン
チョルーラ
アスカポツァルコ
メキシコ湾岸地域
オアハカ地域
モンテ・アルバン
ジビルチャルトゥン
アカンケー
コバー
ベカン
アルトゥン・ハ
ワシャクトゥン
ティカル
ヤシュハ
コパン
カミナルフユ
北西側への矢印はもっとグーっと伸びてます

テオティワカンが強大になった理由は
はっきりとはわかりませんが、とりあえず土地に
恵まれていたことは挙げていいでしょう。肥沃であり、近くには
黒曜石(メソアメリカ一《いち》の使える石)の産地がありました。

前ページのテオティワカン製品はメソアメリカのいたるところで見られる。

いろんな国々と交易があったことがわかるが、はたしてテオティワカンは、そこからぐっと暴力的な方向に進んで侵略活動をしてたかどうかってことでは意見が分かれている。

飛び抜けすぎた経済力は、多くの国を泣かせてきた結果なのか。生けにえに他国の人がいる例などから、それらの都市に、ある程度以上のニラみを利かせていたのは疑いのないことだろうが……。

国の中には、タルー・タブレロ様式の神殿を建てたり、丸めがね模様を装飾したり、堂々とテオティワカンに擦《す》り寄ってるのがわかるところもある。これを支配下に置かれた証拠と見るのか、それとも、その時代の一番力のある進んだ国の文化にあこがれ真似しただけのことと取るかは、選択がむずかしいところ。

日本も中国から
漢字やらなんやら
いろいろ文化を借りましたしね〜。
それを思うと
「支配」と決めつけるのも
なんだし……

うーん

で、やっぱり支配はなかった、という方向に持っていこうとしても、マヤ世界でテオティワカンがいろいろやってるフシが出てくるし……（この件はマヤの章で）。

もう！　単純に
「全メソアメリカを支配！
テオティワカン帝国を築いた」
ってやってくれてたほうが
スッキリわかり
やすいのに〜

ダー
この本もどんなに書きやすいか……

テオティワカンはメソアメリカ中に影響を与え続けたが、ほかの国から文化を吸収するようなことはあまりなかったようだ。文字体系が発達していたマヤ地域やサポテカと交流が深かったにもかかわらず、その便利な発明には目を向けず、歴史的事柄を記す習慣は生まれなかった。

文字にかんしては、いちおう、テオティワカンオリジナルの文字もあるにはある。が、まだ120ほどのシンボルめいたもの（神の名や地名といった「名称」）しか見つかってない。長文が見つかってないので、解読はむずかしいそうだ。

番長の
プライドからか。
単なる無関心か

滅亡へ

この世は本当に諸行無常。栄華は長く続かない。7世紀半ばごろ、この超大国にも終わりがやってくる。

暴力による終焉だった。焼け跡などの破壊跡がそれを大いに物語っている。

いったい誰が、この大国を滅ぼしたのか？

こんな、強大な力を持つテオティワカンにケンカを売れる命知らずの国があるのか。

いちおう犯人候補としては、北からやってきたケンカ上等の新勢力チチメカや、漂泊民といわれたオトミの名が挙がっている。

また、破壊は中心部の神殿や宮殿に限られていて、一般人が住むアパートなどは無傷なことから、内部のクーデターや革命によるものだ、とする人もいる。

この意見が
一番説得力が
あるように思えるわ〜

それにしたって、実際、何がどう不満で、どういう人が革命を起こしたかなどは永遠に謎。

クーデター説を採る大井邦明氏曰く、たとえばテオティワカンにちゃんとした文字記録がないのも、クーデター派側がテオティワカンの記録を完全に抹消するため焚書《ふんしょ》をしたからなんだそうである。

それにしてもどこの国も、テオティワカンが滅んだという大事件を記録してないのもすごいねえ〜
オレたち基本的に自分たちのことしか語りませーん

う〜んこれはどーなの？
？
？
？

顔見えなさすぎのテオティワカン。そもそもテオティワカン人とは誰なのか？

この方たちもオルメカ、つぎの時代のトルテカ同様、出自も、この先どうなったかも、まったくの謎である。

候補としてトトナカ人、またはナワトル語を話す人々だったのではないかと考えられている。少数意見として、オトミも挙がっている。

ナワトル
オトミ
トトナカ
ナワトル
★ テオティワカン
ナワトル
オトミ系
トトナカ
おさらい言語分布図

また支配者の顔も見えない。王個人を書いたような彫像や画は見つかっていない。王墓も同様に見つかっていない。

しかーしっ、テオティワカンの調査された場所は現時点でまだ全体のたった4パーセント!! ほんのつい最近の調査で生けにえが見つかり、平和な大国という幻想が崩れたように、どんどんすごい新情報が出て、いろんなことが明るみに出るだろう。

◆◆◆◆◆◆◆◆◆◆◆◆◆

テオティワカンは、その都市機能が死んだあとも、人を惹きつけずにはいられないその威容さで、巡礼者を集めた。（それどころかうっすらと人も住んでた様子）。

アステカ人もあらたに神殿を造り、支配者たちが参拝に訪れた。

第5章

マヤ文明

お待たせしました！
やっとマヤです
（先古典期と古典期
前1600～後900年）

マヤ文明とはいったいなんなのでしょう。地図でいうと、この地域↓に住んでいた人々による、古く見積もって紀元前1600年ごろからスペイン人が来るまでの文明。多くの国家が乱立していて、統一されることは一度もなかったが、文化的にはひとつの国と言っていいほど根っこは同じ。同じ言語、同じ文字を使い、宗教も神も、政治形態もほぼいっしょ。土器、絵の描き方建物などあらゆるところで同じ文化を共有している。

人物はいつもこーいう感じ
ロンブー淳や舘ひろし、モト冬樹やらの系列

とはいえ、地方独自の神も存在したし、言語の地域差は激しい。前2000年くらいに1つの言語だったものが、スペイン人が来たときには約30に細分化されてしまっていた。これらはマヤ語とくくられてはいるけれど、ヨーロッパの各国語並みにちがうんだそう（ちなみに、マヤ文明のど真ん中の時期〈古典期〉には、まだ10くらいにしか分かれていなかったそうだ）。

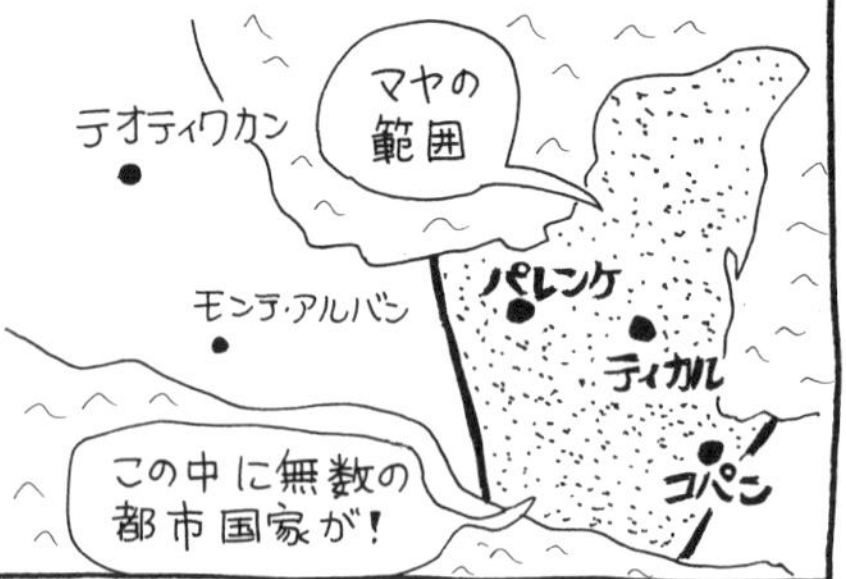
マヤの範囲
テオティワカン
パレンケ
モンテ・アルバン
ティカル
コパン
この中に無数の都市国家が！

マヤという名

スペイン人の到来以降、この地域の文明や人々を「マヤ」と勝手に呼ぶようになったが、本人たちがそう申告したわけではない。本人たちは自分たちのことをツォツィルとかキチェーなどと、現在も分かれている約30の集団（語族）名で名乗る。

この呼び名についてはたくさんの説があって、一番もっともらしいのは、都市国家マヤパンから「マヤ」の音がクローズアップされたというものである。

※マヤパンはスペイン人が来る80年前に滅びてしまった最後の大きな国（この本の第7章で出てきます）。

スペイン人の記録（17世紀のもの）にも、「マヤパン全盛時はユカタン北部全体がマヤと呼ばれていた。もっとも我々（スペイン人）が来たときは、マヤの名は縮小されてマヤパン周辺のみを指すようになっていた」というのがある。

マヤの神話
ポポル・ヴフ
18世紀初め、グアテマラのチチカステナンゴにある教会で、スペイン人神父フランシスコ・ヒメーネスは1冊の本を手にした。のちに『ポポル・ヴフ』と名づけられたその本には、読者置いてけぼりで突っ走る、プリミティブな神話が息づいていた。
世界のはじまり
空だけがあった。海だけがあった。けもの、鳥、魚、カニ、木、洞窟、谷もなく、草、森もなく、暗闇の中に、静寂の中に、ただ漠たる広がりを見せる空と海だけがあった。
って美しく詩情溢れる幕開けだけど、〝カニ〟!? こんな冒頭で言及するほどのものなのか!?
水の中で神々が輝き出した。
創造主たち
グクマッツ
「羽毛の生えたヘビ」の意味。ケツァルコアトルのキチェー・マヤ語読み。
テペウ
「支配者」の意味
天には、天の心《フラカン》があった。
このフラカンから「ハリケーン」という言葉が生まれたらしい。
ここに初めて「言葉」が生じた。
神々と天の心はたがいに言葉を発し語り合った。
話し合いの果てに「創造」をすることになった。
まず大地、山々、谷、林を創っていく。

つぎに動物を創る。

神々は自分たちを崇めてくれる存在が欲しかったのだ。しかし動物たちはギャーギャーキーキー吼《ほ》えるだけで、神々のことなんて眼中なし。

ダメだ!! お前らはクビ!

お前らのような頭の悪い者どもはいつまでも食糧を求めてさまようがよい! しかもお前たち自身が食べ物になるがいい
ビクッ
こうして動物たちの運命が決まった。

神々は、今度は泥で生命を生み出そうとした。

が、すぐ形が崩れ失敗。

それで2人の老いた占い師に相談。

それならばこれこれこうしなさい
イシュピヤコック（ジィさんの意味）

イシュムカネー（バァさんの意味）

出た! 神話の得意技!

人物紹介なしにふつうに新入り登場!

占い師のアドバイスに従って、新しい生命は木で創られた。

だが木の人間は、魂も持たず考える力もない。神を崇めるなんてだい無理な相談だった。

四つんばいで意味なく歩き回るのみ。こんなんだけど生殖能力はあります。

ハァ〜

神々はまた失望し、洪水を起こし、流し去った。

それを生き延びた者たちには、もっとひどい運命が待ち構えていた。

樹脂の雨が降り注ぎ、体が折れ、神々に体を喰われた。

そればかりか、棒や石、食器などあらゆる道具になぐられた。
いつもオレたちをムチャクチャ使いやがって！
イヌにも、食べ物をあげなかったことや、叩いたことに恨みを抱かれて、顔を噛み砕かれた。
木の人間たちは文字通り、木っ端微塵にされたが、それでもしぶとく生き残ってる者たちがいた。
それがサルである。
怪鳥ヴクブ・カキシュ
ここでいったん人類誕生の話は留め置かれ悪漢の登場が語られます
ヴクブ・カキシュ（「7のコンゴウインコ」の意味）は傲慢な男。
世界征服が目標！
ヴクブ・カキシュの溢れんばかりの野心や、財産の自慢っぷりを見ていた双子の兄弟が
このままにはさせない！
フンアフプー（「漁師」の意味）
退治することにした。
イシュバランケー（「小ジャガー」の意味）
……と、ここでヴクブ・カキシュの背景もあまり語られず、財産自慢なんかもさらっと書かれ、あれ、そんな物質社会にいつの間に？とか、ようわからんことだらけですが、これ以降、さらにそんなとこがいっぱい出てきます。
いちいちツッコまないでどんどん進みますよ〜。
双子は待ち伏せしてヴクブを奇襲！
ぐわっ
捕らわれそうになったヴクブ・カキシュはフンアフプーの腕をもぎ取り、なんとか逃げた。
ピィィ〜

家に逃げ帰ったヴクブは女房のチマルマットにグチりまくる。
イタイ！イタイ！若者にいきなり襲われたヨ〜。アゴをやられたヨ〜。歯が痛いヨ〜
一方双子は神々のもとへ行き
お願いがあります
密談。
神2人と双子は、物乞いのふりをしてヴクブのところへ行き、
何か食べ物を分けてくださらんか？
と頼む。
食べ物はいいとしてうしろの若者はなんだね
わたくしどもの孫にございます
あっそー。それより何より歯が痛くてどーにもならんのだよ
これは奇遇な！私たちは歯の病気をよくわかっております。ぜひお見せなさい
ヴクブ・カキシュはのんきに言われるとおりに。
アーン
あぁこれは……この歯はもうダメです。新しい歯を入れてあげましょう

神はヴクブ・カキシュの歯を抜き
代わりにトウモロコシの粒を入れた。
するとヴクブ・カキシュの体が麻痺。
アガガ
残りの歯をぜんぶ抜き取られ、目玉もえぐりとられる。
ヴクブ・カキシュはみるみる弱って死んでしまい、妻も死んでしまった。
ヴクブ・カキシュの財宝はすべて神々が没収し、双子も腕を取り戻した。
えっ!?
双子はさらに、ヴクブ・カキシュの息子2人の退治も決行。ふだんからエラそーなことばかり言っていた、というのがその理由。
長男のシパクナーには
シパクナーさんカニ、好きだよね?すごいいいカニを見つけたよ
という情報を教え、
また カニ!?
マヤの人にとってカニの存在が相当に大きかったことをこの物語から学びました
あそこだよ!
あらかじめ作っておいたカニの人形
シパクナーはカニめがけて突進するも、双子の計略で山が崩れ、みごと岩のしたじきになった。
キャッキャッ
クスクス
シパクナーの体は石の一部になってしまった。

つぎに次男カブラカン。
おお！あなたがどんな山をも崩す怪力のカブラカンさんですね
いかにも
と近づき
いや〜とんでもないデカ山を見たんですけどぉ
あれはカブラカンさんといえども無理でしょうね〜
アホか！案内しろ
と、3人はその山に行くことに。その道中、ご飯を食べようと誘い
毒を入れた鳥をカブラカンにふるまい、麻痺させ
うっ
それから縛り上げ、埋めた。
うっしゃっしゃ♪
……って、なんかひどすぎます……。ヴクブ・カキシュ・ファミリーを悪者にするのはいいとして、悪さかげんの具体例がほとんど語られていないので、心ない若者犯罪のようにしか見えず、気分が重くなります。
このあと、お話は双子が生まれる前の時代に戻ります。ポポル・ヴフはどういう効果を狙ったのかはわかりませんけど、時系列どおりに進まず、とつぜん未来の話に進んだり、過去に戻ったりします。
双子の父
今度は双子の父とその兄弟が主役。
フン・フンアフプー（1の漁師）
こっちが双子の父
ヴクブ・フンアフプー（7の漁師）
またヴクブ！
オレたちの暦、260日暦での生まれた日を名前にしてるんだよ

この2人の親は
占い師
イシュピヤコックと
イシュムカネー。
彼らは、創造神らに木の人間を創らせ、結果、徒労に終わらせた方たち。
フン・フンアフプーには妻がいて、2人の息子がいた。
フン・バッツ
（1のホエザル）
フン・チュエン
（1のクモザル）
もう めんどくさい 名前 ばっかり
この2人は芸術家であり、職人であった。絵や歌や踊りに楽器演奏から装飾品の細工作りまで、とあらゆる芸術分野のことはすべて上手にやってのけた。
ヴクブ・フンアフプーは独身だった。
べつにさびしくねーし
この辺 妙に リアルだわ
父ら兄弟と2人の息子はいつも仲良く、ゲームをして遊んだ。とくに球技が好きで、フン・フンアフプーの妻が死んだときも
いつも どおり プレイ。
が、この4人の楽しいレクリエーションは、地下にある死者の国、シバルバー（「恐怖の場所」の意味）の住民をたいへん不愉快にさせるもの。
なんじゃ～!! 人の頭の上で毎日毎日騒々しい!
我々を なめて やがる!
シバルバーの王たちは兄弟をシメることに。
奴らの 球技道具も 欲しいしな
王はいっぱい いるよ
ヴクブ・カメー
（7の死）
フン・カメー
（1の死）
シバルバーの大王

ということで、4匹のミミズクが地上に派遣された。
あなたたちご兄弟はすばらしい球技の腕をお持ちだとか……。我らがシバルバーの大王さまたちがぜひ一度お手合わせをお願いしたいと申しております。かくかくしかじか
ご自身の球技道具もお忘れなく！
いつの間にか父イシュピヤコックは死んでる
2人ははりきって出発。
球技の道具は置いていくことにした。
シバルバー
地下界に降りていき、膿《うみ》の川や血の川を越え、シバルバーへたどり着く。
シバルバーの王たちは、2人が来るのを見計らって、広間に棒で作った人形を置いておいた。
こんにちは〜
それにあいさつするとみんな大笑い。
ワーハッハッハッ
まぁこっちへ座りなさい〜
と、あらかじめ火であぶっておいた石の椅子に座らせた。
あちー
ヒーッ
ギャハハ
シバルバーの皆さんさらに大ウケ！
って子供か!?
なんなのでしょう大の大人のこの他愛もないイタズラは

まぁお前たち、まずは寝《やす》むがよい。でもひとつ宿題をやるのだ。このたいまつとタバコの火を絶やさないようにしろ。形を崩さず明日の朝に返すのだ。はたしてできるかな？

できなかったらひどい目に遭わせるからね
と一方的に言い渡し、「闇の館」と呼ばれる真っ暗な部屋に案内する。

2人はなすすべもなく、燃え尽きるのにまかせた。

つぎの日、それを見た大王たちは2人をあっさり生けにえにし殺した。

死体は埋められ、フン・フンアフプーの首は記念として木に吊るされた。

そしたらその木にたちまちヒョウタンの実が生る。

ポン
なんかヤバイ感じ……

大王たちは「誰もこの木に近づいてはならない」とお触れを出した。

けなげなイシュキック
ところがあるとき、好奇心の強い娘イシュキックが不思議な木の噂を聞きつけ、見にやってきた。

何人かいるシバルバーの王の1人が親。

娘を見ると、とつぜんフン・フンアフプーの頭がい骨がしゃべりだした。
おいお前！この実が欲しいのか？これはみんなガイコツだぞ！こんなものが欲しいのか？
てて
ビクッ
あっ、いや…はい、まぁ……欲しいです
するとフン・フンアフプー
ブッ
少女にツバを吐く。
いいか。どんな知恵者も偉大な人間も金持ちも美しい者もみんなガイコツになるんだ
語れる相手を見つけた喜びか、うさ晴らしか演説をくりひろげる。
そのくせガイコツを見るとみんなおどろく。でもガイコツになったからってすべてが無になるわけじゃないんだ
はぁ……
お前は今、私のツバによって種を宿した。私の姿は消えても私の資性は受け継がれていくだろう。さぁ地上へ行くがいい！
ええっ!?
とばっちりを食らったかのような哀れな娘イシュキックの妊娠は、半年後、父親の知るところとなった。
嫁入り前の娘がなんたることを!!
イシュキックが事情を話してもまったく信じてもらえない。

父親が大王たちに相談すると
そんな娼婦のような女は生けにえだよな〜
で、4匹のミミズクたちが娘を殺す役を仰せつかった。
終わったら娘の心臓を持ち帰ってこいや
ハハーーー
しかし娘と話してるうちに、ミミズクたちは情が移ってしまい、
殺すのを中止。
ゴロゴロ
ちょうど血のような樹液を出す木があり、その実を樹液にからめてヒョウタンに入れ、シバルバーへ持ち帰った。
よし
地上に出たイシュキックは、まっすぐにフン・フンアフプーの家に。
お義母さん私は息子さんの子を宿してます
が、母イシュムカネーと息子たちは思いっきり非歓迎ムード。
じゃああんた嫁として働きな!
とりあえずトウモロコシを網いっぱいに穫ってきな!
でも、イシュキックがトウモロコシ畑に行くと、そこにはたった1本だけしか生えてなかった。
がら〜〜ん

ボムッ
イシュキックはそのトウモロコシのヒゲだけを引き抜き、網に入れた。
するとたちまちトウモロコシ本体に変わった。
それらを持って帰ると
たしかにお前は嫁だ！
と認められた。
？？
しばらくして無事に双子が生まれる。
これが怪鳥ヴクブ・カキシュをやっつけたフンアフプーとイシュバランケー。
祖母は、双子が眠らずよく泣いてうるさいという理由で、赤子のうちから家には入れず外で眠らせた。
？？？
兄たち
この双子に芸術家の兄たちは強い嫉妬を見せる。
兄2人には未来を知る力があったので、弟2人のこれからの活躍がわかっていたからだ。
双子は成長すると毎日野山に出て吹き矢で鳥を捕った。
が、鳥を持って帰っても、双子がその鳥を食べさせてもらえることはなかった。
ムシャムシャ
ガツガツ
ハグ
ハグ
ハグハグ
逆に、兄らは家の仕事は何もせずいつも遊んでいるのにもかかわらず、とてもかわいがられた。

双子もだんだん腹が立ってきて一計を案じる。
ある日
兄さんたちすみません。撃った鳥が木に引っかかって取れません
このままじゃあ晩ご飯抜きになってしまいます
ちょっと手伝ってくれませんか
ちっめんどくせーなー
着くと
あそこですちょっと登ってもらえませんか
兄たちが登ると
たちまち木は大きくなり、降りられなくなってしまった。
助けを求める兄たちに
フンドシをうしろに長く伸ばしてみて！そうすると降りやすくなりますよ
言われるとおりにすると
フンドシはしっぽに変わりサルになってしまった。
そうして人間であったことを忘れ、木々を飛び回り、森に溶け込んでいった。
それを知った祖母は
悲しすぎるよ！もとに戻しておくれよ！

うーん
しょーがないなー
わかりました。
今、兄たちに
来てもらいます
そのとき
おばあさんが
笑わなければ
もとに戻れますよ。
ぜったい笑っちゃ
ダメですよ
わかった
わかったよ
双子が楽器を
奏でると
2匹のサル
が現われ
タン
タン
そろーり
音色に合わせて
踊り出した。
その姿を見て
老婆
ソルコーで
ククク
ムゥアーハッハッハッ
笑い声に兄弟ザルは逃げてしまった。
待って
わひゃひゃひゃ
老婆は「もう一度だけチャンスをくれ」と頼み、双子はそのたびサル兄たちを呼び出したが、何度やっても老婆は笑い、4回失敗すると
プー
ピュー
もう私のバカバカバカ……
もうサルは二度と戻らなかった。
この軽い仇《かたき》役
フン・チュエンと
フン・バッツは
書記や彫刻師の
守護神に
なってます。
つぼの絵
双子は、嘆き悲しむ
老婆に自分たちが
いるじゃないか
と励まし、
ここからは
4人で
仲良く暮らしていった。
エッエッ
って、なんじゃそりゃ〜
祖母、ゲンキンっつーか
そもそも祖母が
元凶じゃないの!?
祖母の仕打ちや
母親の見て見ぬふりなどが
双子の人格形成に影響を及ぼし
ゆがんだ精神を育んでしまった
と私は見ますね

双子、本領発揮
さて、家の男手である双子は畑仕事や木を切る仕事をしなくてはならない。
双子は魔法で道具にそれらの労働をやらせた。
ZZZZZZ
魔法?
ヴクブ・カキシュとそのファミリーの退治はここら辺のヒマなときにやったようです
しかしあるときから畑を動物たちが荒らすように……。
双子はその中のネズミをつかまえ虐待を加えると
畑仕事なんてつまらんことしてる場合じゃありませんよ! あなたたちには球技という大事な使命があります
そう言って、家にある、父たちが残した球技道具の存在を教えた。
それからの双子は、その道具を使って毎日球技に熱中した。
なんじゃ〜 また人の頭上でボムボムボムボム
シバルバーはまた使者を遣わすことに。
ぷんすか
双子は球技場にいて、家に居《お》らず。
わかりました 孫たちに伝えましょう

老婆はヒザの上に落ちてきたシラミに
シバルバーから球技の申し込みがきた、と伝えてくれ
アイアイサー
シラミが向かうとガマに会う
おう
どーした
シラミの話を聞いたガマは
ふ〜ん。でもお前さんの足じゃーいつまでたっても着きゃーしないだろう。オレが走ってやろうじゃないか
と、シラミを呑み
進むと大蛇に会う。
おい どこ行くんだ
事情を話すと大蛇が今度は「オレのほうが早いだろう」とガマを呑みこみ球技場へ向かう。
そのあとタカに会い、タカも同じように大蛇を呑んだ。
そして双子のもとへたどり着いたタカは大蛇を吐き
大蛇はガマを吐いた。
にゅるり
ガマは吐こうとしたが出なかった。
グエッ
グエッ
でもよく見るとシラミは口の中に引っかかっていた。
ご連絡で〜す
ここから、タカのエサはヘビになりヘビのエサはカエルになり……と食う者食われる者の関係が決まったそうですよ
なんだこの小ネタも…

シラミから伝言を聞いた双子はすぐ家に帰り、悲しむ祖母や母に別れを告げ、シバルバーへ向かった。
シバルバーに着く手前で、双子はスネ毛を蚊に変えて放つ。
スネ毛！
でもまぁ蚊っぽい
フー
蚊は広間へスリ込み、まずザッと観察。それからダマし用の木の人形を始め、つぎつぎとシバルバーの住人を刺していった。
イラッ
どーしました？フン・カメーさま
イタッ
どーしたのです？ヴクブ・カメーさま
イタイ
どーしました？シキリパットさま
イタイ
どーしました？クチュマキックさま
こーやって広間にいる全員の名前をみやげにして、双子たちのもとへ戻った。
双子は広間に着くと、木の人形を無視して
こんにちはフン・カメーさん
えっ
こんにちはヴクブ・カメーさん
えっ
そこにいる全員に名前で呼びかけきちんとあいさつした。
くっそ～
まずそこに座るがよい
と焼いたイスを勧められると
ヤですよ！シリを焼く羽目になりますもん

むううう……とにかく寝《やす》め。ひとつ宿題をやるように！
と父たちに出したのと同じ「火を絶やさない」という宿題を出し、「闇の館」へ案内した。
双子は火を消し、火の代わりにオウムの羽根を上部に付けた。タバコにはホタルを付けた。これで遠くで双子を見張る番人の目をごまかした。
そしてつぎの日
はい　どーぞ
ゲッ
こりゃーどういうことだ
よ、よし……それじゃー球技をさっそく始めようじゃないか
で、双子はいともかんたんに勝ってしまった。
くっそ〜
また明日もやろうじゃないか
それから毎日、双子は恐ろしい館に寝泊まりさせられたが、毎朝無事に出てきて試合をした。
剣が襲ってくる「剣の館」では、剣に向かって
これからすべてのけものの肉をお前のものにしてあげよう
と言っただけで沈静化させ
「ジャガーの館」では骨をブン投げてジャガーを手なずける。
ハグハグ
雹《ひょう》がふりそそぐ「寒冷の館」ではただ火をつけた木切れひとつで雹をぶっ飛ばし
と、なんの知恵も勇気も工夫も見せず難関を打ち破った。
物語としてこれでいいの？

炎が燃えさかる「炎の館」に至っては、もう何もしない。
でも無傷、という手抜きっぷり。
思いつかなかったのかねー
しかし最後の「コウモリの館」で、ついにポカを!!
ここは死のコウモリ「カマソッツ」が飛び回る場所。
双子は吹き筒の中に隠れ一晩やり過ごすことにした。
双子は大きさも自由自在なんだね~
しかし夜が明けたか確かめようと、一瞬フンアフプーが吹き筒から顔を出したとたん
首を斬られ
持ち去られてしまった。
しかしイシュバランケーはあきらめなかった。動物たちを集め
みんなの食物を持ってきてくれ
とリクエスト。
律儀にも動物たちは言うとおりに。
その中にあったカボチャをフンアフプーの体に取り付けると、フンアフプーの顔ができあがっていった。
また、ウサギに
明日、球技の途中でボールのふりをしてくれ
と頼む。

朝が来て、イシュバランケーとカボチャのフンアフプーは球技場へ向かった。
球技場にはフンアフプーの首がぶら下がっていたが
イシュバランケーは何ごともなかったように試合に挑んだ。
シバルバーの人たちもフンアフプーが動いてることにはNOツッコミ。
ボールが林に転がって見えなくなったとき
ウサギがすかさず飛び出した。
シバルバーのみんなはこれを追いかける。
このスキにイシュバランケーはフンアフプーの首を取り戻し
もとの体に付け、代わりにカボチャをそこにぶら下げた。
シバルバー軍団が
ゲッ
一杯食わされたことに気づき
戻ってきたところへ
すかさずイシュバランケー、カボチャに石をぶつけてみせた。
あれ?
ニヤニヤ

シバルバー軍団、今度は火を熾《おこ》し
さて遊ぼーーよ。焚き火を飛び越える遊びをしようよね〜
はーぁ、わかってますよ。我々をどうしても殺したいんでしょ
そう言って2人は自ら火の中に飛び込んだ。
やった〜
ついにシトメた〜
双子の骨は石うすで挽かれ粉にされ、川に投げ込まれた。
これで安心
しかし粉は川の中で再生され、
5日後に双子は人魚の姿でゆうゆうと川を泳いでいた。
もとの姿に戻った双子はボロをまとい大道芸人としてシバルバーに戻ってきた。
芸はすばらしく、とくに、切り刻んで殺した者を生き返らせる芸が大評判となり、ヴクブ・カメーとフン・カメーの知るところとなった。
大王2人は双子を呼びつけ、その芸を見せてもらう。
こんなになった相方を
ハイ
もとどおり
ムクッ
オレも オレも!! やって〜

双子はさっそくヴクブ・カメーとフン・カメーを切り刻み
もちろん生き返らせなかった。
シバルバーの住人は皆パニックに陥り、あっさり降参。
お命だけはお助けを。
いいか、もうここにはよい人間は来ない！
ろくでもない人間がここに落とされるのだ。お前らはそういう者たちとしか交流できないのだ
双子は皆から権力を奪いやがてシバルバーは衰退の一途をたどった。
それから双子は球技場に埋められていた叔父と父の遺体を見つけ報告をし、霊を丁重にとむらった。
そうして何もかもやりとげた2人は天に昇り、1人は太陽に、1人は月になった。
えっ!? 今までずっと太陽と月なかったの？
人類やっと誕生ーー
今度は忘れかけられていた神々の人類創造の話に戻ります
わかってると思うけど今まで登場したキャラクターは人間じゃないから。いちおう神側だから
木の人間の失敗のあとも、創造神は自分たちを敬ってくれる者、自分たちに糧《かて》を与えてくれる者がどうしても欲しかった。
再度の人間創りに、今度はトウモロコシを使ってみた。
トウモロコシを挽いた粉から

ここにきて、ついに高い知性を持つ人間ができあがった。

この最初の4人はたいへんな知恵者で、すべてが見え、すべてを知ることができた。

これはいかん！これじゃあ我々と同じじゃないか！

あせった神は4人の目に霞《かす》みをかけ、目をくもらせて、近くのものしか見えないようにした。

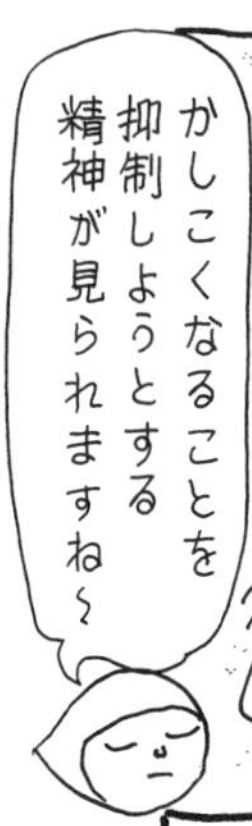
かしこくなることを抑制しようとする精神が見られますね〜

この4人に、神は4人の女をあてがってやった。

これらの人々が人類の、キチェー人の祖先となった。

どーですか？すごく疲れたでしょ〜。これでもポポル・ヴフは前半がやっと終わったとこ。ここからは、双子の話などなかったかのように、まったく趣を異にする物語であるキチェー人の民族史が始まります。

ゲッソリ

※ キチェー人（キチェー・マヤ人とも）とはスペイン人が来たとき、南部マヤ地域でもっとも勢力のあったマヤの（民族）集団名のひとつ。彼らは最初に創られた4人の人間の直系であるという自負を持っています。

それは「4人の男（プラス4人の女）でスタートした人類はどんどん人口を増やしていき、いくつもの集団に分かれていく。それからキチェーの人たちの、安住の地を求めての長い旅がスタート。それにともなって争いがつぎつぎ勃発し……」というスジで、これまたツッコミどころ満載のおいしすぎる物語なんですがもう限界。それだけで本が終わっちゃいそうなんで、これにて終了ーー！

暗号めいていて謎解き本のような面白さもあり、トヒールというやりたい放題のメチャクチャな神も出てきますので、ご興味ある方は、ぜひポポル・ヴフを読んでみてください。

細かい話

ポポル・ヴフという名は「共同体の書」という意味★。実際、本にはタイトルは付いておらず、序文に「かつて、我々のことがすべて記してあった原本である『ポポル・ヴフ』があった」と述べられていて、その単語「ポポル・ヴフ」がタイトルとして冠せられた。

★さらに、キチェー人言語学者であるチャベス博士に言わせると、音は厳密にはポップ・ヴフであり、「時間の書」という意味だそう。

ポポル・ヴフとは？

このポポル・ヴフという物語はキチェーの人々によって伝えられてきたもので、ローマ字を使ったキチェー語で書かれていました。作者は特定されておらず、おそらくスペイン征服後に、自分たちの神話をきちんと書に残そうとしたキチェーの誰かが書いたものでしょう。

キチェー人の王国の成立は、すごく古く見積もっても後11世紀ごろで、マヤの中でも歴史の浅い国であり、そんなとこの持ってた話がマヤ神話と銘打てるのか、という疑問も生まれます。ですが、キチェー王国の歴史は複雑で（この話はのちほどちょこちょこと）王国誕生が11世紀以降でも、住民自体の歴史は古いのです。

ということで、ここで語られる双子の物語や神話的部分は、古くからのマヤのものにちがいない、と考えられています。物語は脈々と伝えられ、千年以上のときを超え、受け継がれていったのだ、と。

実際、マヤ地域のあちこちで、ポポル・ヴフの特定の場面を描いたような画を持つ古い時代の土器やレリーフが出土している。

イシュバランケー
父 フン・フンアフプー
フンアフプー
古典期の食器の絵

文字が登場人物を教えてくれる確実なのがあれば（↑の絵）、学者が図像から解釈したのもある。

それにしても、このポポル・ヴフ、どうにも物語に芯がないというか、スジがとおっていないというか……。双子はときにうまい具合に魔法の力で問題を解決できちゃうのを始め、例を挙げたらキリがないほど、ご都合主義のオンパレード（まぁ、彼らは神の一種っていう前提があるからかもしれないけどそれにしても……）。伏線のようなのを張っても《たとえば、シバルバーの主たちがやたら双子一家の球技道具を欲しがることとか》途中からうっちゃらかしてるし……。

この書を見つけたヒメーネス神父は、一言一句忠実に書き写したということですが、「割愛があったのでは」と疑惑を抱く人もいます。

フム〜、なんか全編説明不足なんだよね〜。展開、唐突だし……

割愛があったかどうかは、もう調べようがありません。キチェー人の手によるオリジナル本（ヒメーネスが発見する150年前に書かれたと思われる）は失われ、残っているのはヒメーネス神父の書いた写本だけです。

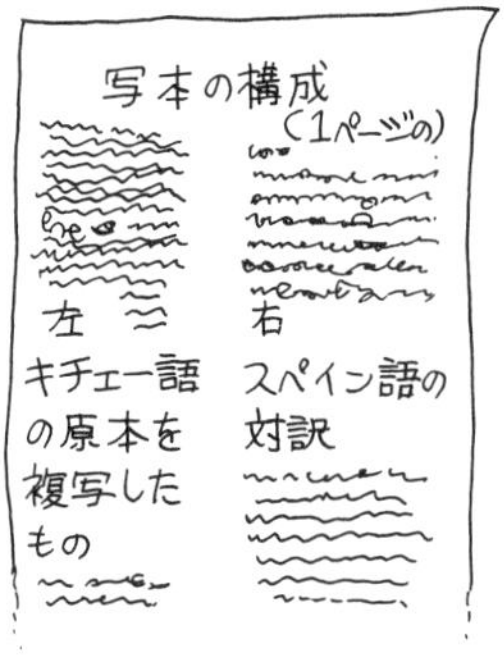
写本の構成（1ページの）
左
キチェー語の原本を複写したもの
右
スペイン語の対訳

また、すでにもともとのキチェー人作者がキリスト教の影響や西洋文化に汚染されていた、と見る人もいます。

そもそもマヤ語は相当むずかしいらしいし、マヤ人のスピリチュアルな世界を翻訳すること自体無理な話かも。

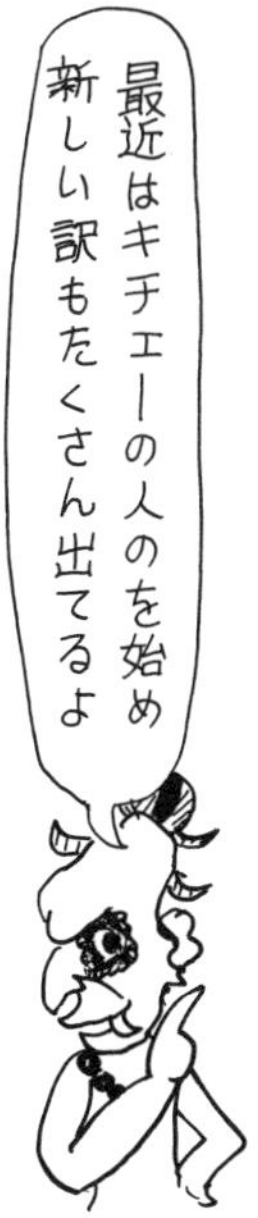
最近はキチェーの人のを始め
新しい訳もたくさん出てるよ

メタファー

ポポル・ヴフがこれだけ洗練とは程遠いチグハグな物語なものだから、なんかすごいものが隠されてるんじゃないか、と勘ぐりたくもなります。実際、いろんな含みや意味を見る人がたくさんいます。

たとえば、ヴクブ・カキシュは新しい王朝（双子）に滅ぼされた前の王である、などとポポル・ヴフに実際起こった歴史的事実を見ようとする人。まぁ、これなんかは、わかりやすく素直な考えのほうですね。

また、登場人物は皆、星や星座を表わしていて、この神話は天界の動きを物語にしたもの、と考える人も。

それとか、双子の父フン・フンアフプーをトウモロコシ（神）に見立て、この物語はトウモロコシの種蒔《たねま》きと、トウモロコシが大地から芽を出す様子を表わしてる、と定義する人もいます。

さらに
「使者役である4匹のミミズクは太陽系の惑星を表わしている」

「球技は天文学、宇宙現象の研究を象徴する行為で、シバルバーの住人が双子を球技に招待したのは、天文学におけるディベートの挑発を意味する（シバルバーの人たちは天動説を支持し、双子側は地動説を支持するとかで）」

「4種の動物のリレー（P80のシラミやカエルやらの）は天文学理論の発展段階を暗示する」

と、もう、私にはまったくチンプンカンプンな壮大すぎることを、いろんな単語やエピソードから読み取ってる人もいます（キチェー人のシャーマンであり、哲学者のビクトリアーノ・アルヴァレス・フアレスさん『今マヤ文明 新たなる真実』実松克義著）。

物語に深遠を
見ようと思えば
いくらでも
見られるね〜
ハグ
ハグ

って、何もかもが思いっきりな過大評価で、実はポポル・ヴフは誰かがテキトーにやっつけで作ったものだったりするとますます面白いんですけど、どうなんでしょうかね〜。

マヤ人にかんする文献

マヤの世界観

ポポル・ヴフ以外にもマヤの書は残っていて、またスペイン人宣教師の記録からも、マヤの宗教や世界観、風習などを薄ぼんやりとうかがい知ることができます。

絵文書

4冊見つかっている。マヤ文字とかわいい絵ぎっしり！ どれもたぶん13世紀以降のもの。

チラム・バラムの書

チラム・バラムとは「ジャガー神官」の意味。10以上ある書をまとめてこう呼んでる。マヤ語をローマ字で書いたもので難解な予言書。神話、歴史も書かれている。18世紀のもの。

スペイン人の記録

征服直後に来た人たちの記録。宣教師ディエゴ・デ・ランダの書いた『ユカタン事物記』が有名。

それらによるとマヤ人にとって世界はワニの背中であり

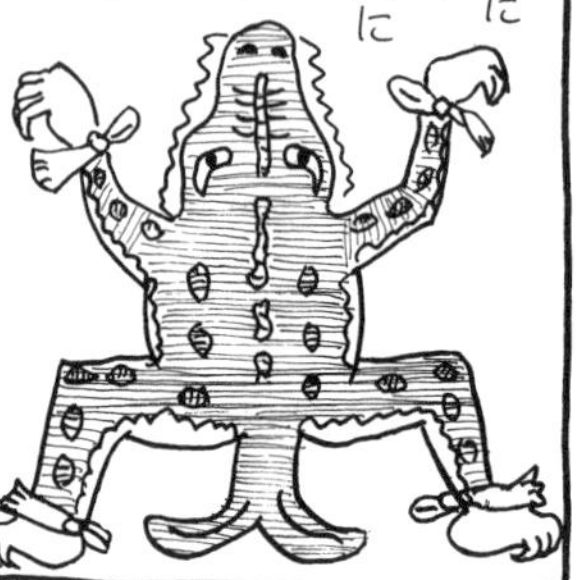

でも真四角でもあり

バカブ（パウアトゥンとも）という4兄弟の守護神が天を支えてくれることで成り立っている。

各方位は色分けされている。

この色のニュアンスはなかなかしっくりきますね〜

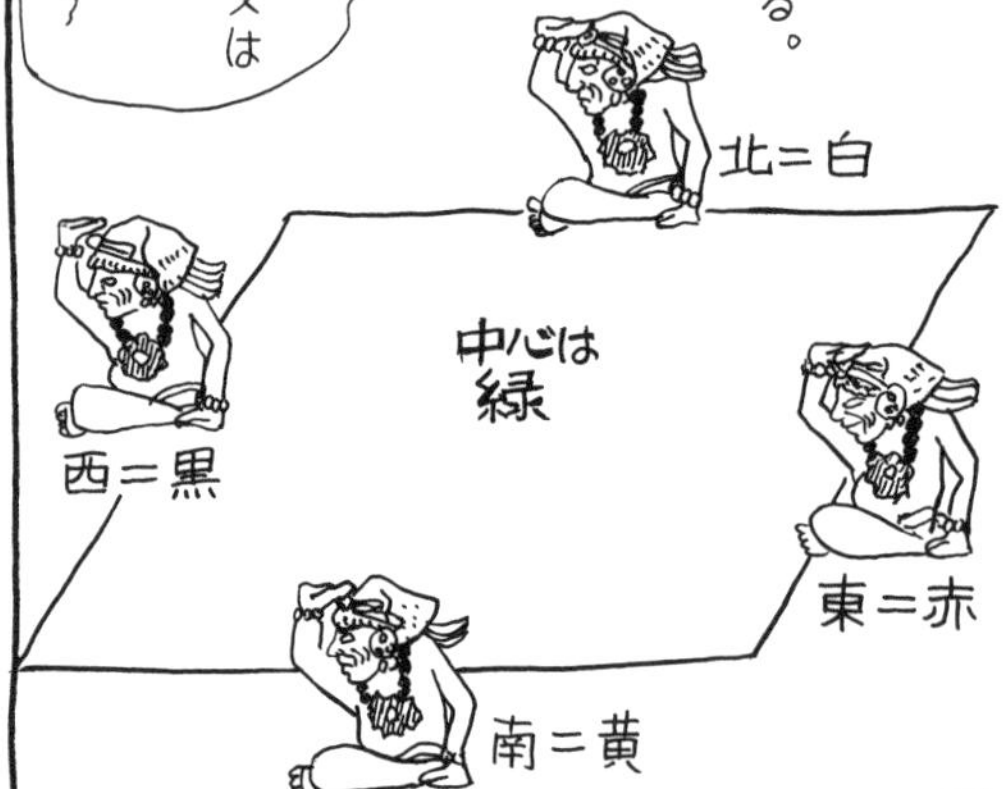
北＝白
西＝黒
中心は緑
東＝赤
南＝黄

バカブは酔っ払いのエロジジイというキャラ設定もあり。またこの支え仕事は、チャークの4人の分身がやってるともいわれる。

またそれぞれにマヤの世界樹であるセイバの木（パンヤノキ）が植えられている。

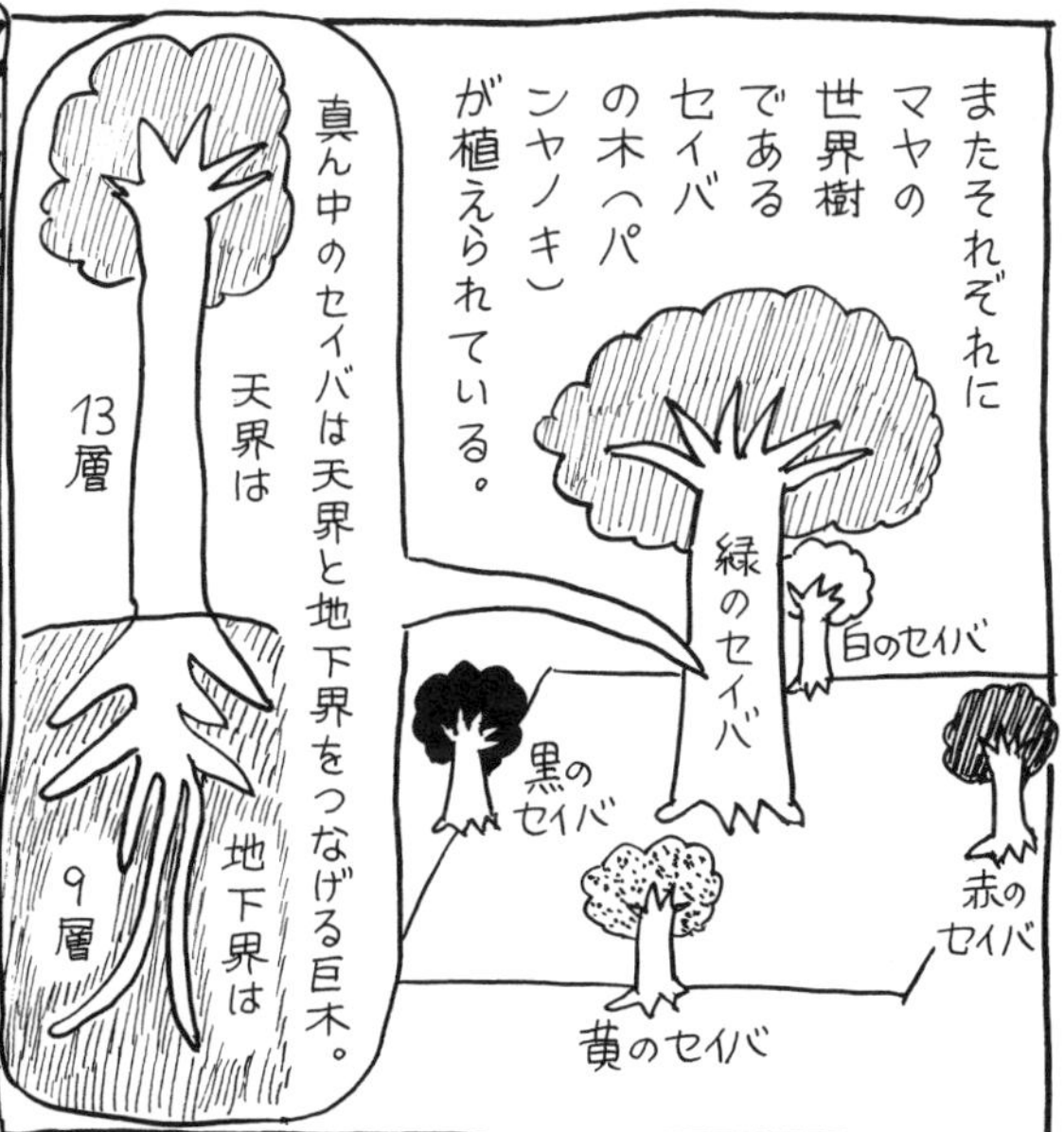

真ん中のセイバは天界と地下界をつなげる巨木。
天界は13層
地下界は9層
緑のセイバ
白のセイバ
黒のセイバ
赤のセイバ
黄のセイバ

マジックナンバー「4」！

この方位のこともあって、4という数字はマヤ、いやそれを飛び越えて、メソアメリカ全体にとって非常に重要なものだった。「三度目の正直」とか「仏の顔も三度まで」などと私たちが「3」を使うような場面で、「4」が使われた。

ポポル・ヴフで、サルになった兄たちを人間に戻す試みが4回あったのが、その例のひとつ。

また「多いこと」を表わすときは400を使う。

続いて

マヤの神々ーー！

……なんだけど、前ページの文献だけだと、あんまりキャラ立ちしてないっていうか、エピソードもとくにないし役割も散漫で、イマイチぴんとこない方々ばかり。

ひゃ〜 ある書にはマヤの神は166人もいるとあるよ
まぁ、キミたちにも比較的わかりやすくて重要な神々を何人かな！

創造神にして最高神

イツァムナー（「トカゲの家」の意味）

芸術、科学、農業、文字の神。バカブ4兄弟の親でもあり。

イシュ・チェル（「虹のご婦人」の意味）

イツァムナーの嫁で月の女神。また医術、薬の神でもある。世界の女神同様、妊娠、出産も担当している。

ヤバいところからなんかの液体を出すイシュ・チェルさん。多産の儀式をしてる姿とか

カウィール

火の神

マヤ王家の守護神で王笏《しゃく》にかたどられたりする。この像はちがうけどたいてい足はヘビ。

トウモロコシの神

農業の神。わたくしの趣味でこの姿を選んでしまったがたいてい若いハンサム男として表わされる。

チャーク

特徴 長い鼻。牙やナマズのようなヒゲを持つ。

雨の神であり、いなずま、風も担当。

キニチ・アハウ

なんか腹立つ顔だ〜。寄り目と、パンツの形のような前歯が特徴。

太陽神。イツァムナーの一形態ともいわれる。この神の容姿のおかげで、マヤ人に風変わりな風習が！（これはのちほど）

イシュタブ

自殺の女神

その体《てい》は役割を見事に表わしてます。

女神と関連づけられる絵（ドレスデン絵文書より）

このほっぺの黒いシミも腐敗を表わすそう。

西洋文化に毒された我々には、一番衝撃的な神ではないでしょうか。マヤで自殺は、グッジョブな死に方とされていた。

エク・チュアー

旅行と商人の神。カカオの神で戦争の神でもあるという、現代人の目から見れば節操のないマルチ神。

ア・プチ

死の神。わかりやすくガイコツ。

マヤの暦

メソアメリカでは、どこもかしこも260日暦と365日暦という共通のカレンダーを使っていた。

サポテカの章でも書いたように、暦の最古の使用例がサポテカにあるので〈前5世紀以前のもの〉、暦はサポテカで生み出された、というのがいちおうの定説となっている。


数字の苦手な人はザザッと流し読みしれ！

365日暦

これは我々のカレンダーとはちがって18ヶ月で、各月20日間というもの。

そうすると5日間余るのだが、それはその年の最後の5日間とし、新年を迎える前の不吉な日と考えられた。


普段の生活どおりにしてたら不幸が来ると考えていたので

体も洗わず、働かず、とにかくじーっと静かにして5日が過ぎるのを待ったね
ハー
たいくつ

ちなみに、うるう年のようなものはなく、マヤ人たちはズレをわかっていながら、そのままにしてたご様子。

260日暦

名前の付いた20個の日と13の数字を組み合わせたもの。

この暦の誕生日の日づけで運命が決まるとされた。

この20の日は、メソアメリカ各地で言語によって音はちがえど、意味するものはだいたい共通している。たとえばマヤでヘビを意味するカンと呼ばれる日は、アステカではコアトル、サポテカでセーと呼んで、やはりヘビの意味。

ところでこの260日というピンとこない日数は何？

「妊娠期間」という説があります

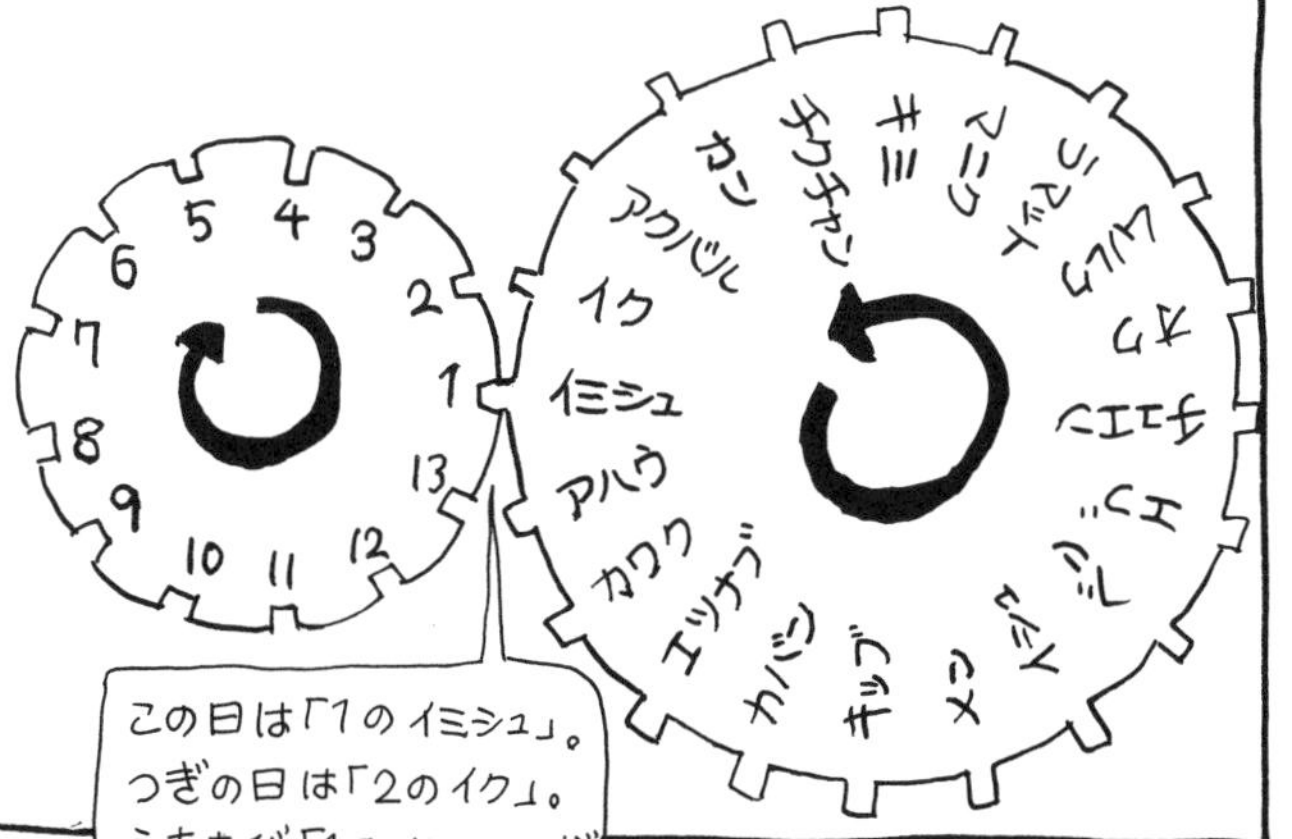
1
2
3
4
5
6
7
8
9
10
11
12
13
イミシュ
イク
アクバル
カン
チクチャン
キミ
マニク
ラマト
ムルク
オク
チュエン
エブ
ベン
イシュ
メン
キブ
カバン
エツナブ
カワク
アハウ

この日は「1のイミシュ」。つぎの日は「2のイク」。ふたたび「1のイミシュ」がくるのに260日かかる。

また、宇宙人ドーノコーノ説の方によれば、マヤ人は公転周期が260日の星から来たからなんだそうです。

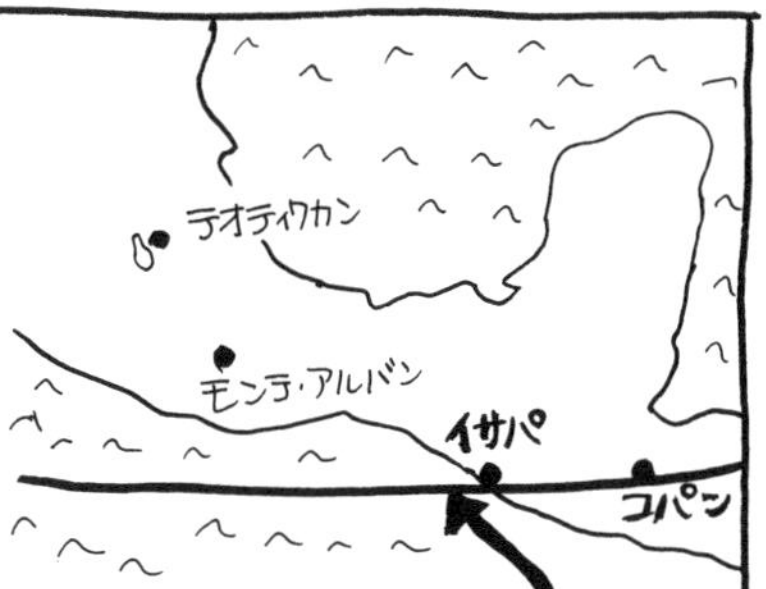
テオティワカン
モンテ・アルバン
イサパ
コパン

また、このライン（北緯14・8度）の地域では、太陽が南回帰線まで降りて、また頭上に戻ってくる期間がジャスト260日間だそうだ。それと同時に雨季になり、種蒔《たねま》きの準備が始まる。

それゆえ、もともとの暦の考案者はサポテカ人ではなく、このライン周辺の住人だ、という説を出している人もいる（地理学者のマルムストレームさんなど。マルムストレームさんは、その地をズバリ、マヤ南部のイサパであるとも言っている。コパンに目を向ける人も）。

こんなことからも「農業暦」説があるが、260日暦だと毎年種蒔きの日にちがズレていくわけだし、365日暦で事足りるので（一定の日にちを決められて確実）、それはちょっと腑に落ちない。

北緯14．8度ラインの太陽の動き図

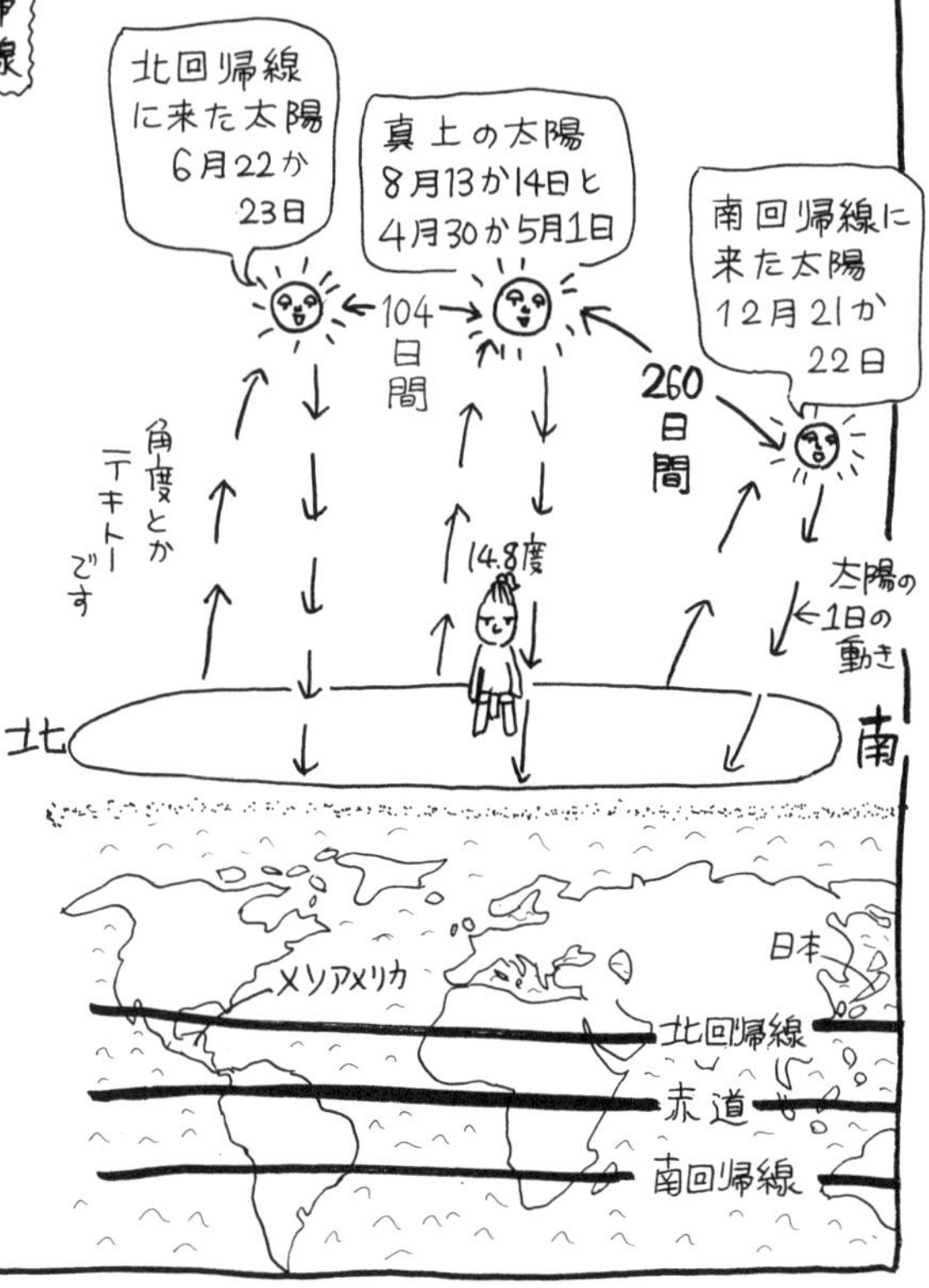
北回帰線に来た太陽
6月22か23日
真上の太陽
8月13か14日と
4月30か5月1日
南回帰線に来た太陽
12月21か22日
104日間
260日間
角度とかテキトーです
14.8度
太陽の1日の動き
北
南
日本
メソアメリカ
北回帰線
赤道
南回帰線

回帰線

こんなもんのことなんか常識なんでしょうけど、私はよう知りませんでした。私みたいな方のためにいちおう説明。

――太陽は毎日正午ごろの一番てっぺんにある位置がズレ、あたかも北と南を1年の間に往復してるように見える。その太陽の一番北に行ってるところが北回帰線、南に行ってるところが南回帰線と呼ばれるもの。北半球では、太陽が北回帰線にいるときを夏至、南回帰線にいるときを冬至、赤道の真上にいるときを春分、秋分と呼んでいる――だそうです。

すんません
手っ取り早くネット調べですぅ

この260日暦と365日暦はいつも組み合わされて表示される。

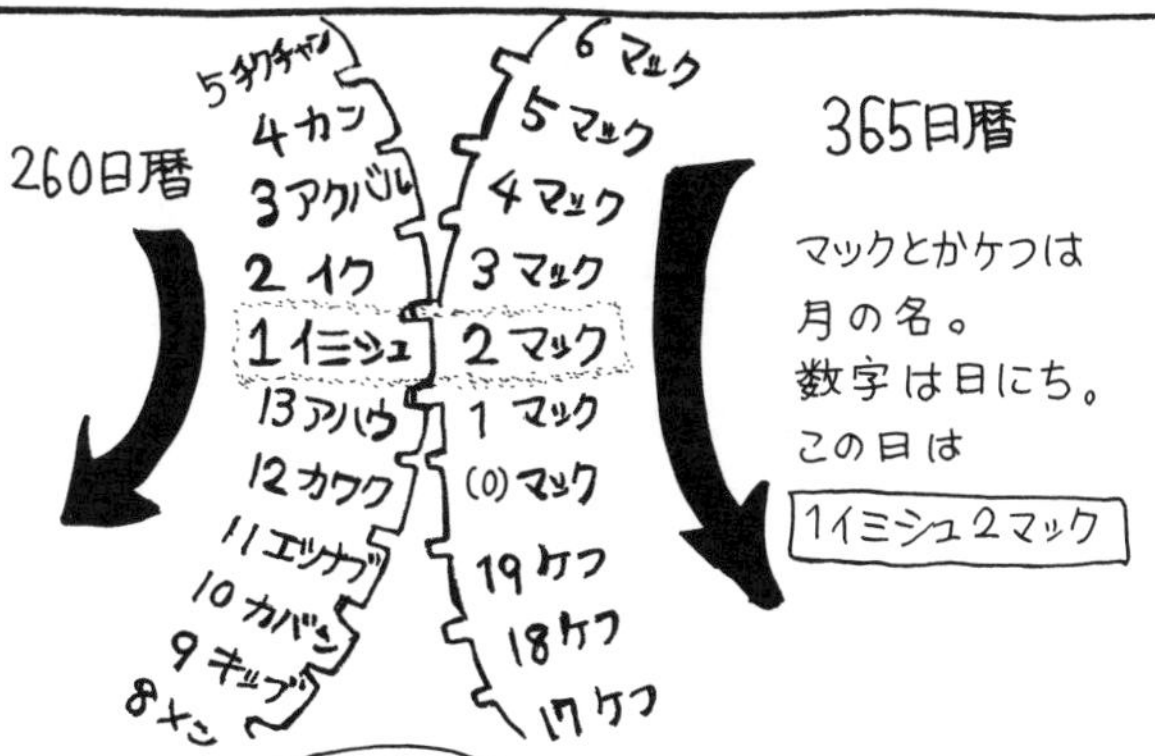

365日暦
マックとかケフは月の名。
数字は日にち。
この日は
1イミシュ2マック
6マック
5マック
4マック
3マック
2マック
1マック
(0)マック
19ケフ
18ケフ
17ケフ
260日暦
5チクチャン
4カン
3アクバル
2イク
1イミシュ
13アハウ
12カワク
11エツナブ
10カバン
9キッブ
8メン

上の日がふたたびめぐってくるのは52年で、西暦でいう1世紀にあたるようなもの。アステカの人々はこの一区切りをことのほか重く考えていた。

君らも似たようなもん持ってんだろ!
ほとんど忘れてるようだけど

そうです、甲《きのえ》とか乙《きのと》とかの十干《じっかん》と十二支を組み合わせた干支《えと》（丙午《ひのえうま》などの）が同じく循環暦であり、60年周期で年数も近いし、よく似ているシステムですね。

長期暦

この2つの暦だけじゃなく、私たちが西暦を使うように、マヤの人たちも長期暦というものを持っている。遅くとも紀元前1世紀には考案されていて、後3世紀以降にはモニュメントにお約束となってかならず記されるものとなっていた。

これは、ある起点の日から1日ずつ数えていく暦。その起点の日は、研究者たちの計算によって前3114年8月13日とされている★。この日が今現在の、我々の世界が創られた日＝歴史の始まりの日とされたのだが、なぜマヤの人たちが特別にこの日を選んだのかはわからない。

★スペイン征服以降に起こった、ある出来事を記録したマヤの暦があり、それと西暦を対応させて計算したもの。炭素年代測定法で、暦のある遺物（神殿の梁《はり》〈＝木材〉）の年代を割り出した結果も、この日づけが正しいとしている。

長期暦の書き方というのが数字嫌いの者にとっては本当イライラするもので……
と、その前に

※細かい話。マイナス２日とする計算もあり。
その場合の起点の日は前3114年8月11日。

★　だいたいインドは後5世紀ごろ、マヤは後1世紀ごろ（イヤ、それ以前？）と思われます。

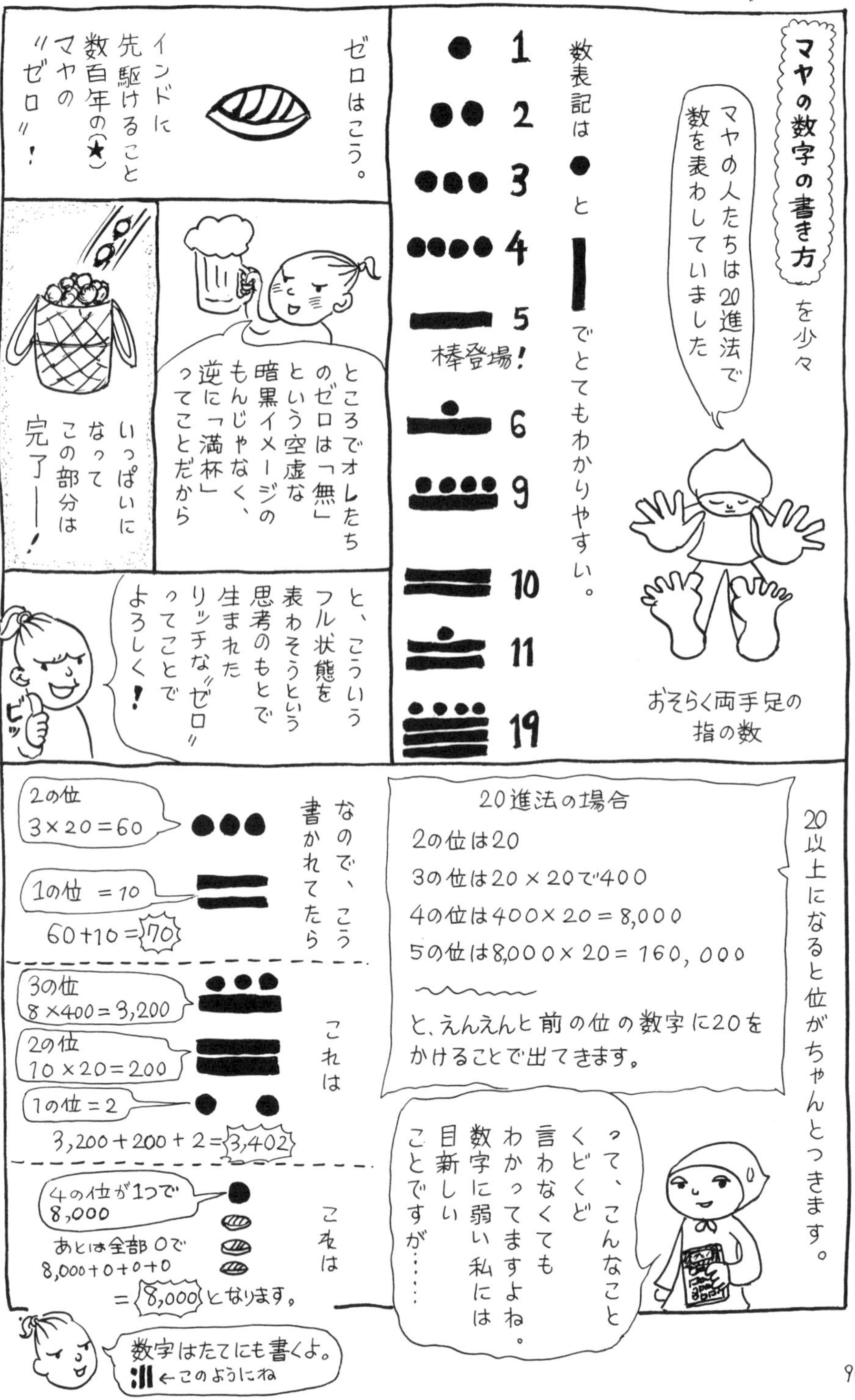

マヤの数字の書き方を少々
マヤの人たちは20進法で数を表わしていました
おそらく両手足の指の数
数表記は●と▎でとてもわかりやすい。
1
2
3
4
5
棒登場！
6
9
10
11
19
ゼロはこう。
インドに先駆けること数百年の（★）マヤの〃ゼロ〃！
ところでオレたちのゼロは「無」という空虚な暗黒イメージのもんじゃなく、逆に「満杯」ってことだから
いっぱいになってこの部分は完了――！
と、こういうフル状態を表わそうという思考のもとで生まれたリッチな〃ゼロ〃ってことでよろしく！
ビッ
20以上になると位がちゃんとつきます。
20進法の場合
2の位は20
3の位は20×20で400
4の位は400×20＝8,000
5の位は8,000×20＝160,000
と、えんえんと前の位の数字に20をかけることで出てきます。
って、こんなことくどくど言わなくてもわかってますよね。数字に弱い私には目新しいことですが……
なので、こう書かれてたら
2の位 3×20＝60
1の位 ＝10
60＋10＝70
これは
3の位 8×400＝3,200
2の位 10×20＝200
1の位＝2
3,200＋200＋2＝3,402
これは
4の位が1つで 8,000
あとは全部0で 8,000＋0＋0＋0
＝8,000となります。
数字はたてにも書くよ。
←このようにね

長期暦の話に戻ります

この日づけを表わすのにも単位がある。

キン＝1日

ウィナル＝20キン（20日）

トゥン＝18ウィナル（18×20日で360日）

「月」みたいなもんか
「年」のようなもの

カトゥン＝20トゥン（20×360日で7200日（19・7……年））

まぁ、約20年と

カトゥンはとくに重要な節目。カトゥン終了のとき、または半カトゥンが終了する日を盛大に祝い、モニュメントを建てた。

バクトゥン＝20カトゥン（20×7200日で144，000日（394・25……年））

まぁ約400年

たとえばライデン・プレートと呼ばれるものに書かれてる日づけは

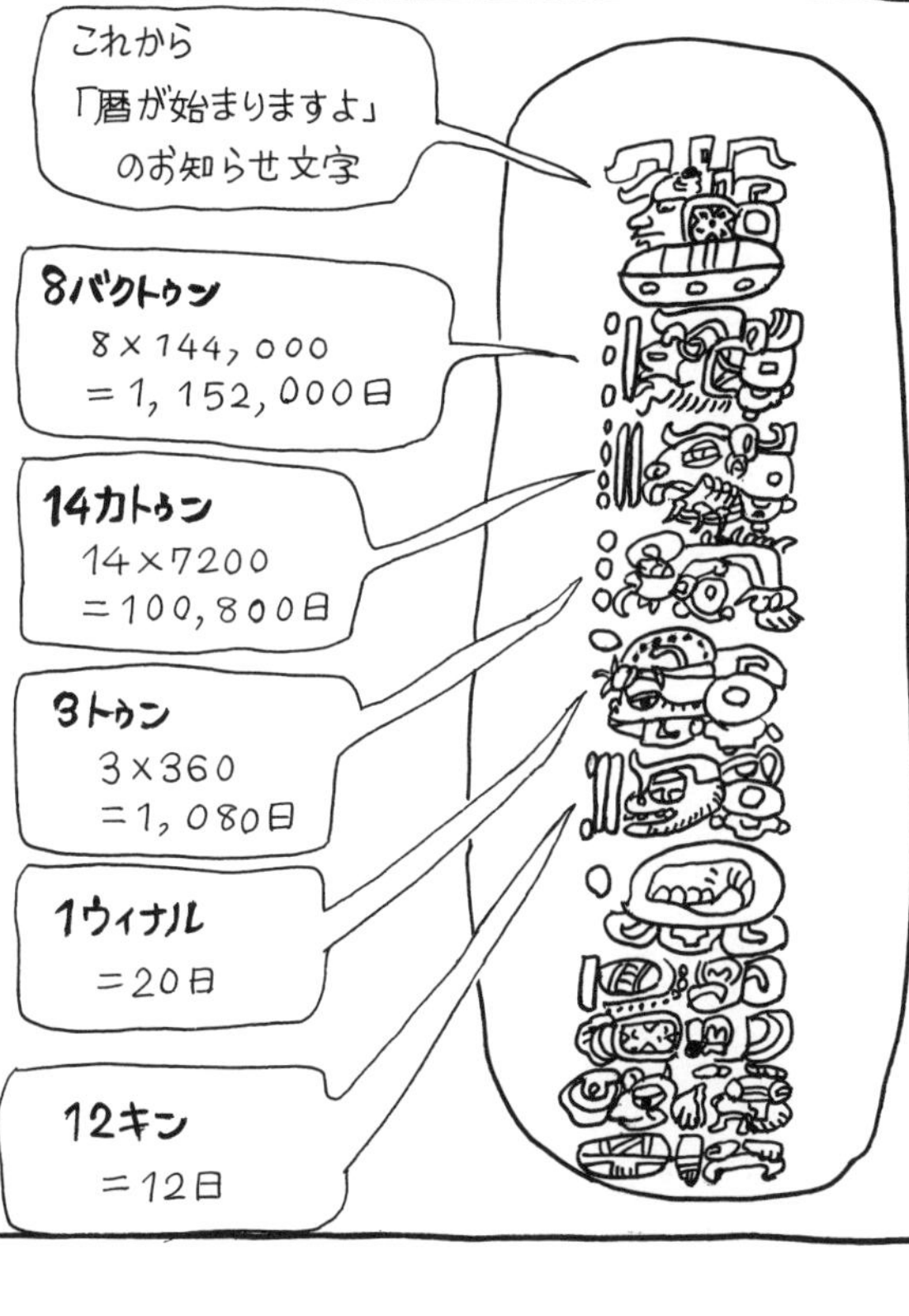
これから「暦が始まりますよ」のお知らせ文字
8バクトゥン
8×144，000
＝1，152，000日
14カトゥン
14×7200
＝100，800日
3トゥン
3×360
＝1，080日
1ウィナル
＝20日
12キン
＝12日

とあり、これを上からぜんぶ足すと125万3912日という莫大な数字が導かれる。起点の日「前3114年8月13日」から、それだけの日数が経ったことが示されているのだ（現代の暦に直すと後320年9月17日）。

古典期マヤの石碑には、長期暦、260日暦、365日暦の日づけ、その他、月にかんするいろんな日づけ、また毎日入れ替わる9人の夜の王の名前などなど、どんだけ1日を各方面から照らせば気が済むんだという具合にあらゆる暦がてんこ盛りで記されている。

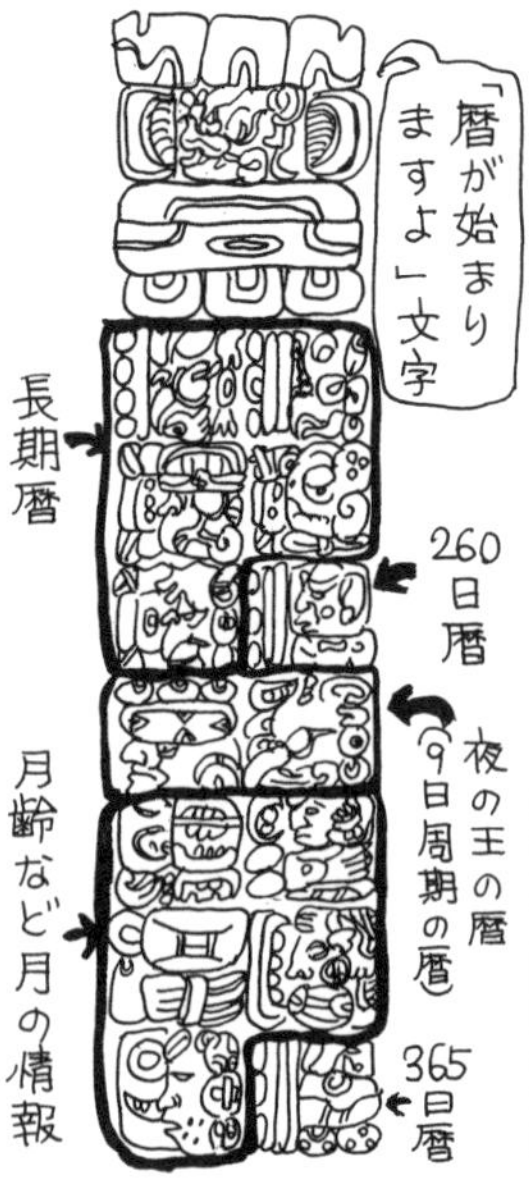
「暦が始まりますよ」文字
長期暦
260日暦
夜の王の暦(9日周期の暦)
月齢など月の情報
365日暦

こういう順番で読む。

始まります文字	
1	2
3	4
5	6
7	8
9	10
11	12
13	14

考えてみれば、日本も西暦や年号、干支、六曜(大安とか友引、仏滅などの)、さらには旧暦なんてのもある暦王国。石碑に載せるほどの記念すべきことを記すなら、すべての暦をぶち入れたくなる気持ちも、すこしはわかります。

このほか819日暦なんてのもあるし……
マヤの重要な数字7、9、13をかけたものだよ

この長期暦にもいったんの終わりがあって、13バクトゥン(約5200年)が、その区切りとなっている。日づけは西暦でいうと、2012年12月23日。これが終末予言とかオカルト好きの人たちを喜ばせている。

とはいえ、日本に億や兆より上のケタがあるように、マヤの人々もこのバクトゥンより大きいケタが19もある。その最高数は宇宙の歴史をも上回る、想像もできない数である。だから、これはひとつの区切りではあるが、この世の終わりというわけではないようだ。実際、パレンケの「碑文の神殿」には後4772年という遠い未来の日づけが記されていたりする。

この長期暦はまさにマヤ文明の特色を表わすものであり、マヤのほかには、オルメカ文明終了後のオルメカ地域しか例がない。

それはさておき

長期暦を考案したのは、オルメカの人なのかマヤ人だったのかまだわからない。

また、マヤに長期暦が浸透していくのと入れ替わるように、オルメカでは後162年(P39のトゥシュトラ像)を最後にまったく現われなくなるのも、不思議なことである(未発見なだけかもしれないけど)。

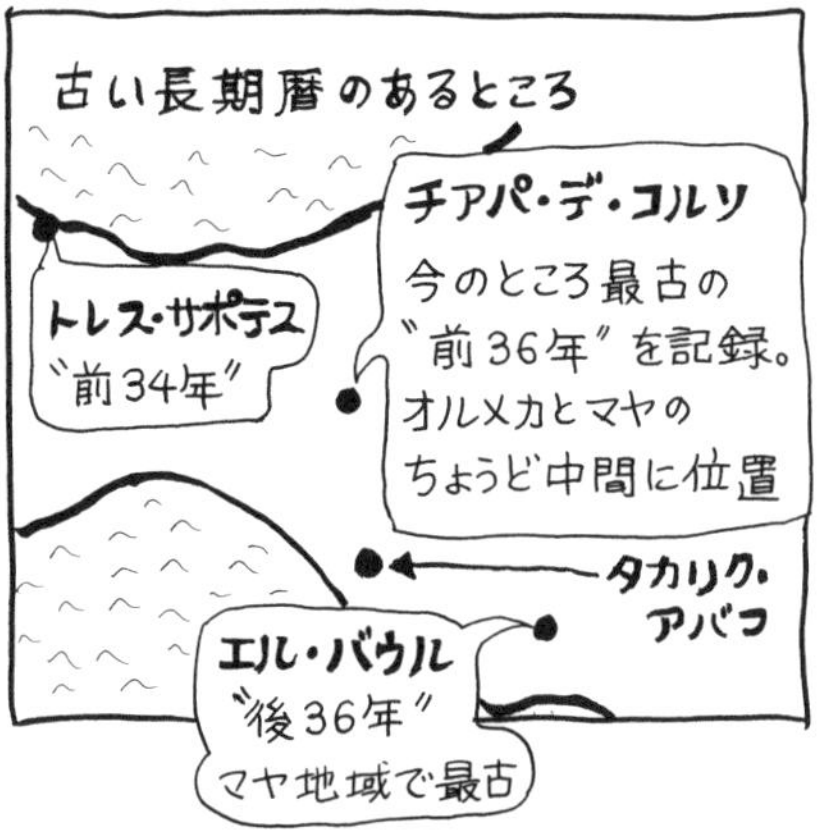
古い長期暦のあるところ
チアパ・デ・コルソ
今のところ最古の"前36年"を記録。オルメカとマヤのちょうど中間に位置
トレス・サポテス
"前34年"
タカリク・アバフ
エル・バウル
"後36年"
マヤ地域で最古

マヤ文字

マヤ文字の表記法は日本語とよく似ているんだそうです

漢字とひらがなの2つの形態が共存するという外国人から見ればなんのこっちゃの、このシステムがいっしょなのだ。

アルファベットなんてもんは持たず音節文字を使うことも同じだよ

音節文字
母音と子音がくっついたものがひとつの文字になるもの。「か」を表わすのにローマ字だとKAと、2つの文字を使わなきゃならない。

バラム（＝「ジャガー」の意味）という文字を例に取ってみましょう。

漢字のように意味を表わすもの

これ1つでバラム

ひらがなのように音を表わすもの

バ BA
ラ LA
マ MA
読むときはこの母音は消え「ム」となる

さらに送りがなやふりがな感覚のものもある。

バラムの表意文字に

バBAの文字を添える

ムM(A)の文字を添える

マヤ文字は、これまた漢字が音読みや訓読みといったいろんな読み方があるように、ひとつの文字が幾通りにも読める。なので、読み手にヒントを与えるために、このように音の補助文字が付けられた。

たとえばこの文字は「カワク」とも「ハアブ」とも「トウン」とも「ク」とも読めるそうだ。

図も情報も『マヤ文字解読』マイケル・D・コウ より。

また、簡単な書き方と複雑な書き方のある文字も存在（数字や暦の文字に多い）。

めんどー　かんたん

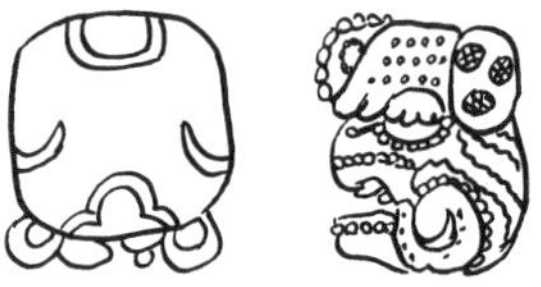

頭字体　幾何体

またまれに全身像というさらにめんどくさい文字が書かれることも（もっぱら暦だけ）。

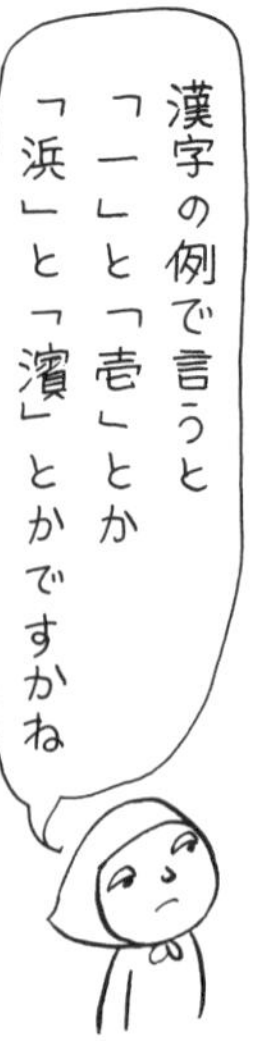
漢字の例で言うと「一」と「壱」とか「浜」と「濱」とかですかね

と、ここまではいいとして、日本の表記法と大きくちがうのが、書き手が文字の位置を自由に変えられること。

一番美しく見えるようにね。書き手のセンスが問われるんだよ！

これはたとえば腰を〓にするようなもの。

また同じ音を持つ文字なら入れ替えもOK！たとえば「カン」という音を表わしたいとき、意味はちがっても、どの「カン」の音の文字を使ってもよいのだ。

「空」のカンを

ゲッ
「ヘビ」のカンにスイッチ

なんと自由な！これらが私たちに許されるなら漢字のテストはどんなに楽でしょうか

これは「私たちが文章を書くとき、同じ表現をくりかえすことを避けるような感覚（©八杉佳穂）」であるらしい（私もすべての文章の語尾を「だそうである」にしたいけど、しょーがなくいろいろゴマかしてます）。

文字をあやつる書記には

王族などのエリートがなる。

マヤ文字ができたのはいつだったのだろう。それもはっきりした答えは出ていないが、完成されたマヤ文字の前段階のような文字が見つかっていて、一番古いので前400年ごろとされるものもある。文字はじょじょに進化して整えられ、後3世紀には完全なものとなっていた。

マヤ文字の解読

スペイン人が来てマヤの書が焼かれ、スペイン語を押し付けられてるうちに、マヤ文字を読んだり書いたりする人はいなくなる。マヤ文字はすっかり謎の文字となった。古《いにしえ》からのマヤ語は受け継がれ、マヤ語が話されていたにもかかわらず、だ。

これは!

点と棒で表わされるわかりやすい数字の解読はなされたものの、マヤ文字のあまりの難攻不落然に皆ビビッて手を出せず、マヤ文字研究は半ば放置された状態にあった。

そんなとき、ブラッスールという神父がマドリードの王立研究所の図書館にて埋もれていた1冊の本を発見する(1862年)。

それは、それより300年前、スペイン征服直後のユカタンにやってきた宣教師ランダが、マヤの人々の風俗や歴史を書き綴った書『ユカタン事物記』の写本であった。

なんとこの本には、365日と260日の暦の文字と読み方が書かれてあったばかりではなく、アルファベットとマヤ語の対応表が載っているではないか。

いわゆる「ランダのアルファベット表」

ロゼッタ・ストーンを手に入れた〜〜
ちっ、とんだ食わせものめ!

これでマヤ文字が解読されると学会は色めき立ち

発見者ブラッスールを始め、多くの人がこぞって解読レースに参加したが、ひとりとして成功せず。熱狂は冷め、すぐにランダのこの表はまったくのデタラメと切り捨てられた。マヤ文字には音を表わす機能などなく、あくまでも象形文字にすぎないとされたのだ。

しかし、ランダの本の発見から90年後の1952年、旧ソ連の学者ユーリ・クノローゾフがついにランダの表に真価を見いだした。ランダのアルファベットに対応してるマヤ文字はスペイン語のアルファベットの音をそのまま書いたものだと見破ったのだ。
これがたとえば日本だったらアメリカ人に
日本語の「H」はどう書くの？
こーです
エイチ
って書いてたようなもの。
ここから音を読み取り、いくつかの単語を解読することに成功。また、マヤ人はアルファベットのようなものは持たず、日本語のような音節文字を使っていたことにも気づいた。いわばマヤ文字解読の突破口を開いたのだ。
が、新しい見解、発想というのはつねに賞賛よりも反発を招くということの例に漏れず。古代エジプトの文字を解読したシャンポリオンの道のりと同様に、クノローゾフの発見は当初、マヤ学の権威、またそのとりまきから頭ごなしに否定され、失笑、嘲笑という無礼さで迎えられた。
しかし――どーです、寄る辺のない新人をエラそーに締め出す人たち――しだいにクノローゾフの学説の賛同者は増え、現在では、クノローゾフの「マヤ文字は表意と表音の混じったものである」という見解の正しさ、読み方の正しさはほとんどの人に認められているのだった。
ところで、解読から約40年も経った1990年にクノローゾフは初めてマヤの地（ティカルとワシャクトゥン）に足を踏み入れるんだけど、そのときの感想は
あっそーべつにいいけど
べつに――。本で読んだとおり
というクールなもの。
これはこれでシビれるね〜

現在マヤ文字は80パーセント解読された、という人もいれば、いやまだ50パーセントにも満たない、という人もいる。楽観的か悲観的かを計る心理テストの答えみたいであるが、どちらにせよ、現在、新世代の研究者たちが、すごいいきおいで文字を解読している。

つい最近まで定説だったことが、これらの解読でひっくり返るという現象がバンバン起こっている。

でもランダの表で
まだわかって
ないものもあります
↑マイ・フェイバリット文字

今までのところ673の文字素が発見されており、そのうちよく使われるのは300ほど。文字素が組み合わさったマヤ文字は3万〜5万になるらしい。

当然「音」がわかっていないものもまだたくさんある。たとえば王名は、音の補助文字なしの表意文字オンリーのものも多く、しかも1回限りしか使われないのもある。それで、その文字の見た目から、考古学者が便宜的に人物にあだ名を付けるときもある。

有名なエイティーン・ラビット王とか
18
ウサギ
(っぽいもの)

日本の本では日本語読みして「楯ジャガー」とか「結び目ジャガー」「宝石頭がい骨」などといった言語センスすばらしすぎの斬新な呼び名になっている。

「ペニス頭」っていう
カラコルの女王の
あだ名を見たときは
うれしさのあまり
悶絶しましたよ
有吉のつけるあだ名のよう
ありがとう
本当にありがとう……

◎まえがきでも触れましたが、この本のマヤ王たちの名は、名前が★わかってる人もこういったあだ名をメインに使っていきます。

と、ザザっと解読の歴史の一幕を粗すぎるほど粗くなぞってみましたが、くわしく知りたい方は『マヤ文字解読』(マイケル・コウ著)をぜひ!

解読への軌跡が、フルスロットルではらはらドキドキ。またそのそでの話——学会の偏狭さ、足の引っ張り合いなどの泥臭い人間模様——がクラクラするほど面白いです。

訳のすばらしさもあって一気読み!

★厳密に言えば、学者が解読しいちおうこの音だろう、としているもの。

脱線！やらかしちまった人々 シリーズ 1人目

ブラッスール神父の解読

1814〜1874年

ブラッスール・ド・ブールブール。フランス人。

ランダの本を発見したこの方は、それだけじゃなく、重要な文書をつぎつぎと発見し、メソアメリカ研究に多大な貢献をもたらしたお方でもある。

アステカの絵文書（＝チマルポポカ絵文書）やマヤの絵文書も見つけている。

『マドリード絵文書』の半分の部分で『トロアノ絵文書』と呼ばれるもの

また、代表的な功績に『ポポル・ヴフ』を発見してフランス語に翻訳し、世界に紹介したことがある。

彼の発見前は、ヒメーネス神父によるポポル・ヴフの写本はまだ世に埋もれていた。ブラッスールは、グアテマラに住む本収集家の友人がコレクションの一部くらいにしていたものに価値を見いだしたのだ★。

とはいえ、ポポル・ヴフはその何年か前にオーストリア人に発見され翻訳本まで出されてるし、ほかのもぜんぶ、発見というより再発見、再々発見と言うべきもの。でもこれらの書物が世に知らしめられたのは、この人の騒ぎ立てる性質というか紹介力のおかげ。なので、第一発見者じゃないけど、これらの本の発見者としてブラッスールの名はいつも出てくるのだった。

とにかくこの人は鼻が利いた。ランダの本やポポル・ヴフの例のように、宝の持ち腐れとなってるものを、掘り起こす才能があった。もともと古代文明に興味を持っていた人で、神父になってからも研究のために文書を発見しようと、いろんな教区を転々と渡り歩いていた。その甲斐あって、先に挙げたもの以外でもたくさんの貴重な本を発見でき、まずはその情熱は報われる。

★見つけた場所は諸説あり

つぎにブラッスール、新たな栄誉を得ようと、自分が見つけたトロアノ絵文書を、これまた自分が見つけたランダ本のアルファベット対照表を使って、解読にトライ。
やった〜 解読に成功したぞー
って、でもそれは、アルファベットをそのまま当てはめたり、なぜか下から上に訳したり、文字の絵の感じから自分の持論に都合のいい言葉に翻訳したり、と好き勝手にやっただけのものなんだけど。
ブラッスールの持論とは
エジプト人とマヤ人はアトランティスの末裔《まつえい》だ!
というもの。
出た!
ブラッスールもまたアトランティスに魅入られた男だったのだ。
そして
この書にはアトランティス滅亡の話が書かれている
ホルス(エジプトの神)はケツァルコアトルだよ
となる。
このとき2文字解読できないものがあり(っていうか、実際ぜんぶできてないが★)、その文字がランダのアルファベットのMとUに対応する文字に似てるとし、「MU=ムー」と読んだ。
ブラッスールはこれをアトランティスのマヤ語での読み方と思ったようだ。
アトランティス以上に怪しい「ムー大陸」の名前の由来はなんとここにあったのです
レムーリアから、という説もあり。
ブラッスールのマヤ学への功績は今でも認められているが、アトランティスに取り憑《つ》かれた晩年のことは見て見ぬふりをされている。
ブラッスールがムーという言葉を創り出した60年後、チャーチワードという男がムー大陸の本を出し、ムーはトンデモ界のキング的存在に躍り出る。そして現在、「ムー」という単語は知らない人はいないほどの言葉となったのは言わずもがな。
なかなかの遺産を残しましたね〜〜。本人の名前自体は「知る人ぞ知る」レベルだけど

★ちなみに、今現在はマヤ文字の(本当の)解読によって、4つの絵文書には星の運行表や儀礼、占い、神々のことや、またもうちょっと俗っぽいこと(病気の治療法や生活の知恵)などが書かれているのがわかっています。

マヤの歴史

スペイン人が来るまでのマヤの歴史は3時代に分けられています。

それは大ざっぱな分け方であるものの、たしかにバッチリ区切りが感じられるもの（3つの時代はさらに細かく分けられてるけど、この本では割愛）。

真ん中の時代、古典期は「マヤ中部で長期暦をモニュメントに刻み付けた時代」（©マイケル・コウ『古代マヤ文明』）と定義されていて、それ以前と以後をそれぞれ先古典期、後古典期としています。まぁ「古典期初めにありき」のなんのひねりもないネーミングのようです。ちなみに「古典期」という名は、ギリシア文明の一番輝かしい時代の呼び名からあやかったということ。

歴史区分

ぜんぶの年代に「ごろ」がつきますよ

先古典期
前1600〜後250年

村落のめばえから大国家が築かれた長い時代をひとくくりにしています。

古典期
後250〜900年

ティカル、パレンケ、コパンといったマヤを代表する中部地域の国家が全盛。世間一般に浸透してるマヤ文明のイメージ《ジャングルに生まれ、突然滅亡した謎の古代文明》ってやつはここから。

後古典期
後900年〜16世紀前半

北部全盛。チチェン・イッツァー、マヤパンが栄える。南部地域も小国家が勃興。小競り合いをくりひろげる。

地域も3つに分かれる

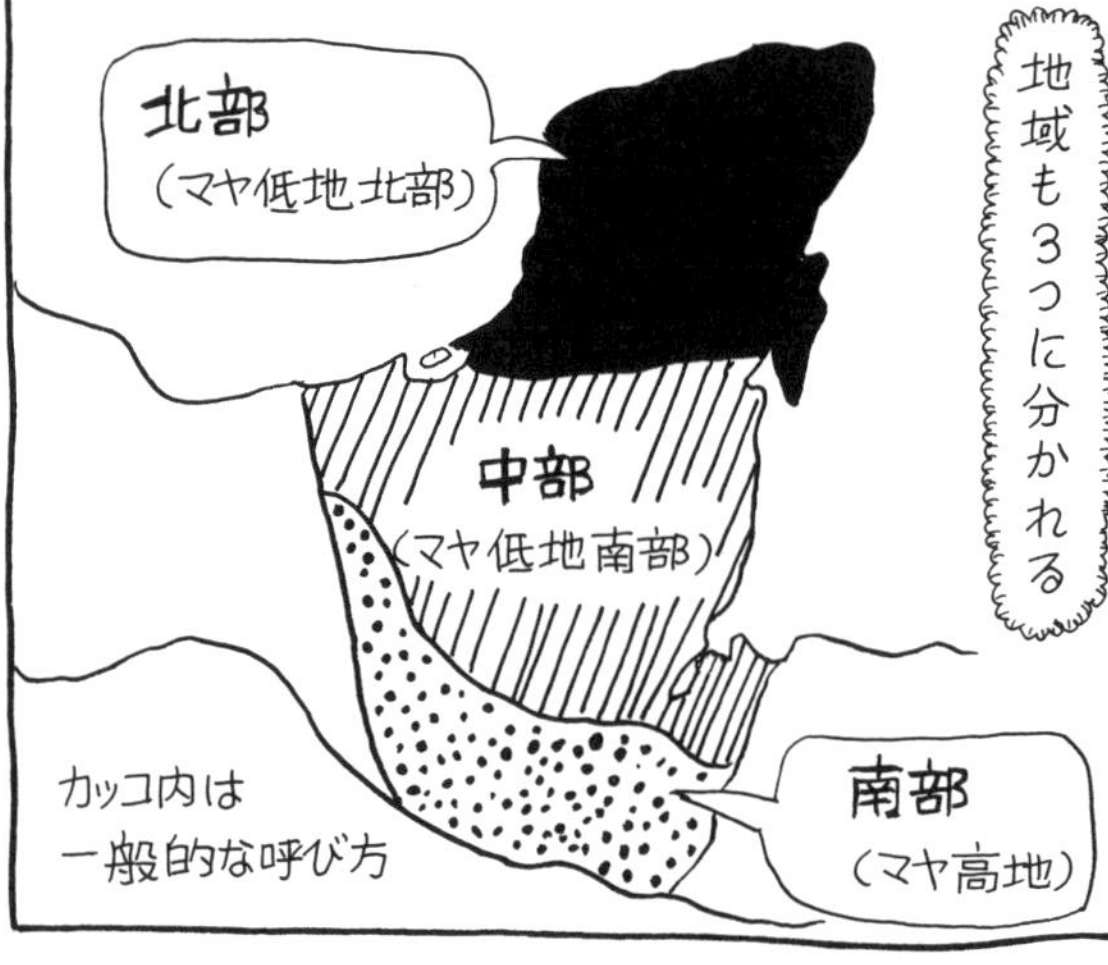
北部
（マヤ低地北部）
中部
（マヤ低地南部）
南部
（マヤ高地）
カッコ内は
一般的な呼び方

先古典期
（前1600～後250年）

前1000年ごろから都市がチラホラ現われ出す。神殿ピラミッドは前700～前400年ごろより造られ始め、前200年ごろには古典期のピラミッドに引けを取らない大きなものが、もう存在していた。

古典期（後250年）に入るころに　ほぼ一斉に衰退。放棄される都市国家、多数。マヤ文明の崩壊といえば、古典期の後900年ごろのものばっかり取り上げられるがここでもいったん崩壊しているのだ。

ここだって
なかなか
興味深いとこ
なんだけどね～

主な先古典期の都市国家

本当はもっとあります

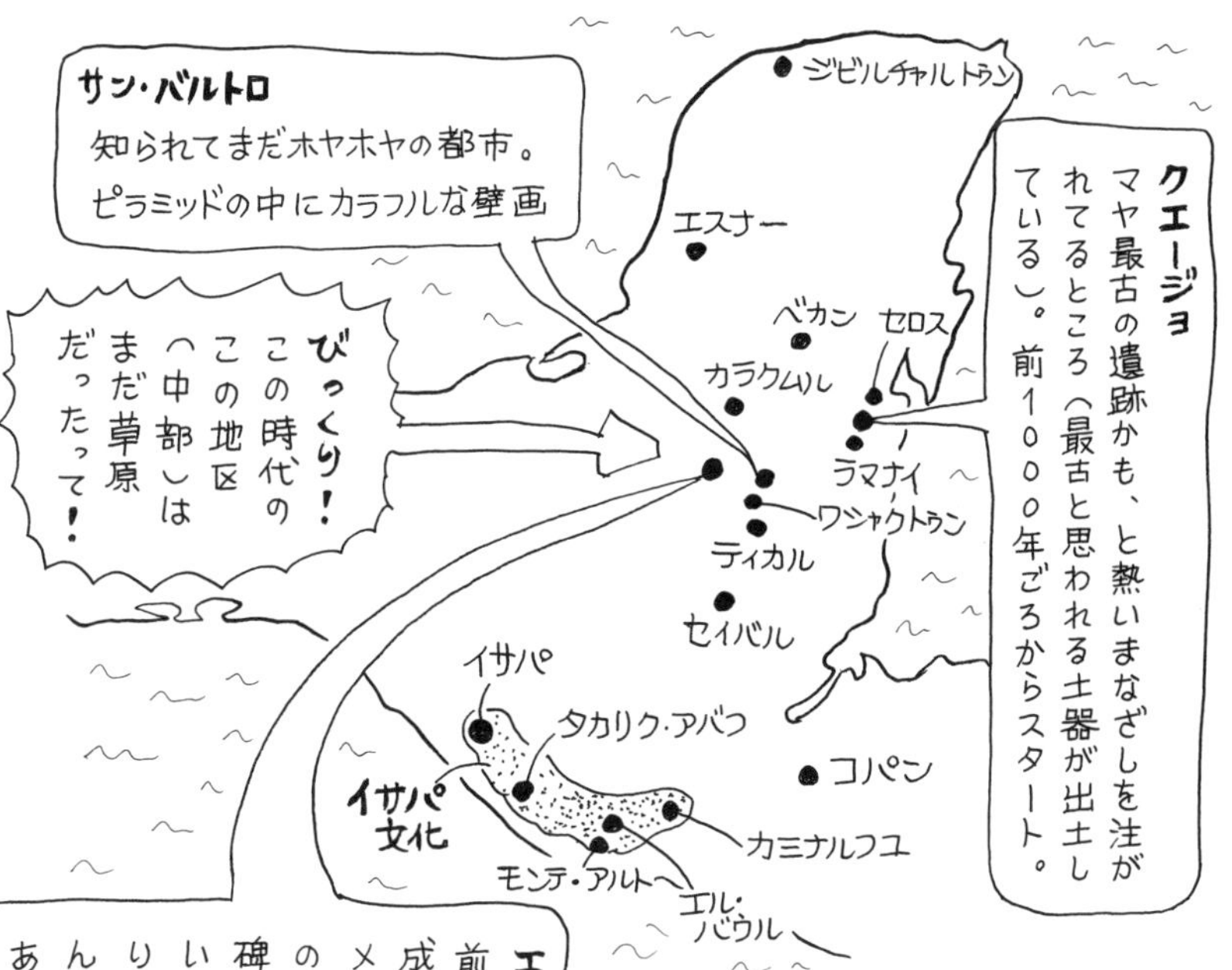
サン・バルトロ
知られてまだホヤホヤの都市。
ピラミッドの中にカラフルな壁画
びっくり！この時代のこの地区（中部）はまだ草原だったって！
クエージョ
マヤ最古の遺跡かも、と熱いまなざしを注がれてるところ（最古と思われる土器が出土している）。前1000年ごろからスタート。
ジビルチャルトゥン
エスナー
ベカン
セロス
カラクムル
ラマナイ
ワシャクトゥン
ティカル
セイバル
イサパ
タカリク・アバフ
コパン
イサパ文化
カミナルフユ
モンテ・アルト
エル・バウル

南部（マヤ高地）

古典期の中部地域に先がけて、このころすでに自分たちの事跡を記した石碑を作っていた。エル・バウルではマヤ最古の日づけ（後36年）を持つ石碑が出ている。

カミナルフユは南部最大の遺跡。百を超える神殿が建ち並び、球技場は12もあった。豪華な支配者層の墓も見つかっている。

カミナルフユの神殿ピラミッドは石ではなく、ねんどで造られていたもんで残りが非常に悪い。しかも現在は住宅地になってしまったがために、遺跡は10分の1しか残っておらず。

エル・ミラドール

前400年ごろから急速に大都市国家へ成長。後150年ごろ放棄された。メソアメリカでもっとも高い、高さ70mのピラミッドを持つ。文字が書かれた石碑も見つかっているが、磨耗して読めないのが残念。あらゆるマヤ遺跡のどこよりも大物の可能性を秘めてるのに、車なんかぜったい無理なジャングルの奥地にあるため調査が進んでおらず。

この時代のあれこれ

マヤ中部 サン・バルトロの壁画

2001年の大発見！ これは横9m、たて1・5mの大きな壁画のごくごく一部（前1世紀ごろのもの）。前300年ころのマヤ文字もつい最近（2005年）見つかった。

なんだこの奇妙な赤ん坊たちは！ ギターみたいなのから飛び出てきた覆面の方や脇の怪人など、何がなんなのか気になってしょーがない一品です。

ここの発掘レポートを見ると、マヤにも紀元前から「羽毛のあるヘビ」が存在し、前3世紀にはすでに、神殿の上に神殿をかぶせる増築があったことがわかり、ドキドキする。

これもサン・バルトロ

自己犠牲の儀式で自らチン（巨根）を傷つけ血を流す神

エル・ミラドール

ティグレ・ピラミッド複合体の復元図
これだって、広い広い
エル・ミラドールのごく一部

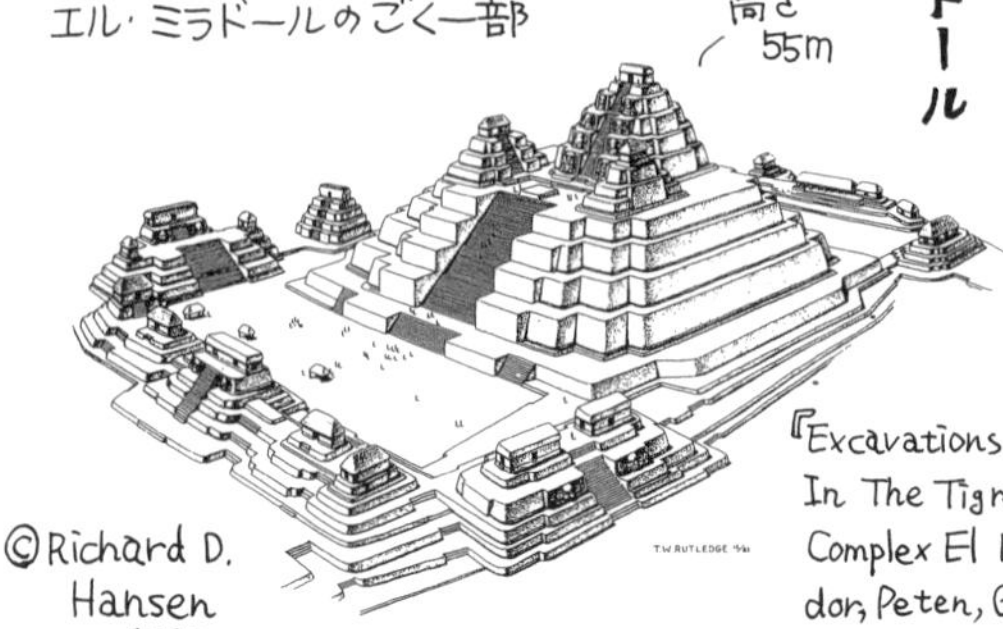
高さ55m
T.W. RUTLEDGE '96

©Richard D. Hansen 1990

『Excavations In The Tigre Complex El Mirador, Peten, Guatemala』

これらを見ると規模、熟練＋洗練度からいって先古典期のほうが古典期よりスゴかったんじゃないか、と思えてきます。

古いからって原始的で遅れた暮らしをしてたとは限りません。新しい時代になって、かえって後退している例がいろんなとこで起こっています。

お笑いだってそうでしょう―。いやー最近はとんでもなくおもしろい人たちがわっさわっさ出てきて、スゴい時代がきたなーと思ってても、時折揺り返しのように、語呂合わせに変顔、という小学生にしかウケないようなベタで古臭いものがドーンと売れたり……。

本当 3歩進んで2歩下がるなんだよね～
あんたいったいなんの話してんの

マヤ南部

モンテ・アルトのデカ石頭

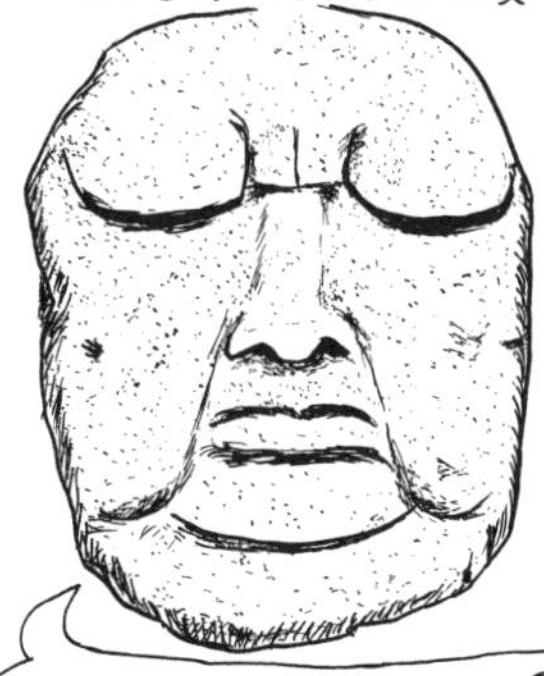
って、ワシだけじゃないぞ！
古典期に先駆けて、王を
描いた石碑も出しとるぞ

南部のイサパとその周りの地域の文化に統一性を見て、イサパ文化（文明）と呼ぶ研究者もいる。

ちょっと暦のところに戻る話だがイサパ辺りの太陽の動きが260日という日数を生み出すこと（P94）を根拠のひとつに、メソアメリカで興《おこ》ったそれぞれの文明はすべてこのイサパ文化地域に根源があったとする説がある。その説によると、そこからみんな散らばって、マヤとかオルメカなどの文明を築いたんだそうだ（説は『マヤ文明 新たなる真実』《実松克義著》に）。

先古典期のマヤ中部ムーブメント

巨大顔面装飾

先古典期終わりごろより、ピラミッドの階段わきに顔面を彫刻するのが流行した。大顔は「神」とも「山の象徴」ともいわれるが、よくわかっておらず。

ワシャクトゥンの方

建物E-7-下層に
（前2〜後2世紀のどこか）

ラマナイの方

神殿N9-56の
一番核の神殿に
（前100年ごろ）

古典期（後250年〜）に入っても大顔作りは受け継がれたが、王のカリスマ性が強まったためか、王の肖像を刻む石碑作りが主流になり、後500年ごろからこのすばらしいブームは影を潜めていった。

ドーン
ダイナミックから
セロスの方
ちょろ〜ん
こぢんまりへ

残念だわ〜

こーいう具合にね

古典期（後250〜900年）

後292年のティカルの石碑を皮切りに、マヤ社会では事象の刻まれたモニュメントがバカバカ建てられた。

そのおかげで古典期のマヤは、メソアメリカではアステカに続いて、歴史が、また個人の業績が垣間見える文明となっている。

また古典期初めは森林がじょじょに発達してる段階であり、まだそんなに「ジャングルの文明」でもなかった。

残念ながら「謎の古代文明マヤ」っていうイメージからはほど遠いです
がっくり

何も好き好んで最初からジャングルに住んだんじゃないよ

古典期のマヤは中部を中心に50〜70の王国が林立していた。それらおおよそほとんどの王朝が見事に8〜10世紀に滅んでしまう。

解読によって、各国の王名や歴史がかなりわかってきたが、それをすべて紹介するのは無理。その中でも、抜きん出ている大国であり、もっとも歴史が再構成されてる3国、ティカル、パレンケ、コパンにスポットを当てていきます。

モニュメントに刻まれた歴史

古代都市の発掘で文字が刻まれた粘土板や石板が見つかると

「これで何があったかわかる！」

と色めき立つが、そういうとき実際書かれているのは、農作物の収穫量とか家畜数などのたな卸し的なものや、税金徴収の覚え書きといったものばかりでガックリ、ということがよくあるそうで……。

そこへいくと、マヤのモニュメントはド直球。石碑に書かれていることは、王の誕生、即位、死といった王の個人年表。事象の主なものは戦争記録。と、まさにザ・歴史そのもの。

王の重要事象を表わす文字

通称「歯痛文字」

王の即位

通称「上向きガエル」

王の誕生

タチアナ・プロスクリアコフさんによる発見（1960年）

各国（の王朝）を表わす文字もあった。

通称「紋章文字」

ティカル
パレンケ
コパン
カラクムル

食料品問屋のベルリンさんによる発見（1958年）

ティカル

後1世紀ごろに王朝スタート！
先古典期の都市国家が続々崩れ去っていくなか、数少ない生き残り組となり、マヤ最大の王国へと発展していく。

ザ・事件 シャフ・カックのご「到着」

それは後378年、ティカル第14代目の王「大ジャガーの足（チャク・トク・イチャーク）」王の治世に勃発した。

事件が記された石碑にはこのように……。

後378年1月16日
シャフ・カック、ティカルに到着。
同日
「大ジャガーの足」、水に入る。
翌年、後379年9月12日
ヤシュ・ヌーン・アイーン1世、ティカル第15代王に就任。

石碑はみんなが目にするためのものと思われるので、マヤ文字をちゃんと書ける人は少数でも、読める人は比較的多かったはず、と見る人もいる。

有無を言わさぬ文字の力

石碑の解読によって、マヤにかんしての定説がまた崩れた。
それまでマヤ学者の権威と呼ばれる人たちは、マヤは戦争のない平和な桃源郷のような世界を築いていたと信じたがっていて、防壁跡が見つかったり、戦争の描写を描いた壁画が現れても、「戦争ではなく、ちょっとした小さな『襲撃』」ととらえようとした。

暴力じゃないの！
いきおいで手が当たっただけ！
自分が好きになった男をDV野郎と思いたくない女の心理のよう

しかし、つぎつぎ出される解読の報告によって、この見て見ぬふりを決め込んでいた学者たちも、不服ながらも流血の証拠にも目を向けるようになり、今では「マヤ＝戦争大好き文明」というのは疑いの余地のないものとなっている。

文字ってのはすばらしいね〜
しみじみ

この"シャフ・カック（「火の生まれ」の意味）"なる人物が「到着」したことは、この翌年に作られたワシャクトゥン（ティカルのご近所国）の石碑にも記録されている。

またシャフ・カックは、ティカルに「到着」する８日前（１月８日）に、ティカルから西に約80Kmほど離れたワカという国にも「到着」していたことが、ワカにある石碑からわかっている。

このほかシャフ・カックの記録は周辺のいくつかの国でも見られた。

これはいったいどーいうことなのか？

そこにはテオティワカンの大きな影が……。

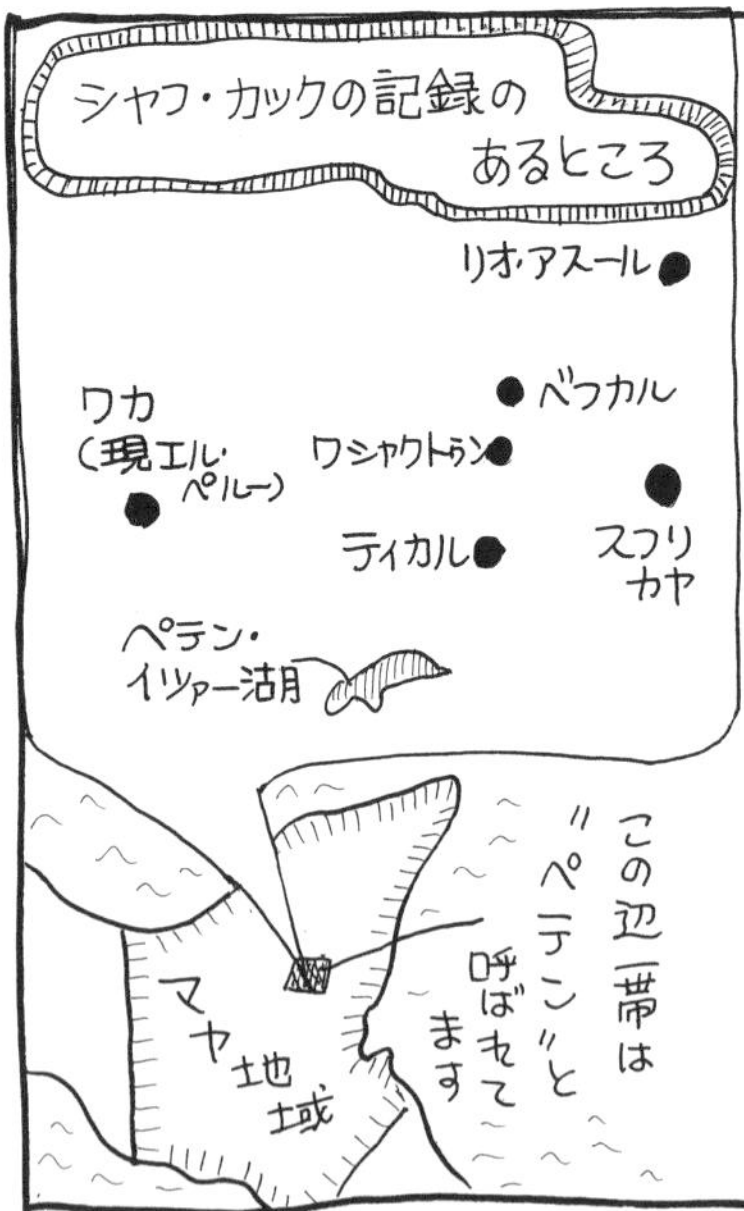
シャフ・カックの記録のあるところ
リオ・アスール
ベフカル
ワカ（現エル・ペルー）
ワシャクトゥン
ティカル
スフリカヤ
ペテン・イツァー湖
マヤ地域
この辺一帯は"ペテン"と呼ばれてます

テオティワカンの波

このシャフ・カックが登場したのとほぼ時を同じくしてテオティワカンとのかかわりを描いた絵が、壁画や土器に現われ出した。また三足土器などテオティワカン特有の生産品も増える。

テオティワカン戦士の訪問を受ける図（たぶん）《ティカル出土の土器の絵》

地味なマヤ人
派手なテオティワカン戦士
©L. Schele 1990

皆さん右手に、マヤになかったメキシコ側の武器、投槍器を持つ。

ワシャクトゥンの壁画

↑マヤ文字
©kubler 1962
服従ポーズ（?）を見せるお人好しそうなマヤ王
エラそー（?）なテオティワカン人

この壁画は崩れて、もうありません。

ティカル北の大基壇から出土

出た！丸めがね！
マヤにも丸めがねが入ってきた！ 同時にトラロックなどの神も

シヤフ・カックの登場と同日に、「大ジャガーの足」王が「水に入る」と表現され、そこからこの王の記録はなくなり、すぐに新王が立てられたこと、そしてテオティワカン文化が急激に入ったことから、シヤフ・カックはテオティワカンから来た男で、おそらく武力でティカルを制圧、王を処刑し、自分たちに都合のいい支配体制を築いた、と考えられる。

　ティカル以外のペテンのおもだった国も手中に収めていったのだろう。ティカルでは、武力の制圧の証拠はなく、おそらく王１人の処刑ですんだ。が、ワシャクトゥンは過酷な扱いを受けたらしく、生々しい傷跡が残る。宮殿跡から、王族と見られる人たちの無残な遺体――妊婦や子供、赤子も容赦なく切り裂かれていた――が発見されている。

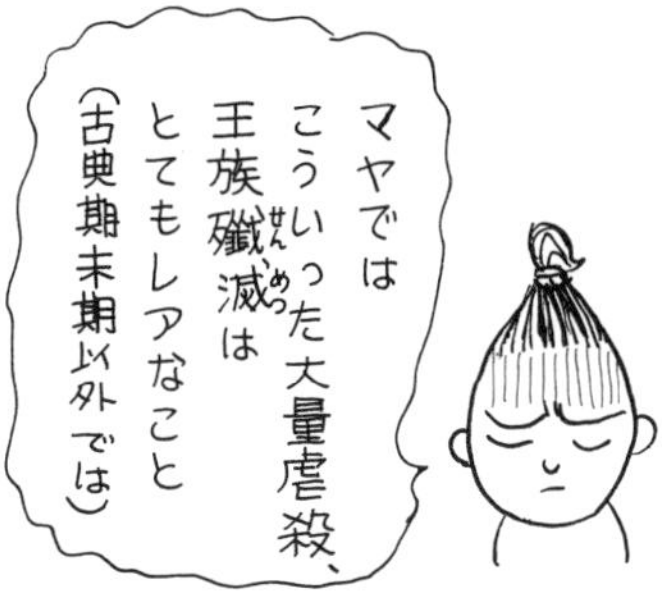
マヤでは
こういった大量虐殺、
王族殲滅《せんめつ》は
とてもレアなこと
（古典期末期以外では）

　ワシャクトゥンは先古典期の崩壊をティカルと同様に乗り切った老舗《しにせ》国、かつ、ティカルと同レベルの大国だった。だが３７８年以降、ティカルの属国のようなものになり下がる。

　そしてティカルはここからペテン地域における栄華の時代を独走していく。

……と、ここまでは、あくまで有力な仮説とされてるもので、このシヤフ・カックという男が本当にテオティワカン人か否かについて、まだ決定的な証拠は出ていない。

　もし、テオティワカン人だとすれば、歴史的事実はおろか、個人業績も、ただひとりの人間の肖像さえ残っていない国の、記録された唯一の「個人」ということになる。それも、母国から遠く、１０００km以上も離れた場所での……。

　しかも、シヤフ・カックだけでなく、さらにもう１人のテオティワカン人らしき人物の記録もある。

　その男「投槍器《とうそうき》フクロウ」の名はシヤフ・カック「到着」事件がだいぶ落ち着いたころ、４１６年に作られた奉納品にその名が記されている。

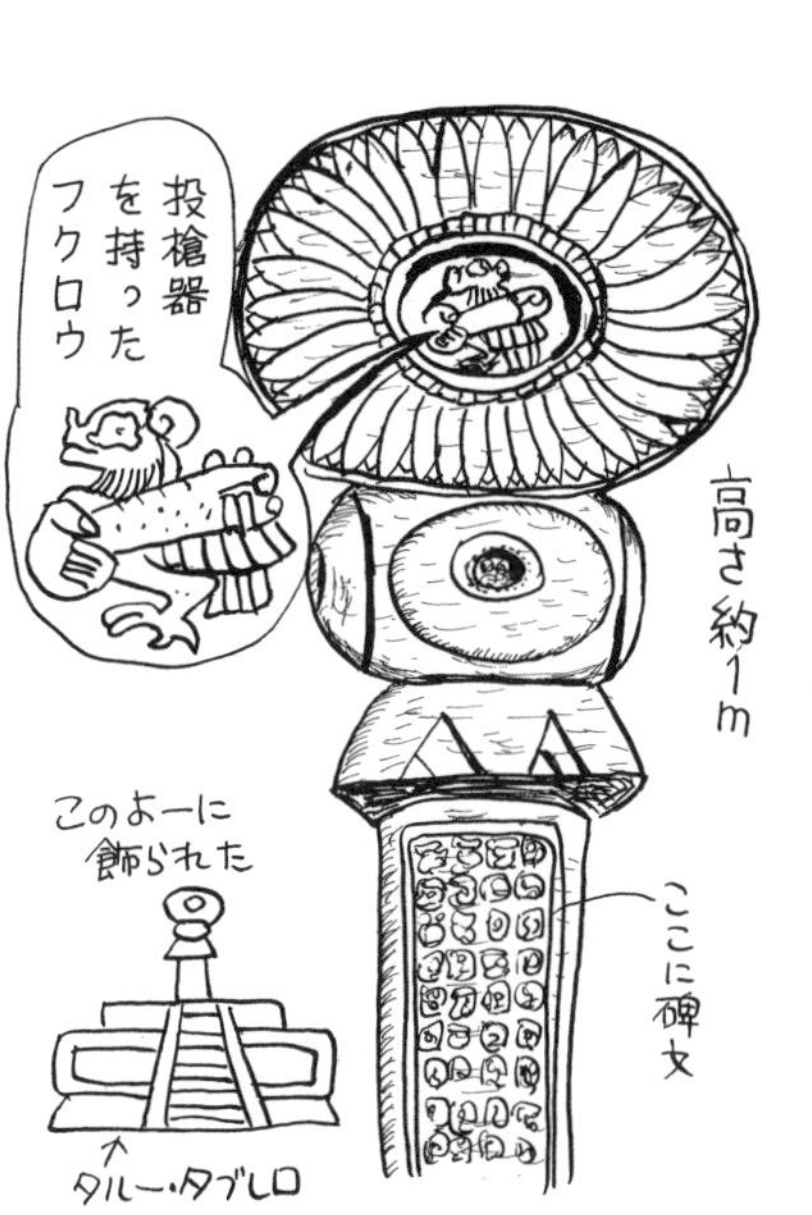
投槍器
を持った
フクロウ
高さ約１m
ここに碑文
このよーに
飾られた
タルー・タブレロ

テオティワカンから出てる球技場の標識柱と同タイプのもの。

この碑文の解読によると「投槍器フクロウ」はシヤフ・カックの「到着」事件の4年前、374年に、王に即位したとなっている。

どこの王ですの？

「投槍器フクロウ」は、マヤのどの地域でも即位はしておらず、そのくせティカルや、ティカルの周辺国でその名が記録され、死後、何十年あとにも回想記録として登場するくらいの超大物であった。それゆえ、この「投槍器フクロウ」なる人物はマヤ地域に即位したのではなく、「テオティワカンそのものの王であるという説が出された。そこから、シヤフ・カックは投槍器フクロウに送り込まれたマヤ攻略の司令官、という筋書きが描かれた。

「投槍器フクロウ」の名

実際どう読むかはわかっておらず。フクロウも投槍器もテオティワカンでひんぱんに現われる図像。

投槍器《とうそうき》
槍を遠くに飛ばす道具

まぁ引っかかりの付いた棒

それだけじゃなく〜〜
タン

シヤフ・カックの到着あと、すぐにティカルの新王となったヤシュ・ヌーン・アイーン1世（以降略して「アイーン」とします）は「投槍器フクロウ」の息子だ、という説も出されてる。根拠のひとつに、アイーンの墓から副葬品のコップが出ていて、そこには「投槍器フクロウの息子のコップ」と書かれていたということがある。

しかし、アイーンの遺体を★理化学分析にかけると、幼いころからティカルで育った、という結果となった。

★ストロンチウム同位体比というものの分析。
骨に含まれるストロンチウムというものの値で出身地の当たりがつけられるという。
ストロンチウムは土壌や水に含まれ、その場所の水（地下水）を飲むことで、我々の骨に入っていく。
骨は死ぬまで数値が変わり続けるが、歯のエナメル質は子供時分で新陳代謝を終えるので、幼いころに住んでいた場所の値が残ってるのだそうだ。

科学ってスゲー
よくわからんかったけど、とにかくスゴいって思ったんで書いてしまいました

だからやはりアイーンはテオティワカン王族の血を引いてるわけではない、という方向に落ち着きそうである。まぁそれでも、アイーンは小っちゃいときすぐに、テオティワカンから送り出されたとか、大王である「投槍器フクロウ」がティカルにわざわざやって来て、ティカルの女性を身ごもらせたなんていうあわただしいことがあったかもしれないし……。

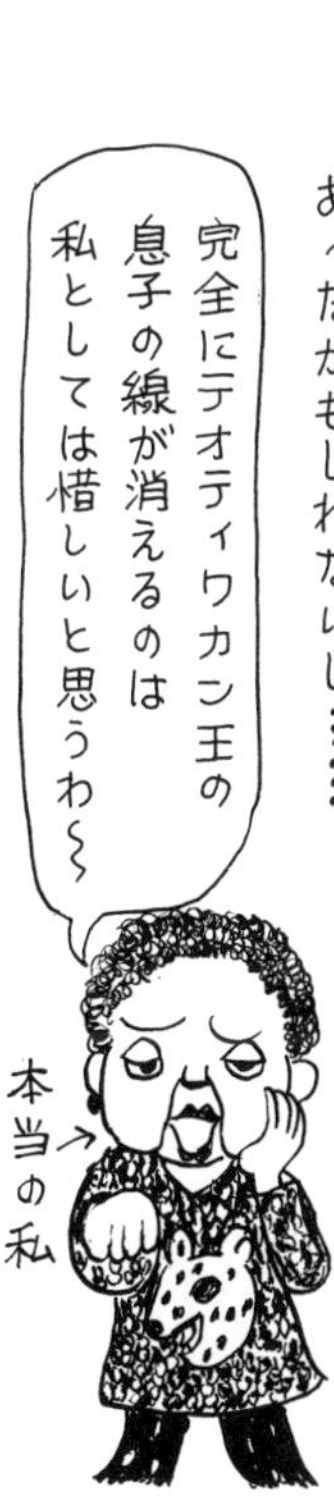
完全にテオティワカン王の
息子の線が消えるのは
私としては惜しいと思うわ〜
本当の私

また、「投槍器フクロウ」をテオティワカン人とするのを疑問視する声や、そもそもテオティワカンがマヤに乗り込んだという説からしておかしい、という声もある。

ペテン地域はテオティワカンにとって支配するほどのメリットがあるところとも思えないし、またシャフ・カック訪問以前より、テオティワカン様式のものは入っていたことから（たとえばタルー・タブレロ様式の建物）、征服なんかじゃなく、長い期間の文化交流のすえに、ついにテオティワカンの使者があいさつに来て、威光をたっぷり見せつけ、そのときついでにティカルの目の上のたんこぶだったワシャクトゥンの攻略を手助けしてやったくらいのことなんじゃないか、とも考えられている。

もともとティカルとワシャクトゥンとの間に不穏な空気が流れていたことは、2国の間にある9・5kmもの堀と土手がセットになった防衛設備からうかがえます。

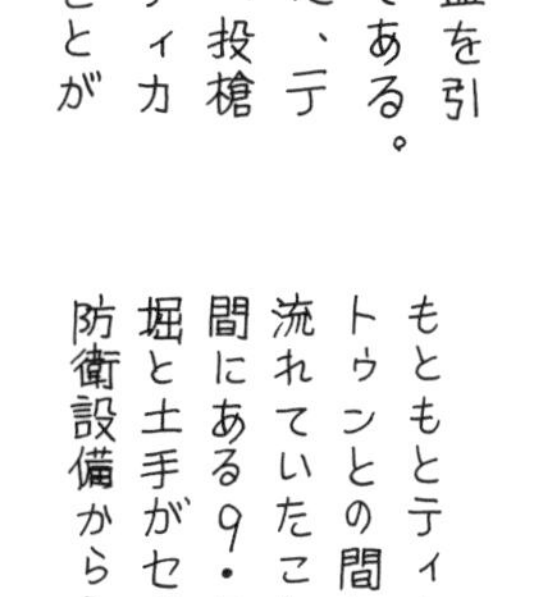

つい最近、1990年代には、シャフ・カックはティカル人であり、それも「大ジャガーの足」王の弟である、という見方がメジャーだったくらいである。

後378年の「到着」事件と合わせて、シャフ・カックの存在は、マヤの歴史の中でももっともエキサイティングなもの。いつ死んだのかもはっきりしないが、シャフ・カックの名には「西のカロームテ（大王）」という称号がかならず添えられ、つねに称えられた。

だいぶあとの時代にも、378年のシャフ・カック「到着」事件のことは、いくつかのモニュメントに刻まれた。それから100年経っても回想的に語られ、パレンケやコパンといった大物の国の碑文にもその名が現われる伝説の男となった。

マヤを引っ掻き回した男、
謎のシャフ・カックには
興味が尽きません

アイーンと「嵐の空」

シャフ・カックの後見によって王となったアイーンは、自分の肖像にはテオティワカン風の衣装をまとわせ、テオティワカンの土器を使い、テオティワカンの申し子と言うべくテオティワカン文化に染まりまくった。

が、息子「嵐の空（シャフ・カン・カウィール2世）」の時代に入ると、テオティワカン文化は消えていき、マヤ本来の文化に戻る。

こーいうことからも、やっぱりテオティワカンは支配しにきたんじゃなくて、ティカルをバックアップするために、いっとき来てくれたのかも、と思えてきます。

「嵐の空」が作った石碑（通称「石碑31」）

マヤの衣装をつけた自画像の両わきにテオティワカン戦士の衣装の父を描かせた。この石碑には「投槍器フクロウの死」も記される。

テオティワカンに転びやがって！オレは本来の誇りを取り戻す！
と宣言してるよう。
テオティワカンの神"シパクトリ"か"戦争のヘビ"の頭飾り
父
投槍器
自分
父
トラロック

「嵐の空」の墓は、この時代のティカル王家の埋葬地（＝通称「北アクロポリス」）に作られた。いちおう父アイーンの墓（神殿34）の隣。

通称「神殿33」
デカ顔面
神殿は赤

これは改築された2番目の神殿

墓の上には神殿が造られたが埋葬の200年ほどあとに、新しい神殿で覆いかぶされた。その際、↑の石碑31も建物の中に埋められた。

墓の内部は珍しく、壁画をともなうもの。
2人の若者の殉葬も……。
（ちなみに父の殉葬者は9人）

南部にもテオティワカンの波〜カミナルフユ〜

この南部最大の都市国家にも後4世紀ごろよりテオティワカン特有のものが現われる。ティカルを超えるテオティワカングッズの氾濫ぶりに、「テオティワカンはマヤ地方経営の拠点として、カミナルフユを選んだ（©大井邦明『消された歴史を掘る』）」という説もあるほど。

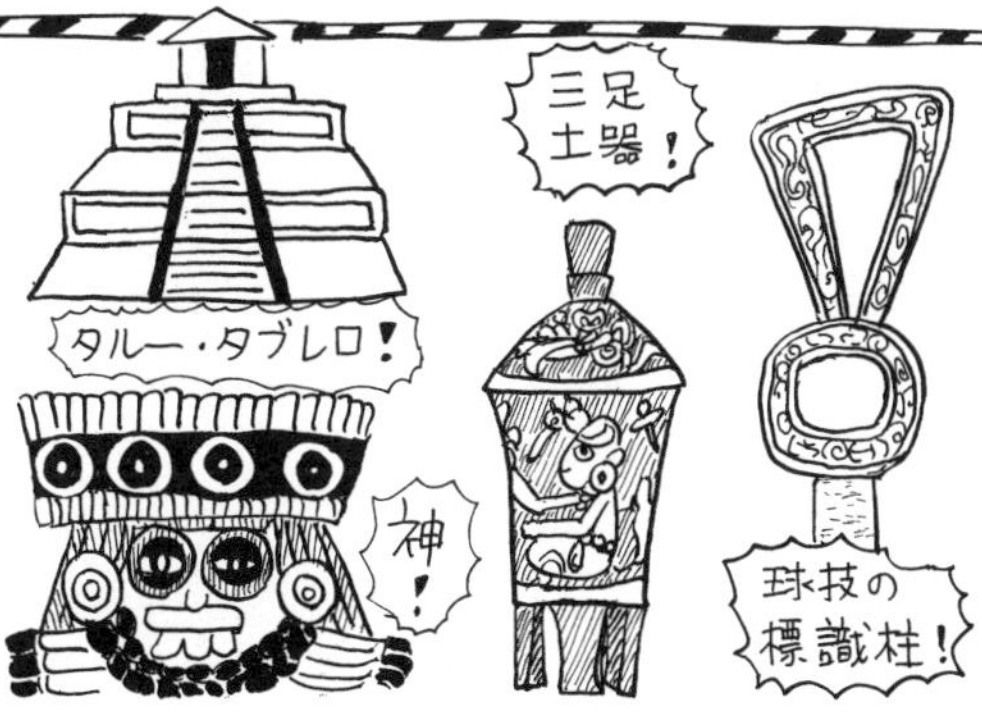
三足土器！
球技の標識柱！
タルー・タブレロ！
神！

とはいえ、テオティワカングッズは、カミナルフユの一部のせまい地域に集中して現われるそうで、全体的にはマヤ文化が主流。なので「交易でつながりがあった」「流行のテオティワカン文化を取り入れ、威光を示した」レベルに考える人も多い。

しかし、先古典期でいち早くマヤ文字（前段階のものだが）を使っていたのに、テオティワカングッズ流入以降は、まったく文字が現われなくなるという不思議なことも起こっている。

カミナルフユのテオティワカン地域は6世紀ごろ活動を停止。内乱があったのか、火災の跡も見つかっている。

いやー、ここも相当謎多きところです

カラクムルとの抗争

「嵐の空」の死後、ティカルはゆるーく停滞期に入る。それでも、マヤ中部ではまだまだNo1国家として、揺るぎない地位をキープしていた。だが、第21代「ダブル・バード（ワク・カン・カウィール）」王の治世に、ティカルは試練を迎える。

古典期のマヤ世界では、親分国とそれにかしずく子分国の関係が多く見られ、ティカルもいくつかの国の親分国であった。その子分国のひとつにカラコルがあり、事件はそのくすぶった感情から引き起こされた。

まず553年にダブル・バードはカラコルの王（ヤハウ・テ・キニチ2世）の即位儀礼を監督した。

このように親分国は即位式にしゃしゃり出て、自国の優位性を再確認させる例が多々あった。

もうティカルに頭下げんのイヤー

この3年後、ティカルはカラコルを攻撃し、カラコルの高位の者を処刑した。何かカラコルが起こした不始末（たぶん、反乱）への制裁だと思われる。

ところがその6年後（562年）、逆にティカルは「星の戦争」において大敗する。

と、カラコルの即位儀礼に始まるここまでの経緯は、すべてカラコルのモニュメント（祭壇21）に書かれており、この戦争のあとからカラコルは大都市になるので、圧倒的に形勢が不利なカラコルが大国ティカルに奇跡の逆転勝利を果たした、と考えられた。

が、ティカルにこの屈辱を与えたのは、どうやらカラクムルのようなのだ。

というのも、この戦いの勝者の名前が磨耗してはっきりしないものの、その文字の輪郭がカラコル王のものではなく、そのときのカラクムル王の名前に近いからであった。

カラクムルはティカル同様先古典期から始まる老舗の国

星の戦争（金星戦争）

メソアメリカの人々は金星を「凶をもたらす不吉な星」として畏《おそ》れ崇めていた。

マヤの人たちには「戦争の星」でもあった。金星が「宵の明星」または「明けの明星」として昇る最初の日を「戦争をするのに良いお日柄」と解し、敵国同士で戦争を仕掛け合った。研究者がこの戦争を「星の戦争＝スター・ウォーズ」と呼び出し、その呼び名が定着している。

金星の光に当たんないように！病気になっちゃうよ

流れついでに

マヤの戦争

金星とは関係なく
ふつうの日も戦争したけどね

マヤの人々にとって戦争は日常の何気ない一コマ。

ふつう戦争といえば、何千人、何万人もが一度に戦うようなものを想像するが、マヤの戦争はとても小規模。少人数でおのれの技量を持って戦い合うものであった。戦争というより試合のようなものだ、と見る人もいる。そのため、小国が大国に勝つということもあった。

マヤの戦争は、王や貴族など身分の高い人を生け捕りにすることを一番の目的としたものであり、敵国を壊滅させ乗っ取る、ということはめったになかった。

また、この戦争のあと、カラコルはカラクムルの傘下に入る。しかもカラクムルは、この件を境にそれから何度もティカルと戦《いくさ》を交えるようになるのだ。

と、状況証拠しか挙がってないけれど、カラコルがカラクムルを味方につけて、ティカルを痛めつけてもらったという構図はかなりしっくりくるのだった。

ティカル王ダブル・バードの名は、562年の大敗を機にどこにも現われないことから、処刑されたと考えられている（カラコルの記録は磨耗していて、その部分がわからない）。

シヤフ・カック「到着」事件時の王の処刑（って仮説だけど）とはちがって、この一撃はティカルの屋台骨を大きくぐらつかせ、国内でもなんやかんや起こって（次ページ）

バンバン作っていたモニュメントもダブル・バードが建てたものを最後に、130年間も作られなかったほどである。

ここからは
もうふんだりけったりの
落ちぶれ
かげんでさ〜

高位の者を傷つけ殺すことで、その国の威信を傷つけ屈辱を与え、ときには敗戦国に乗り込み、石碑を破壊するなどして優位に立つことで満足したようだ。

また敗戦国は恭順を誓わされ子分国となり、貢ぎものを定期的に贈るなどのペナルティーがあった。

ワシャクトゥンの王族大虐殺は、だから、例外中の大例外
なんども言うけどさ〜

マヤの記録ルール

基本的に石碑には自国に都合のいいことのみが書かれた。戦争に勝利したことは記録するが、負けたことは記さない。だから、上のティカルの敗北記録もティカルにはない。

負けたことを記すこともあったが、それはあとで逆転勝利したことを書くための布石として記された。

率直に、負けたことを記録する例もたま〜〜にあった
まぁいろんな効果を狙ってな

ティカルのお家騒動

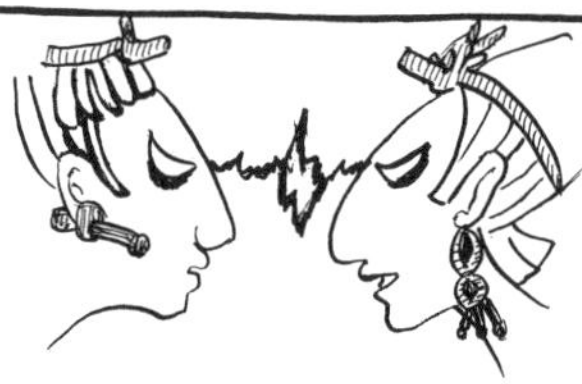

ダブル・バード王の敗北から約80年後、ティカル王家で王位をめぐって争いが勃発した。

その争いに負けた男は、仲間とともにティカルを飛び出し、ティカルから西南に100キロ離れた場所に王国を創設する(648年ごろ)。これは現在ドス・ピラス遺跡と呼ばれている。

その男、バラフ・カン・カウィール(以降、バラフと略します)と、晴れてティカルの第25代王となった「楯・頭がい骨(ヌーン・ウホル・チャーク)」はおそらく兄弟だったと思われる。

バラフは、ドス・ピラスの建国後まもなく、ティカルに対して思いっきりなこれ見よがし行為に躍り出る。

それは、カラクムルの傘下に入るというもの。

カラクムル
ぴょーん
ティカル
ドス・ピラス

歴史トピック
このころ
西の大国
テオティワカン
が滅亡ーー！

カラクムルはバラフに頼まれたのか、その9年後、星の戦争をティカルに仕掛けた(657年)。

ティカル軍はむざむざと負け、「楯・頭がい骨」はパカル王統治のパレンケに逃げ込んだ。

パレンケもカラクムルとは敵。ティカルとはなかよし。

キャッ
キャッ
キャッ
キャッ

そのあと「楯・頭がい骨」はなんとかまたティカルに戻り、13年の充電期間を経て、ドス・ピラスに挑戦状を叩きつける(672年)。その戦いで勝利し、今度はバラフをドス・ピラスから追い出した。

王不在となったドス・ピラスを支配下に収めるがまたカラクムルがとバラフのバックに付き、続けざまに戦争を仕掛けてくる(677年と679年)。ティカルは、カラクムルにはどうにも歯が立たず、両方の戦争で負けた。ここでしぶとい「楯・頭がい骨」の記録がついに消える。

そーはさせるか〜

「楯・頭がい骨」の、ティカル王位への代償はあまりに高くついたのだ。

これら一連の戦争で勝利を収めたカラクムルは、ティカルに取って代わって中部マヤNO1の大国となった。

ふたたびの栄光

負けがこう込んでくると、あきらめに耽溺《たんでき》し二度と浮かび上がれないものだが、水谷豊も有吉も復活した！　復活は起こるのだ！

後682年に即位したハサウ・カン・カウィール1世（以降、ハサウと略します）は、ティカルのもっとも輝いていた時代を象徴するテオティワカン文化をふたたび持ち出し、ダメムードに浸りきってるティカルの民に活を入れる。

テオティワカン戦士の衣装
思い出そう！
かつて私たちはNo1だった

この再度のテオティワカン文化持ち出しは、この少し前に滅びたテオティワカンから避難民が流れ込んできたことによるものだ、と推測する人もいます。

そして695年、ついに一度も勝ったことのないカラクムルに勝利する。

ティカルがカラクムルに最初の戦争で負けたとき失速したように、カラクムルもこれをきっかけに一気にしぼんでいった。

負け知らずの国が
初めて負けたときが
一番キツいんでしょうねぇ

カラクムルは、ティカルとちがってここから一度も盛り返すことはなかった。

この起死回生から、ティカルはふたたび中部マヤNo1の座を取り戻し、国力も安定し、石碑などのモニュメントを復活させ、さらに大規模な建設事業に着手できるようになった。

通称「神殿2」が建てられた。

戸口上部などに王族の衣装をまとった女性の姿が彫られていたので、ハサウの嫁に捧げられた神殿と考えられている。でも墓は発掘調査では見つかっていない。

カトゥン（約20年）終了を祝うとき、たいてい石碑を建てるところを、ハサウは独自の複合建造物↓を編み出し建設した。

　第27代目の王はハサウの息子、イキン・カン・カウィール（以降、イキンと略します）で、この人は親以上の建築王となる。

通称"双子ピラミッド・コンプレックス"

合計6セット造られた（うち、ハサウは3セット）。

父の墓所として神殿2の真向かいに神殿1を建てた。

これも神殿2も現在の姿。
当時神殿はどれも真っ赤。

神殿下に墓（1962年の発見）。ここには一度父が築いた神殿があったらしく息子は墓を作るためにそれを一度壊してこの神殿を造ったようである。

神殿2ともども、「マヤ文明」といえば、どの本にもかならず写真が載るほどの有名神殿。

さらにマヤで2番目に高い65mの高さの神殿4や、神殿6（こっちは12m）などを造った。

イキンはカラクムルの子分国であったいくつかの国に戦争で勝ち、ますます国を潤わせ、向かうところ敵なしの状況を築き上げた。

――しかし繁栄は続かない。イキンから6人の王が続いたが、9世紀に入る前にティカルは終わる。最後の石碑の日づけは869年。

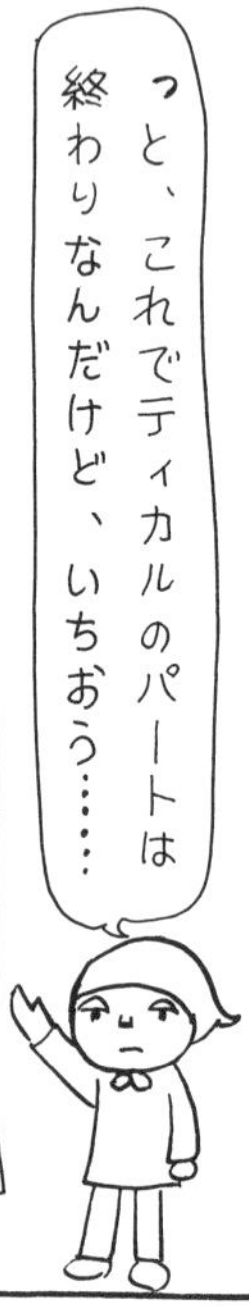
っと、これでティカルのパートは終わりなんだけど、いちおう……

ティカルを取り巻く国々のプロフィール

を超高速で

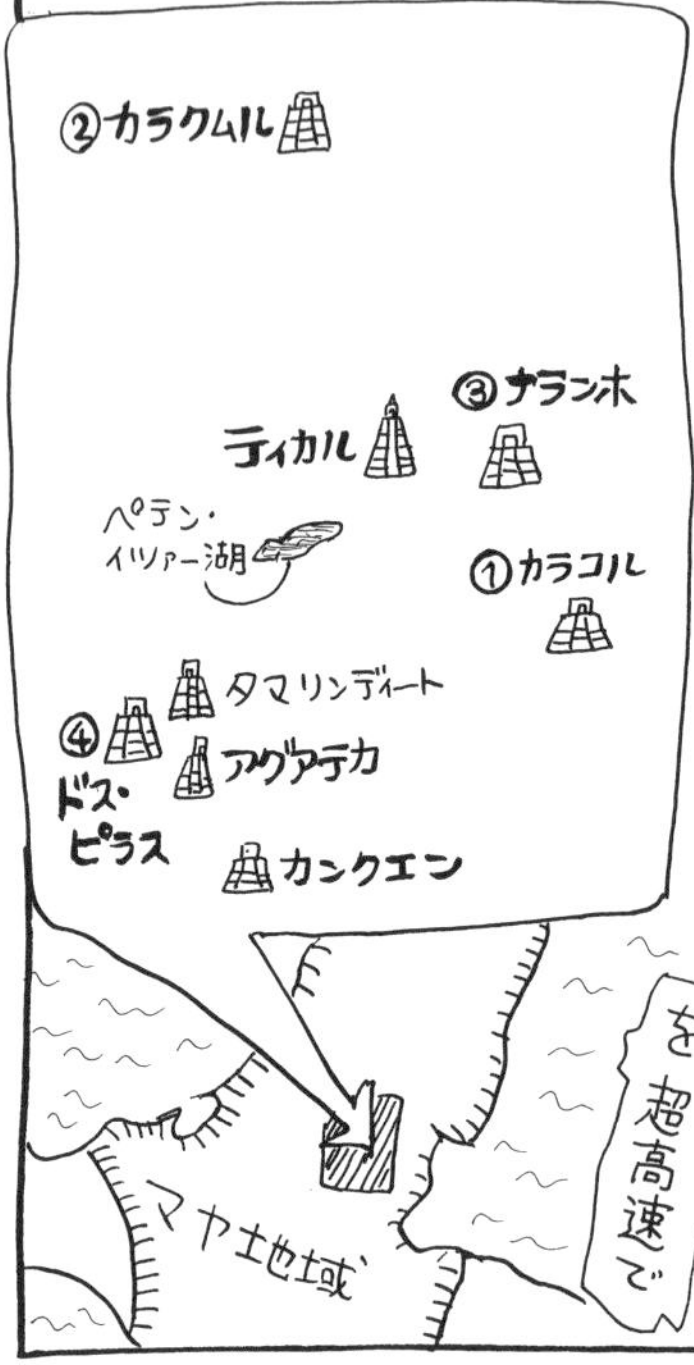
②カラクムル
③ナランホ
ティカル
ペテン・イツァー湖
①カラコル
タマリンディート
④ドス・ピラス
アグアテカ
カンクエン
マヤ地域

① カラコル

スネ夫国家。

２大国の戦争のきっかけを作ったキーパーソン的役どころとして、マヤの本では必ず紹介される国。

カラクムルの傘下に収まってからは、カラクムルの気に入らない国をいじめるなどして、ヤラしく立ち回る。とくにナランホをいじめた。

そんな甲斐もあってか、面積ではティカルやカラクムルと肩を並べるほどの大きな国に成長。カラクムルの衰退とともにしぼんでいくも、〝マヤ滅亡〟前にゆるく復活を見せた。

都市には焼かれた跡が残っており、最後は何者かに破壊を受けた終わり方だった様子。

最後の石碑の日づけは８５９年。

② カラクムル

何度も記しているとおり、ティカル同様、先古典期から続く老舗国。

この国は文字の記されたモニュメントが１１７個もあり、これはマヤ界では最高数を誇る。残念すぎることに、水に弱い白亜質の石灰岩を使っていたので磨耗がひどく、あまり読めないのだそう。

それゆえ大物のわりにイマイチ歴史がわかっておらず。

ヒスイの面もたくさん出てます（死者用）

カラコルやドス・ピラスのように、ティカルとの確執からカラクムルの傘下に入ったところもあるだろうが、それらの国の活《い》き活《い》きした活動を見ると、ティカルの締めつけよりは遥かにソフト路線を取っていて、また旨みを与えるのがうまい国だったと思える（私見）。

入会は簡単！
審査もなし。
保険も付いてます
パンパン

主なカラクムル組メンバー

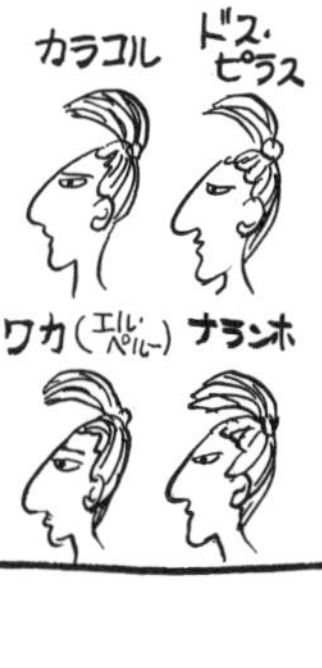
カラコル
ドス・ピラス
ワカ（エル・ペルー）
ナランホ

でもふだん優しい分、キレるとおそろしい――！

抜ける方は許しませんよ〜〜

カラクムル組を抜けたナランホは攻撃され、王は処刑された。しかも、ふつう「斬首」と書かれるところに、「食べられた」という文字が記されているそうだ。

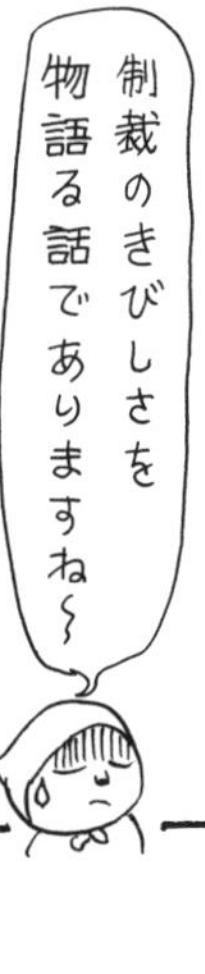
制裁のきびしさを物語る話でありますね〜

最後の日づけは８９９年か９０９年のどちらか（磨耗のため判別つかず）。

③ ナランホ

なんで今の今まで一度も登場させぬのだ〜〜
すみませ〜ん

このパートはティカルが主役だったもんで、ついつい蚊帳《かや》の外にしてしまったが、ナランホの歴史はどこよりもドラマティックで悲劇的。

カラクムルから手ひどい制裁を受けたあと、その屈辱と恨みの気持ちは、大国カラクムルには向かわず、制裁に加担した、自分たちと同じレベルの国であるカラコルに向けられた。それで事態はますます悪化。攻撃をかけ、しつこく戦《いくさ》をくりかえしてるうちに（国はおそらく疲れ）完全なる敗北を迎える。王は死に、王家の血筋も途絶えてしまった。

そのあとのナランホには、どういう取り決めなのか、ドス・ピラス王朝から、初代王バラフの娘である「6の空」が、国家再建のために派遣される。

ナランホ
ドス・ピラス

このときにも、シヤフ・カックのときと同じく「到着」という文字が使われた。

って、この例も不思議だよね〜。ヨーロッパ王朝の歴史なんかだとこういうことが多いみたいだけどどうもピンとこない
しかも女ってのも……

このようにナランホは、まったくちがう王族が支配することになるんだけど、こーいう救済システムの例を見ると、マヤのそれぞれの国ってもともとひとつの王族から分化してってできあがったものなんじゃないか、とすら思えてきます。

国づくりをまかされた「6の空」は、荒れた国を整え復活させ、さらに大きくしようとはりきった。息子を王に就けるも、自分は摂政となって実権を握り、なりふりかまわずと思えるほどに周りの小国につぎつぎと戦争を仕掛け、勝利していく。こういった政策はカラクムルの指導によるものか、「6の空」のオリジナル手腕なのかはわからぬが、ナランホは見事にマヤ世界の主要な一国に返り咲いた。

★このときティカルは120km²の領域に推定6万2千人。

©Sharer 2006

捕虜の上に乗る「6の空」。
女でこんな例は
もちろん珍しい。

マヤの世界ではたまに、息子が生まれず跡継ぎがない場合、長女が主になる例があるが、ここまで女が前面に出てる例はない。
「6の空」とその息子以降のナランホはパッとせず。最後の日づけは820年。

④ ドス・ピラス

この国は近隣国を婚姻政策や戦争でかしずかせるなどし、周辺地域内――ペテシュバトゥンと呼ばれる――で天下を取ったへとはいえ、最盛期のときすら推定人口は5千人を越えない小さな国だったが★。

川沿いの断崖に、いざというときのシェルター目的なのか、アグアテカという都市も作り、ドス・ピラスと同等の双子都市として機能させ、万事順調にやっていた。

が、8世紀中ごろからペテシュバトゥン地域で、異常なほどに戦争が激化。ドス・ピラスも、敵(タマリンディートという国)の執拗な攻撃に都市を捨て、アグアテカに逃げ込む(761年)。

しかし、それもいっときの時間稼ぎに過ぎず。アグアテカに約5kmの防御壁を築いたが、それをもやすやすと乗り越えられ、都は破壊され、火をかけられる(810年ごろ)。料理や、日用品を作る作業が突如中断された跡や、貴重品が散らばってる様子から、それがとつぜんの攻撃だったこと、国民はあわてながらもなんとか逃げられたことがわかっている。

ドス・ピラスでも人が残っていたのか、戻った人がいたのか、761年以降も人々の住んだ跡が見つかっている。神殿から剥《は》がした石材で急ごしらえした砦の中で縮こまって暮らしたが、ほどなくして敵の手に落ち、住民は無残に殺された。そういった死体をまとめて投げ込んだ穴も見つかっている。

最後の日づけは、アグアテカ内では778年、ドス・ピラス内では742年。

――って いくらなんでも 大ざっぱに まとめすぎだろ どれもこれも
ティカルの バーター扱い してんのも 失礼な話なのに
だって戦争の記録ばっかで つまんな…… 「男くさい」一辺倒 なんだもん
シヤフ・カックのよーな そそられる 謎もないし……

くわしく知りたい方は『古代マヤ王歴代誌』などをどーぞ!

パレンケ

パレンケはわりと新しく、431年に「クック・バラム1世（〈ケツァル鳥・ジャガー〉の意味）」によって拓《ひら》かれた。

クック・バラム1世は「トクタンの支配者」という称号を使っていることから、この王朝は「トクタン」というところから移住してきたと推察される。

トクタン（場所不明）
パレンケ

パレンケ初期の王の中には、そのトクタンで王位継承の儀式を執り行なう人もいたし、だいぶあとの王パカルも、嫁をトクタンからもらっていた。

たぶん、自分たちのルーツの場所から、のれん分けのような形でやって来たのだろう。

ドス・ピラスとティカルのような険悪な関係じゃないよ
やっぱりこーやって王国が増殖していったのかね〜

クック・バラム1世から8人の王までのことは、あとの時代（7世紀末）の碑文で語られるものの、建築物など考古学的証拠は出ていない。

今、目にするパレンケの建造物はすべて、後615年に即位したパカル王の時代以降に造られたもの。

前の王たちのものは埋もれているのか、まだ出ておらず。

パカル王から一気に建築事業が始まったという趣きなのです

パカル王は、現代人にとってマヤ文明中、一番有名な王。それは、ツタンカーメン同様、未盗掘の完璧な墓が見つかった、マヤで唯一の王だから。

エッヘン

最近はほかにも未盗掘の王墓が見つかっていて、唯一ではなくなっちゃったけど。

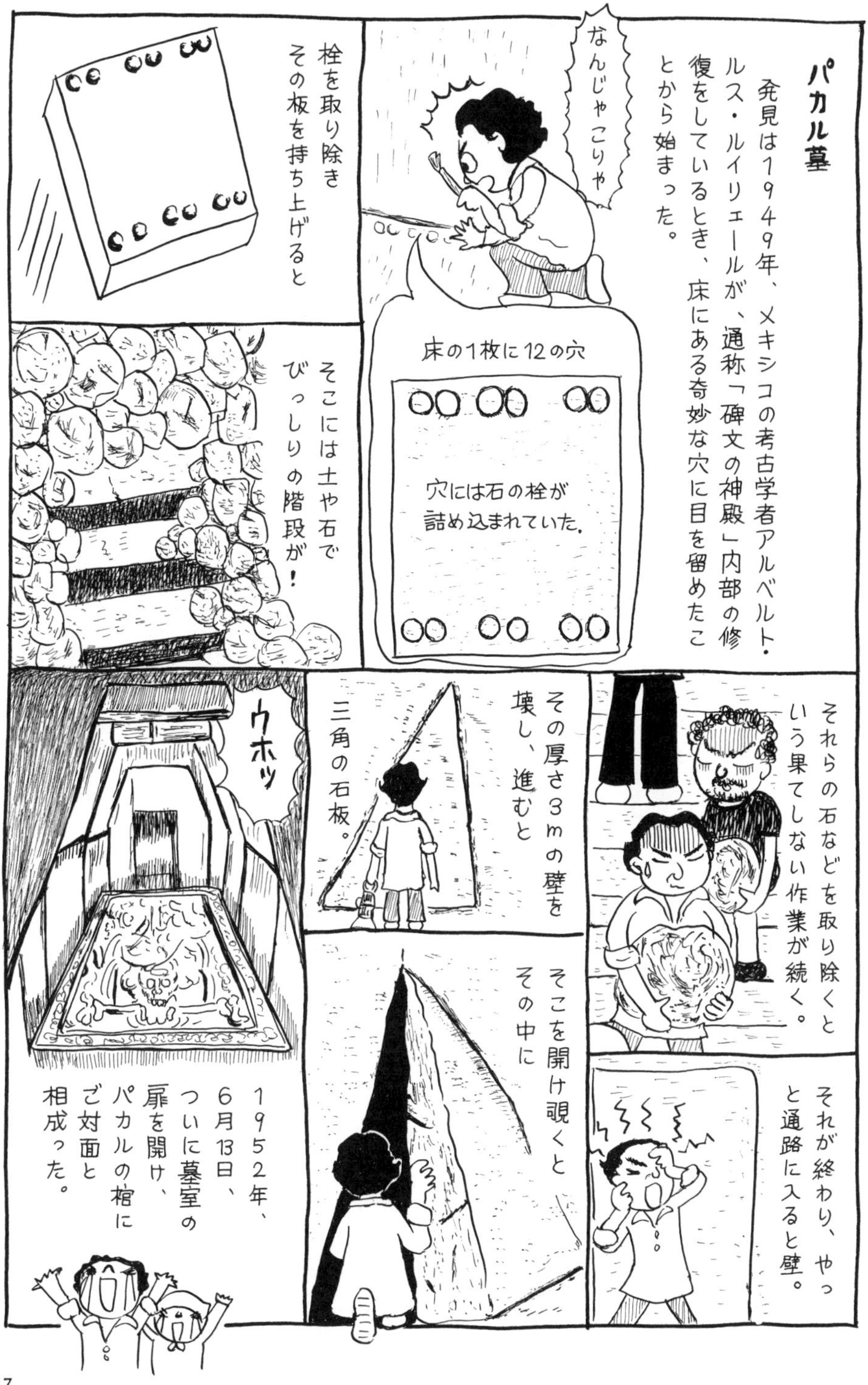
パカル墓
発見は1949年、メキシコの考古学者アルベルト・ルス・ルイリエールが、通称「碑文の神殿」内部の修復をしているとき、床にある奇妙な穴に目を留めたことから始まった。
なんじゃこりゃ
床の1枚に12の穴
穴には石の栓が詰め込まれていた。
栓を取り除きその板を持ち上げると
そこには土や石でびっしりの階段が！
それらの石などを取り除くという果てしない作業が続く。
それが終わり、やっと通路に入ると壁。
その厚さ3mの壁を壊し、進むと
三角の石板。
そこを開け覗くとその中に
ウホッ
1952年、6月13日、ついに墓室の扉を開け、パカルの棺にご対面と相成った。

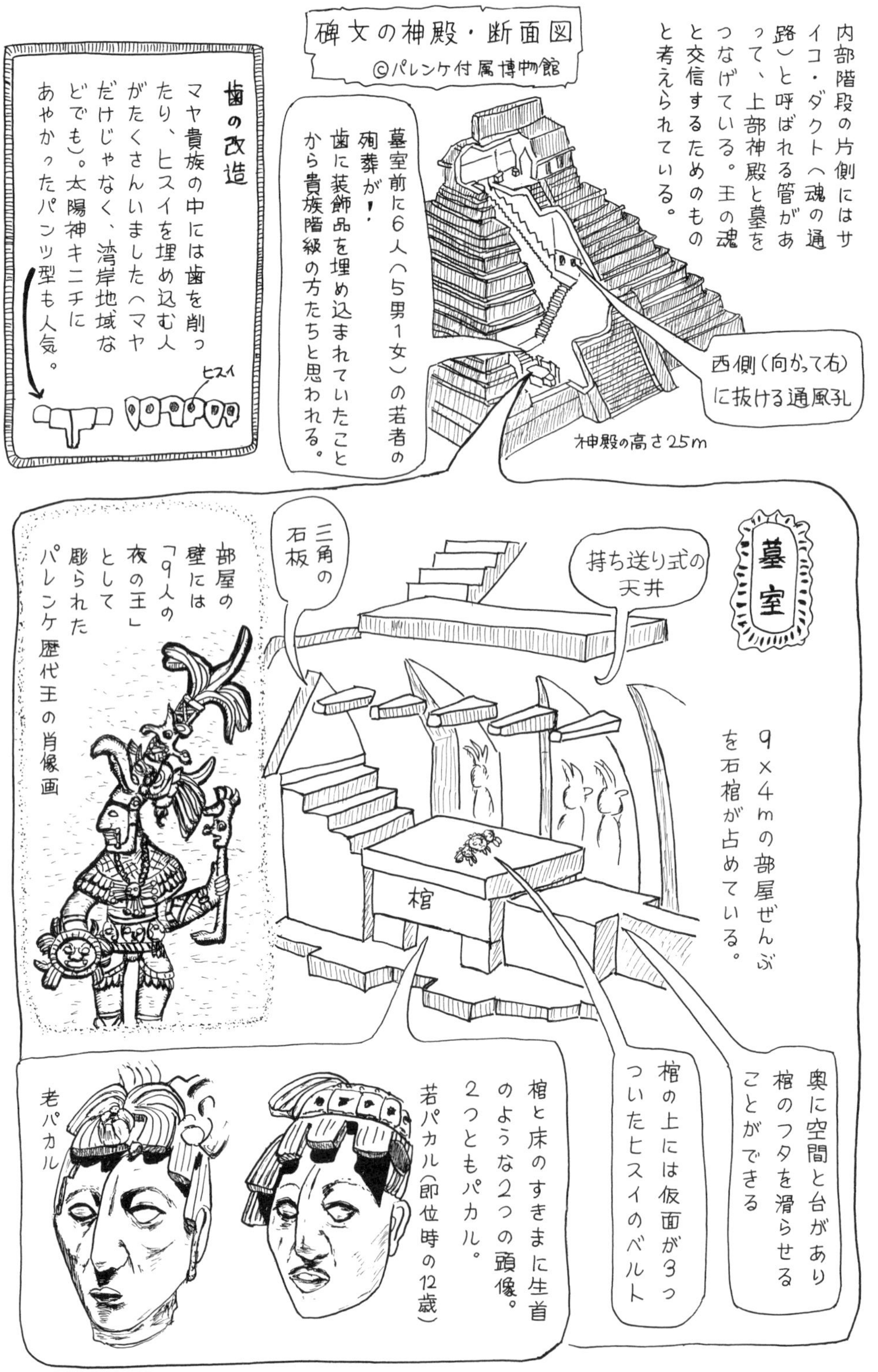

碑文の神殿・断面図
©パレンケ付属博物館
内部階段の片側にはサイコ・ダクト（魂の通路）と呼ばれる管があって、上部神殿と墓をつなげている。王の魂と交信するためのものと考えられている。
墓室前に6人（5男1女）の若者の殉葬が！
歯に装飾品を埋め込まれていたことから貴族階級の方たちと思われる。
歯の改造
マヤ貴族の中には歯を削ったり、ヒスイを埋め込む人がたくさんいました（マヤだけじゃなく、湾岸地域などでも）。太陽神キニチにあやかったパンツ型も人気。
ヒスイ
西側（向かって右）に抜ける通風孔
神殿の高さ25m
墓室
持ち送り式の天井
三角の石板
部屋の壁には「9人の夜の王」として彫られたパレンケ歴代王の肖像画
9×4mの部屋ぜんぶを石棺が占めている。
棺
奥に空間と台があり棺のフタを滑らせることができる
棺の上には仮面が3つついたヒスイのベルト
棺と床のすきまに生首のような2つの頭像。2つともパカル。
若パカル（即位時の12歳）
老パカル

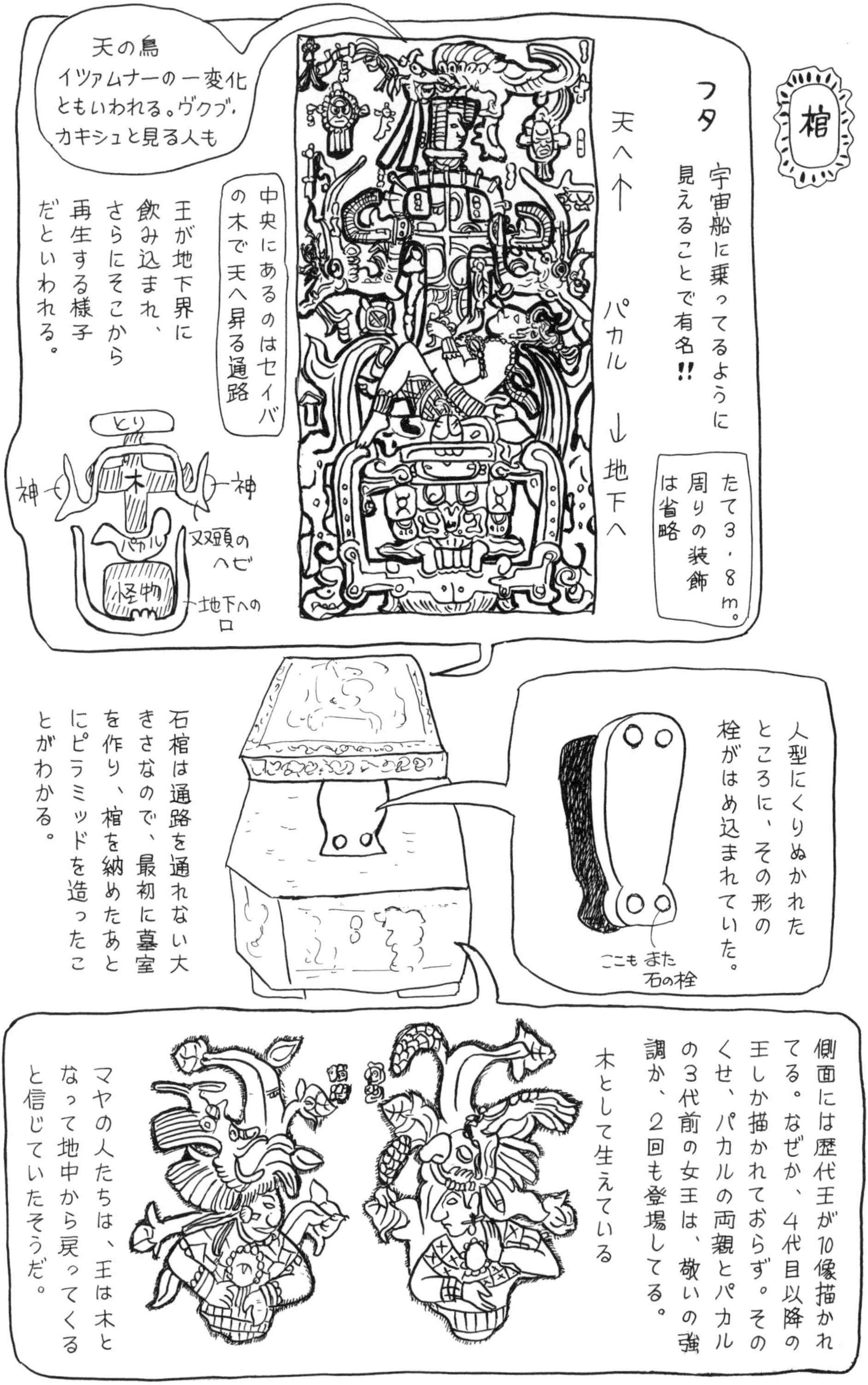
棺
フタ
宇宙船に乗ってるように見えることで有名!!
たて3.8m。周りの装飾は省略
天へ↑
パカル
↓地下へ
天の鳥 イツァムナーの一変化ともいわれる。ヴクブ・カキシュと見る人も
中央にあるのはセイバの木で天へ昇る通路
王が地下界に飲み込まれ、さらにそこから再生する様子だといわれる。
とり
神
神
木
パカル
双頭のヘビ
怪物
地下への口
人型にくりぬかれたところに、その形の栓がはめ込まれていた。
ここもまた石の栓
石棺は通路を通れない大きさなので、最初に墓室を作り、棺を納めたあとにピラミッドを造ったことがわかる。
側面には歴代王が10像描かれてる。なぜか、4代目以降の王しか描かれておらず。そのくせ、パカルの両親とパカルの3代前の女王は、敬いの強調か、2回も登場してる。
木として生えている
マヤの人たちは、王は木となって地中から戻ってくると信じていたそうだ。

遺体

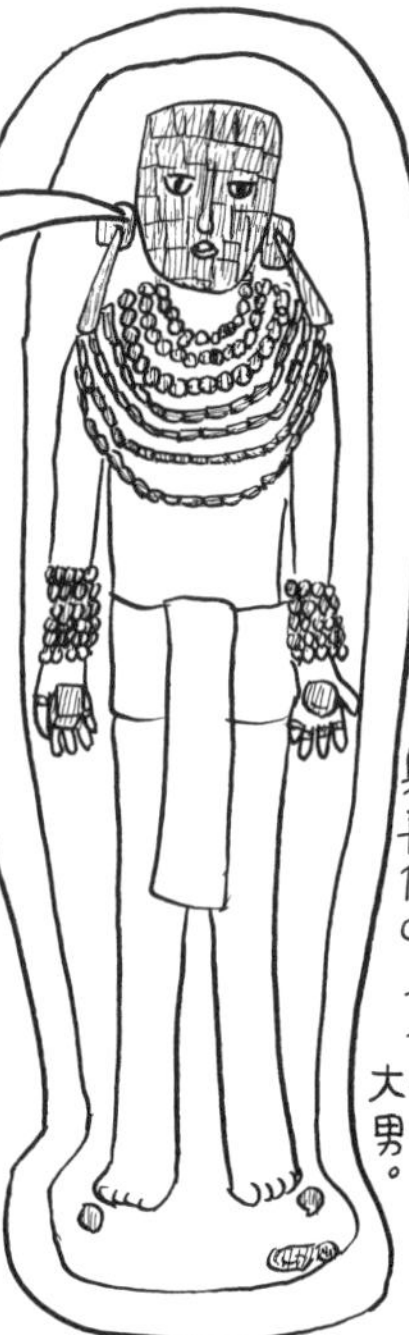
水銀朱が全体にふりかけられ真っ赤。
身長173cm。マヤ人としては大男。

ヒスイの仮面
発見当時、バラバラだったのを貼り合わせた。一度盗まれたが(1985年)、4年後に犯人ともども見つかった。

遺体は大量のヒスイで飾り立てられていた。指一本一本にヒスイの指輪がつけられ、さらにヒスイを握り締めていた。口の中にも入ってた。地下界への旅のお守りに、また貨幣として使うために。これも、メソアメリカ共通文化(エリート層のみ)。

ところで、発見時の調査で被葬者は40~50歳と判定されたが、パカルの年齢と合わない。新たなミステリーか、単に測定の誤りか？

パカル時代

パカル以前のパレンケは混乱状態にあった。カラクムルから戦争を仕掛けられ、敗北。王は死亡し、王権を相続する男子も一時絶えたので、暫定的にパカルの母サク・クックが王になっていた。

その後、12歳という若さで王になったパカルは(後615年)母の指導のもと、パレンケを立て直していき、栄華の基礎を作った。

私の2代前も女が王でした。在位は20年という長さ。ちなみに私は3年間です
パカルに王権の頭飾りを渡す図

碑文解読はまだ途中なのでどのようにパレンケが立ち直っていったのか今のところよくわかってないとのことです
ぬおっ
ってそれよりサク・クックのお顔！これは女の顔じゃないよ!!
これが当時の理想化された美ってやつなんでしょうか？
本当に美というものは相対的なものです

★パカル嫁じゃなくて、もうちょっとあとの王妃の墓とする説もあり。

パカルは、自分の墓のための神殿や、その隣に嫁の墓所を造り、また通称「宮殿」と呼ばれる、政治を司る建物の大々的な増改築をした。安定し、富もあったことがわかる。

何よりもこの殺し殺されのマヤ世界で80歳という超高齢で死んだということが、この王がいかに恵まれた人生を送ってきたかを一番物語る。

マヤで長生きはすんごい尊敬されたよ

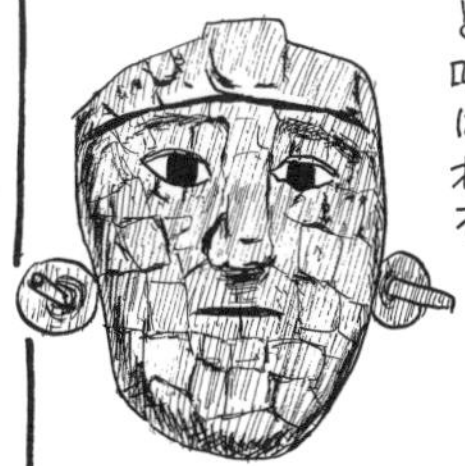

パカル嫁墓★（通称「神殿13」）は1994年（と、つい最近！）発見された。遺体が水銀朱で赤く染まってたことから、「赤の女王」と呼ばれる。

「宮殿」は代々のパレンケ王がリレー方式で継ぎ足していく建物になる。

パカル後

パカルによるパレンケ栄華の基礎作りもあって、息子、カン・バラム2世はパレンケの建築王となる。

偉大な親父のあと、息子が建築王になるっていうのは歴史のパターンのようですね

即位したのは48歳（後684年）と、マヤ界ではかなり遅かったが「枯れ」とは無縁。父の墓所である「碑文の神殿」を完成させ、有名な通称十字グループの3神殿を造った（後692年同時完成）。

3神殿はそれぞれテーマ性のあるレリーフを持っている。たとえば下のは「葉十字の神殿」のレリーフでテーマは「食べ物への感謝」。

かわい〜!!
顔トウモロコシ

トウモロコシの茎と葉で十字を作っている。2人の人物は子供のときと大人のときのカン・バラム。

このゴテゴテしたものはパレンケ特有の香炉で、カン・バラムの時代から製作が始まった。

こんなんが100以上も出土。十字グループおよび、そのまわりの神殿基壇に奉納されてた。

笑ってる！！

香を燃やすところ

鳥　羽はヘビになってる

ミニ神

動物の上あごの頭飾り

神本体

大地の怪物

在位18年でカン・バラムが死ぬと、パレンケ王朝の繁栄がかげりだす。
パレンケは、マヤ西部で自国と同じレベルの大国であるトニナーとくりかえし戦争をしていたのだが、後711年トニナーはパレンケに攻め入るという手荒なやり方で、王を拉致した。王はトニナーでそのみじめな姿をさらされた。
ここら辺から王はなめられるようになり、貴族の態度がデカくなっていく。王に神殿を造ってもらう貴族まで現われるようになった。

王が貴族と共同作業、なんかの包みを運んでる図

なんの包みなんじゃー。なんかかわいいし

レリーフの断片です

それから何代か王が続いたが、9世紀の半ばで、パレンケも終焉。
後の日づけは799年。パレンケのライバルだったトニナーはかなり最後までがんばったようで、マヤ中部の主要都市の中で一番遅い長期暦の日づけ（後909年）を持つ国となった。

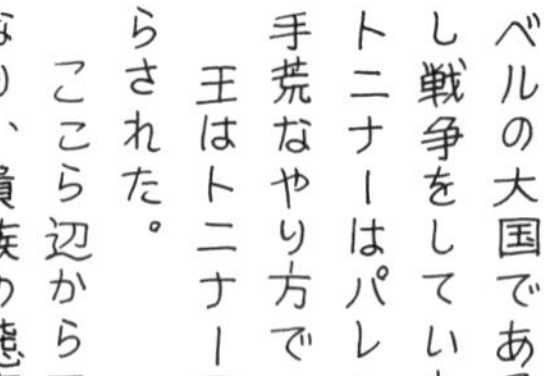

パレンケ王の捕らわれた姿がトニナーでレリーフになってます。
〈カン・バラムの弟、カン・シュル2世〉

4 パレンケ
↑
65km
↓
トニナー

書くほどのもんじゃないけどいちお一位置関係

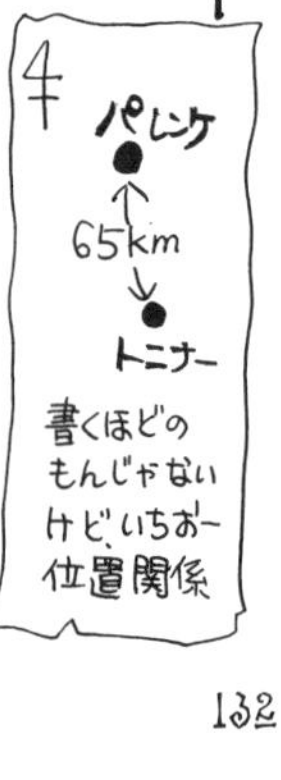

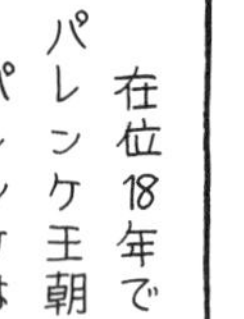

王の仕事

マヤの王は、ただ、たまたま王家に生まれただけのことで神の子、いや、神そのものとして着飾られ、誰よりも高級なものを食べ、皆に崇められた。

――と、一見おいしすぎるポジションであるが、それに値する代償は充分すぎるほど払っていた。

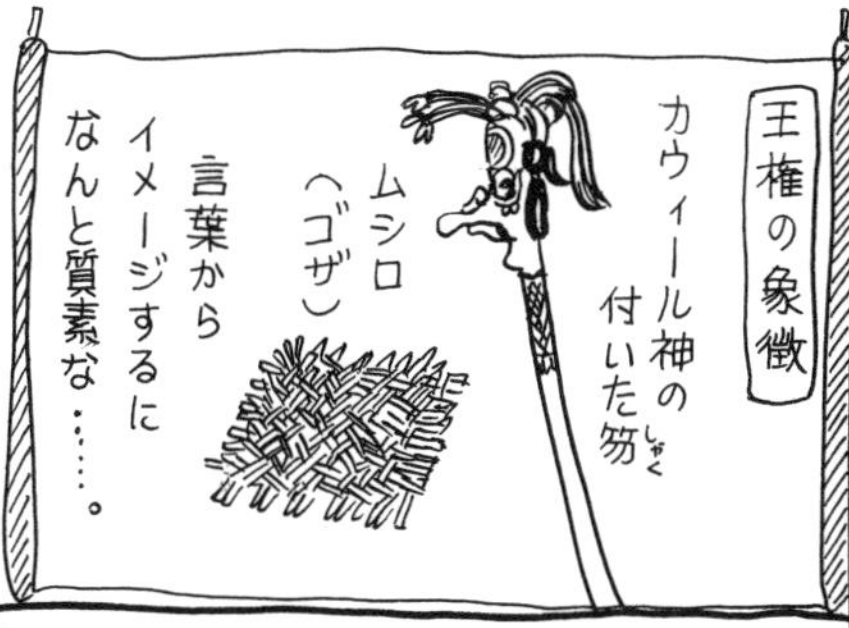
王権の象徴
カウィール神の付いた笏《しゃく》
ムシロ（ゴザ）
言葉からイメージするになんと質素な……。

まず、**シャーマンとしての仕事**がある。

ときにはヤクを入れた浣腸を挿《さ》して、ハイになるのだ〜
ヤクはキノコから作るよ

※マヤの人々はこんなことに浣腸を使っていました。

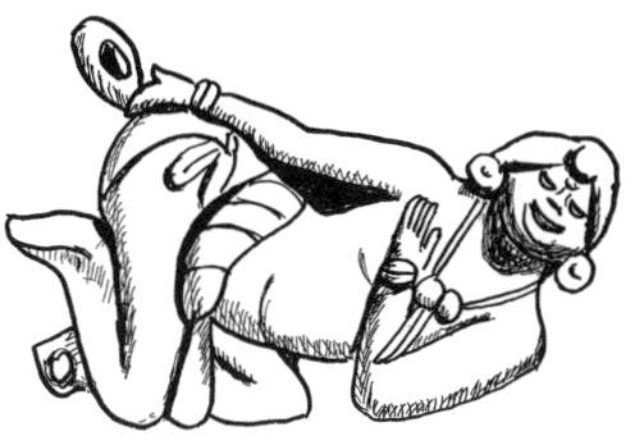

陶器に書かれた絵や彫像から、一般市民も手っ取り早く酔っ払うために酒の席で利用していたことがわかっている。

こんな↓談笑しながらする人も。

芸も磨かなきゃならない。

儀式に次ぐ儀式が日々催され、踊りなんかも踊らなくてはならない。これだけで歌舞伎役者や狂言師の家に生まれた子供並みの苦労がある。

1人で踊るのってけっこうハズカシー

まぁ、でもこれくらいはねえ〜

そんなことより何より、**放血の儀式**と
いう痛いものがあるのだ。

放血の儀式

即位式や何か祈願のための儀式の折に
ペニス（ヒー、ハズカシー言葉！）や、
舌に穴を開けて、血をだらだら流す自
己犠牲。5〜6歳ころにもうスタート！
けっこうひんぱんにあった模様。

嫁も付き合わされる。

トゲのついた縄
紙に血を溜めてそれを燃やすことで神に捧げることに。

ヤシュチラン、建物23のリンテル

メソアメリカの人々の共通思想に「あらゆることは犠牲あってのもの、痛みあってのもの」というのがありました。

神に何か願うのにタダでやってもらおうなんて、そんなムシのいい話はないよ〜
チッチッチッ
何かしてもらいたいなら感謝の意を表わしたいなら自分の大事なものを差し出さなきゃ!!
宝物とか財産とかそんなものは生ぬるいね

で、それが血なのであった。とくに高貴な人の血こそ大地の滋養となり、神を喜ばせると考えていたようだ。
そんな苦痛の儀式もあるし、王の仕事は屈辱や死といつも隣り合わせな状況。戦争に出なきゃいけないし、その戦争の最大の目的は「王の捕獲」なもんだから、捕獲された王は敵国でさらし者にされ、首を斬られたり、心臓をえぐられたり、神殿てっぺんから転がされたりするのだ。

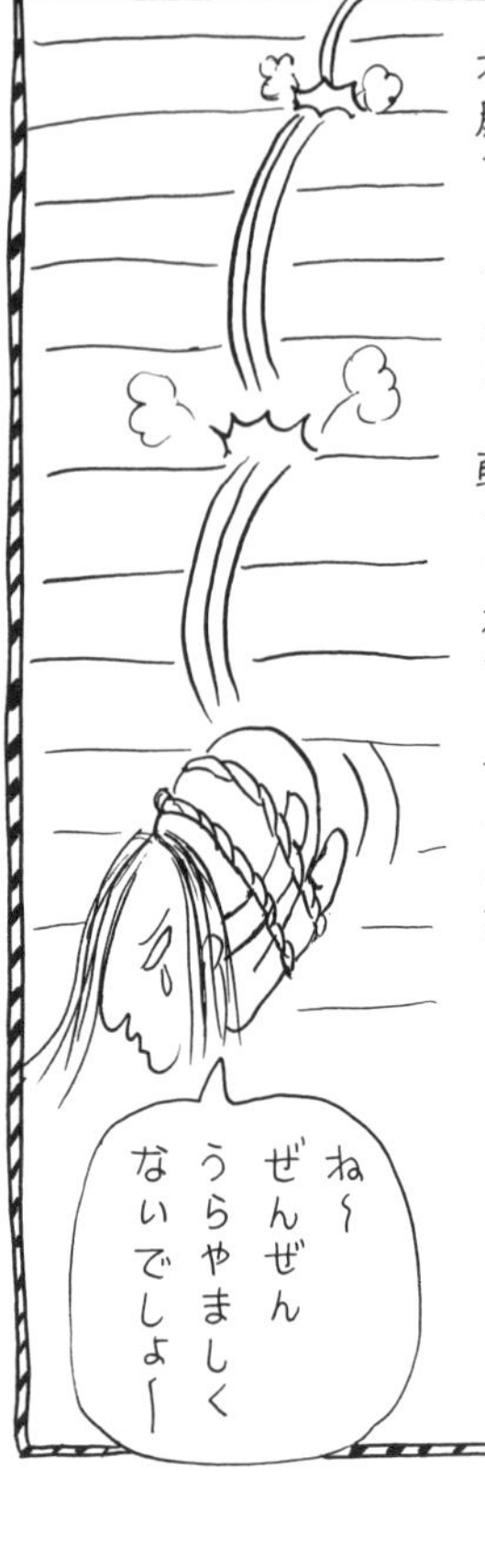

ね〜ぜんぜんうらやましくないでしょ〜

芸術の都 コパン

古典期マヤの中心部をぐーっと南東に離れたところに位置するコパンは、ジャングルの中にあるほかのマヤ地域とちがって、考古学者にとっては仕事が比較的やりやすい環境にあり、どこよりも徹底して調べられているそうです。

モニュメントに刻まれるマヤ文字もマヤ最多。

ヤシュ・クック・モの「到着」

コパン王朝はパレンケ建国に5年先立つ426年に、「ヤシュ・クック・モ(『最初の・ケツアル鳥・コンゴウインコ』の意味)」によって拓《ひら》かれた。

その約300年後、コパン最後の王が作ったモニュメント、通称「祭壇Q」にその様子が語られている。

「426年9月5日
クック・モは、
カウィール神の笏《しゃく》
(王権の象徴)
を受け取り、王となる」

「その3日後、
キニチ・ヤシュ・
クック・モ、
ウィ・テ・ナ
(根の家)を来訪」

この「ウィ・テ・ナ(根の家)」という単語は、ティカルを始め、いくつかの王国の碑文に現われる。「起源の家」と訳す人もいて、祖先を祀《まつ》る杜《もり》のようなものだと推測されている。王朝創設とか即位などの重要事項を報告する場でもあるのでしょう。

※このとき王になったことで、名前にキニチ(太陽神の名)とヤシュが付いた(以降、キニチは略します)。

そしてさらに
「152日後、
427年2月4日、
ヤシュ・クック・モ、
コパンに『到着』」

出ました、「到着」！

この「到着」も、ティカルやナランホ同様にいろんな含みがあるのだった。

コパンにはもともと先古典期より住んでいる人たちがいた。およそまちがいなく、ヤシュ・クック・モ率いる一行は、暴力でこの土地の支配権を奪い取ったのだ。

先住者はマヤ南部の人たちだとか、もっとコパンより東の、マヤじゃない文化に属する人たちだとか、ミケ＝ソケ語を話す人々（オルメカ文明の担い手であると噂される方たち。P40参照）だとか、いろいろ候補が挙がってる。


マヤ中部でコパンほどオルメカグッズが出ているところはない。古い貴族の墓に多数見られるこれらは、オルメカとの交流、交易の賜物か、はたまたずばりオルメカ人が移り住んだのか。

久々のジャガー人間

コパン近くのモタグア川流域はヒスイが採れる場所であり、おそらくそれに惹かれてこの征服者たちはやってきた。先住者がオルメカと密だったっぽいのも、ヒスイあってのことだろう。
何はともあれ、ここからいきなり完成されたマヤ文化が始まった。

ヤシュ・クック・モはコパンの歴代王たちから創始者として、ずっと崇められ続けた。

ヤシュ・クック・モが造った2つの神殿は、コパン王朝が終わるときまで、歴代の王たちによってずっと増改築され続け、さまざまな人たちが埋葬される最重要神殿となった。それらは神殿16、神殿26と呼ばれている。

たとえば神殿16は

最後にはこんな姿になったが

もとはまず初代ヤシュ・クック・モが

タルー・タブレロだよ

フナル神殿を造る、

それを2代目王が

ジェナル神殿で覆う、

さらに同じく2代目王、ジェナルを埋め、マルガリータ神殿を造る、

キャー

ということを16人の王でくりかえしたもの。

※神殿名は研究者が付けたものです。

※実際2つの神殿は同じくらいの大きさ。中の神殿はそれぞれ名が付けられてますが、この本と姉妹本に出てくるのだけ名を入れました。

内部の重なり具合はこう!

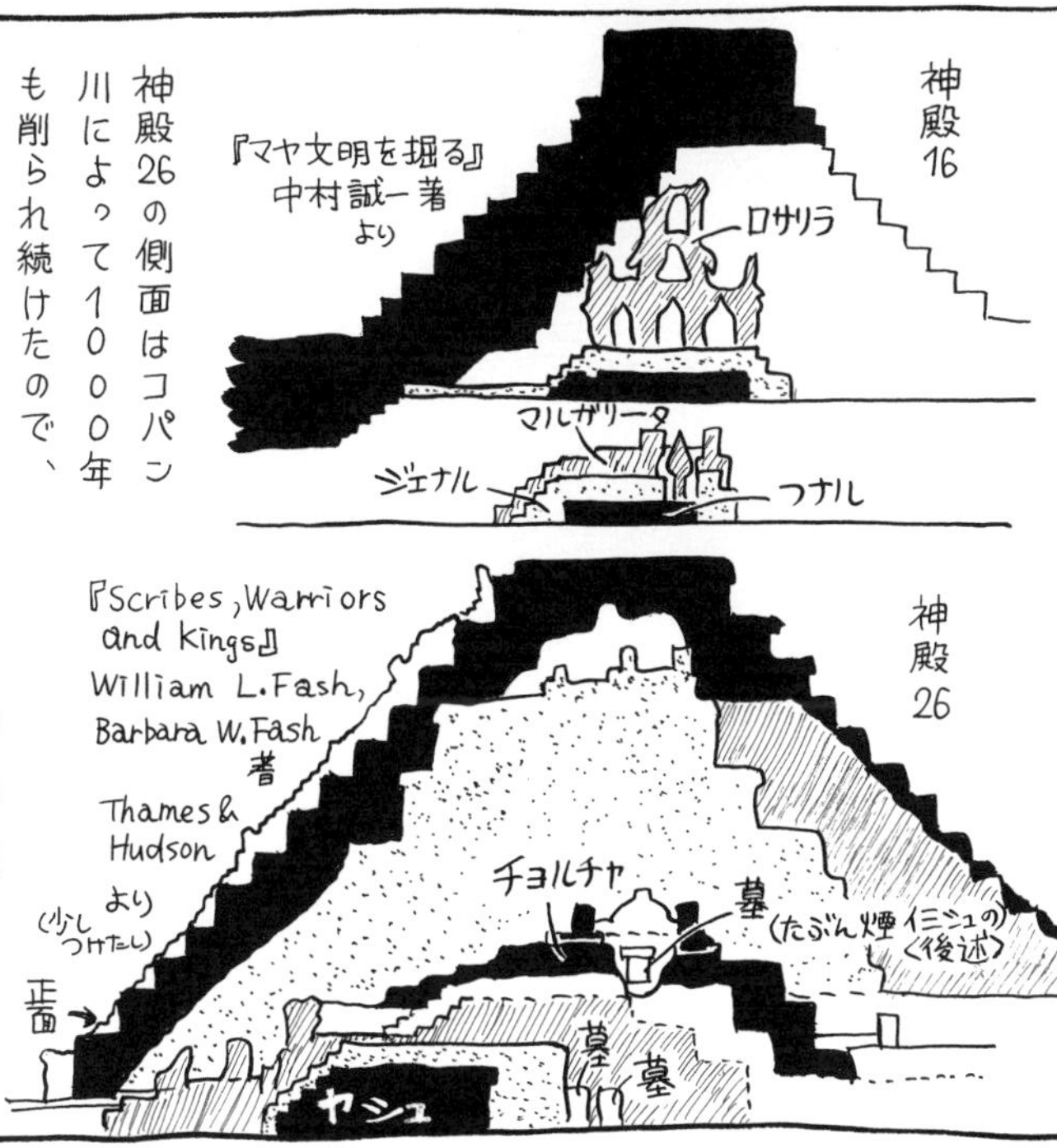

神殿16
『マヤ文明を掘る』
中村誠一著
より
ロサリラ
マルガリータ
ジェナル
フナル
『Scribes, Warriors and Kings』
William L. Fash,
Barbara W. Fash
著
Thames & Hudson
より
(少しつけたし)
神殿26
チョルチャ
墓
(たぶん煙イミシュの〈後述〉)
正面
墓
墓
ヤシュ

神殿26の側面はコパン川によって1000年も削られ続けたので、中が露出し、ある程度いくつもの神殿が埋まっていることはわかっていました。さらにそこから10歩も20歩も踏み込んで、これら2大神殿のことがくわーしくわかったのは、発掘のために開けたトンネルからでした。(合計5〜6kmの長さ!!)

神殿16はヤシュ・クック・モの霊廟と考えられている。いくつも建てられた神殿はすべてヤシュ・クック・モに捧げられたもののようだ。

2代目王「ムシロ・頭(キニチ・ポポル・ホル)」が造ったマルガリータ神殿には、ヤシュ・クック・モの名が大きく彫刻されている↘。

またそのマルガリータ神殿からは女性が安置された石室墓が見つかった(1993年)。その方はコパンで一番ぜいたくな副葬品で飾られていて、ヤシュ・クック・モの嫁と考えられている(この方も水銀朱で真っ赤に染められてることから「赤の王妃」と呼ばれる)。

遺体を理化学分析(例のストロンチウム同位体の)にかけると、コパンで生まれ育った人、という結果になった。ヤシュ・クック・モはコパンの地元の人と結婚したのだ。先住者への懐柔策だったのかもしれない。

この墓室は相当重要視されていたようで、その上を覆った神殿から階段を通され、出入りできるようにしてあった。

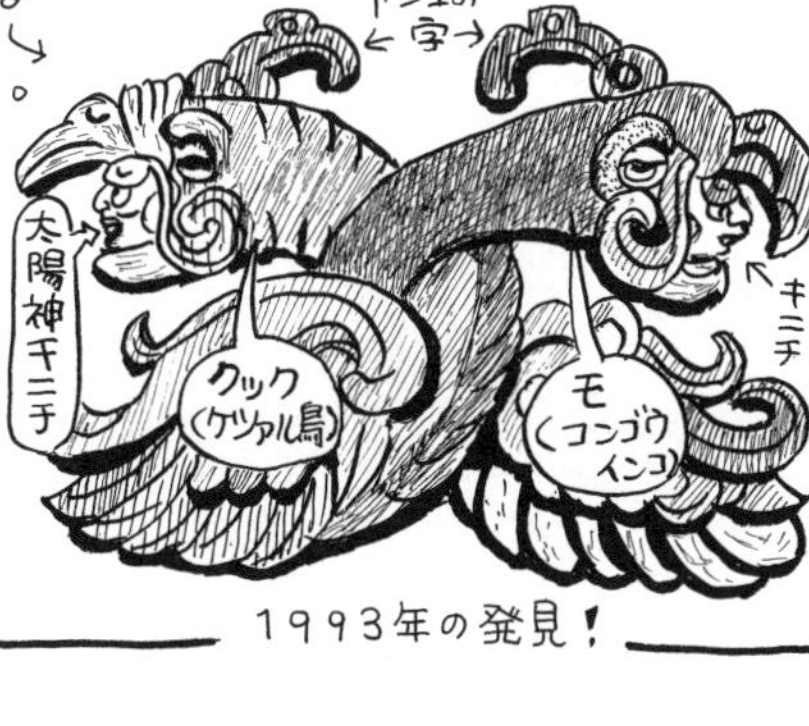

ヤシュの字
太陽神キニチ
クック(ケツァル鳥)
モ(コンゴウインコ)
キニチ

1993年の発見!

ヤシュ・クック・モの正体

神殿16のもともとの神殿フナルからも、床下から墓が見つかった（1995年の発見）。

被葬者は50～70代の男で右腕を負傷し、体に細かい古傷が見られた。

代々ヤシュ・クック・モに捧げられた神殿の、一番核の部分にある遺体ということで、これがヤシュ・クック・モと考えられている（反論もあり）。

その遺体を（ストロンチウムうんぬんで）分析すると、その出身地は「ペテン地方北部」という結果になった。ここから「ヤシュ・クック・モの出身国はティカルである」という説が出て、目下いちばん強力である。

根拠は多々あって、まずヤシュ・クック・モが造ったヤシュ神殿（神殿26の核の神殿）がティカルの建築技法を踏襲しているということ、また、2代目王「ムシロ・頭」が作った、ヤシュ・クック・モのことが書かれているモニュメントに、ティカルの名前がいろんな形でやたら出てくること、などが挙げられる。

ティカル側にも証拠っぽいものがあった。

通称「ティカルの男」と呼ばれる坐像があり、この像の背中に、「ティカル王のアイーンは後403年と後406年にクック・モという下位の王と〇〇をした」と書かれている（〇〇の部分は読めず）。

これがコパンのヤシュ・クック・モかどうかもはっきりしないし、コパン側の根拠も含め、どれもほのめかしばかりで決定打はないが、こういう状況証拠の積み重ねから、コパンはティカル経営の国と考える人もいる。

また間接的な証拠として「テオティワカンかぶれ」ということがある。

ヤシュ・クック・モの造ったフナル神殿の基壇はテオティワカンのタルー・タブレロ様式だった。嫁の墓にはテオティワカン様式の土器があった。また、ヤシュ・クック・モの称号はシヤフ・カックと同じ「西のカロームテ（大王）」というものだった。

のちの王たちが、ヤシュ・クック・モの像を作るときは、テオティワカンの神トラロックのように丸めがねをつけ、テオティワカンの衣装を着させた。後代の王たちにとって、ヤシュ・クック・モのビジュアルイメージは「テオティワカンかぶれの男」だったのだ。

神殿16から出た頭像
（8世紀ごろのもの）

ただし、ヤシュ・クック・モの存命中に作られた自身の像には丸めがねはつけられていない。ヤシュ・クック・モ＝丸めがねとなったのは、テオティワカンが滅びたころに一致する（ティカルでも、2回目のテオティワカンブームが来てたころ）。

テオティワカンブームに乗っかりたいなら、そのとき即位してた王の像も丸めがねをつけさせればいいのに、ヤシュ・クック・モだけが丸めがね役に与《あずか》った、この奇妙さはいったいなんなのでしょうか。

最後にシャフ・カック情報！　2代目王「ムシロ・頭」作のマルガリータ神殿階段にもその名が登場してました。

第12代王「煙イミシュ」が造り、自身の墓所としたチョルチャ神殿（神殿26内）には、歴代の王12人のフィギュア（フタ）付き香炉が奉納されていた。一つひとつちがう衣装を着せ区別化を図っているが、やはりヤシュ・クック・モの丸めがねはひときわ目立つ。ターバン風の頭飾りはコパン独特のもの。

煙イミシュやヤシュ・クック・モ嫁の例のように、神殿16＆26にはいろんな人が埋葬されていた。ヤシュ・クック・モ（とされる遺体）もつけてなかった丸めがねをつけた男（これまたペテン北部出身）なんかもいて、興味深すぎる。

マヤの称号

アハウ（王）
よく使われる王の称号。でも貴族にも使われる。また従属国の王が、親分国の王に対しても使う。下の者が目上の人全般に対して使う尊称。英語でいう〈sir〉とか〈your majesty〉のようなもの。日本語であえていうなら「閣下」とか。

ヤハウ
これはアハウ（目上の者）が下位の者に使う言葉。

クフル・アハウ（神聖王）
より王の絶対性を出す尊称。貴族には使われない。

西のカロームテ（オチキン・カロームテ）
大王。シャフ・カック、コパンの王のほかは、わずかな例があるだけ。強大な力を持った者にのみ使われるようだ。

キリグアー

コパンが王朝を拓《ひら》くのと時をまったく同じくしてキリグアーが建国された。

　キリグアーの石碑によると、後426年のヤシュ・クック・モがウィ・テ・ナ（根の家）を訪れた日、キリグアーの初代王も同行して儀式に参加、そのあと、その王の即位式がヤシュ・クック・モのしきりで執り行なわれた、ということ。

　コパンといっしょにペテン北部からやってきて、最初からコパンの子分国として誕生したと思われる。

　キリグアーは、モタグア川沿いに位置する。
　モタグア川は、上流には黒曜石、中流にはヒスイ、下流にはカカオがあるという、メソアメリカのぜいたく品が集中したおいしい場所（カカオはまだ推測の域を出てないけど）。
　おそらくそれらを運び込み、輸出するための都市として築かれた。

18ウサギ

　コパンとキリグアーのそれぞれの建国から300年が経過した。

　両国の主従関係は変わらず。

　コパンの交易戦略も軌道に乗り、コパンは中部マヤの大国レベルに成長した。

　その栄華をもっとも味わったのは、後695年に即位した第13代王「18ウサギ（ワシャクラフーン・ウバーフ・カウィール）」であった。18ウサギの時代はかつてないほど余裕があった。

父王「煙イミシュ」の時代、コパンはマヤの南東地域を支配し、富も頂点に達した。父が地盤を固め、息子が建築王になるというお得意のパターンである。
「18ウサギ」は、父が打ち立てた（外敵からの）安全と財産のおかげで、コパンを優雅に飾り立てる。
この人の時代、新しい石碑様式が創り出された。

高浮き彫り彫刻

こういうのを「18ウサギ」は9個作った。ぜんぶ自分の像でトウモロコシ神やコパンの守護神に扮した姿。神を表わすとともに「18ウサギ」の肖像でもあるというダブル効果をもたらす。考古学者のモーレイはこの高浮き彫りに感銘を受け、コパンを「アメリカ大陸のアテネ」と呼んだ。

マヤ世界で石碑は建物の前面部に置いたりするものなのに、「18ウサギ」はこれを大広場に独立した形でポンポンと設置した。この点も独特。

さらに古典期マヤで最大の球技場も造った。
美しさも一番な気がします。

738年1月6日完成！

コンゴウインコの装飾

2代目王「ムシロ・頭」が初めて造りそのあと3回増築されてこれが最終形となった。

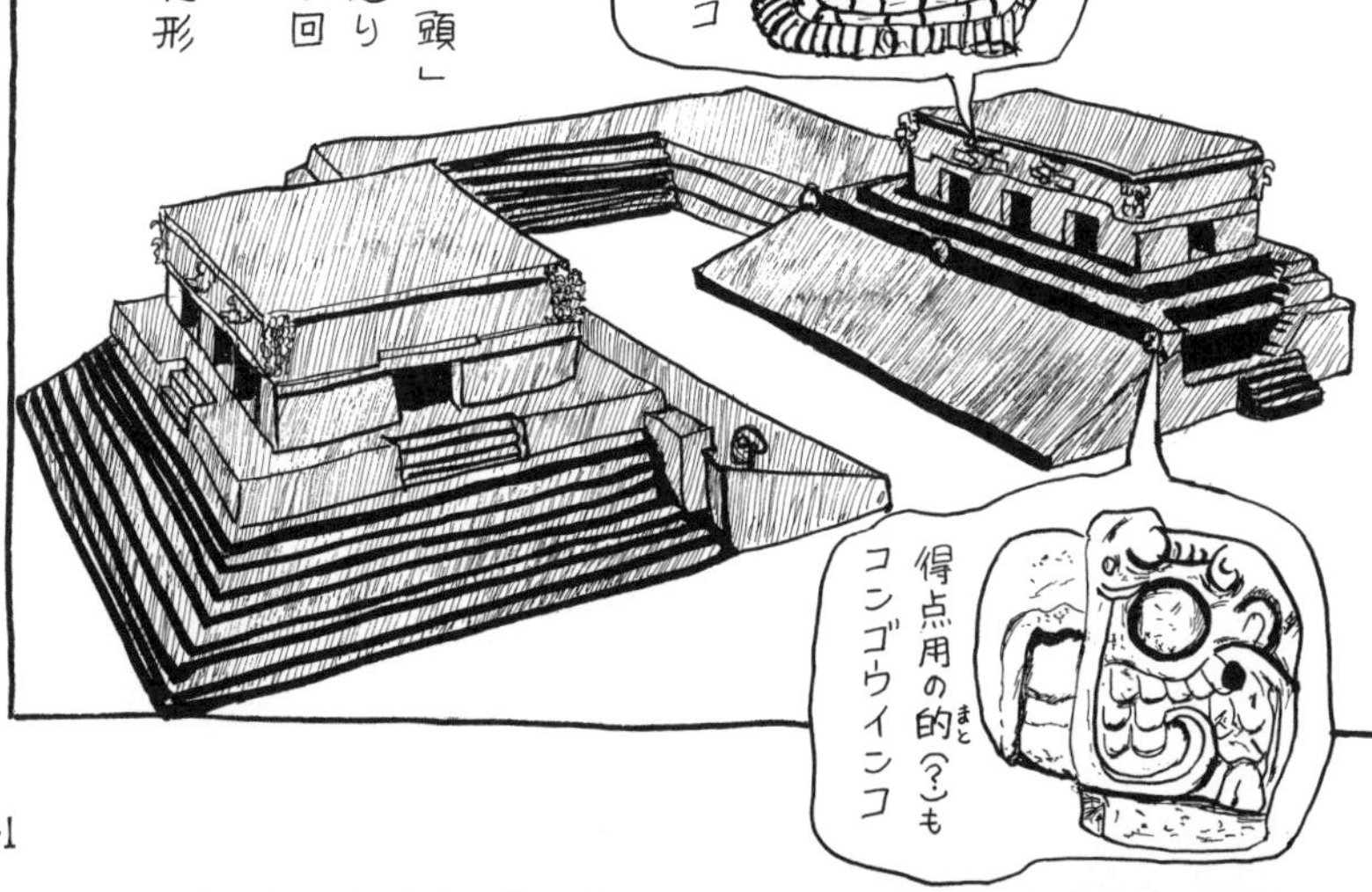
得点用の的《まと》(?)もコンゴウインコ

マヤの球技

マヤの球技は負けることが、即、死につながるスリリングなものというのはもうすっかりおなじみですね。

球技は大事な国家行事のひとつ。『ポポル・ヴフ』でも、球技の場面が何度も出てきました。

ボールは中に空気のない重いゴムボール。（2・5kgレベルの！）ボールは太陽であり球技は天体の動きを表現するもの、ともいわれる。

ふつうに当たったらケガするのでバッチリ防備。

選手は貴族がときには王自身がなる。

足先や手先は使えず、腰だけでボールを打つという大変そうなもの（ヒザや前腕部、ヒジもそこにプラスする説もあります）。2人1組で、もしくはもっと人数増やして2チームに分かれ対戦。高いところにある小さな輪っかの中にボールを入れたら勝ちといわれますが、ふつうに手で入れるのも大変そーなのに、腰やヒザだけとなると、ホールインワン・クラスの超ラッキーなことのような……。ボールを輪っか（or的《まと》）に当てることで得点が入り、万が一、輪っかに入ったらぜったい勝ちになるとか、せいぜいそんなとこだと考えられます（輪のないところも多し）。

生けにえにされるのは勝ったほうという説もありますが、人間の心情から鑑《かんが》みてそんなのありえないと、現在は負けたほうとする説が断然優勢のようです。

18ウサギの悲劇

先王たちの例に倣《なら》って18ウサギは、724年キリグアー王の即位式を執り行ない「カワク空（カック・ティリウ・チャン・ヨアート）」を王位に就けた。

そして14年後の738年、その「カワク空」に捕らえられ、首をはねられる。

（「戦争」の文字はないらしく、どのようにそんな事態に持ってかれたかは謎）

球技場完成からわずか4ヶ月後。この世の春とばかりに栄華を極めた王として、あまりにみじめな最期であった。

この「18ウサギ」の死によって、キリグアーとコパンの関係は完全に逆転する。

今までたんなる交易のための窓口扱いされていたが、コパンが管理していたぜいたく品をぜんぶ自分たちでコントロールできるようになったので、当然の好景気となった。

キリグアーは高浮き彫りの石碑を建てまくる。それもコパンのものよりはるかに高く、装飾もさらに細かく、これ見よがし——。

この石碑Eは南北アメリカ最大のモニュメント。
重さ30トン、高さ10・7m（地上部分7・62m 埋まり部分3・08m）

コパンと同じように広場に建て、建物の配置もコパンをお手本にした。

ところで中村誠一氏は『18ウサギ』と、キリグアー王『カワク空』は親子だったかも」という大胆な仮説を提示している。それは、コパンの文化を完全コピーするなどの、カワク空のコパンに対する並々ならぬ執着を見てのもの（『マヤ文明を掘る』）。


コパンの落ち込みは激しかった。17年間、ピタッとモニュメントが作られなくなったことも、それを表わしている。

この間、貴族の力が増大した。コパンの危機を乗り切ろうと王が貴族に力を貸すよう頼んだのか、貴族が付け込んだのかはわからない。

「18ウサギ」の2代あと、ようやくすこし復活する。第15代王「煙リス（カック・イピヤフ・チャン・カウィール）」が造った神殿26の長い階段は、マヤ文字碑文の中で最多の文字を持つ。これはもともと、「18ウサギ」が造っていたものを延長して2倍の大きさにしたもの。

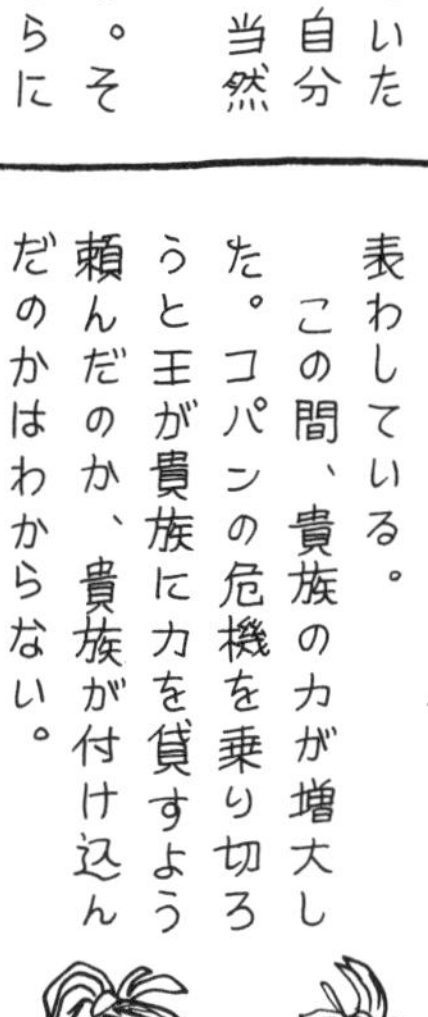

今遺跡で見られるこの長い階段は、発見当初、（下の15段以外）バラバラに崩れていたのを組み立てたもの。マヤ文字が解読される以前の作業だったので、文章はつながっておらず、解読は難儀を極めてるとのこと。

★1965年生まれのアメリカ人。天才。12歳にして研究発表を始めたマヤ学界のモーツァルト。この方によってマヤの歴史がどんどん塗り替えられることでしょう（すでにいくつか定説がくつがえってる）。

「18ウサギ」からのも含め、約2200文字が刻まれている。内容はコパンの歴史。珍しく「18ウサギ」の死というマイナス面やコパンの惨たんたるありさまに対する嘆きも書かれている。それを書くことで復興への強い意志を示してると考えられる。しかし「18ウサギ」の死を「処刑」とするにはさすがに屈辱的すぎるようで、「戦死」にしている。

面白いのは、マヤ文字だけじゃなく、別種の文字が添えられていて、2ヶ国語で書いてるようになっているところ。

マヤ文字学者のデヴィッド・スチュワート★が「テオティワカン書体」と呼ぶその文字は、テオティワカンのシンボル的なものが絵になっている文字であるが、これがまったくのでたらめだという。テオティワカンの文字を書いてると見せかけることで、権勢を表わしているのだ。

それにしてもテオティワカンって本当いつまでも有効だなー

なんちゃってテオティワカン文字
なんちゃってテオティワカン文字
マヤ文字の訳文

第16代王「ヤシュ・パサフ・チャン・ヨアート」（以降、「ヤシュ・パサフ」と略します）は、神殿16の最終形を造った（今見られるもの）。

このとき神殿の前に祭壇を設置（通称祭壇Q）。これがコパンの項の冒頭に出てきた、コパン王朝創始のあらましが刻まれてるもの。

上部に歴史的事柄

側面に4人ずつ、自分も含めた計16人の肖像。真ん中に自分と創始者ヤシュ・クック・モを置き、2人は会話し、自分は王権の象徴カウィールの笏を受け取っている。

この祭壇後方の地中から、王たちへの捧げものとして生けにえとなった15匹のジャガーの骨が発見された。

1970年〜80年代半ばにかけての碑文解読によってこれが王たちだとわかったが、それまではコパンが天文学や芸術が発達した国と見なされたことから、これらはコパンで天文学会議が開かれた際の学者たちの肖像だ、という説が堂々とまかり通っていた。

本当にレリーフの解釈ってやつは……。
そしてやっぱり文字はすばらしい！

ここら辺の情報は『文明崩壊』ジャレド・ダイアモンド著 より。

ヤシュ・パサフは前王の息子ではなく、母がパレンケ王の娘だった。
このように輿《こし》入れにきた人がいて、その力が王権にも関与することから、コパンはパレンケとも相当に親交が深かったことがわかる。
ヤシュ・パサフの時代までには、キリグアーともいちおうの仲直りを果たしたようだ。

810年にヤシュ・パサフが、キリグアーでカトゥン終了の儀式に出席したことが、キリグアーの石碑に書かれている。キリグアーではこの石碑が最後のものとなり、王朝は崩壊した。
コパンはヤシュ・パサフのあと、「ウキト・トーク」という男が王を名乗り、モニュメントを作り始めたが、それは中途のまま放置された。そのモニュメントの822年の日づけがコパン最後の日づけである。
850年ごろには、宮殿に火がかけられた（焼け跡が残っている）。にもかかわらず、その後も、貴族のための装飾品があいかわらず作られてることが発掘跡からわかっているので、まぁとにかく王家による支配は終わったけど、まだそのころは貴族も平民もコパンに残っていたようである。

なんだろう

貴族によるクーデターでもあったってことか？

しかしそれも10世紀後半には終わる。

古典期マヤの滅亡

マヤ文明をマヤ文明たらんとするもっとも謎なできごと、〝滅亡〟。
何が一番不可解かというと、マヤ中部の王朝が一斉に終わってしまったということ。

一斉といってもハイ、何日に滅亡ーー！ってものじゃなく810年から910年ころの1世紀くらいにかけてのことだからね

いろいろ理由は考えられてるけど

どーしたってわかりませ〜〜ん！

滅亡が起こる直前は、たしかに各国が問題目白押しであった。どんなことがあったかというとまず

① **人口超過密**

人々に食糧が行き渡らず、皆、栄養失調に。

コパンの人々の骨を調べると、このころ貴族も平民も一律に深刻な栄養不足状態だった。

でも、ぜんぜん健康な骨だらけの国もあるよ
なんだこの頭の悪い絵は
皆さん大変にスレンダー

② **環境破壊**

近隣の森をどんどんハゲ山化させていった国がある。

マヤの神殿は漆喰《しっくい》彫刻で覆われていたのでたくさんの木を使った。

とにかく彫り物みっしり。コパンなんかは途中でヤバいと思ったのか、漆喰、ストップしてます。

漆喰は、石灰岩をまるまる2日間燃やし、粉にして、水と練り合わせて作る。この燃やす作業に大量の木が必要だった（漆喰を1作るとしたらその4倍の木が必要）。

燃やしたものに水をかけるときれいに粉々に。

漆喰は塗り壁になったり接着剤にもなる万能の建築材料だよ

漆喰作りだけが環境悪化の原因じゃない。増えていく人民を食べさせるために、畑をどんどん作らざるを得なくなって焼畑の回転が早くなった（焼畑は収穫後、10年は寝かさなきゃダメ）。土の肥えるのを待たずして、つぎつぎと栽培を重ねたので土地を疲れさせ、結局収穫が減り、食糧不足を引き起こす。

でも、そんなのまったく関係ない国もあります

③ **王の権威失墜**、貴族が台頭し、権力分散。パレンケやコパンの例のように……。

でも、そんなのどこ吹く風な国もあります

④ **戦争**がハンパなくなってきた。

王の捕獲目的だったマヤの戦争が、滅亡のすこし前から、皆殺し戦に変わった。

たとえばカンクエンという都市からは、王と貴族、総勢31人の殺戮跡が見つかった。近所のドス・ピラスやアグアテカの逃げ方もそれをつぶさに物語る。少なくとも、この地域の滅亡理由は戦争と言い切っていいかも。

カラコルやコパンも中心部が焼かれたり、破壊されたりしてるし（これは戦争というよりは、内乱の匂いが強いが）。

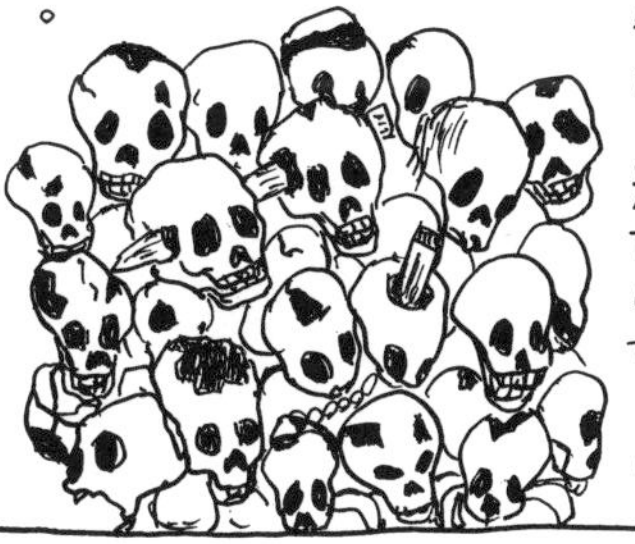

でもまーったく
そんな痕跡も
急な防御の跡も
見えない国が
たくさんあるの
ですよねー
ティカル
ワシャクトゥン
ヤシュチラン
なんかがそれ

と、ここまでは個々の国において事情がちがう。

が、すべての国をもれなく襲った災難がある。

それは ⑤ **干ばつ**。

地質化学調査の結果、後760年ごろから後910年ごろまで大干ばつの波が4度あったことがわかった。それは、それまでの7千年間でもっとも厳しいものだったという。

マヤの各国は深刻な水不足に陥った。雨に恵まれていた中部マヤの人々にとってこの打撃は大きかった。それに引き換え、セノーテ（天然の泉）のある北部マヤの国々は崩壊とは無縁。

その事実を
踏まえると
干ばつが滅亡の
主原因と思って
いいような

干ばつに関連してすべてのことが連鎖したとも考えられる。雨が降らないことで、神である王に不信を抱き、民衆が反乱を起こした、なども挙げられる説のひとつ。

それでもいろいろ疑問は尽きない。

干ばつの真っ只中だというのに、後述するセイバルのように、国の再建が図られ、盛り返してる国もある。

また北部はもともと乾燥がひどい地域であり、もし川もある中部の都市国家を全滅させるようなひどい干ばつなら、セノーテだけで乗り切るなんてことは無理だろう（北部はなんと川がない！）、と見る人もいる。

研究者たちは「わからない」を前提に、内部の反乱、干ばつ、環境破壊などなどあらゆるものがからみ合って崩壊した、というシナリオを提示するのが精一杯なご様子。

それで手を打つしかないよ〜。これは答え出ないもの

ここはおのおの自由に想像するとこでありますね。

「そもそも古典期マヤ文明の崩壊はなかった」と言ってる人もいるくらい。

人口や政治・経済の権力の中心が南から北に移っただけ
ジェレミー・A.サブロフさん『新しい考古学と古代マヤ文明』

これもわりと納得できる説である。それまでおとなしかった北部地域がにわかに華やかになっていくのだ。それに伝承などでも、南方からユカタンに移住の波があった、というのがあるし……。

だがこれも、「古典期と後古典期では、はっきりした文化の断絶が見られる」と言う研究者もいるし、数限りなくある説のひとつ、という扱いに留まっている。

滅亡後のマヤ中部

王朝は終わっても、ほとんどの国が完全に無人となるのは後12〜13世紀。なんだかんだごく少数の人たちが住んでいた形跡が残っている。

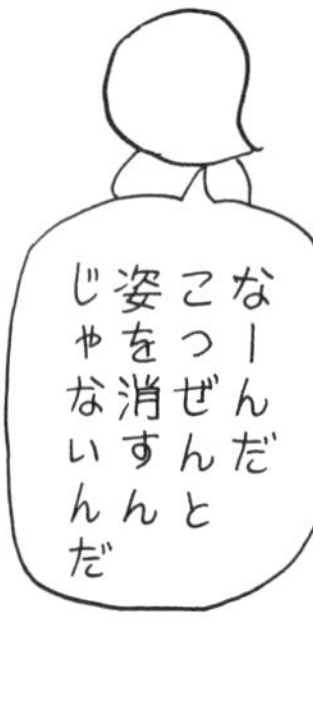
なーんだ こつぜんと姿を消すんじゃないんだ

ある研究者の見立てによると、王朝崩壊時で、マヤ中部の総人口は10分の1になったとされる。

この人たちは単純にもともとの住民（平民）もいれば、移住してきた人たちもいただろう。メキシコ側でも大きな変動があり、マヤ地域に移住してきた様子が見受けられる。メキシコ側の様式の土器も現われている。マヤの東外れのキリグアーにもメキシコ側の代表文化であるチャクモールという意表をついたものが出ている（チャクモールについてはのちほど）。

この滅亡後の人々は、見よう見真似で石碑を作り、それらしいけど文章になってないマヤ文字を刻んだ。

なぜマヤ中部に復活はなかったのか

べつに皆さん、また戻ってきてもいいのに、中部マヤ地域には二度と都市文明は興《おこ》らなかった（のちに述べるタヤサルという例外もあります）。

このことは、崩壊後に「交易ルートの変更があったから」という説が、目下のところ有力である。

それまでの交易ルートは、陸上や川であった。しかし、航海技術が発達し丈夫な舟も開発されたことで、海のルートをメインに取れるようになったのだ。

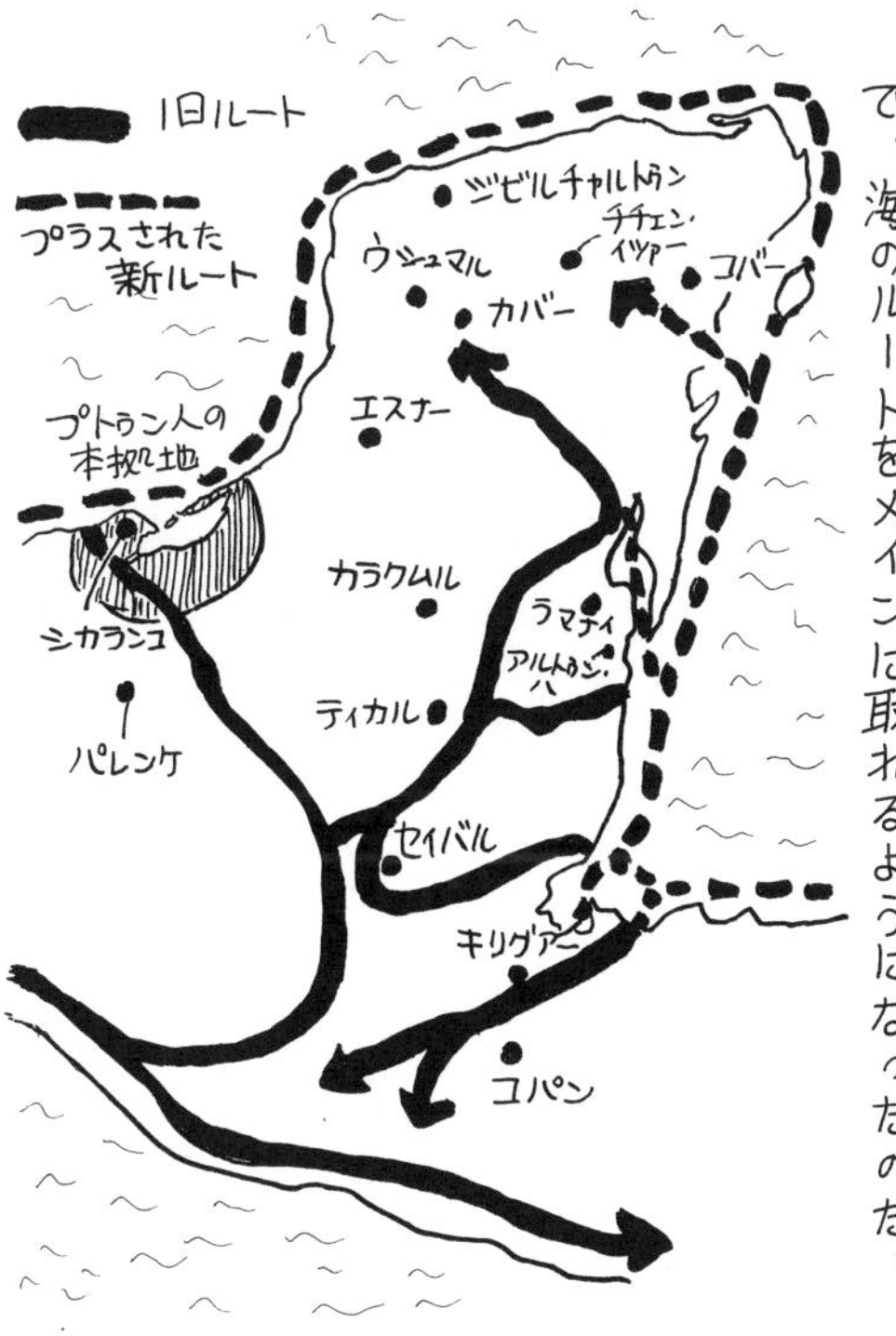
旧ルート
プラスされた新ルート
ジビルチャルトゥン
チチェン・イツァー
ウシュマル
カバー
コバー
エスナー
プトゥン人の本拠地
カラクムル
シカランコ
ラマナイ
アルトゥン・ハ
ティカル
パレンケ
セイバル
キリグアー
コパン

便利な海ルートを取るようになったら、今さらそこから外れた場所に、国をつくってもしょーがない。

土地の貧弱な北部が盛り上がったのも、この交易ルートあってのことだと考えると納得である。

このルートができたから、古典期マヤ文明が崩壊したという説もあるくらいだ。

プトゥン・マヤ

この交易ルート変更の立役者と考えられているのが、プトゥン・マヤ人、あるいはたんにプトゥン人と呼ばれる商人集団。

16世紀にスペイン人がやってきたとき、プトゥン人の本拠地は交易の一大中心地だった。マヤ語のひとつ、チョンタル・マヤ語を母語とするこの人々は（ゆえにチョンタル・マヤ人とも呼ばれる）、ちょっと歩けばすぐにメキシコ側の文化圏、という位置に住んでいたので、マヤ人でありながらメキシコ側の影響を大きく受けていた。

と、このプトゥン人の様子はあくまでもスペイン征服時におけるもので、そのときのことしかわかっていない。

が、ここから考古学者の★トンプソンは、このプトゥン人が古典期後半から活躍していたとして、彼らがメソアメリカ中を引っ掻き回した、というシナリオを描いた。

★少し前のマヤ学会の超大物。イギリス人。1975年没。死んだ今となっては、現代のマヤ学者たちからその功績をリスペクトされながらも、自分の意に沿わない新説を出した者を徹底攻撃する困った権威者キャラとして、回顧的に語られたりもする。

プトゥン人像
プトゥン・マヤ人は国という国も持たず、いくつかのグループ集団に分かれている
そしてグループはそれぞれいろんなところに拡散。
古典期末期からプトゥン人を存在させ、彼らに大役を与えたこの説で、マヤ崩壊時から後古典期にかけての、マヤ文化とメキシコ文化の複雑な混じり合いが説明できる、とされた（文化の混じり合いについては、のちほどちょこちょこと）。
プトゥンってのは
消臭もお手入れもこれ1本ですべて解決よ奥さん
っていう便利品。
最近は、プトゥンひとつですべて解決できるようなそんな単純なものじゃない、と言う人もいるし、つぎのセイバルの例のように、部分的にこの仮説がひっくり返るなどしている。
また今のところ、プトゥン本拠地にその時代のプトゥン人の物証と言えるものは挙がっていない（プトゥン人は基本的に商人で実利を第一義とする人たちだったから、あまり文化や宗教的なものを残さなかった、とも考えられているが）。
マァとにかくプトゥン活躍説はおろか交易ルート変更説もすべては仮説の域を出ていません
プトゥンはあまりにもあいまいだ～
仮説でありながらもプトゥン人はまだまだ登場するよ～ん

ここからは
ちょっと込み入った話。

飽きた人は
トルテカ
の章へGO!

「マヤ滅亡」を単純化させない憎い者ども

まず **セイバル**

セイバルは先古典期に興《おこ》った老舗《しにせ》王国。でも、新興国ドス・ピラスのペテシュバトゥン地域支配の野心に呑み込まれ、古典期終わりの8世紀には、しょぼくれた子分国のひとつとなっていた。

ところがドス・ピラス（&アグアテカ）王朝が、タマリンディート（あるいはそれプラスどこかの国）によって襲われ崩壊したあと、少しの間を置いて、セイバルはふたたび巻き返す。

セイバルにある石碑11の碑文には

「後830年
ウカナル王国から派遣された
ワトゥルが
セイバルに『到着』した」

とあり、これが再建となる。

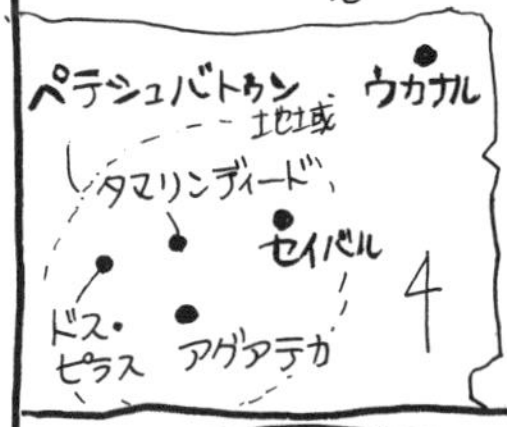
ペテシュバトゥン地域
ウカナル
タマリンディート
セイバル
ドス・ピラス
アグアテカ

で、このワトゥル王の「到着」後、石碑もたくさん作られるんだけど（889年まで17個）、これがちょっと特異なものであり、物議を醸している。
たとえばそのワトゥルさんの肖像。衣装や持ち物はマヤのものだが、顔はこう。

通例の理想顔じゃない角張った顔。
珍しい口ひげとおかっぱ頭。

出た
めがね!

でも今までの
マヤ顔も
あります。

すべて849年の
同時期に作られた。

またこんな石碑も。

しゃべりを
表わす
フキダシ

このくちばしはメキシコ側の人気神、
風の神、エエカトルのよう。
（あとで少し登場

こういったフキダシの出現しかり、またメキシコ様式で書かれた暦の文字もあったりして、メキシコ側文化の流入が見受けられる。それもテオティワカンではなく、その滅亡後のもので、あとにユカタンで興《おこ》るメキシコ風文化を先取りする内容。

これら奇異な石碑などから少し前までは、トルテカやプトゥン人といったメキシコ側の文化を持つ人たちにセイバルが征服された、と考えられていた。

今や解読のおかげで、ウカナルという近所のマヤの国がセイバルを再建したことがわかったものの、こんな滅亡間近にどんな絡みでメキシコのニューウエイブが見え隠れする文化が始まったのか、その問いの答えは見つかっていない。

今までの例では、王朝の威厳を見せたいとき、国が刷新されるとき、やる気を見せたいときにテオティワカン文化が持ち出されていた。セイバルもそれと同様に、気分一新、滅亡ムードに負けずこれからガンガンやっていきますよ、と意志を表明したかったのだろうか。

周りの国々がどんどん終了していくなか、最後の気骨を見せてくれたセイバルであったが、努力空しく10世紀初めに終わりを迎えた。

プウク

マヤ中部の崩壊が始まった750年前後に、プウクと呼ばれる地域が隆盛。マヤ崩壊後の10世紀ごろから人口を一気に増やした。

建築の装飾技法が独特で、地域名を取ってプウク様式と呼ばれる。

優美が売りのプウク様式
巻き鼻マスク

ラブナーのアーチ

なんかプトゥンとかプウクとかごっちゃになってくるよ
"プ"ってだけだろ

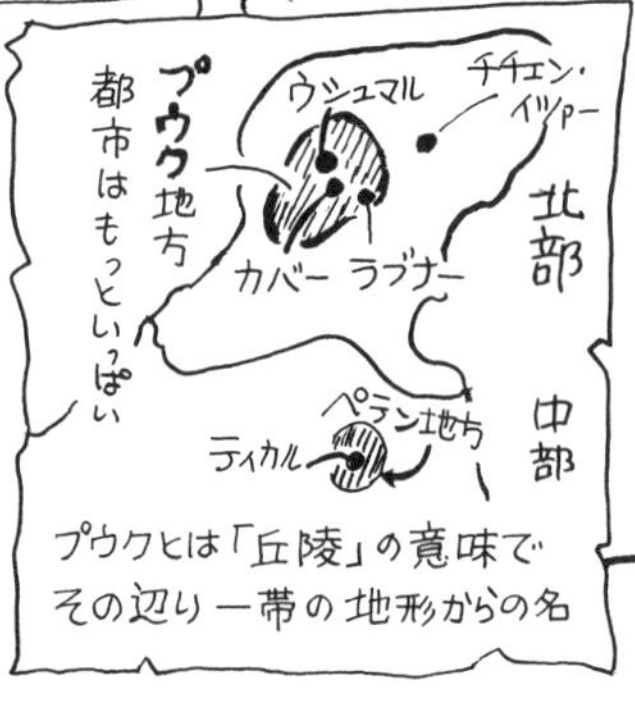
プウク地方
都市はもっといっぱい
ウシュマル
チチェン・イッツァー
カバー
ラブナー
北部
ペテン地方
ティカル
中部
プウクとは「丘陵」の意味で
その辺り一帯の地形からの名

マヤ長期暦や古典期文化をある程度踏襲していて、こういうのも「マヤ崩壊はない、北へ移動しただけ」説を裏付ける根拠のひとつになっている。

たとえば、プウクでこれに似たものが大流行（解説は下）。

コパンの通称「ウィッツ・モンスター」

つながりが感じられる。

しかし11世紀ごろにはどこも崩壊。あまりにも短い隆盛であった。

有名なウシュマルがプウクを代表する都市。チチェン・イツァーもその歴史の前半、プウク様式を引き継いでる。

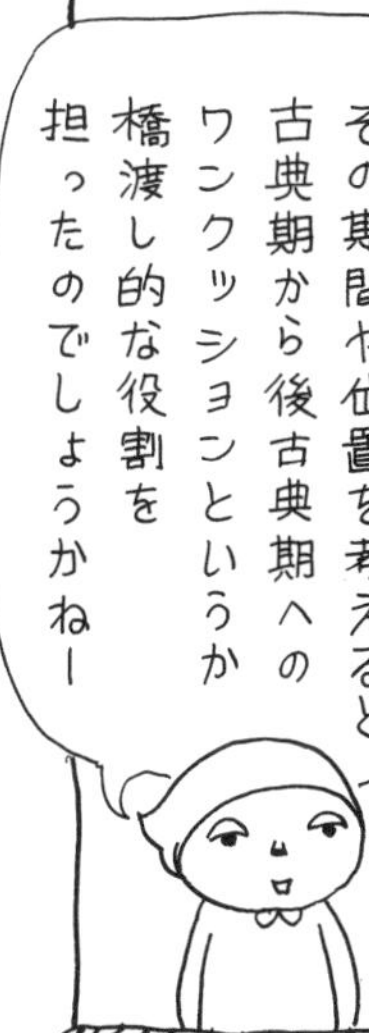
プウクは
その期間や位置を考えると
古典期から後古典期への
ワンクッションというか
橋渡し的な役割を
担ったのでしょうかねー

巻き鼻マスク

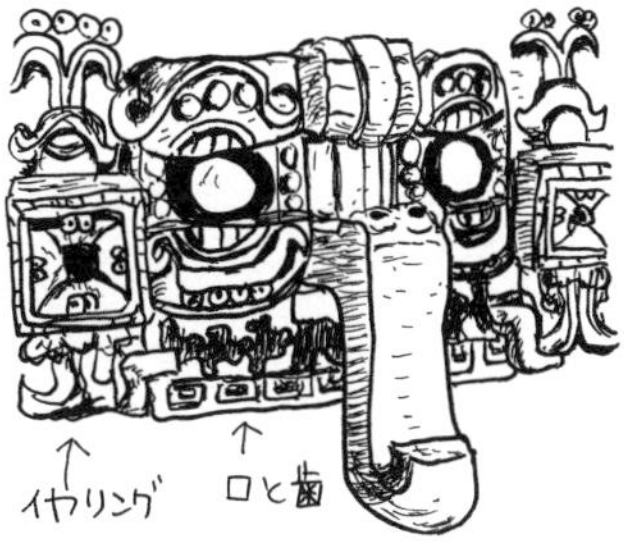
イヤリング
口と歯

建物に刻まれまくったよ

横

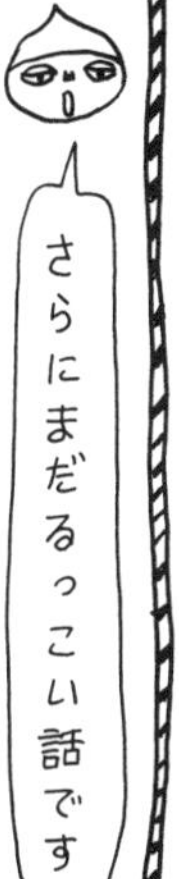
さらにまだるっこい話です

これはずーっと雨神チャークだとされていて、いまだそう解説されることのほうが多い。雨の降らない地方ゆえ、雨乞いのためのものだった、と。

が、上のコパンのマスクが、添えられたマヤ文字の解読によって「山（ウィッツ）」を象徴してるものだと判明した（そこからコパンのマスクは、研究者の間でウィッツ・モンスターと呼ばれるようになった）。それゆえ、それによく似たユカタン北部の巻き鼻マスクも、チャークではなく「山」を象徴したものだという可能性が出てきたそうなのである。

とはいえ、「山を象徴する」という概念、わかりにくーーっ。イマイチするりと理解できない。そもそも神殿は山を象徴してるということなのに、なんでことさらにそんなシンボルつけて強調するのやら。雨乞いのための雨神のマスクという単純なもののほうが、なんぼわかりやすいことか。チャーク自身も山を象徴する面もあるらしいし……。

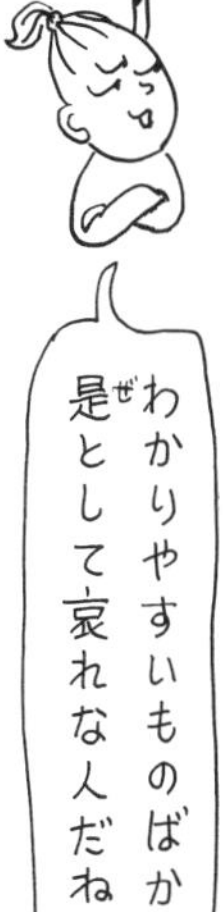
わかりやすいものばかりを是《ぜ》として哀れな人だね〜

★エル・タヒンは古典期後期から後古典期に栄えた球技命！の都市国家。トルテカの章の頭で少し登場。この本の姉妹本、旅行篇にもうちょっとくわしく登場。

コツマルワパ文化

マヤ南部にも異質な文化！

たぶん

古典期後期から後古典期初めまで

石彫に描かれた人物の無機質で冷たい感じがメキシコ湾岸にある★エル・タヒンのものに似ている。と、これも似てる似てないでモノを言っちゃいけないんだが、エル・タヒンで作られていたのと同じ球技用品が数多く出土していることからも、なんらかの関係を勘ぐりたくなる。

神

動物ものには心惹かれるわ〜。下のミニな人々も気になる。
←のも↑のも球技選手といわれる。上のはボクシングにも見える。

ドス・ピラス
コツマルワパ地域
カカオの産地としても知られる
約50km²の区域
コパン
エル・バウル
ビルバオ
スペイン征服時のピピル人の居住区

ピピル人は細かく分散して暮らしてた。

※コツマルワパという名称は、この文化領域の中心にある町の名に由来。

カニの甲羅から現れるおっさん！

「カニロボを操縦するおっさん」でも可

このように南部マヤにはメキシコ側からの流入がたびたび起こっていたようだ。

スペイン征服時に、この地にピピル人という方たちが住んでいたので、この文化の担い手はその方たちだと思われる。ピピル人はナワトル語（アステカを始めメキシコの多くの人が話す言葉）の方言を話す人々で、おそらくメキシコ側からの移住者だろう。

まわりマヤ人ばっかで肩身せまくなかったのかしらね〜

第6章

トルテカ文明

存在すらも危ぶまれる
もしや、一番謎な文明

話はふたたびメキシコ側に戻ります

テオティワカンが滅亡したあとは、いくつかの中規模国が花開く。

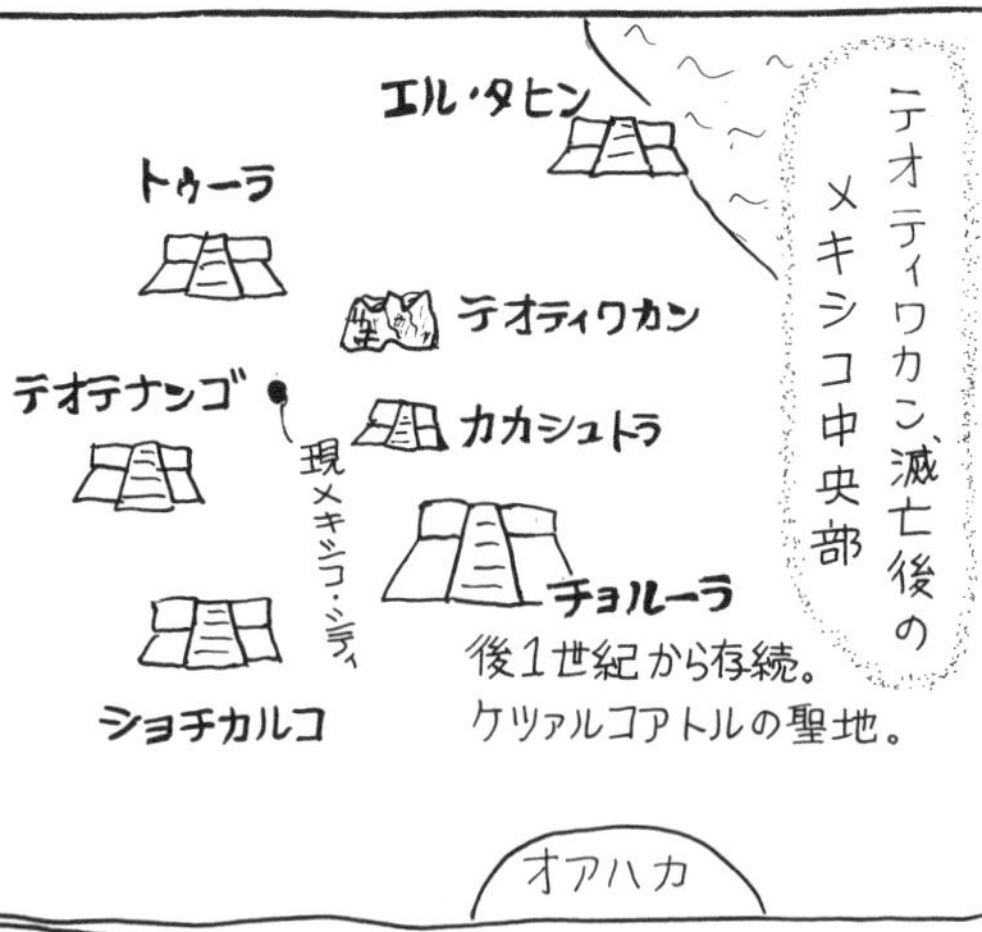

テオティワカン滅亡後のメキシコ中央部
エル・タヒン
トゥーラ
テオティワカン
テオテナンゴ
カカシュトラ
現メキシコ・シティ
チョルーラ
後1世紀から存続。ケツァルコアトルの聖地。
ショチカルコ
オアハカ

これらの国は丘の上に建てられたり、砦が築かれていたりと、攻撃への備えに力が注がれていた。

この時代の特徴として、ケツァルコアトル神の全国展開がある。テオティワカンの後期では、勢いが衰えていた感のあるケツァルコアトルが本格的に前に出てきたのだ。

オイーッス!

それからテオティワカンでは、まったく見られなかったマヤの芸術が入ってきた。マヤ的な要素がもっとも入ってるのが

カカシュトラ!

ここは先住の人々の文書によると、オルメカ＝シカランカという人々が築いた、とされている（古代のオルメカ人とは関係なし）。

鮮やかな壁画で有名だが、その壁画の人物像の多くは（マヤ人が描く）マヤ人顔。

ケツァルコアトル

もうとにかくカカシュトラの壁画はディテールがかわいい！たとえばこの壁画。

カカオの木
川

川には謎の生物。
首なし
こういう貝殻付きの謎の生物はテオティワカンの壁画でよく描かれた。

「4のシカ」という名の交易商人。うしろに品物の荷。神でも支配者でもない人がピンで描かれるのは珍しい。マヤの交易神説も。

によ〜〜
かわいすぎ〜〜
顔トウモロコシ!!
My Most Favorite Thing!
これをポポル・ヴフの双子の父、フン・フンアフプーと深読みする人もいます。

壁画は8世紀から9世紀くらいのもの。40数人の戦闘シーンを描いた横ワイドなものも有名！

オルメカ＝シカランカ人はメキシコ湾岸のシカランコから来たとされる。その辺りはプトゥン人の本拠地とされるところなので、彼らもプトゥンの一派だ、と考えられている。

と、このようにマヤ人がメキシコ中央部に進出して一国を牛耳ったのかもしれないが、マヤ文字という便利なものが無視されてるのも腑に落ちないし、単にこっちの人がマヤの芸術家を雇い入れただけ、と考える人もいる。

これら中規模国の栄華は短く、10〜11世紀くらいに放棄された。

破壊の爪痕が残っていることから、内乱、戦争、もしくはのちほど触れるチチメカの来襲が原因と考えられている。

テオティワカン時代からNo2の大国であったチョルーラだけは、つぎつぎとやって来るライバルたちの支配下に置かれながらも、スペイン人が来るまで生き長らえた。

この章の主人公国、トルテカ人が作ったトゥーラが誕生したのは、これら中規模国の活躍時にちょっと遅れた8世紀中ごろのこと（文献の上では）。

トルテカは「トゥーラの人」という意味です

トゥーラがメソアメリカでどんな位置にあり、どれほどの権勢を示したかなどの諸事情はまったく不明だが、トゥーラ滅亡後、メソアメリカ中で異様とも言える崇められ方をした。かつてないほどの富を持ち繁栄したユートピアのような国と謳《うた》われ、皆のあこがれの対象であり、自分たちをトゥーラの子孫と詐称する人々も出てきた。
メキシコの中央部はともかく、マヤの中にもトルテカの子孫と自称し、その血筋を権勢の道具に使う集団もあったくらいだ。

トルテカ人が優れた芸術家であった、という伝承からアステカ時代、トルテカという言葉は「名工」も意味した。またトルテカヨトル（トルテカ性）という言葉は「徳深い」「崇高な志」という意味で使われた。

使用例
みゆきサンハトルテカヨトルナ方デース。オ付キ合イクダサーイ
みゆきサンハトルテカヨトル。遺産ヲ残シマース

『ポポル・ヴフ』のキチェー人もトルテカを自称

この本では書かなかった『ポポル・ヴフ』の後半部分は、キチェー人がトゥーラからマヤ南部に移動したことが書かれている。

ということで、『ポポル・ヴフ』はマヤの神話にトルテカの文化、習慣も混じったものとも考えられるのだった。羽毛のヘビ（グクマッツ）もいるし、「トルテカット」という言葉さえ出てくる。

またポポル・ヴフの主要キャラのほとんどが、生まれた日づけを名前にしていて、これはメキシコ側の国々のポピュラーな命名法であった（マヤにも「6の空」女王の例などがあるが、数例しかない）。

だけど、この人たちの主張を取り合わず、「トルテカを自称するプトゥン人」と見る研究者も少なくない。

そんな誰もが崇拝した国の伝承の、現代の本でのまとめられ方はこんな具合。
トルテカの伝説
族長ミシュコアトルに導かれ、トルテカの民がやってきた。
メキシコ中央部に入ると若い女に遭遇。
ボケー
で、ミシュコアトル、女に矢を放つ。
シュッ
なんで?
シュッ
シュッ
こんなことを何度もくりかえしたのち
ぴょいっ
ぴょーん
女はこれを受け止める。
バシッ
スゲー
ミシュコアトルは女に求婚。
はぁ〜?何、恋に落ちちゃってんの?
女は承諾。
ええー!?
殺人(未遂)犯とその被害者によるカップル誕生ー。

民族学的には、この野性味溢れる出遭い方とプロポーズは、国を侵略したことを表わしているとか、この時代の政略結婚を描いているなどと解釈されています。
この異常な運動能力を持つ女は、矢をものともしなかったことから、「チマルマ（楯の手）」と呼ばれるようになった。
チマルマは結婚からほどなくして妊娠。
つやっ
つやっ
が、強いチマルマ、このお産であっけなく死亡。
トルテカの民がクルワカンという土地に落ち着いた矢先のことだった。
このときの子が伝説で長いこと語られるセ・アカトル・トピルツィン・ケツァルコアトルであった。
「『1の葦《あし》』の日に生まれた王子ケツァルコアトル」の意味。
ケツァルコアトルが生まれてまもなく、父王ミシュコアトルは王位を奪おうともくろむ兄弟たちによって殺される。
青年になったケツァルコアトルは、父の死を調査し、犯人である叔父たちに復讐を果たした。
メソアメリカでのポピュラーな殺し方、神への生けにえにして。
殺したあとは食べた。
そのあと気分一新、首都をトゥーラ（トゥーラ・シココティトラン）に移した。
2番目
トゥランシンゴ
（ここにもいた）
ラスト
トゥーラ
（・シココティトラン）
湖
クルワカン
最初の定住

ケツァルコアトルの治世に入ってすぐに、ヒスイや金銀、ケツァル鳥の羽根などの宝が近くの山で発見され、トゥーラは莫大な富を手に入れる。
こういった余裕がケツァルコアトルを変えたのか、それまで当たり前の習慣であった、人間を生けにえにする儀式をやめることにした。
これよりヒスイ、ヘビ、鳥やチョウのみを生けにえにしよう
この一件で「ケツァルコアトルは改革者であった」と後世に伝えられるようになる。
ケツァルコアトル王の治めるトゥーラは輝かしく栄光に満ちていた。人民は平和を享受し、食糧もふんだんにあり、皆、人生を謳歌していた。
ところがそれを3人の呪術師が妬《ねた》む。
おもしろくねー あいつらに不幸を教えてやれ
3人の名は
ウィツィロポチトリ
テスカトリポカ
トラカフエパン
3人はさっそく老人の姿に変装し、ケツァルコアトル王が修行をしている部屋を訪れる。
トルテカの王は神官も兼ねているので、定期的に断食や瞑想をし、自分の体を傷つけ血を流す苦行が職務であった。女人も断ち、ストイックに過ごさねばならない。
権力にあぐらをかいたり、酒池肉林といったことはないのだった。
ケツァルコアトルの断食でやつれた顔を、この3人は
なんてひどいお顔！ そんなみじめな顔を人民に見せたら皆、なんと思うでしょうか
と不安がらせ
でもいい薬がありますよ
若返りの薬と称して、プルケ酒を何杯も飲ませる。

酔っ払ったケツァルコアトルは、女と、それもよりによって妹と同衾《どうきん》させられた。
朝
グガー
うわ〜
つぎは国民の番
今度は、テスカトリポカひとりが若者に変身。市場に出てすっぱだかで
青いトウガラシを売った。
そこへトゥーラのNO2（＝政治部門担当）、ウエマクの娘が通りかかる。
テスカトリポカはすかさず、おのれの男根を見せつけた。
ほれ
ってこれもどういう展開なのかね〜
娘はたちまち恋に落ちた。
ポー
ヒッ
なんでそーなる!?
冒頭の件といい、この人たちの恋の落ち方がわかりません。
娘は恋の病で何も手につかず、何も食べられず床に伏すように。
父ウエマクは
そんなヘンタイぜったい幸せにならないぞ
仰せのとおり!
説得を試みるが、娘のやつれていく様子に
しかたない
服は着れ
2人を結婚させることにした。

ところがこれが人民の嫉妬を招く。
なんだって!! あんな素姓のわからぬ性犯罪者が?
あんなのがムコになれんならオレたちだって権利あったぞ!
国民のブーイングの激しさにウエマクは
おっ、そーだ。あいつを戦《いくさ》に追いやってしまえばいいんだ。そこで死んでくれれば御の字というもの
と、隣国との戦争に行かせるが、
若者テスカトリポカは見事に勝利を収めて帰ってきた。
こーなると国民は
やるな あの男
簡単に見る目も変わり、かえって好感を持つようになった。
そろそろだね
人気者になった若者テスカトリポカは宴を開き、町中の人々を呼んだ。席上で歌い、ますます宴を盛り上げる。
ところがその歌は呪いの歌。歌ってる間、人々は踊り続け、やめることはできないのだ。

その歌で崖まで導かれ
踊ってた皆さん足を踏み外し
谷底に落ち、死んだ。
まだ民はいるねー
つぎにテスカトリポカ、奇術師に扮し、市場へ。仲間のウィツィロポチトリを小人にして手のひらの上で踊らせた。
そんな面白い光景に当然人々が群がってくる。あまりに押し寄せたもんで見物客は将棋倒しになって
圧死。
そこへ人民にまぎれたトラカフエパンが
あやつらのせいです
とテスカトリポカをののしりだし、群衆をあおる。
群衆は2人に石を投げつけ、殺した。
と、死体から異常な悪臭が放たれ
その臭いでその場にいた全員が死ぬ。
まだまだ死体は足りませんよ
フフフ……

トラカフエパン、今度はこの騒動を
遠巻きに見ていた人々に
こんな死体を
放っておいちゃ
ダメです！
谷底に捨てましょう
と死体に縄をつけて、引っぱらせた。
崖まで来ると
人々は
あらん限りの
力を込めて
さらに
ふんばっ
たので
オーエス オーエス
ピキッ
足元が崩れ、
キャー
また
みんな
谷底に
落ちて
死んで
しまった。
ワヒャヒャー
ケロケロ
クックックッ
王宮で、自身の酒の失敗に落ち込
んでいた王ケツァルコアトルは、
それらの報告を聞き、さらに絶望
のどん底へ。
もーだめだ、
この地では……。
トリラン・トラパラン
(黒と赤の地)に
移ろう
と王宮に火をかけ、またあらゆる
宝を山や谷に埋めさせた。
それからお付きの者たちを引き連
れて国を出る。
私はかならず
「1の葦《あし》」の日に
戻ってこようぞ
こんな言葉を残したとか。
道中、お付きの者たちは寒さのた
め、つぎつぎと死んでいった。
その中でもケツァルコアトルを何
よりも悲しませたのは
彼をいつも
笑わせて
くれた
小人の死
であった
という。
海岸にたどり着いた一行はヘビの
筏《いかだ》に乗り、新しい世界へと旅立っ
ていった。

——ということで、いちおうトゥーラのケツァルコアトル王の伝説は完結を見ます。

これらは、展開がおかしくなってることでお気づきでしょうが、いくつかの伝承がミックスされたものであります。

とくに3人組の登場辺りからぜったいおかしいでしょーフザケすぎ！

皆殺しに次ぐ皆殺しって小学生かよ

これって、ストーリーテラーの子供が創作したものが、たまたままちがえて残っちゃったものなんじゃないでしょうか？ どうも一杯食わされてる気がしてなりません。

その悪ノリ3人組の長、テスカトリポカはメキシコ中央部の最重要神となっていきます。研究者は、こんなフザケたように見えるパートにも意味を読み取る努力を欠かしません。

これは古い宗教〈ケツァルコアトル派〉と新しい宗教〈テスカトリポカ派〉の対立を示してる

という説もあり。

また、ラスト、ケツァルコアトルは舟の上で焼身自殺をしたというバージョンもあります。それは、遺体の灰からありとあらゆる色の鳥たちが現われたり、ケツァルコアトルの心臓が飛び出して明けの明星になったりして、ビジュアル面が強化された内容となっています。

当時、ケツァルコアトルという名の王や神官はメキシコ中央部に何人もいました。ベースになった、わりと立派な人格者がいて、それにいろんなケツァルコアトルさんの話も混じってしまったようです。叔父さんたち食べといて、そのあと生けにえはダメ！と言うなど、人格がチグハグなのはそのせいでしょう。

テスカトリポカ

「煙を出す鏡」の意味

片足に煙を出す鏡をつけてる

永遠の若者。夜風、闇を支配。

しっかし「煙を出す鏡」なんてふつう思いつかないよ。本当、この人たちの発想ってすごいな〜

「テスカ」とは鏡として使われた黒曜石のことを言ってるんだよ

黒曜石がくもってることを考えるとそんなに突拍子もない発想じゃないでしょ？

雲から生まれたとか、天から蜘蛛の巣に乗って降りてきたといわれる。

ひらんら〜
なんかかわいい

性格は複雑すぎるのか、ちゃんと決めてないのか、よくわからない。気まぐれで、人間にぜんぜんいいこととしてくれない神であり、恐怖の対象であったことは確か。

奴隷の守護神もやっていて、奴隷がいじめられると、いじめた人間をとっちめるという。

おっ、いいとこあるじゃん

趣味は七面鳥のコスプレということで、なんか憎めない。

メソアメリカ共通要素！

黒曜石

いろんな用途に使えるこの石はもっとも重宝されました。

とくにナイフとして大活躍

煎《せん》じてクスリにもしたよ
オエー

トルテカの物証か

トゥーラ遺跡

伝説のトゥーラは、かつてはトゥーラ・シココティトランという名で呼ばれていて、それは現在イダルゴ州にあるトゥーラ遺跡とされている。

ここも丘の上に建てられ、防御体制ばっちり。

細かーく言うと、せまい範囲に2ケ所、都が作られた。

はじめに後650年ごろ築かれ、これはトゥーラ・チコ（トゥーラ小）と呼ばれる。850年ごろ、そこは破壊され、そこから1・5km離れたところに中心部を移し、再建された。こっちはトゥーラ・グランデ（トゥーラ大）と呼ばれ、今観光地になってるほう。

この850年ごろの破壊はなんなのか？

やはり、2派の対立があったのか？

でもここには、ケツァルコアトルの石彫はあるけど、テスカトリポカのはないのだった（今のところ）。

トゥーラ・チコ
トゥーラ・グランデ

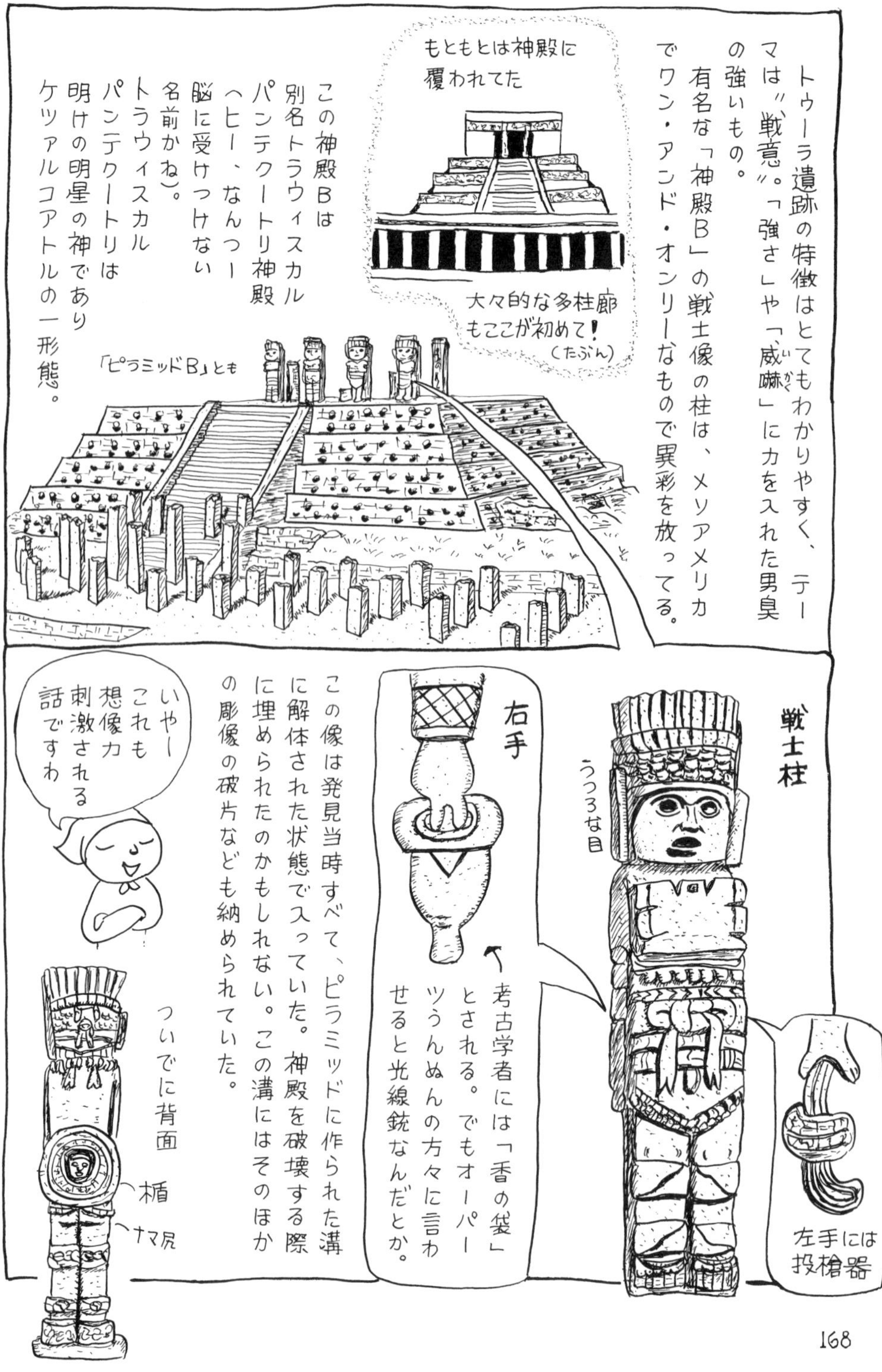
トゥーラ遺跡の特徴はとてもわかりやすく、テーマは〝戦意〟。「強さ」や「威嚇《いかく》」に力を入れた男臭の強いもの。
有名な「神殿B」の戦士像の柱は、メソアメリカでワン・アンド・オンリーなもので異彩を放ってる。
もともとは神殿に覆われてた
大々的な多柱廊もここが初めて！（たぶん）
この神殿Bは別名トラウィスカルパンテクートリ神殿（ヒー、なんつー脳に受けつけない名前かね）。
トラウィスカルパンテクートリは明けの明星の神でありケツァルコアトルの一形態。
「ピラミッドB」とも
戦士柱
うつろな目
右手
考古学者には「香の袋」とされる。でもオーパーツうんぬんの方々に言わせると光線銃なんだとか。
左手には投槍器
この像は発見当時すべて、ピラミッドに作られた溝に解体された状態で入っていた。神殿を破壊する際に埋められたのかもしれない。この溝にはそのほかの彫像の破片なども納められていた。
いやーこれも想像力刺激される話ですわ
ついでに背面
楯
ナマ尻

神殿のレリーフも一見かわいいけど、残忍さがしっかり出ている。この4種類の方たちが、うじゃうじゃびっしりと壁面に。
うろつくコヨーテ
うろつくジャガー
これらの動物はトルテカ戦士団のマスコット・シンボルだったと思われる。
心臓を喰らうワシ
羽毛のヘビの口から顔を出す男
神殿Bの北にある壁ではこのレリーフがくりかえされる。
皮がズルむけてます。
ヘビに呑まれてる人。
『メキシコ』(マイケル・コウ著)という本によると、発掘当時のトゥーラは「破壊者によって、見るかげもなく打ち壊されていたので、その重要性を認めようとする人などほとんどいなかった」そうで、1940年代の本格的な発掘で大きな建物や多柱廊、ユニークな戦士の柱などが出てきてやっと、その重要性が認知され、陽の目を見た遺跡なのである。
また有名なこれも出土!
チャクモール
ここに生けにえの心臓が置かれたとされる。
スペイン人が来るまで、いろんなとこで活躍されたこの方は、おそらくここからメジャーデビューしたと思われる。
トゥーラ全体で12体出てます

※→以前の説では、この奇妙な生物は明けの明星神トラウィスカルパンテクートリ(兼ケツァルコアトル)とされていました。

困難なトルテカ

トルテカ王国の物証と思われるこの遺跡の存在があるとはいえ、トルテカ人、及びトゥーラ問題はやっかいな代物である。

まず「トゥーラ」という言葉（トラン、トゥランとも呼ばれる）。これはもともと「葦《あし》の地」という意味で、「葦がワシャワシャ生えてるがごとく人が多いところ」イコール「シティ（市、都）」を表わす言葉である。トルテカ時代に栄えたほかの大都市は　どこも「トゥーラ」であった。「トゥーラ・ショチカルコ」「トゥーラ・テオテナンゴ」などと呼ばれていた。

でもほかの都市とちがい、トゥーラ・シココティトランだけが、いつの日からか、本来の名であるシココティトランが省略され、「トゥーラ＝シティ」と呼ばれるようになっていた。それが、ここがトルテカ人の作った伝説の都市「トゥーラ」とされる最大の理由。

この時代の、メキシコ中央部の都市の中では一番大きくもあります。
面積は16km²で推定人口6〜8万人
だいたいほかの都市の2〜3倍レベル

またアステカ時代の、トゥーラにかんする伝承も事を複雑にしている。

アステカ時代の人たちはありがたいことに、きちんと記録を付ける人たちで、それらは、事象が登場人物や日づけ付きで書かれている優れものである。自分たちの前の時代であるトルテカの歴史も書かれている。

そんなものがあるなら、すべてが明らかになって問題なさそうなものだが、かえって何通りもの解釈を生み出しているのだ。

というのも「年代記にはそれぞれの国のプロパガンダや、見栄などが粉飾されることが付き物」という前提に立って考えられているからだ。どれをウソと見なし、切り捨てるかの判断が、研究者によって大きく変わる。

トルテカは「学者の数だけ説があると言っても過言ではない」（©実松克義『マヤ文明　新たなる真実』）のであった。

メディア・リテラシー

【簡単なウソの見破り例】

トルテカの伝説に出てくる3人の呪術師のうちウィツィロポチトリはあとの時代のアステカの神なので、アステカによる挿入にまちがいなし！

フンッ

流れに関係ないから
興味ない人は飛ばしちゃえ

研究者が資料とするもの

数ある資料の中で、トルテカにかんしてとくに重要なのがこの3つ。冒頭の伝説もこれらを切り貼りしたものだ。

① フィレンツェ絵文書（ヌエバ・エスパーニャ概史）

スペイン人修道士サアグン（1499〜1590年）がアステカ貴族の子息である弟子たちとともに、メキシコ中央部の町々を歩き回り、古老たちを取材し集めた伝承や、散らばっていた絵文書をまとめたもので、1570年代初めごろに完成した。

フィレンツェにある絵付きの写本が『フィレンツェ絵文書』と呼ばれている。その絵文書をもとに、スペイン語の訳文とサアグンの解説を添えて本にしたものが『ヌエバ・エスパーニャ概史』として世界中で出版されている（日本語では抜粋されたものしか読めなくて、歯がゆいです）。

② チマルポポカ絵文書

サアグンの弟子4人で、集めた伝承や絵文書を編集したもの。『クアウティトラン年代記』と『5つの太陽の伝説』と呼ばれるものが収録されている。

③ トルテカ・チチメカ史

年代記の絵文書。

現在残っているアステカ圏の絵文書（約15ほど）は、おそらく半分以上はスペイン征服後に制作されたもの。とはいえ、多くのものが以前あったものを忠実にコピーしたものと考えられている。

絵文書は神官によって暗誦され、代々受け継がれるものであった。征服後、間もないころはきっちり記憶してる人たちが何人もいた。サアグンが集めたものや、そのほか征服後の絵文書はそういう方たちによって再現された。

本の内容は**歌にして**覚えたのですよ

……まさに。くだらない語呂合わせのCMソングとか永遠に消えないもの。こんなとこで脳の容量使いたくないのに……。

最近はSHOP99の歌がずっと頭の中で鳴り続けて腹立たしいったらありゃしません
何がキュキュキュキュキューだ!!

先住の人々の歴史書のひとつ『トルテカ・チチメカ史』では、トルテカ人はチチメカの一派とされていた。

ハー、もーー
メソアメリカ、
民族、多すぎ！
キーー

ここら辺の、集団名が続々と登場するところは、日本人にはなじみがなくて脳がつらい。ヨーロッパのようにゲルマンとかスラブとかケルトとかいろいろ民族集団のいる国のほうがなじみいいでしょうね〜。

チチメカ人とは——これまた定義がむずかしいが——一般的には、テオティワカンが栄えたころにメキシコ北部にいた狩猟採集民であり、テオティワカン滅亡後にメキシコ中央部に現われ、主役に成り代った人々とされている。

チチメカ
トゥーラ
テオティワカン
絵文書のチチメカ人
モンテ・アルバン

のちに出てくるアステカ時代の主要な集団は、皆、チチメカと考えられている。彼らはその出自を誇ったが、その言葉はときに蔑《さげす》みの意味でも使われた。一説には、チチメカは「犬の血族」という意味だとか。

アステカ時代に、北部に残っているチチメカ人が文化度の低い狩猟生活をしていて、暴れ者として名を馳せていたから、そのように思われていたようだが、弓矢をメソアメリカに持ち込んだのはチチメカと見る研究者もいるし、テオティワカンが滅びる前後の時代の立派な都市遺跡が北部チチメカ地域で見つかっているし、そんなにバカにされるような原始的な生活を送っていたわけではない。

それで「トルテカはチチメカの中でもっとも文化的な集団であり、最初にメキシコ中央部にやってきて、テオティワカンの生き残りの人たちと協力し、イダルゴ州のトゥーラ（・シココティトラン）を築いた」という説が浸透した。これはメキシコ人考古学者ヒメーネス・モレーノ氏が1950年代に出した説。

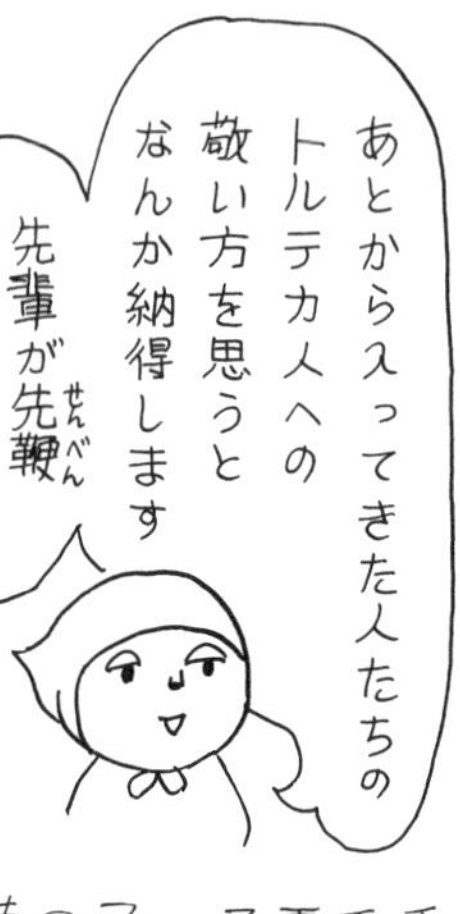
あとから入ってきた人たちのトルテカ人への敬い方を思うとなんか納得します
先輩が先鞭《せんべん》付けてくれたってことで

チチメカの人たちがチチメカ、トルテカの両方を自称し、誇ってることを考えても……。

マア、高貴な血筋じまん（トルテカ）も昔ワルだったじまん（チチメカ）も両方やりたいんだろうね〜。

しかし、それに異を唱える人も少なくない。

日本の考古学者である大井邦明氏は、テオティワカン人の生き残りの人がトゥーラをつくった、としている。テオティワカンの章でも触れたが、その生き残りの人たちというのは、テオティワカンでクーデターを起こした人たち、だそう。

付け足すと、大井氏はトゥーラ遺跡（トゥーラ・シココティトラン）は数あるトゥーラのひとつであり、当時、トゥーラを冠せられた都市すべてが伝説のトゥーラだ、とも言っている。

さらに付け足すと……ってイヤー、こりゃーいつまでも終わらない。大井氏の説の全貌はこんなとこじゃあぜんぜん収まんないです。ご興味ある方は一連の大井氏の本（巻末に紹介してます）をどうぞ。

ちょっと前までは「テオティワカン自体がトゥーラだ」という説もあったし、また「トゥーラなんてなかった」説もある。ただの理想郷を語った話だと……。

ハーもう歴史の再現ってムズカシー！ いくら歴史を記してくれてても結局本当のとこがわからないなんて……。何を信じていいのやら
ふふ

そういやー、ちょっと前のことさえもうわかんないもんね〜。従軍慰安婦のこととか南京大虐殺のこととか証言や情報があふれててもいつまでも藪《やぶ》の中……。本当にこの世に確かなものなどないね

でも「わからないこと」「わからないところ」こそが実際一番楽しかったりしますよね。人々の説にフムーと感じ入ったり、いくらなんでもこじつけだよとツッコんだり、また好き勝手に想像し自分説を編み出したり、といくらでも遊べるすばらしいところ。

ちなみにわたくしが、今思いついたテキトー説。

テスカトリポカはトルテカの神ってことになってるけどトルテカをほとんど滅亡させてるし国の神としてありえない
フン
これはチチメカの神でしょー

トルテカの最後

11世紀か12世紀にトルテカは滅亡した。トゥーラ遺跡の建物には焼け跡もあり、殺された人々の遺体もたくさん見つかっているから、やはり何者かに襲われたのだろう。内乱によるものか、近隣国との戦争なのか、はたまたチチメカ人の侵略か、それはわからない。絵文書にも戦争があったことが書かれている。

トルテカ最後の王は、ケツァルコアトルから数えて6番目の王で、ウエマクという男だった(先の伝承では、娘をヘンタイのテスカトリポカに嫁に出した男となっているが)。トゥーラから逃げ出し、仲間たちとチャペルテペック(現在メキシコ・シティの森林公園)に移り住んだが、敵の来襲を受け、追い詰められ自殺した(もしくは洞窟で矢を射られ、殺された)そうである。

このウエマクの伝承には「手のひら4つ分ある大きなシリを持つ女がタイプだった」という下世話情報★もある。

これだよ これこれ!! なんと有益な情報!
キャー
こういうのあってこそ 血のかよった 人間だったと 実感できるんだよ

またウエマクの時代に飢きんがあったことも伝えられており、それにもおとぎ話っぽい伝承が残っている。

それは……

あるとき、トラロケという小さな雨神(トラロックのミニ版みたいなの)に球技の勝負を挑まれ、それに勝利したウエマクは褒美をもらえることになった。ヒスイかトウモロコシかどっちか選べと言われ、ウエマクはためらいなくヒスイを選ぶ。そのため、トルテカの民は富を得たけど食糧は得られなくなり、飢えたというものです。

そうそう、トゥーラにはトラロック像も多いのですよ
で、いったんトルテカは終わりー
でもまだまだ出るよ

この人もトゥーラ出土

★『メソアメリカ建築』(D・ハイデン、P・ジャンドロ著)より。原典はわかりません。

第7章

ユカタンのマヤ文明

またまたマヤに戻ります
（後古典期　900年〜16世紀前半）

マヤ北部、ユカタンの主役はなんといってもチチェン・イツァー。この章はチチェン・イツァーとそのあとに栄えたマヤパンを中心に紹介していきます
さて主役は中部から北部へ移る。
北部のマヤ王国は何も後古典期に急に成立したのではなーーい!!
はぁ…
中部
南部
ガバッ
先古典期から始まる国もあり、中部でティカルやカラクムルが盛り上がっているときにも、中部と同レベルの規模を持つ国はいくつもあった。これらの国は中部同様、長期暦を記す習慣もあり、石碑も建てられていた。王の名前も刻まれた。

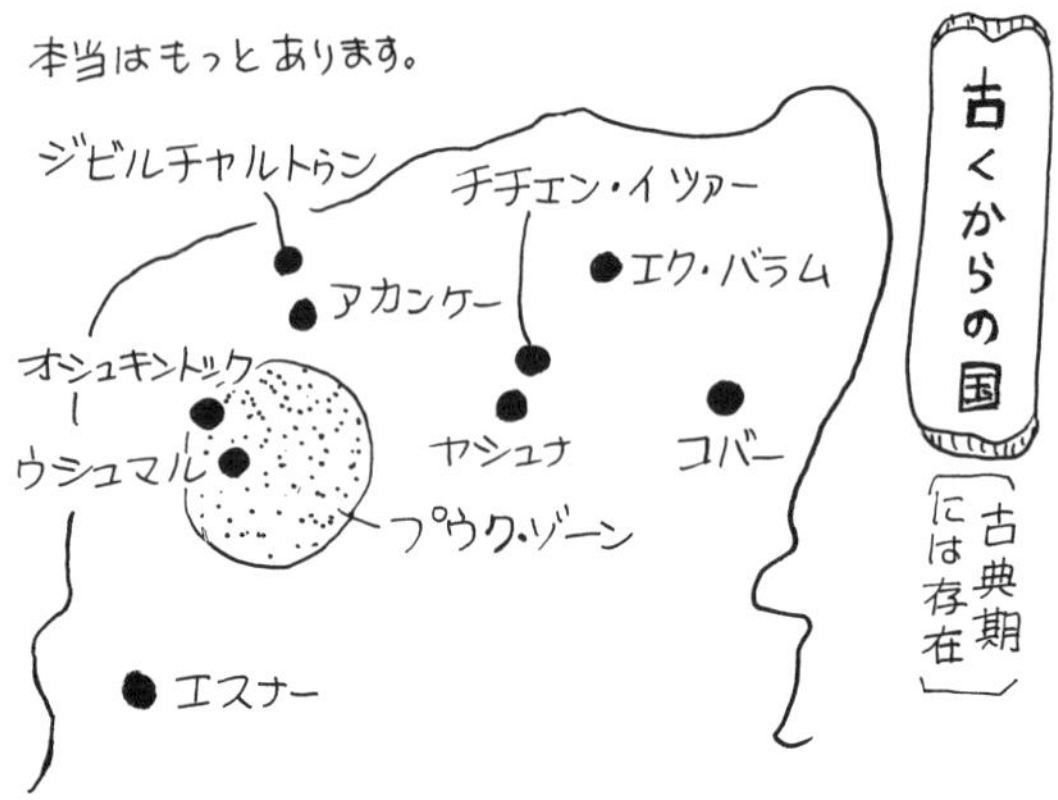

古くからの国
〔古典期には存在〕
本当はもっとあります。
ジビルチャルトゥン
チチェン・イツァー
エク・バラム
アカンケー
オシュキントック
ウシュマル
ヤシュナ
コバー
プウク・ゾーン
エスナー

北部の国も古典期マヤ社会にしっかり参加していたのだ。

中部に比べると影が薄いのは、石碑など文字の付いたモニュメントが圧倒的に少ないからであった。それゆえ歴史の再構成がむずかしく、わかりやすい中部中心に古典期が語られてしまっている。

不本意な話だよ〜

その石碑も10～11世紀ごろを境に建てられなくなり、長期暦も刻まれなくなり、王の権力が薄まったのか、王の肖像もなくなる。古典期にはどこでも見られたこの顔の人がいっさい現われなくなる。「個人」が見えなくなるのだ。

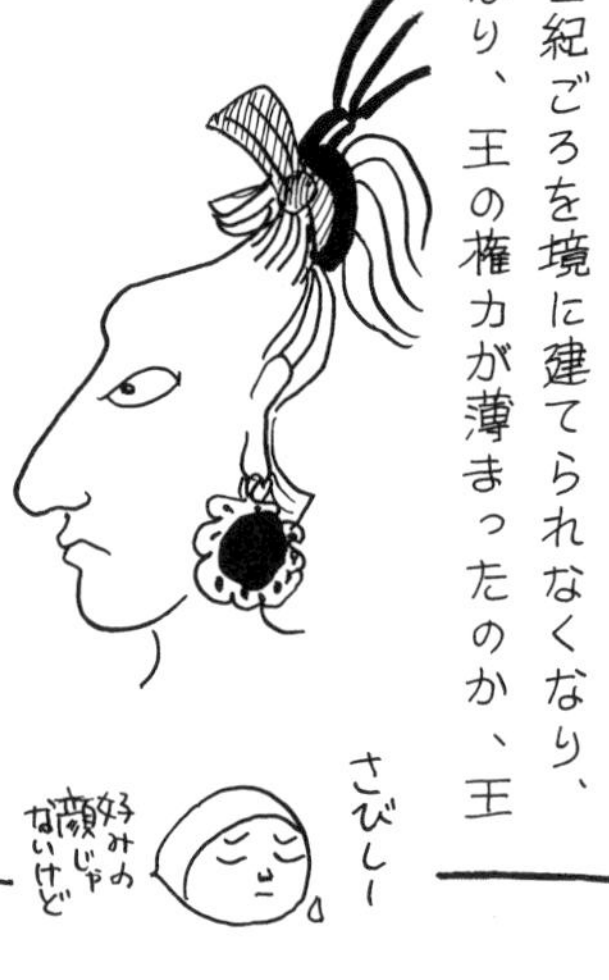

さびしー
好みの顔じゃないけど

トルテカさん いらっしゃい！

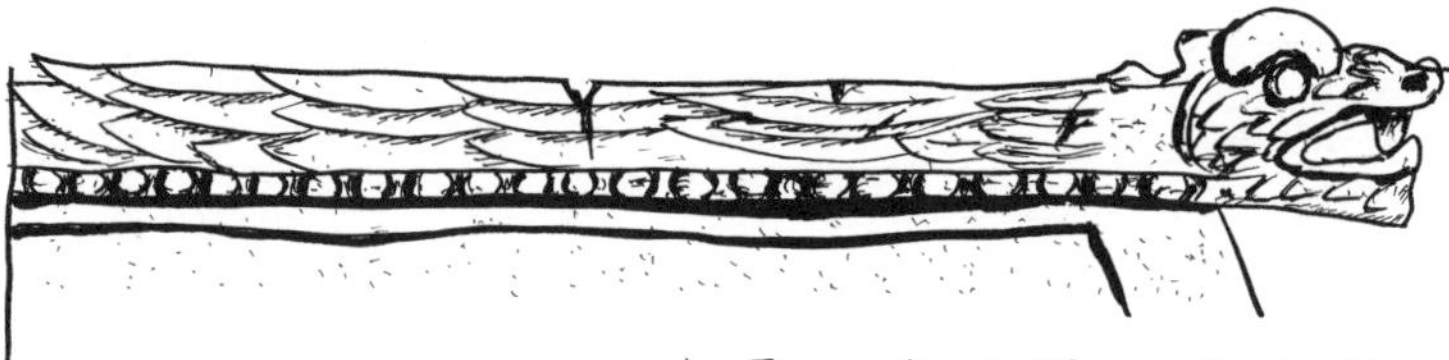

文化は刷新された。古典期マヤ文化は完全に影を潜め、メキシコの新風が吹き込んだ。

まずメキシコ中央部で絶賛売出し中のケツァルコアトルがこの地でも彫られるようになります！ それもかえってパワーアップしてるって感じで、階段の手すりや柱や蛇腹（←↑）にメタモルフォーゼして、バンバカあちこちに作られる。

戦士のレリーフもすごい量が彫られるんだけど、皆さん、メキシコ風の装い。

トゥーラの戦士柱と同じいでたちの人も

プラス、トゥーラと同じモチーフのレリーフがくりかえされる。

羽毛のヘビの口から顔を出す男

お二方とも心臓をお召し上がりに

この方も現われる！

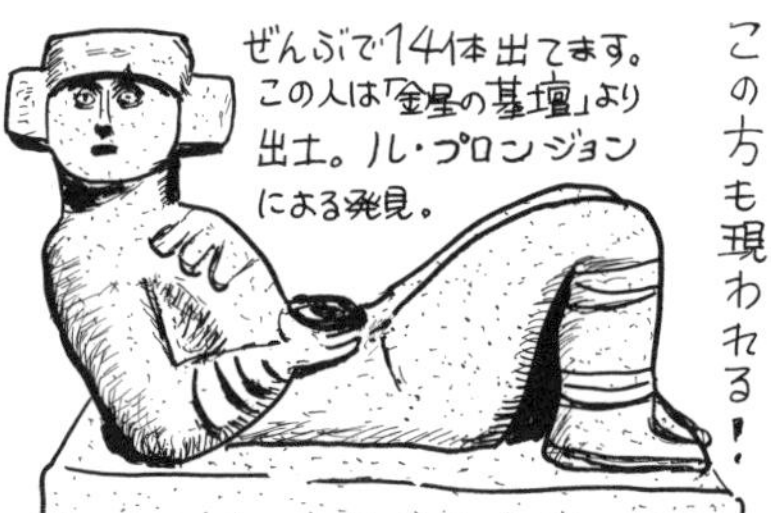

ぜんぶで14体出てます。この人は「金星の基壇」より出土。ル・プロンジョンによる発見。

脱線！ チャクモール一口メモ

この名前は、チチェン・イッツァーからいくつかのチャクモールを発見した19世紀の探検家ル・プロンジョン（この人についてはのちほど）が、マヤ語からもっともらしく作った言葉である。いちおう「赤いジャガー」とか「大きなジャガーの足先」という意味だそう（by ミラー＆タウベ）。実際なんと呼ばれてたのか、もしくはどの神であるのかは、わからない。チチェン・イッツァーやトゥーラ以外にも、マヤ中部のキリグアー、北はミチョアカンのイワツィオ、湾岸はトトナカ地域から出ている。

ツォンパントリ（ナワトル語で「頭がい骨の壁」）も出現！

生けにえの頭がい骨を陳列していた。
ガイコツレリーフが大きな基壇をぐるりと取り囲む。
トゥーラにも多くの頭がい骨が出てきた基壇あり。
この建造物はアステカにも引き継がれていく。

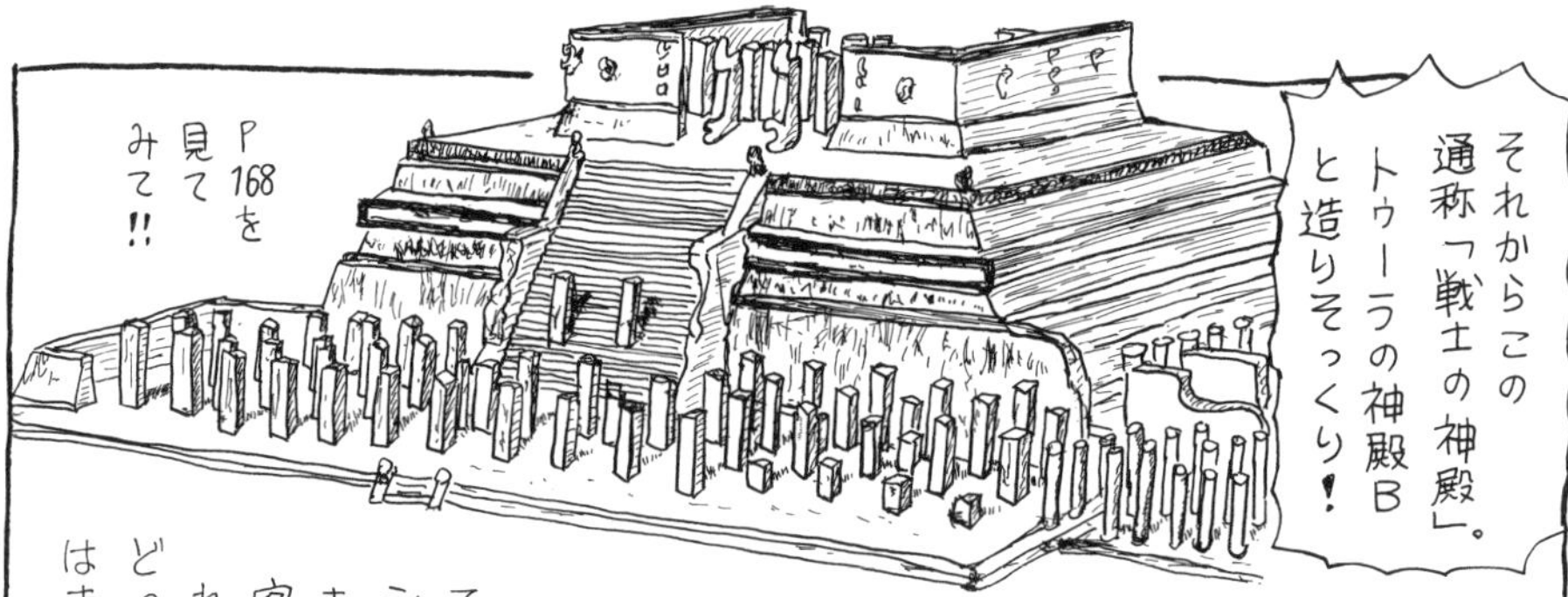

それからこの通称「戦士の神殿」。トゥーラの神殿Bと造りそっくり!

P168を見てみて!!

あとこんなのもあります。

祭壇を支える像（通称アトランテ）

トゥーラからも同じようなもんが出とります←

古典期もテオティワカン文化が入ってきたが、これほどあからさまにメキシコ文化が入ってきた例はない。何度も言ってるように、似てる似てないは客観的判断材料とは言えないけど、それでも2つの遺跡のこれらを見ると、どっちかがどっちかをお手本にしてるのはまちがいないことのように思えます。

さて何が起こったか。長期暦や石碑に記録を刻む習慣がなくなったのだから、こりゃー発掘成果から推し量るしかないのだろーってところだが……。

ご安心あれ!
文書記録というすばらしいものが残っているよ
『チラム・バラムの書』
『ユカタン事物記』宣教師ランダ

文献資料は神話のとこでも出てきた、この2書

ところが、これらもアステカ文献同様、ぜんぜんご安心できないものなんだけどね。込み入った話は後回しにしてと、ランダはマヤ人たちの伝承をもとに「ククルカンという人物が西のほうからやってきて、チチェン・イッツァーを治めた」といったことを書いている。ククルカンとは「ケツアル鳥（＝羽毛の生えた）・ヘビ」の意味で、ケツアルコアトルのマヤ語読み。

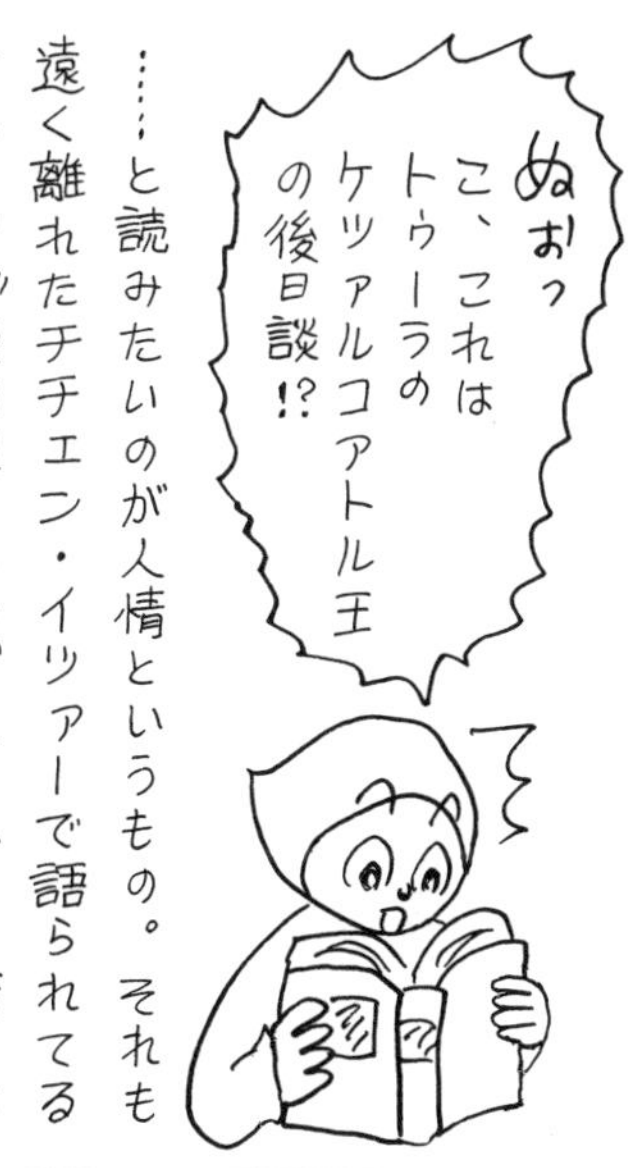
ぬおっ
こ、これは
トゥーラの
ケツァルコアトル王
の後日談!?

……と読みたいのが人情というもの。それも遠く離れたチチエン・イッツァーで語られてるなんて、〝源義経＝チンギス・ハン〟話のようでわくわくする。

ケツァルコアトル王は自殺してなかったんだ
マヤの地に来ていたのだー!
バンザーイ!!

トゥーラを去るときに、ケツァルコアトル王は「トリラン・トラパラン（黒と赤の地）に行く」と言っている。アステカの方位では（イコール、おそらく古《いにしえ》からのメキシコ中央部全体で）、黒は北、赤は東を表わしてるので、王の言葉は「北東に行く」とも取れる。

ところで、これらの証拠にダメ押しするように、「メキシコ側の絵文書では、987年にトゥーラを出発したとあり、一方、マヤ側の文書『チラム・バラムの書』にも、その年代にククルカンがやってきたことが書かれている。どうです、時も整合するんですよ、すごいでしょ」という話がけっこういろんな本に書かれてますが、この件にかんしては、987年という年代は研究者の解釈によって生まれた年代操作のたまものであるので、残念ながら、パズルのビッグ・ピースにはなりえないものであります。

まあ、そんな細かく年代合わせしなくても大丈夫なくらい、トルテカ来訪の証拠は溢れている。出来すぎな話であるが、これがあのケツァルコアトル王の来訪だと信じたい。ここで平穏な余生を送ったのだと。

でもね……

ランダはそのククルカンを「立派な人物で善政を敷いてこの地を整え、メキシコに帰った」って言ってるけど、ちょっとおだやかじゃないものも見受けられる。

あれ!? 帰っちゃったの?

※年代操作については大井邦明氏の一連の著書でくわしく検証されてます。

戦争の証拠か?・
「戦士の神殿」内壁のフレスコ画

←トルテカ人が舟でマヤの町を偵察している場面と考えられている。

上の絵はチチェン・イッツァーが大交易都市だったと仮定されてることから、交易の様子を描いたものという解釈もある(アステカの商人が武装していたことから、この時代もそうだった、という仮説のもと)。
でも同じく「戦士の神殿」のこの図からは完全なる暴力の匂いが。これがあるからやっぱり上の絵も「偵察」と考えてよさそう。

ほかに水上バトルや、捕虜が生けにえにされる場面もあり、ここの壁画は一連の事件の流れを追える興味深いもの。

セノーテから出てきた金の円盤にも同じような場面が描かれている。

トルテカ兵につつかれてるマヤ人か。
でも時代は特定できず。あとの時代の出来事(マヤパンVSチチェン・イッツァー)を表わしたという意見もあり。

またすごい数のトルテカ兵(?)が町に入り込んでの大合戦という壁画↓も通称「ジャガーの神殿(2階)」にあった。

こういったものがすべて、トルテカ軍かどうかの確たる証拠はないが、急激にトルテカ文化が入ってきたことや、一連の暴力の匂いから、ケツァルコアトルとそのご一行さまがチチェン・イッツァーを征服した、という説が挙げられ、それが定説レベルにまでなった。

ところが、チチェン・イッツァーはプウク様式(P152)の建物も多く、トルテカ風の建物といえど、たとえば「戦士の神殿」の上部にはプウク特有の巻き鼻マスクが付いている。

細かすぎてわかりづらいのでやめようとも思ったけど、どんなもんか知りたい方のためにいちおう図をば。

とても大きなオールカラーのフレスコ画(今はかなり消失)。壁画は前ページのと同じく、家の略奪&連行シーンが続く。

『The Ancient Maya』S.G.Morley, G.W.Brainerd著 Stanford University Press, 1956より、一部を拡大。


トルテカ文化のほうがどギツく目立つが、両者の文化は同じくらいの比率でひとつの建物に現われ、なかよく共存している。土器も、同じ層にトルテカ風のものとマヤのがいっしょにあるそうだ。

マヤ文化が一時的にせよ駆逐され、トルテカ文化一色になったことはなかった。ゆえに、チチェン・イッツァーはトルテカと交流し文化を取り入れただけで、征服などなかった、という見方が強まった。

それでも「征服はあった派」に言わせれば、「マヤ文化が堂々と残っているのは、征服者トルテカのマヤ人民への懐柔策」となる。

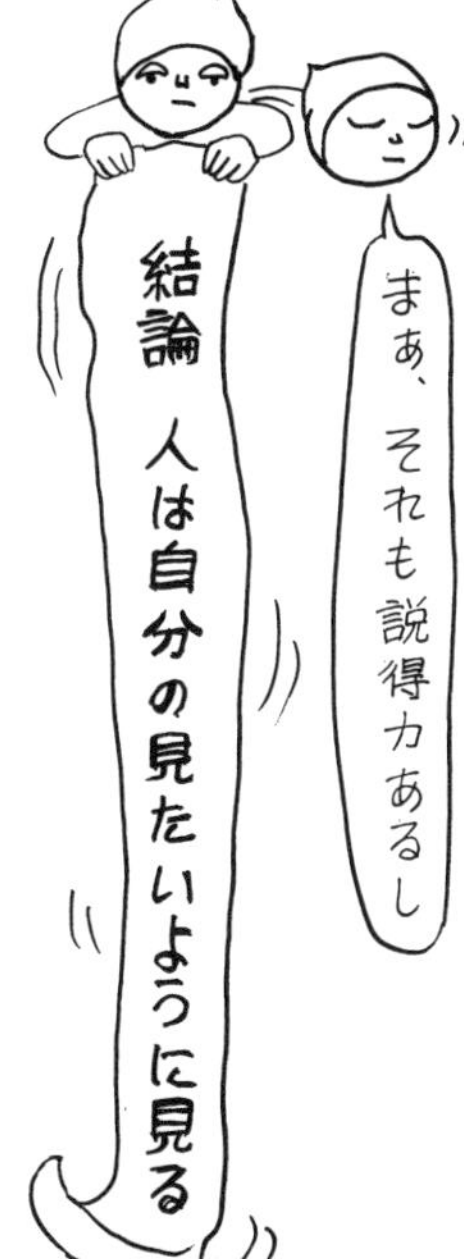
まあ、それも説得力あるし
結論 人は自分の見たいように見る

そのほか、トゥーラの建物やレリーフよりチチェン・イッツァーのそれらのほうがずっと洗練されてることから、チチェン・イッツァーが最初にありきで逆にトゥーラに影響を与えた、という意見もあります。

考古学とは

脱線にもほどがあるんだけど、『ナショナル・ジオグラフィック』でこんな一文を見つけてしまったもんで……。

あるカナダ人の考古学者がこう言った。

「考古学は人文的な学問分野で、厳密な科学ではない。すべて解釈次第なんです」

放射性炭素による年代測定など、考古学は部分的には自然科学を土台にしている。だが、考古学上の「事実」は常に限られたサンプルに基づいて、研究者たちが一致して認めたものにすぎないのだ。

（『ナショナル・ジオグラフィック』2000年12月号）
ほんの少し省略してます。

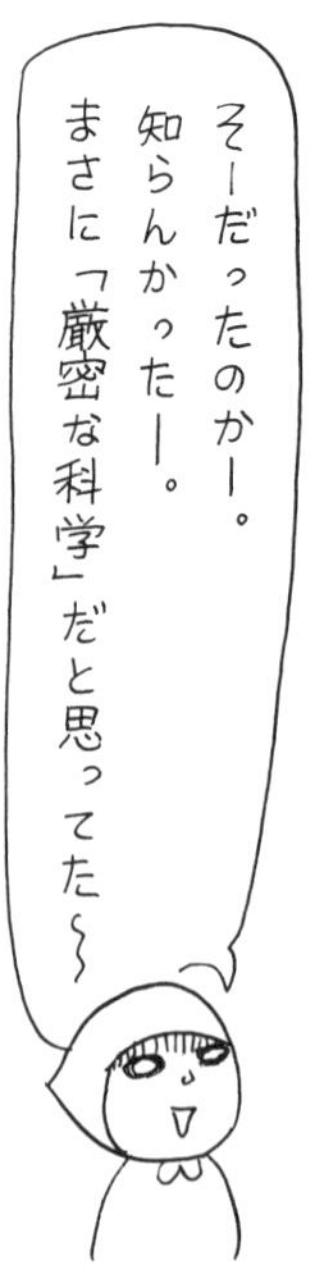
そーだったのかー。
知らんかったー。
まさに「厳密な科学」だと思ってた〜

いやー、かなりおどろきました。そして、この身もフタもない一文でいろんなことが氷解したような気がいたします。

イツァー

プウク様式の建物に刻まれた長期暦の碑文から、9世紀後半に「カックパカル（『火の楯』の意味）」という王がいたことがわかっている。

またひとつの碑文に3人の名前が書かれているのも確認されているが、それはつぎのランダの言葉を裏付けるようだ。

西のほうから来た慎み深い3兄弟がチチェン・イツァーを治めた。

西のほうっつーのが気になるね

そのうちの1人が死んだか、あるいは立ち去ったあと、残りの2人は堕落し、人民に殺された。

と、考古学的に確認できそうな人物についての考証はここまでで、このあとのことは、またまたランダの本や『チラム・バラムの書』に頼るしかない。

それらによると、チチェン・イツァーはイツァー人と深く深くかかわっていて、ほぼ運命をともにしていることが書かれてある。

なんだ今度はイツァーって

で、またこのイツァー人ってのが、出自がよくわからない人たち。先住のマヤ人からは「よそ者」「ペテン師」などと呼ばれていて、招かれざる新参者なのは確か。何人かの研究者は、イツァーをプトゥン・マヤ人の中の1グループと見ている。

またプトゥン!?
困ったときのプトゥン頼みー♪

そのほか「いや、イツァーこそ、中部マヤの崩壊から逃げてきたマヤ人だ」という説を挙げてる人もいる。というのも、(古典期マヤの崩壊のところでも書いたが)いろいろな書にチラチラと、南から人々の流れがあったことが書かれているからである。

でもイツァーには「父のない人、母のない人」というあだ名もあって、これはイツァーが「人間は50歳以上になると悪魔になる」と信じているために父母を殺す、という寒ざむしい習慣からきているのだが、古典期の中部マヤ人にとって、長生きはそれだけで尊敬、羨望の対象であり、どうにも当てはまらない。

まぁ誰にせよ、そのイツァー人とやらは『チラム・バラムの書』によると苦しい放浪の旅を経て、チチェン・イツァーの土地を発見したという。

イツァー人の予想放浪図

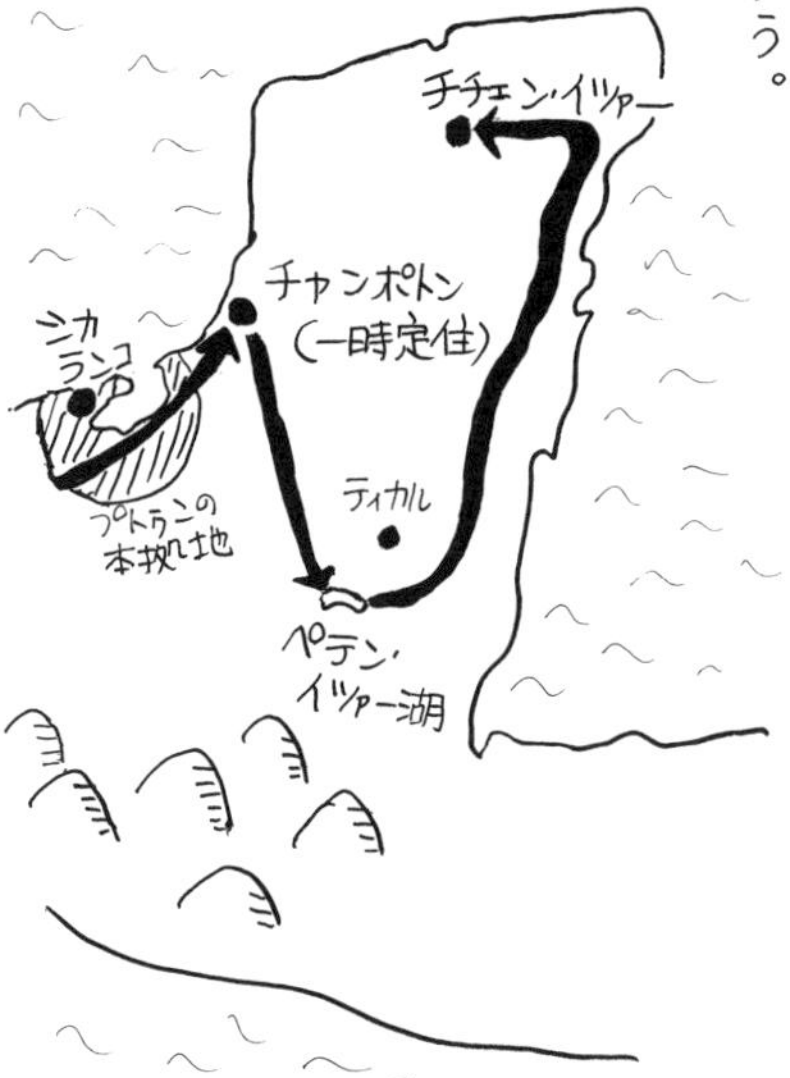
チチェン・イツァー
チャンポトン
(一時定住)
シカランコ
プトゥンの本拠地
ティカル
ペテン・イツァー湖

おそらく大きなセノーテがあることで、定住を決めたであろうその土地を、「イツァーの泉の口」を意味するチチェン・イツァーと名づけた。

それまではウウキル・アブナル(7つの藪《やぶ》)という名だったよ

聖なるセノーテ

ユカタン半島北部には、地下水が湧き出る丸いポッカリ穴がポコポコあり、それらはセノーテと呼ばれている（マヤ語での「ツォノット」のスペインなまり）。川も湖もないこの地では唯一の水場であるので、セノーテを中心に町が築かれた。

　セノーテの中でもとくに名高いのが、チチェン・イッツァーの「聖なるセノーテ」。後700年ごろより、儀式の場として利用され始め、しだいに遠隔地からも多くの巡礼者を呼び寄せるようになる。チチェン・イッツァーが放棄されたあとも、巡礼者が途絶えることはなかった。

水底に雨神チャークが住むと信じられた

　ここにはチャークへの雨乞いにと、多くの宝が投げ込まれた。その中には交易品なのか、オアハカやメキシコ中央部で作られたものや、遠くパナマやコスタリカの金製品まであった（金といっても大部分は合金）。

――そして多くの人間も突き落とされた。ゆえにここは「生けにえのセノーテ」とも呼ばれる。

　いちおう、チャークからのメッセージを持ってこさせるためという名目があった。当然多くの者がムダに死んだが（水面まで22mもある）、からくも死を免れ戻ってくる者もいたそうだ。スペイン人が入ってきた16世紀以降にもこの行事は続けられた。

　生けにえには若い処女が投げ入れられた、という伝説がまことしやかに伝わっていたので、20世紀初め、それを確かめようと冒険心あふれるアメリカの領事トンプソンが、マヤ人たちの強い反対をはねのけ、水深12mの潜水を試みた。これにより21人の子供、13人の成人男子、8人の女の遺体（皆20歳以上）が見つかり、伝説とはちょっとちがい、女はそんなに若年でもなく、しかも子供が一番多いということが判明した。

伝説としては若い処女のほうが、絵になるよなー。悲劇性も高まるし、ある種のロマンすら漂うもの
子供じゃそれ飛び越えてシャレにならんし

トンプソンさんはこの発見の栄誉は担ったものの、当時の潜水道具はお粗末なものだったので、聴力を失ってしまった。

もともとトンプソンさんは古代文明に魅せられていた男であり、領事職を得たのも、現地でナマの古代に触れながら、研究したいがためだった。じっくり調べるために、チチェン・イッツァー周辺の土地を買い取ったほど情熱のある方なのだが（現在、マヤランドというホテルがあるところがその一部）、功績に見合わず、どうにも不運な人のようで（というより、リスクをまったく考えない猪突猛進な行動力ゆえに失敗が多かった、ってとこなんだろうが）その様子をアダムソンさんという人は、このように書いている。

いけにえの泉に飛び込んだ時に鼓膜が破れ「ジャングル熱」（悪性のマラリア）の発作を繰り返した結果若禿《は》げになり、毒針を仕込んだマヤ独得のわなでびっこになった。おまけに足の指は落ちてきた銅像のために潰れた。終始潜水を繰り返しているので、両手がふくれ、ひび割れた。（一部省略してます）

（『マヤ文明』デイヴィッド・アダムソン著）

って、どんだけ人をみじめにさせてんだか。
しかも若禿げは余計だろうに

さりげなくこの単語を滑り込ませてるアダムソンさんのライトな悪意にゾクゾクします。

その後もトンプソンさんは、チチェン・イッツァーの家が火事に遭い、さんざん苦労して集めた発掘品や貴重な文献がぜんぶ燃えてしまったり、発掘品の権利のことなどで政府ともめて、メキシコでの財産をぜんぶ没収されたりと、踏んだり蹴ったりな目に遭い続けた。

セノーテの調査はその後も続けられ、今のところ、127体の遺体が見つかっている。なんと79パーセントは3歳から11歳くらいの子供たちが占めていた。それに大きく差をつけられ、つぎに多かったのが成人男子の骨。女はすごーく少ないとのこと。

それらの遺体の中には頭がボコボコに陥没していたり、鼻の骨が折れたものもあったそう。

落ちたときの衝撃なのか
落とす前にやられたのか

セノーテはなんなのか、どのようにできたのか、ということにもいろいろ説がある。
その中でも、6500万年前に落ちた隕石によってできたっていう説が、今一番アツいっ!!
って前からだよ~
セノーテは独立してるものもあるが、地下水でつながっているものも多い。かなり深いところでは海水が流れ込んでるところもある。それらのセノーテは規則的に半円形に並んでいる。
隕石落下地点 恐竜もこれで滅ぼされたという
メリダ
きれいに円を描く
こっち側のセノーテは不規則
そこからつぎのような展開が想像された。
まず隕石が落ち
クレーターができる。
穴にサンゴが集まり、それが死んでやがて石灰岩になる。
土が堆積し草木も生える
それから長年の雨による浸食で、やわらかい石灰岩は内側から溶け出し、地下水脈ができる。
石灰岩
水脈
さらに地表で石灰岩が崩れ、ぽこりぽこりと穴が開きだした。
それがセノーテになった、と。
石灰岩

さて、イツァー人の話の続き。
ランダによると「イツァー人はククルカンと同時期にチチェン・イツァーに居て、支配者の仲間入りを果たした」ということになっている。続けて「イツァー人がククルカンより前に来たのか、あとに来たのか、一緒に来たのかは、マヤ人の間でも意見が分かれる」とも書いている。

ランダの記述から察せられるのは、ともかくチチェン・イツァーに複数の集団が群がった、ということ。

そんなに一つ所に人気が集中するかね
しかも支配者層として共存できるものかね

しかし、トルテカなんてまったく来てなくて、イツァーのみが来ていた、と考える人もいる。

この説の人は、「イツァー人は（プトゥンの一派で、マヤとメキシコの境界線に住んでいたので）トルテカ文化の影響を受けていて、それをチチェン・イツァーに持ち込んだ」と考えている。ランダの言うククルカン王も伝説の王の名にあやかったイツァーの王としている。

でもイツァー人がいたと思われる湾岸のプトゥン・マヤ地域にはトルテカ系の文化跡は見つかっていない（まぁ、プトゥン人自体の遺跡もないけど）。

ハーもう堂々巡り。
このほかククルカン王は、トルテカからの人とイツァーの人の2人いた、とか細かい説はウジャウジャありますが、キリがないのでつぎに行きます。

マヤパン建国

イツァー人は、チチェン・イツァー経営だけでは飽き足らず、チチェン・イツァーを手本に新たな都市マヤパンを作る。

チチェンのまんまコピーのピラミッドを造る。

200年もストップしていた石碑を復活させる。でも文字を彫らず塗料で書いたので消え、何を書いたかわからない。

ここに字を書いた

ちなみにランダはこのように。

ククルカン王がマヤパンを作った

しばらくチチェン・イツァーとマヤパンの2都市は共存していた。が、マヤパンで、ココム家というイツァー人の中でも古い家系を誇る金持ちが、王位を握ってからおかしなことに。

ここで、ココム家をイツァーの一員としてますが、この辺よくわかりません。そのように紹介してる書物（でも、どうもお茶を濁すような書き方で）がわりと多いので、それに倣《なら》いました。同じイツァーなのか、土着のマヤ人なのか、新たな集団なのか。ただ「ココム家」と名乗る人たちであったことは確かです。この辺の集団関係もむずかしい。イツァーも「イツァー人」ではなく「イツァー家」とファミリーネームにしてる研究者もいるし……。

ランダの本でもマヤ人の書でも、ココム家は、手段を選ばない野心家一族として描かれている。

アステカ圏から傭兵を雇い、その武力でユカタン北部の国々をおびやかし、すべての国を支配下に置いた。それから、それぞれの王とその家族をマヤパンの城内に詰め込み人質状態にして、各国に朝貢を強いた（これがマヤパンの収入源）。

ジビルチャルトゥン
イサマル
マヤパン
チチェン・イツァー
コバー
マヤパンの牛耳り範囲

マヤパンは一人勝ちしたいからか、チチェン・イツァーを潰しにかかる。

マヤパン王フナック・ケエルは、チチェン・イツァーの王を言葉巧みにそそのかし、イサマルの王の嫁を強奪するように仕向けた。その計略にまんまと乗り、言われるままに行動したチチェン・イツァーはユカタン中の国から総スカンを食らい、結局、国を捨てて、ユカタンから逃げ出した。

なんつーか
他愛もない……

フナック・ケエル

名前からの
私の勝手な
イメージ

もともと王の使いっぱしりだったが、チチェン・イツァーのセノーテに飛び込んで生還したことから、人民の尊敬を集め、王になったという男。

※フナック・ケエルこそがマヤパンを創設した初代マヤパン王で、自分の出身家系であるココム家を栄華に導いた、と見る人もいます。

ユカタンを離れたイツァー人は、ほうほうの体《てい》で先祖たちがたどった道をそのまま戻り、以前一度定住した湖のほとりの小さな島にその身を落ち着ける。

チチェン・イツァー
ペテン・イツァー湖
タヤサル

このあとマヤパンもまた捨てられシウ家、そしてココム家の生き残りと住民は、それぞれ新しい土地に移り住む。

マヤパン
マヤパンの人々はリトウタに
シウ家はマニに

一方、マヤパンでは、人民がココム家の暴政に耐えられなくなっていた。★シウ家の王が先導して反乱を起こし、商用で出かけていた王子1人を除いて、ココムの王族を全員殺害した。

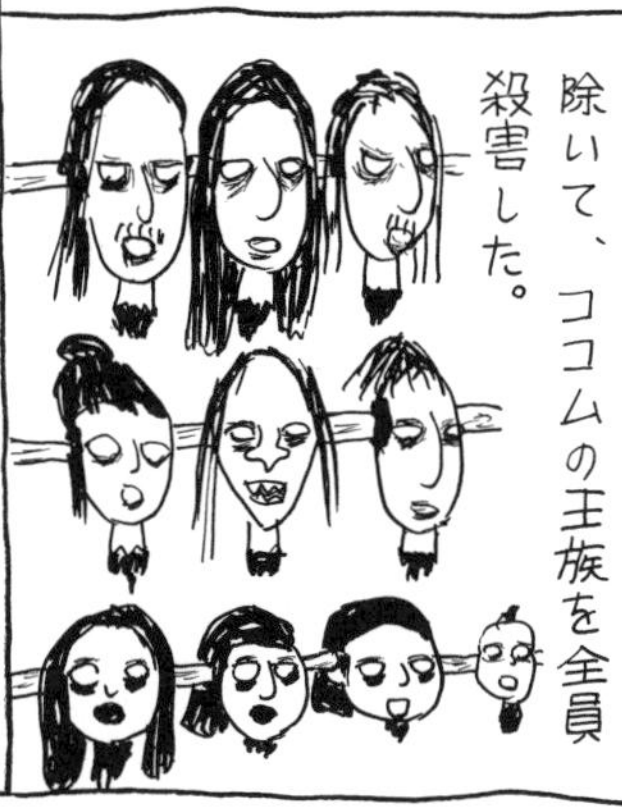

ちなみに、だいぶあとではあるものの、スペイン征服時代、ココム家はシウ家に復讐を果たす。宴にシウ家を招き、そこでかってされたように1人を除いた全員を殺した。助かった1人も目を潰された。

——というのが『チラム・バラムの書』とランダの書をもとに再構成した歴史である。

マヤパン崩壊後は、ユカタンは16の小国に分かれ、スペイン人が来るまで小競り合いをくりかえした。

ところでここまでに年代を書かなかったのは、この『チラム・バラムの書』にある年代は幾通りもの解釈ができるからだ。

惜い短期暦

後古典期で長期暦が消えてしまったことは前述したが、正確に言えば、かなり短くなってしまったものの長期暦はあった。

古典期の長期暦は13バクトゥン
＝約5200年で一巡。

後古典期の長期暦は13カトゥン
＝約256年で一巡。

一般的に短期暦と呼ばれるので
ここからは短期暦と呼びます。

★シウ家　これまたいつのころからか、西からか南からか来た方たち。

短期暦で歴史は記録されてるものの、事象はすべてカトゥン（約20年）単位で記されている。このカトゥンのとき何々があった、このカトゥンではこうだった、って具合に。だから20年のうちのどの年か、という細かいことはわからない。

その20年ごとの呼び名は、260日暦の最終日の名前で呼ばれるので、つねにすべてアハウ（20の日の最後の名）が付く。第一番目のカトゥンの名は「カトゥン11アハウ」といい、つぎの20年は「カトゥン9アハウ」、そのつぎの20年は「カトゥン7アハウ」と2ずつ下がり、「カトゥン1アハウ」までいくと、つぎに「カトゥン12アハウ」となり、同じように2ずつ下がり、「カトゥン2アハウ」へいくと、最後のカトゥン「カトゥン13アハウ」に。それから最初のカトゥン「カトゥン11アハウ」がまためぐってきて、つぎのラウンド（約256年）をくりかえすというわけだ。

そんな暦であるからして、「カトゥン4アハウに何々があった」と言われても、それがどの年代か特定できない。

スペイン占領時代も含む後古典期以降のマヤ人は、揺るぎない運命観を持っていて、このカトゥンにはつねにこういうことが起こる、イコール、歴史は256年ごとに同じことが何度もくりかえされる、と信じていた。

「カトゥン8アハウ」はつねに「大いなる変革が起こるとき」だった。

そのとき、イツアー人に何が起こったかというと

カトゥン8アハウ
チチエン・イツアーを捨てた

カトゥン8アハウ
チャカンプトゥン（現チャンポトン）を捨てた

カトゥン8アハウ
フナック・ケエルの戯言《ざれごと》により、
チチエン・イツアーの彼らの家をまた捨てた

カトゥン8アハウ
マヤパンは見捨てられ、破壊された

というもので「カトゥン8アハウ」でつねに自分たちの土地を捨てていた。

ちょっと脱線する話だけど、このことから古典期の崩壊も、こういったマヤ人特有の運命論からの都市放棄だったんじゃないか、とも考えられた。

約256年ごとにくりかえされるカトゥン8アハウは「1441〜1461年」「1185〜1204年」「928〜948年」「672〜692年」……の中のどれかであるが、ここでおそらく一番確実っぽいのはランダの記述や、考古学的な見地からわかるマヤパンの滅亡年代で、それは「1441〜1461年」のカトゥン8アハウである（マヤパンには文献どおり破壊跡も残る）。

それ以外は、どこに何を当てはめるかは研究者の個々の解釈による。

たとえば年代記の記述をそのまま順当に当てはめて、チチェン・イッツァーの始まりを5世紀（415〜435年）に持ってくる人もいれば、「チチェン・イッツァーをまた捨てた」の「また」を「二度もふつう来ない」と無視して、うしろの時代に年代を合わせる人、イッツァーがチチェン・イッツァーを捨てたカトゥンをマヤパン崩壊と同じカトゥンと見る人、などさまざま。

ハァ……

何しろこの『チラム・バラムの書』は暦のことは抜きにしても難解である。言い回し自体が呪文のようだし、主語がいつの間にか入れ替わっていたり、また書によって年代に矛盾があったり、マヤ語があまりにもむずかしくて訳者によっても内容が変わってくるしで……。

さらにめんどくさいのが、シウ家とウシュマルとのかかわり。

シウは西にある故郷を、カトゥン8アハウに捨て、放浪し、ウシュマルに着き、その地を200年支配したということになっている。また、マヤパン、チチェン・イッツァーとで3国同盟を結んだとされる。

しかし発掘調査から、ウシュマルは11〜12世紀ごろにはすでに捨てられていたことがわかっていて、マヤパンの全盛期とは時代が大きく異なり、3国同盟はありえない。

シウはスペイン人が来たときもマニに住んでいたしココム家を滅ぼした首謀者であるのはまちがいないのだろうが、ウシュマルとのかかわりは不確定。

ちなみに建物の碑文と石碑から、ウシュマルにはチャークという王が9世紀終わりから10世紀初めにかけて君臨したことがわかっている。

まとめると
後古典期のユカタンは
トルテカ人が来たかもしんなくて、
イッツァー人がいろいろがんばってた
ってところですよね〜
また面倒になったね

後古典期の南部マヤ

後古典期はユカタンだけじゃなく、南部にも西側からの移民があった。

南部の2大勢力
『ポポル・ヴフ』を書いたキチェー人
首都ウタトラン
キチェーのライバル
カクチケル人
首都イシムチェ
マヤ
この部分の話
このほか、もともとのマヤ人オリジナル国も含めたくさんの小国あり。

キチェー人だけでなく、カクチケル人もトゥーラから来たと自称し、それが真実かどうかはさておき、この2集団はとにかくどこからかやってきて、古くから住んでいたマヤ人を武力によってねじ伏せ、支配した。

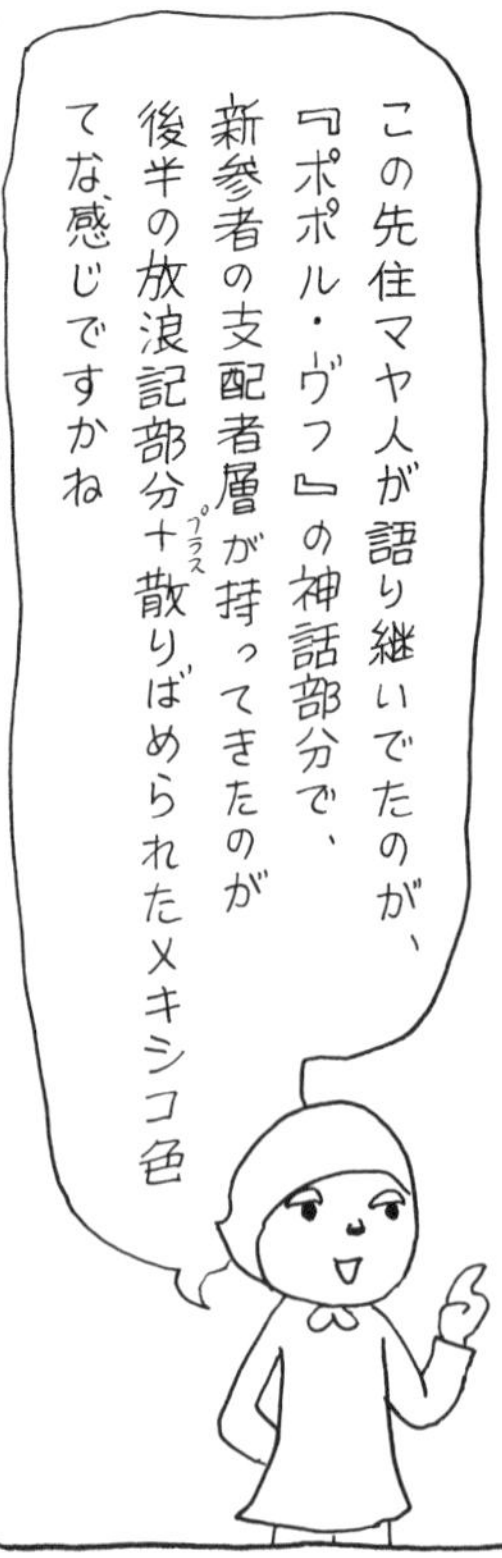
この先住マヤ人が語り継いでたのが、『ポポル・ヴフ』の神話部分で、新参者の支配者層が持ってきたのが後半の放浪記部分＋《プラス》散りばめられたメキシコ色てな感じですかね

身分のちがいをきびしく分けたものの、支配者層はすぐマヤ文化になじみ、言語も文化もマヤに同化した。

……と、これはあくまでもわりとまかりとおってる仮説で、支配者層が本当に外来の人なのかはわからない。

南部に入ってきた新しい神殿様式は、2つ神殿を並ばせたもの。

キチェー&カクチケル人がマヤ南部に来た時期もよくわからない。トルテカ崩壊後すぐ、という説から、14世紀ごろ、という説までいろいろあるが、この2連神殿がメキシコ側で流行した時期を考えると、13〜14世紀くらいの遅い年代に来た、という説がピタリとはまる。

ランダ・プレゼンツ

マヤ人の生活

スペインによる統治ホヤホヤのときからユカタン入りしてた宣教師ランダが、マヤ人の生活っぷりを紹介してます。

わたくしほどマヤ人を愛し慈しみを与え布教をがんばった者はおらんでしょう
この本では何度もその名の出てるランダさん

まず、マヤ人は寄り目を美としていた。マヤ人の**おしゃれ**から。

小さいうちから前髪に結び付けた小さな球を見つめさせて寄り目が作られた。

これは太陽神キニチに倣《なら》って、といわれます。でもそもそも、なんで太陽神を寄り目にしたのか。最初に寄り目が美しいっていうのがあったからなのか……。どっちが先かわからない問題です。

大発見

まず『ポポル・ヴフ』のこの一文。

こんな不細工な顔つきで、大きな目をもち、しかもこの貧乏たらしい格好をしていては、恥かしいのが、あたりまえではございませんか。

『マヤ神話 ポポル・ヴフ』林屋永吉訳 一部略してます。

目といえば、古代マヤ人は大きな目を醜いと思ってたふしがあります。

本当イラっとくる顔だ〜

プラス、いろんなとこに書かれたマヤ人の肖像は男も女も誰一人、クリッとした目の人はいない。

ってまぁ、それほど小さくないけど三白眼で、ジェームズ・ウッズ、故三浦洋一みたいな凶眼

ねーーっ!
どうです、深い考察のもとでワタクシが成し遂げたこの新発見は!?
根拠薄すぎるうえにたいしたことない話だね〜

また扁平な頭も美！
生後4～5日目から頭に矯正器具が取り付けられる。
アゴヒゲはNG!!
ヒゲが生えてくることのないように、これも子供のうちから皮ふを焼かれた。
ジュッ
やっぱトウモロコシへの愛？
物を運ぶのにも便利だよ
そのかわりかどうか、どの男も、女のように髪を伸ばす。
鏡は男の持ち物。女は持たない
それからマヤ人はイレズミが大好き。
イレズミで体を埋めれば埋めるほど根性ある男とされた。
ピアスももちろん
この辺はヤンキー魂だね
女も男同様、イレズミやピアスを入れた。
胸は育児のため入れませんけど
化粧というものはない。
さらに歯をギザギザに削っていた。
これが優美とされたのだ。
とにかく改造に次ぐ改造、整形バンザイ、自然派とは無縁の方々です

続けてマヤ女性の魅力について。
もーーーとにかく マヤの女は ウツクシーーー!! スペインの女なんか 足もとにも及ばない!
外見の美しさ だけじゃなく 性質も スバラシー のだーーっ
彼女らはつつしみ深く、男を見つめたり笑いかけたりすることは許されていない。
男が道を通れば
サッ
娘は背を向けて道を譲る。
男に上目使いをしようものなら、母親が娘の目にゴマをすり込む。
女たちのなぐさみはハナグマだ。ペットとして大変にかわいがられた。いつも犬のようにご主人のうしろをついてまわる。
ホント癒サレルネー
アア…… おそろしいことも 語らねば……
生けにえのこと
マヤ人は何か悪いことーー干ばつ、疫病、争いなどーーが起きると、神々が怒ってると恐れおののき、供物や自分の財産を捧げたり、動物を殺しその心臓を差し出したり、また自らの血を捧げた。
頬や舌やペニスや、あらゆるところに穴を開け、ときには体の一部を切り取るなどする。
集団の血の儀式もあって、それは、
男らが広場に集まりペニスに穴を開けそれらをヒモでつないでひとつになるというもの。
ナーンセンス!!

鳥を生けにえにするように、しごく気軽に人間も生けにえにした。

生けにえは男女を問わない。奴隷だったり、ときには神への献身を表わすために自分の子供を差し出す親もいる。

たとえばこんな弓を使う儀式がある。

一同踊り狂いながら生けにえになる者を柱に縛りつける。

神官が犠牲者の股間を矢でぶっ刺し
ズザッ
その血を偶像に塗りつける。

ひどすぎる
合図が下されると皆がつぎつぎと犠牲者の心臓めがけて矢を放つ。

（アステカにもこの儀式があります）

悪魔め〜

死にかんして
上のようなことがあるものの、マヤ人はけっして死を軽んじてはいない。死を重く見て、また極度に恐れていた。凶事さえなければ、彼らも生けにえなんぞやっていないのだ。それが証拠に誰かが死ぬと、これでもかとあらん限りの嘆き方をする。何日も何日も泣き叫ぶ。

マヤ人の大いなる悲しみの声に私も胸が痛くなる。

死んだ者は家の床下に埋められる。

たいてい、これでこの家は捨てられ新しい家に移るのだが、気にしない人たちならば、そのままふつうに生活する。

ここら辺もアステカもいっしょ。

偉い人が死ぬとまたちょっと変わってくる。

ココム家の王が死んだときは、頭部をまず切り、肉を取り去り、骨だけにした。さらに後頭部を切り離し、顔だけになったガイコツに瀝青《れきせい》などを塗りつけ肉づけし、生前の顔とそっくりにして、家の祭壇に祀《まつ》った。

気風のこと
マヤ人はたいへん社交を大事にし、義理を尊ぶ人たちである。

気前のいいことこのうえなく、自分たちが何日もかけて築き上げてきた収入を、ひと晩で使い果たすような盛大な宴を開く。そのとき招待された者は、かならず同じ規模の宴を開いて、招き返さなければならない。

もし相手の宴に行ったあと、自分の番の宴を開けずあの世へ行ってしまったら、その家族がお金を払いに行くほどだ。

それにマヤ人はどんなときでも贈り物を欠かさない。人の家に行くのに手ぶらはありえない。迎えたほうも贈り物をする。

またどんなときも食事が出されないときはない！

もし家に食べ物がなければ、近隣の家に借りてでも客をもてなす。

じーん
くるる
外でたまたま出会った場合も、何かしら相手に差し出す。

自分のものがほとんどなくなっても相手のためによろこんでなんでも差し出すのだ。

どーです、マヤ人のすばらしさ
そして私がどれほどマヤ人の生活に入り込み、仲良くしていたかわかってもらえましたか

ランダのおかげで
マヤ人のリアルライフが！

ここで紹介したマヤ人の暮らしぶりはランダの書いたもののほんの一部。現存してる書物で、これほど詳細にレポートされてるものはありません。

石碑や絵文書は、歴史や神さまのことなどは教えてくれますが、市民生活なんぞにはノータッチ。スペイン占領時代の、この評判の悪い男の手によって初めて、血肉の通《かよ》った人間としての、活《い》き活《い》きしたマヤ人の生活が浮かび上がってきたのです。

この本のマヤ人の生活はスペイン占領下のものですが、実際ここに書かれたこと——頭部や歯の変形、生けにえ制度などなど——が古代にもあったことがわかっているし、習慣などは案外変わってないかと思われます。

シリーズ
やらかしちまった人々
2人目

宣教師ランダ

（1524～1579年）

スペイン人によるユカタン征服直後、1549年にスペインから派遣される。キリスト教布教へのあまりの情熱から、自分たちの神々をなかなか捨てないマヤ人に対して、異端審問を強行したことでも有名（1562年、マニにて）。

スペイン流のおそろしい拷問を受けたのは4549人。

ムチ打ちを受けた者6330人

死んだ者157人

またこのときマヤ人の像や絵文書を徹底的に焼きつくした。

ランダのやりすぎは、ほかの神父たちの不興も買い、本国スペインでランダの審問会が開かれることとなった(1565年)。その結果が出るのに4年かかるのだが、その悶々とした状況でランダが執筆したのが『ユカタン事物記』である。これを、裁判のための自己弁護として書かれたものと見る人もいるが、実際に読むと、スペイン兵の残虐さに心から怒り、心からマヤ人に同情し、また、心から敬ってたように思える。

ランダさん
悪い人じゃなさそう……
ってだまされてるよ!
青木晴夫氏のこの含蓄ある
問いかけを聞くがいい

学者の中には、ランダの行為そのものをも肯定し、『ユカタン事物記』の貢献を大きく買って、とくにマヤ文字の解読には、エジプト象形文字解読の鍵となった、ロゼッタ石にも比べられるほど重要で、多くの人が批判するランダのマヤ宗教弾圧も、当時の考え方を反映しているに過ぎないという者もある。はたしてそうであろうか。(中略)

ここでは、読者に一つの質問を提出するだけで、これ以上ランダの功罪に触れることをやめよう。その質問とは、もしマヤと同じように、十六世紀の日本にスペインからカトリック僧が来て宣教を始め、キリスト教から旧来の宗教に再転向する日本人六〇〇〇余名を笞刑にし、四〇〇〇余名を拷問にかけ、その結果年間一五〇余名の死者を出し、異教の本だからと当時の日本にあった書籍の九〇パーセントを焼きすて、そのかわり日本の文学、宗教、暦法、社会、習慣などについて、ただ一冊の本を書き残したとする。われわれは、この人物の行為は単に当時の考え方を反映してるに過ぎないと容認し、『万葉集』や『源氏物語』は焼きすてられたけれども、一冊の『日本事物記』を残してくれたことに感謝すべきなのか、という質問である。

(「中略」以外にも少々略してます『マヤ文明の謎』講談社)

ランダは裁判で潔白と判断され、またユカタンに司教として返り咲き、死ぬまでメリダで布教した。

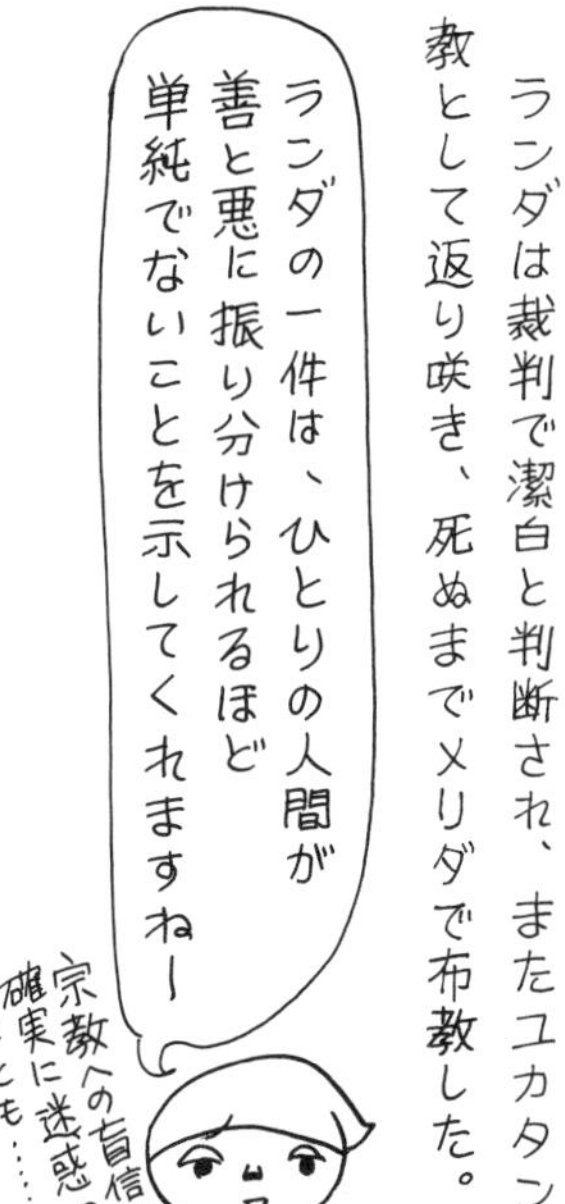
ランダの一件は、ひとりの人間が善と悪に振り分けられるほど単純でないことを示してくれますね〜
宗教への盲信は確実に迷惑ってことも……

続けてライトにこの人も

シリーズ やらかしちまった人々 3人目

ル・プロンジョン

オーギュスト・ル・プロンジョン
探検家
(1826~1908年)

チャクモールの命名者であるこの方も、ブラッスール同様、アトランティスに魅入られた男。

ル・プロンジョンは「マヤ人はムー(=アトランティスのマヤ語読み)の滅亡を逃れてきた末裔で、のちにエジプトに渡り文明を築いた」というブラッスールの設定を受け継いだうえで、さらにディテールを膨らませた。

ル・プロンジョンが、マヤの壁画やレリーフ、絵文書を読み解いたところ、「ウシュマルとチチエン・イツァーの王女モーが、マヤの植民地であるエジプトに渡り、そこで女王イシスとなり、エジプト文明の基礎を築いた。スフィンクスを作ったのも王女モーでうんぬんかんぬん」といった話が描かれていたんだそう……。

ル・プロンジョンのこじつけ度はブラッスールをも遥かにしのいでいた。

たとえば、チャクモールはエジプトとユカタン双方の地で活躍した王子の像と考えた。しかもその形は南北アメリカ大陸を表わしたものだそうだ。チチエン・イツァーの柱にあった植物の根の付着跡はル・プロンジョンに言わせれば電線であり、マヤ人はすでに電気通信技術を持っていたことの証明だ。

そのほか、数え切れないほどの説を唱えるだけ唱えてル・プロンジョンさんは往生されました。

メートル法はマヤが作った、
マヤ語の3分の1はギリシア語
キリストは十字架上でマヤ語をしゃべった

この方はチチェンのツォンパントリから出土

マヤ文明の担い手としては、アトランティス人説以外にも、古くは「イスラエルの失われた部族」が、現在はもちろん宇宙人、超古代人の方々もレギュラー席に居《お》られます。

第8章

アステカ文明

メソアメリカ最後の
ド派手大物文明
（1325〜1521年）

またメキシコ側に戻ります

トゥーラ滅亡後はチチメカの時代となる。
チチメカがトゥーラを滅ぼしたのか、はたまたトゥーラが滅亡しグダグダになってるところにただ割り込んだだけなのか、経緯は永遠に謎だがとにかくメキシコ中央部の覇者となった。

メキシコ盆地の湖の周りには古くから存続する国に加えていくつもの新しい都市国家が勃興した。

湖の周りだけじゃなく全体に新しい王国が作られた。

13世紀ごろのメキシコ盆地
シャルトカン湖
シャルトカン
（テオティワカン）
テナユカ
テスココ湖
テスココ
アスカポツァルコ
テオティワカンの避難民を受け入れたといわれる老舗国
クルワカン
ショチミルコ湖
チャルコ湖
シコ
このほか無数の小国家があります。
この部分の拡大図が右図
センポアラ
トラスカラ
ウエショツィンコ

再びのチチメカ解説

いちおう「チチメカは総長ショロトルに率いられて、メキシコにやってきた」という絵文書もあります。そこでは、すでに破壊されたトゥーラを目撃したことが書いてあり、それだけ読むとトゥーラ滅亡後に来たと思えますが……。

めんどくさいことに、チチメカという名も不明瞭でスッキリしないもののひとつ。メキシコ中央部にやってきた北方民族を大ざっぱにひとくくりにしたチチメカのほかに、狭義の意味のチチメカもいます。

このように……。

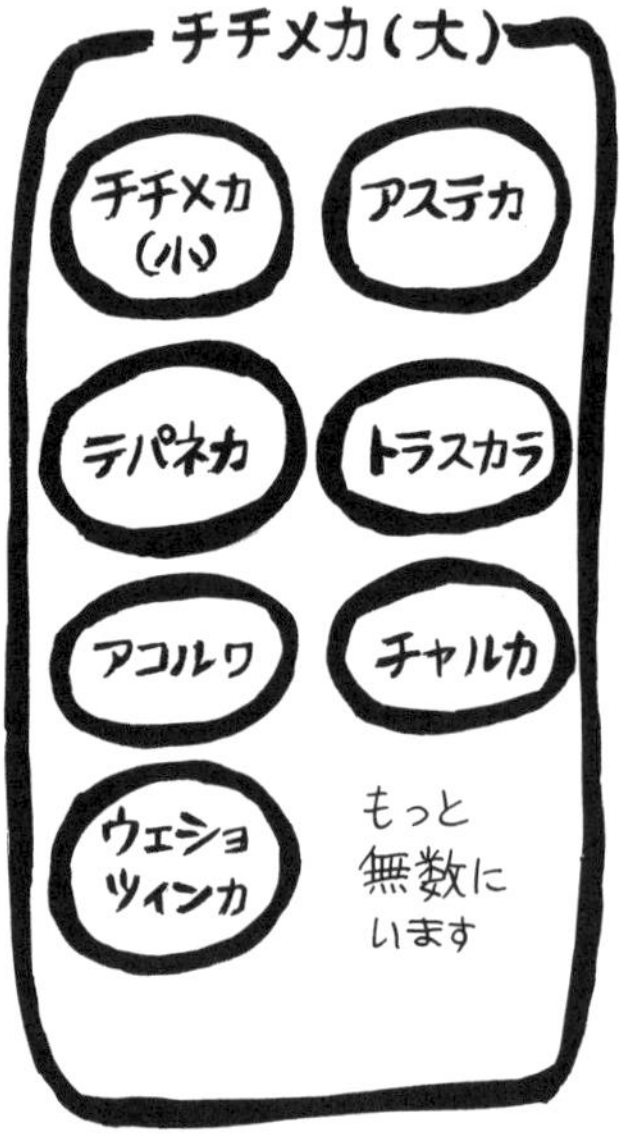

チチメカ（大）
チチメカ（小）
アステカ
テパネカ
トラスカラ
アコルワ
チャルカ
ウェショツィンカ
もっと無数にいます

ショロトルが総長だったチチメカというのは、小さいチチメカのことのようです。

前述したように、これらの国ほぼぜんぶがトルテカ人の末裔を自称していた。トルテカ人も絶滅したわけじゃないだろうから、避難したトルテカ人を受け入れた国や、またトルテカ人だけでつくった国もあるかもしれないが、我も我もと自称するから、本当のことが隠されてしまった。

　これらの国のうち、チチメカが来る前からあった老舗国のクルワカンとアスカポツァルコの2国が、ほかの国々を大きく引き離して栄えていた。

クルワカンは周りの国々もトルテカを引き継いでると認め、一目置かれていた国で

アスカポツァルコは圧倒的軍事力を持つ富める国だった。

アステカ参上！

放浪の民

北部でくすぶっていたアステカ人もようやく腰を上げてメキシコ中央部にやってくる。アステカ人も大ざっぱな意味でのチチメカの一派。後12世紀半ばより移動を開始し、仲間たちに遅れて後13世紀にメキシコ中央部入り。

そのアステカ人が申告する旅はこのようなものである。
（『ボトゥリーニ絵文書』『巡歴絵巻』を中心に）

アステカ人は湖に浮かぶアストラン（「鷺《さぎ》の地」の意味）と呼ばれる島に住んでいた。

7つ神殿があった島
アストラン

かと思うと

アステカ人はチコモストク（「7つの洞窟」の意味）からほかの仲間とともに出現した、というのもあり。

『トルテカ・チチメカ史』（絵文書）より。
かなり略してます。

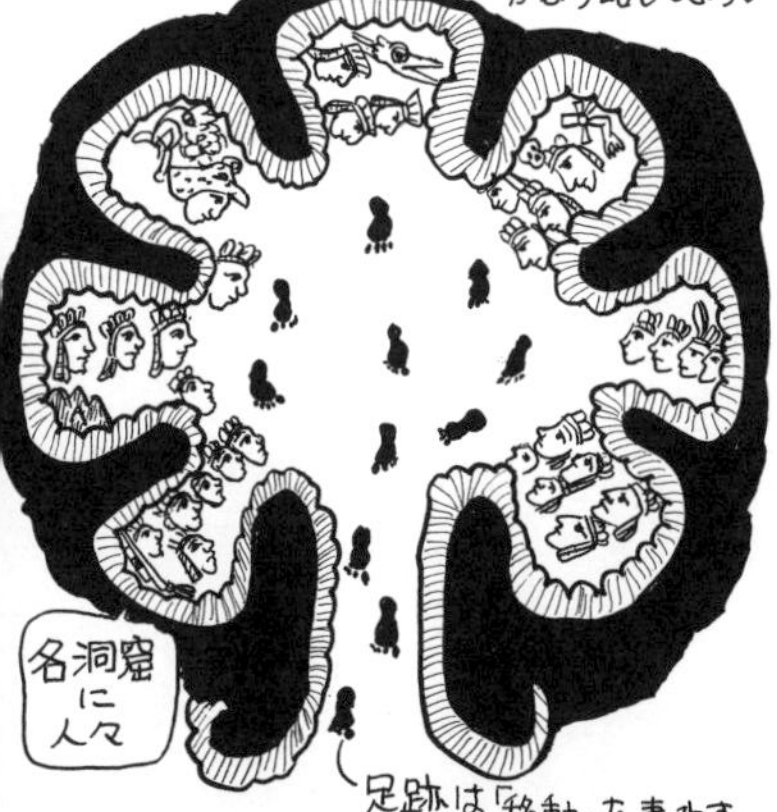
名洞窟に人々
足跡は「移動」を表わす

なんだかんだとアトランティスの話題出す本だね〜

アステカの名の由来は、この伝説の地アストランからきている。

アステカは「アストランの人」の意味だよ

アストランがどこにあったかはわからず。いくつか候補が挙がっている。メキシコ北部はともかく、さらにはもっと上の米国南部（ニューメキシコ州やアリゾナ州など）と見る人もいる。実際にあった場所ではなく、架空の場所とする人もいる。

アストランはその名の響きもあって、数あるアトランティス候補のひとつでもある。

さて、アステカは、自分たちの神ウィツィロポチトリの導きで新天地を求め、旅をすることになった。

託宣を告げるウィツィロポチトリ

背負われるウィツィロポチトリ

途中で会った8つの集団もアステカについてきた。

巫女
3人の神官

アステカのリーダーたち

これは絵文書によって、7集団になったり名称もちがったりする。

マトラツィンカ
テパネカ
チチメカ
マリナルカ
クイトラワカ
ショチミルカ
チャルカ
ウエショツィンカ

←これらの人々はこのころ、とっくにメキシコ中央部に来ていた。アステカは自分たちが後陣と思われたくないから、ウソをついているのだ。

集団は途中で一つ、二つと離れていく。
たとえばパックアロ湖に来たとき、一部の人たちがうれしさのあまり湖に入った。
キャッキャッ
ところが服を盗まれてしまい
あっ
ハダカでいるよりほかなくなったが、
皆にバカにされたので
みっともない！
たもとを分かつことにし、その地に留まることに。
行っちゃえバーカ!!
あんな奴らと同じ言葉でしゃべりたくない
と言葉まで変えてしまった。
これが今もミチョアカンに住むタラスコ人のルーツ。

またあまりにも横暴な女呪術師のマリナルショチトルは寝ているスキに置いてかれた。
そろ〜
マリナルショチトルは部下を引き連れて
ある丘の上に定住を決めた。これがマリナルコという土地の始まり。
くっそー
もともとマトラツィンカ人の土地。15世紀末にアステカに征服された。マリナルショチトルはウィツィロポチトリの妹なんだとか。

タラスコ人（プレペチャ人とも）

伝説ではこんなのどかーーっていうか、唐変木《とうへんぼく》な理由ーーで、アステカ一門を抜けたことになっているが、実際は、メキシコ中央部とはかなり異なる文化を確立していた。土器や衣装も、南米の文化との類似を指摘されている。言語もペルーのケチュア語と似てるという研究者もいる。

ここのほとんどの人が、アステカをはじめメキシコ中央部の人が話すナワトル語を話すが、全体の1割にあたる支配層はタラスコ語を話す。その辺ひとつ取っても謎めいている。

タラスコ王国
メキシコ中央部
南米から来た可能性もあるって！

アステカは、ウィツィロポチトリの導きに従い、8つの部族を先に進ませ、ゆっくり進んでいった。

道中、ウィツィロポチトリが

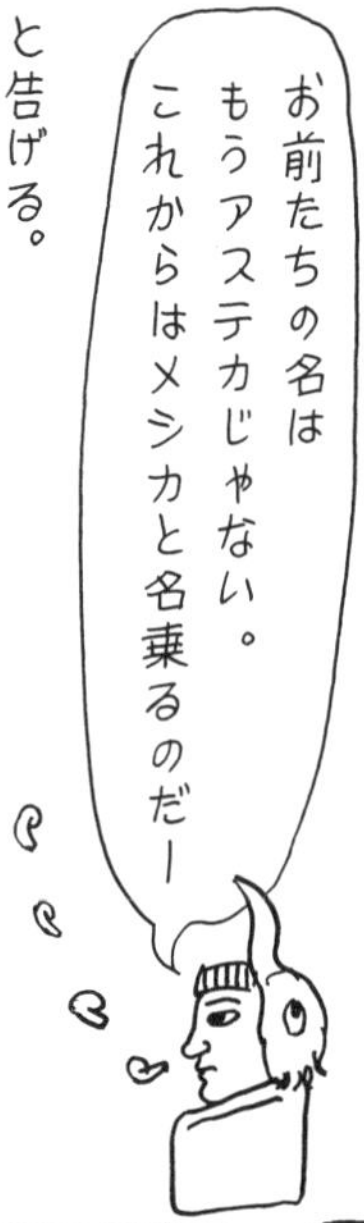
お前たちの名は
もうアステカじゃない。
これからはメシカと名乗るのだー

と告げる。

このときよりこの人たちはアステカの名を捨て、メシカとなった。

このメシカがスペインなまりの現在の国名メヒコ（英語読みでメキシコ）となります。

メシカの意味ははっきりしておらず、「月のヘソ（真ん中）」とする説や、「ウィツィロポチトリの別名がメシトリなので、メシトリの民＝メシカとなった」説などいろいろ出ています。

ということで、ここから「メシカ、メシカ人」と呼ぶのがスジなのでしょうが、もうずっと「アステカ」として覚えてしまってるし、今さらしかたないってことで、「アステカ、アステカ人」で通します。

アステカの名

スペイン人が来たときも、ずーーっとメシカでやってきて国名にさえなったのに、現在はまた幼名とも言うべきアステカの名に戻されてしまった。19世紀にひとりの学者がそう呼び始めたことから、世間に浸透してしまったそうである。

「チチメカ」にも
似たようなことが
起こったに
ちがいないね

今や、アステカの名は大きな意味でも使われる。14〜16世紀を「アステカ時代」、その間のメキシコ中央部すべての文化を総称して「アステカ文化」と呼ぶ。さらに、メキシコ中央部にいたいろんな集団の人たちをまとめて「アステカ人」と呼ぶ人もいる。だからアステカという言葉もチチメカ同様、大きなひとかたまりを表わす言葉でもあり、メシカをピンポイントで表わす言葉でもあり、これまた我々の頭を混乱させるのである。

ったく、ただでさえ慣れない
カタカナ名前の連打で
こっちはツライっちゅうのに……
？
それにしても
ウィツィロ
ポチトリは
なんで改名を
せまったんだ？

ついにアステカはメキシコ盆地にたどり着いた。
が、住むのにいい場所は
当然とっくに占有されていて、
どこにも国を築けなかった。
居候させてもらうしかなかったが、毎度やっか
い者扱いされ、追い出されるというパターンが続く。
すでに洗練された生活を
送っているチチメカの先
輩たちには、アステカは
ダサい田舎者の異分子で
しかなかった。「誰も顔
を知らない人々」と呼ば
れ、ならず者扱いされ、
なめられ、出て行けと戦
争まで仕掛けられた。
アステカは、トルテカの血を引いていることで尊
敬を集めているクルワカン王国の王に
お願いです。住まわせてください。なんでもやりますから。
うわー来ちゃったよ嫌われ者。
でも気が荒いらしーから断るとめんどーなことになりそうだし……
クルワカン王は考えたあげく
毒ヘビがウジャウジャいる
岩だらけのティサパン
（現在の大学都市辺り）
という荒野をあてがった。
フフフ
死んでよね〜♡
ところがアステカは
うわ〜ごちそうだー♡
毒ヘビを食べつくしてしまった。
あわわ
ヤベーこいつら！かかわりたくねー

このあとも
王からだ。神殿用の供物に使え
わ〜うれしー
でも
あっ
それが汚物だったり
また、クルワカンの傭兵として戦争に出陣するときも、武器を貸してもらえないなど、
ほかの国のヘルパー
ピカーッ
アステカ
ぼろ〜ん
あからさまなイジメを受けたものの、アステカはイジケることもなく、持ち前の粗暴さを戦争で有効活用。どんどん武功を立てていく。
しかし、こっちのルールにはなかなか慣れず。
捕虜を連れてくるところを削《そ》いだ耳の袋を出し、クルワカンの人々をドン引きさせたりもした。
見て〜！こんなにやっつけましたよ
そんな野蛮一直線のアステカも周りに影響され、じょじょに文化的な生活になじんできた。戦争の功績のおかげで信用も得、クルワカン人の嫁までもらい、安定した生活が続いた。
このころは自分たちを「クルワ・メシカ」と呼んでいた。
クルワカン人と懇意になれて幸せだね〜
ところが……。
世話になってるクルワカン王に恩を返さないと

それでクルワカン王に
あなたの娘の美を我々の祭りで輝かせたい
と、ウィツィロポチトリの花嫁役として、娘を借り受けた。
さて、お祭り当日、薄暗がりの中、クルワカン王のための舞が披露される
目を凝らすと
あれ 娘?
ってえーっ
踊り手の衣装はなんと娘の皮!!
ギャー
当然、王は激怒!! 攻めてきたのでアステカは逃げた。
なんで!? 皆さんのお祭りをそのままやっただけなのに
アステカまた失敗。
旅の終わり、ついに自分たちの国
行き場を失ったアステカは湖で生活。
そんなある日神官がこんな夢を。
サボテンの上でヘビを食べてるワシがいる。そここそがお前たちの土地であるー
そのあと、湖に浮かぶ小島にまさにその光景が。
当然そこに建国することに。
この構図はメキシコの国旗にも描かれてるよ!

★アステカを率いたリーダーの名がテノチトリだったということもある。

そこは、サボテンの岩の場所＝"テノチティトラン"と呼ばれるようになった。★

小さな祠《ほこら》を建てウィツィロポチトリ神の像を納めた。

ということで、1325年（か1345年）、ついにアステカは自分たちの国を持つに至った。

前向きなアステカは、湖の浅瀬を泥や石で埋め、小さな島の土地を拡げていく。

こういう、湖に浮かんで見える小分けされたミニ菜園（チナンパと呼ばれる）もたくさん作った。

断面図
柵で囲った区画に湖の底の泥（養分たっぷり）や落ち葉を詰め込んだもの。
水
補強のヤナギ

男は捕り、

魚捕り放題
わりといいとこかも

女たちはそれを他国の市場に売りに行き

皆一丸となって、国づくりに励んだ。

誰も住むなんて思いつかないようなところであったが、住めば都であり、実際ベストな場所だった。勢力ある国々に近く、行き来が楽なうえ、いざそれらを敵に回しても湖が天然の要塞となって守ってくれるのだ。

街作りはさらに進む。そのうちアステカは2派に分かれ、島の北に新しくトラテロルコという都市も建設し、独立した2都市が並び立つこととなった。

対外的には、このとき押しも押されぬ大国となっていたアスカポツァルコの子分国となり、命ぜられるままに戦に出陣し貢ぎ物を差し出すことで、国際社会の仲間入りを果たした。

アスカポツァルコ 国
トラコパン（タクバ） 国
トラテロルコ
テノチティトラン
国 チャペルテペック
コヨアカン国
クルワカン

建国し、30年経ったときにリーダーだったテノチトリが死んだ。
我々も ほかの国のように 王をもうけよう
話し合いの結果、自分たちからは出さずにクルワカンの王族から迎え入れることにした。
えっ、なんで!?
しかもあんな 砂かけるよーなこと しといて
アステカはこの地でどれほどトルテカの血が大事にされているか、誇りにされているかを目のあたりにして、認められるには高貴な血が不可欠と考えた。そこで、トルテカの血を引くとされるクルワカンの人間を王にすることにしたのだ。
怒ってたクルワカンを なだめるにも ちょうどいいのだ
血を尊ぶ なんて 1ミリも 理解できん けどなー
都合のいいことに、アステカがクルワカンにいたときに王族との間にできた子がいた★。クルワカンの王は政治的に判断したのか、その申し出を受ける。
こうして初代王アカマピチトリが誕生した。
この子はクルワカン、アステカだけではなく テスココ王家の血も 引いていて 血筋の上では万全だった。
これでも バカにされない
自信をつけたアステカはさらに前進。強国アスカポツァルコも婚姻政策で懐柔する。
これで安泰かと思われたが、そのアスカポツァルコは新王の時代になると路線を変え、調子に乗ってるアステカを一気に潰してしまおうと、全面降伏を迫ってきた。
このときアステカ4代目の王イッコアトルはアスカポツァルコに楯突くことを選択。

★諸説あります。

テスココと協力体制を整え、アスカポツァルコに宣戦布告すると、アスカポツァルコに苦汁をなめさせられていた国もつぎつぎ参戦してきた。

　これらのイジメられっ子集団の総攻撃によって、強国アスカポツァルコはついに敗れる（1428年）。

　アスカポツァルコが崩れ去ったことで、アステカ天下の扉が開かれた。

　アスカポツァルコ征伐で心をひとつにしたテスココ、トラコパン（現タクバ）と3国同盟を結び、アスカポツァルコの支配域を3国がそのまま受け継ぐことにした（これがいわゆる〝アステカ王国〟というものです）。

　このときのリーダーは、テスココの賢王ネサワルコヨトルだった。

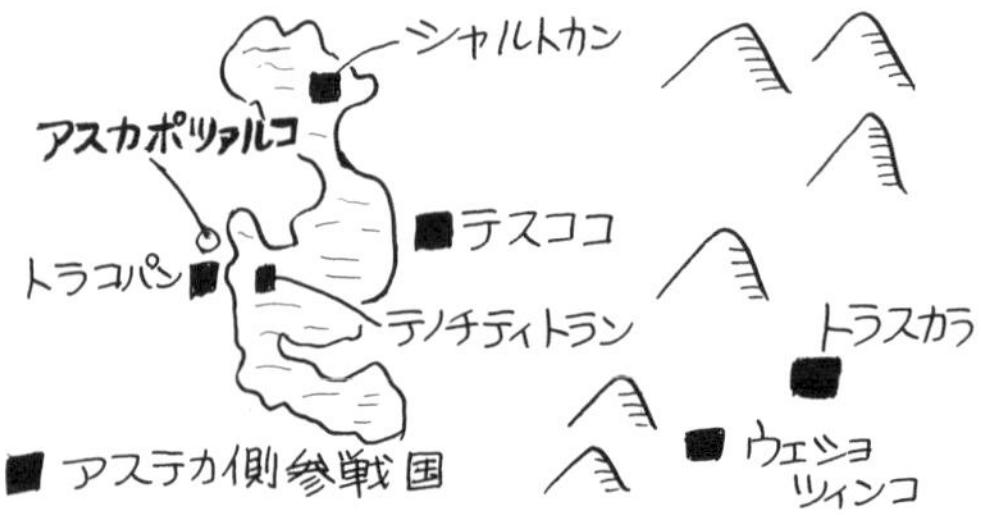
シャルトカン
アスカポツァルコ
テスココ
トラコパン
テノチティトラン
トラスカラ
ウェショツィンコ
アステカ側参戦国

ネサワルコヨトル

　人望に優れ、戦《いくさ》では武勇の誉れ高く、学芸に秀で、自らも美しい詩を作り、と何しろ「マン・オブ・ザ・完璧」のネサワルコヨトルさんは、メキシコの歴史上人物で一番の人気者。日本で言うなら、坂本龍馬の人気っぷりに匹敵する。

　人気のゆえんは、まず、チチメカ（小）をメキシコ中央部に率いてきた総長ショロトル直系の子孫というロイヤルな血筋、それから艱難辛苦《かんなんしんく》の果てに王に返り咲く、という王道の英雄ストーリーを地でいってることにある。

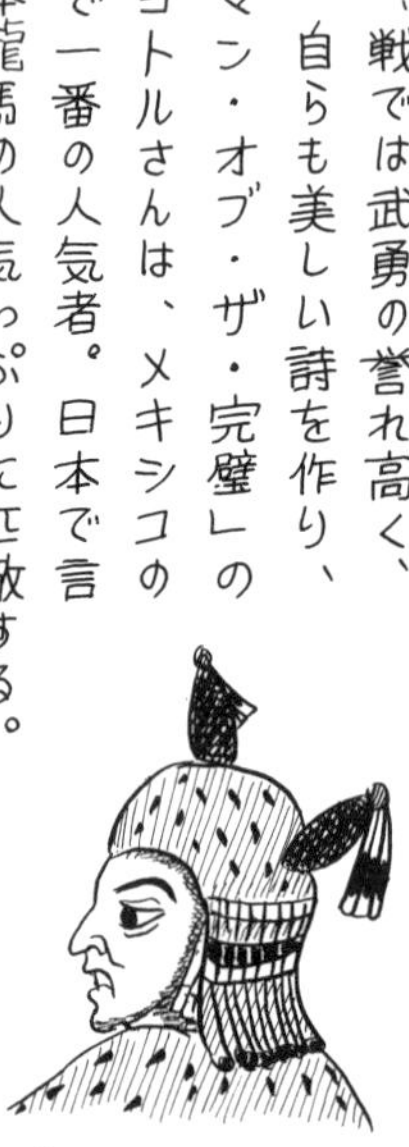
名は〝飢えたコヨーテ〟の意味。
（1402〜1472年）

ネサワルコヨトルの艱難《かんなん》

幼少のころ戦《いくさ》で負けた父がアスカポツァルコ軍の手に落ち、殺害されるのを見てしまう。

その後、各地を転々と逃げ回る、落ち着くことのない青年期を経て、ようやくテスココに戻り、王位を取り返すも、アスカポツァルコから命を狙われ、亡命を余儀なくされた、などなど。

苦労人ゆえ弱者の気持ちがわかる男であった。

3国同盟が征服した国を分け合ったとき、地方の支配者はその座を奪われたが、ネサワルコヨトルは自分の取り分の国の支配者をすべて復権させた。ほどなくして、アステカとトラコパンもこれに倣《なら》った。

寛大さをもって対処すべき。不必要な恨みを買わずにすむ

ネサワルコヨトルのスマートなところは、強硬に提案を主張したり相手に異を唱えるようなことはせず、おのれがそれをまずやってみて、それが一番いいやり方だと相手に納得させ真似させるという方法を取るところである。

義侠心も厚かった。テスココ湖は塩湖であるため、増水が起こるたびにテノチティトランの畑がダメになったので、塩水が入ってこないように堤防(全長16km)を造ってあげた。

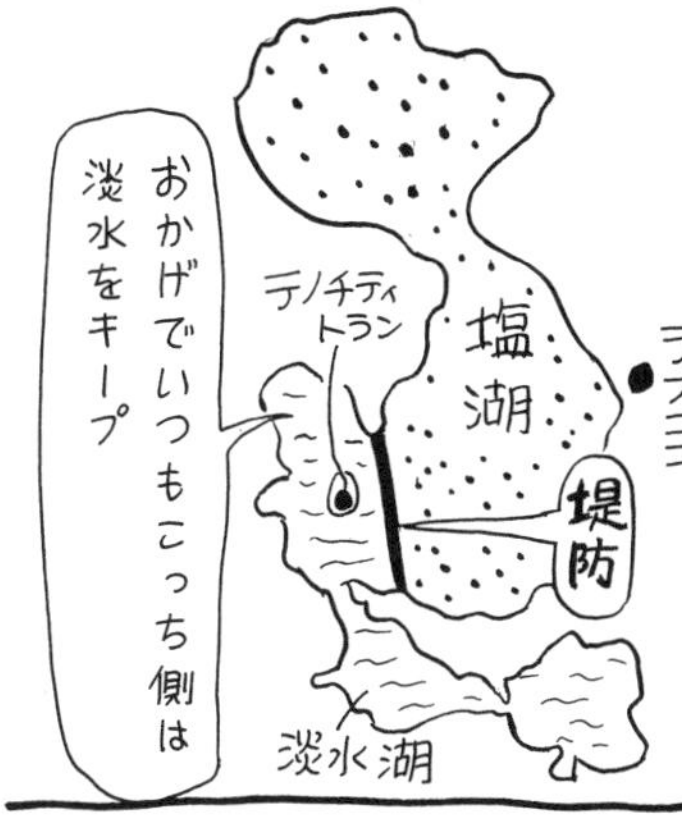
テノチティトラン
塩湖
テスココ
堤防
淡水湖
おかげでいつもこっち側は淡水をキープ

国の完璧な法典も作った。

原則、古《いにしえ》からの掟《おきて》を改めて成文法としたが、同じことをしても身分の低い者より、身分の高い者のほうが厳しく罰せられた。身分の高い者は皆の規範となるべき存在なのでちゃんとしろ、ということだ。法に対しては厳格なまでに忠実で、法に背《そむ》いた自分の息子も死刑に処した、ということである。

また、「神はいたるところに現われる」と発言したことも有名。これは、神に会いたければただ心に浮かべろということで、当時どこも当たり前のようにやっていた偶像崇拝の習慣にケチをつけたも同然であり、相当に革新的なセリフだった。

アステカ側から「ウィツィロポチトリのための神殿を造ってはどうか」と半ば強制的に提案されたとき、

言われるままに造るが、その目の前にもう1つ立派な神殿を造った。それは像を置かない、カラの神殿というものだった。こんな感じでつねに偶像崇拝のバカバカしさを示したのだ。

いいよー!♪

と、こういうエピソードが、のちにキリスト教徒になった人民に、宗教的な意味でもすばらしい人物と映り、ますますその名が高められることとなった。

思想家、哲学者でもあった。ネサワルコヨトルは詩人としても名高い。その詩は、諸行無常の世の理《ことわり》を憂えたもので、時代を超えて人の心を揺さぶるのだろう、メキシコでは現在もスピーチなんかによく引用されているそうだ。

ネサワルコヨトルさんの詩

この世には永遠《とわ》はあらじ
ただしばしの間のみ
翡翠《ひすい》も砕け
黄金《こがね》も溶け
ケツァル鳥の
羽根も折れたり
この世には永遠はあらじ
ただしばしの間のみ

『メキシコの夢』（ル・クレジオ著　望月芳郎訳）

アステカ王国

アステカは、ここからの軍事行動は領土獲得に直結するとあって、破竹の勢いで進軍。もと大家《おおや》であったクルワカンさえも支配下に置く。

ただ唯一タラスコ王国への遠征は失敗した。大負けに負け、3万人の軍勢を率いた遠征で帰ってこられたのはその10分の1にも満たないという惨たんたるものだった。

トラスカラも最後まで独立を守った国である。

タラスコ王国
はっきりと境界線はわからないけれど、メキシコ西部の広大な領土を支配。アステカに次ぐ大国。
首都ツィンツンツァン
テノチティトラン
ウェショツィンコ（ここも独立）
トラスカラ
パツクアロ湖（決別事件の現場 P205）

国内では、アステカ人のもうひとつの都トラテロルコが、このころ商業都市として黄金時代を迎えていた。

が、テノチティトランより大きな神殿を築いたことや、商いが大繁盛してることで嫉妬を買い、テノチティトランに攻め込まれた。

このとき女たちはがんばった。ハダカになってウンコを投げつけるなど必死の抵抗を試みるも

勝利の女神は微笑まず。

トラテロルコ王は殺され、完全に従属都市の身分に貶《おとし》められる（1473年）。

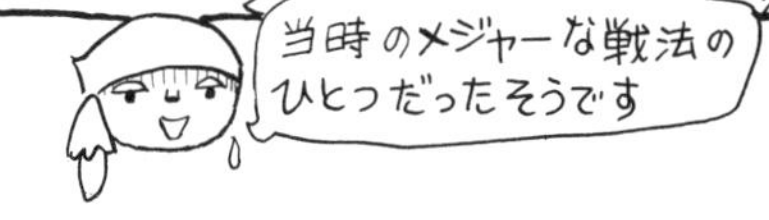
当時のメジャーな戦法のひとつだったそうです

テノチティトラン8代目の王アウィツォトル（1486〜1502年）はアステカの版図を最大に拡げた。メキシコ中央部ほとんどの国をかしずかせることに成功。

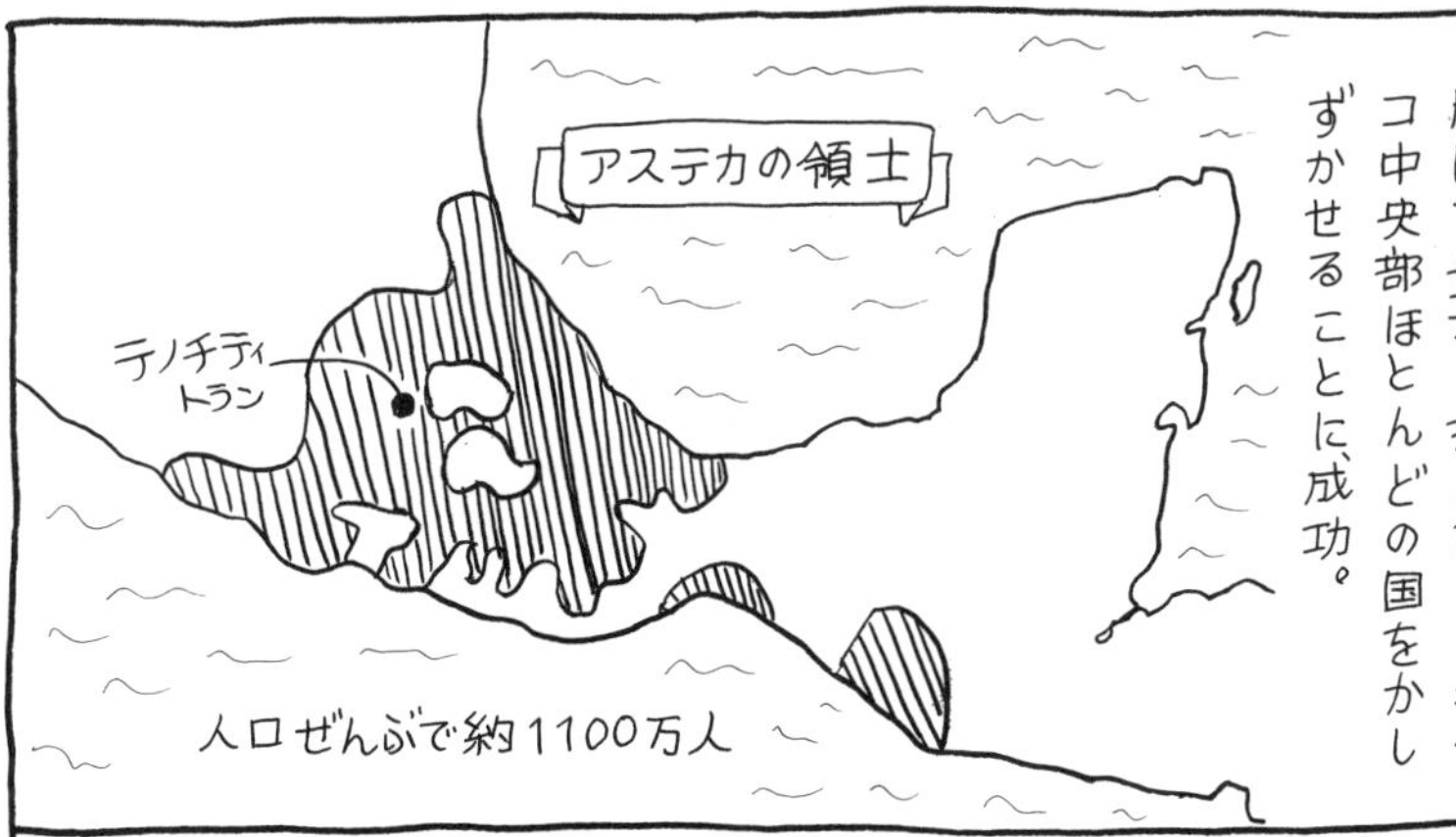
アステカの領土
テノチティトラン
人口ぜんぶで約1100万人

テノチティトランの大神殿も完成させた（1487年）。

ウィツィロポチトリの神殿
トラロックの神殿

これは、最初にテノチティトランに居を定めたときに作ったみすぼらしい祠《ほこら》の場所に、王たちが代々新しい神殿を覆いかぶせていき、巨大化させていったもの。

また、都市部に大量の水を供給する水道も造った。しかしこれは最初、水量のコントロールが利かず、水が過剰に供給されて大洪水になった。そのときアウィツォトル王は逃げようと、あわてて出入り口の上部に頭をぶつけ、それがもとで死ぬという、ヌケた死に方をした。

　つぎの王モクテスマ2世のときには、もう3国同盟は事実上消滅。トラコパン（タクバ）は完全に格下の国となり、強かったテスココも、アステカが内政干渉して自分らに都合のいい者を王に就けたことで、完全に王国の権力を独り占めできる状態に入る。

　あれほど新参者となめられた、粗暴で田舎者のアステカ人がついにメキシコ盆地の覇者となったのだ。

どーです、200年でここまで駆け上ってきましたよ

だがアステカの完全な天下は、
わずか5年で終了することとなる。

アステカ王の系図

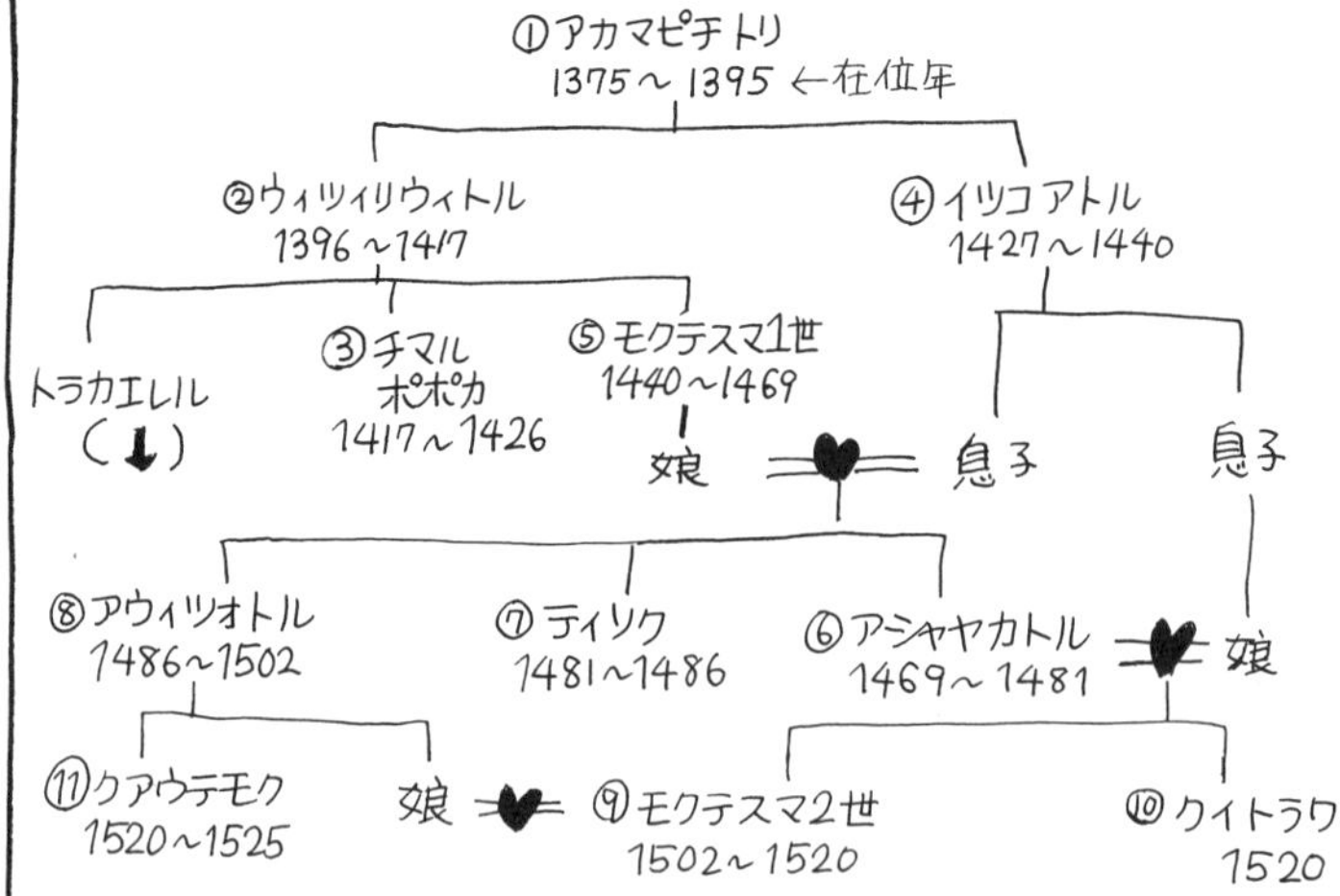
①アカマピチトリ
1375～1395 ←在位年
②ウィツィリウィトル
1396～1417
④イツコアトル
1427～1440
トラカエレル
(↓)
③チマルポポカ
1417～1426
⑤モクテスマ1世
1440～1469
娘
息子
息子
⑧アウィツオトル
1486～1502
⑦ティソク
1481～1486
⑥アシャヤカトル
1469～1481
娘
⑪クアウテモク
1520～1525
娘
⑨モクテスマ2世
1502～1520
⑩クイトラワク
1520

トラカエレル

(1398～?年)
百歳まで生きた
といわれる

アステカ繁栄の立役者にトラカエレルという男あり。

トラカエレルは王の顧問、NO2として、イツコアトルから3代の王に仕えた男。あまりの人気で「王になってくれ」と皆に乞われたが「王になってもならなくても国に同じように尽くすのだから補佐役で充分」と断ったという逸話が残っている。

アスカポツァルコと開戦に踏み切ったのは、このとき29歳のトラカエレルによる揺るぎない演説あってのもの。

躊躇《ちゅうちょ》してる国民に
「この戦争は
ぜったいに
すべきもの。
戦争に負けたら
私を食えばいい」
と言って説得。

この勝利が契機となって、アステカが大躍進するのは前述したとおり。

このあと、トラカエレルは国を整えるために、大改革を断行する。

ネサワルコヨトルの法典をもとに、アステカも法律を成文化し、規範ある法治国家にする。焚書《ふんしょ》を実行し、アステカにとって、都合の悪いことが書かれてるものはぜんぶ焼いた。

それから、国民には選民意識や愛国心を植え付ける教育を徹底して行なった。それに神話は大いに役立った。メキシコ中央部に昔からあるものを、自分たちの都合のいいようにアレンジした。

ってことで
アステカの神話
5つの太陽の伝説
アステカの世界の始まり
天界の13層のてっぺんで
地上
創造神2人が
男
女
オメテクートリ
オメシワトル
4人の神をもうけた。
黒のテスカトリポカ
赤のテスカトリポカ
白のテスカトリポカ
青のテスカトリポカ
シペ・トテク
ケツァルコアトル
ウィツィロポチトリ
ゴレンジャーみたいだわね〜
このお三方は、アステカが上の神と同一視した神。
4人は9層の地下界(ミクトラン)をつくりそこの支配者としてミクトランテクートリとその嫁を創造する。
また、雨神トラロックとその嫁、水の女神チャルチウトリクエを創った。

それから太陽づくりに入る。最初の時代、1つ目の太陽の時代は、黒いテスカトリポカ（以降、「黒い」は省略します）が太陽であった。
世界の住人は巨人。
ポリポリ
主食はどんぐりというかわいらしさ。
でも白のテスカトリポカであるケツァルコアトルによって巨人たちは絶滅する（以降、すべてケツァルコアトルとします）。ケツァルコアトルがテスカトリポカの頭を叩くと、
ポカッ
ギャッ
テスカトリポカがジャガーに変じ
巨人を襲ったのだ。
この時代が終わった日は「4のジャガー」の日。よって、この時代は「4のジャガー」と呼ばれる。676年続いた。
マンモスの骨なんかが見つかると、このときの巨人の骨と見なされた。
つぎの2番目の太陽の時代は、ケツァルコアトルが太陽になった。
人も創った。

でも今度はテスカトリポカが嵐で
みんなを吹き飛ばす。
トリポカー
かろうじて
なんとか
生き残った
人たちは
サルになった。
この時代は「4の風」の日に終わったので、「4の風」と呼ばれる〈あーまだるっこしい、以下も同様〉。676年続いた。
3番目の太陽の時代はトラロックが。
新たな人間も
あれ？4兄弟じゃなくて？
？
この時代はケツァルコアトルが火の雨を降らせ、滅ぼした。
火の雨を浴びた
人類は
七面鳥になった。
この時代は「4の雨」と呼ばれる。
364年続いた。
これを
「シトレ火山噴火〈P50〉の記憶」
と見る人もいます
4番目の時代は、担当チャルチウトリクエ。
もーまったくこの先も、青と赤のテスカトリポカは活躍しません。予定不調和っていうか、バランスおかしいけどそうなってるのだ。
ことごとく読みを裏切るな〜

※p217から始まるテスカトリポカの色分け、対応する神、方位は、一般的に広まってる説だけど、もともと研究者の謎解釈が発端である、と解説してくれるサイトもあるよ。→https://note.com/johannes_c7

この世界はテスカトリポカによる洪水によって滅亡する。
このとき生き残った人々は魚になった。
洪水は全世界の神話のお約束
この時代は「4の水」と呼ばれる。312年続いた。
太陽の伝説本編ではなんのために出てきたのか色分けもまったく生かされることもなかった青や赤のテスカトリポカでありましたが、方位を守るという立派な仕事をしています。
北
黒のテスカトリポカ
東
赤のテスカトリポカ
西
白のテスカトリポカ
南
青のテスカトリポカ
オレたちのとちがーう
この洪水話にはアダムとイブ、またはノアに匹敵する人物がいます。
それはタタとネネというカップル。
テスカトリポカはどうした訳で気に入ったのか、この2人を大洪水から保護してやった。
この木の中に隠れ、水が引くのを待っておれ
それからトウモロコシを差し出し、
1本ずつ食べれ。でもそれ以外は何も食べたらいかん!
2本のトウモロコシなんかで足りるわけない! タタとネネはすぐお腹が減る。水が引いたので外に出て
こんなに食べ物が泳いでるのよ!
もう食べちゃいましょう

タタヒネネは魚がかって人間だったのを知っていながら捕らえ、火を熾《おこ》す。
バチバチ
テスカトリポカ、それをすぐ見つけ
あーーっなに約束破ってんだ
と電光石火で2人の首をはね、
シュタッ
その首をシリにつけた。
バスッ
これが犬の第一号だそうです。
で、つぎの太陽の時代になるんだけどその前に……
海に突如怪物が現われた。
バシャ
バシャ
空から地上を監視していたテスカトリポカとケツァルコアトルは、あわてて2人でそいつの体を裂く。
このとき怪物はテスカトリポカの片足をもいだ。
この怪物の下半身は新しい天になり

上半身は
ドサッ!
新たな大地になる。
たくさんあった怪物の目は泉や洞窟になり、
体の凹凸《おうとつ》は山や谷となり
体毛は花や草となり
毛穴からあらゆる植物が生えてきた。
これを知った神々は
この方はトラルテクートリ様といって立派な神で我々の仲間だぞ! 何してくれてんだ
なんの説明もなく神々が増えてるのが、世の神話のありかた。
毎日苦しみ続けるトラルテクートリを癒やすには人間の生けにえが必要だった。
血が必要よ! 私と同じように苦しみながら流す血が!!
はー たまに協力し合うとロクなことはない
テスカトリポカは新しい足として黒曜石の鏡を付けた。
ケツァルコアトルは人間を創るため地下世界ミクトランへ行く。
支配者であるミクトランテクートリに
新しい時代に人類が要る。先日滅びた人間の骨を分けてくれ
と頼むと

いいよー
このほら貝を
吹き鳴らして
このミクトランを
4周すればね
私たちが
創ったのに
エラそーに
その貝は穴が開いておらず、音など出ないしろものだったが、ケツァルコアトルは虫に穴を開けさせ、ほら貝の中にハチを入れ、音を鳴らしながらミクトランを4周した。
そしたら
やっぱ
あげたく
なーーい
プイ
と言い出したので
ケツァルコアトルは
こんな
バカバカしい
ことさせて
そりゃー
ねーだろう
あっ
バッ
骨を引ったくって逃げ出した。
ミクトラン
テクートリは
ウズラを放ち
追いか
けさせる。
と、ウズラの攻撃におどろき、すっ転んだ拍子に骨は砕けてしまった。
すってん
このとき、ばらけた
骨の大きさの差が
そのまま人間の
体格の差になった
ということです。

骨をなんとか集めたケツァルコアトルは「すべてが始まった地」とされる〃タモアンチャン〃へ。
神々はお待ちかね。
骨はシワコアトル（「ヘビの女」の意味）という女神によって粉にされた。
その粉にケツァルコアトルを始め、神々のペニスからの血が混ぜ合わされ、人間が出来上がった。
ここでは「だから人間には神性もあるんだよ」って言いたいらしーですよ！
ゴン
ゴン
イヤー、そーだねありがたいよ。ペニスとはいえ感謝しないとねー
はっ、そーいやー実際私らもペニスから来てたし
しかしペニスって言葉何度も言うけどハズカシすぎるよ
ケツァルコアトル、今度は人間のための食糧を考えてやらねばならなかった。
すると、
さて、どーしたもんかね
一匹のアリがトウモロコシを運ぶ姿が!!
このアリのあとを付け回すと、食糧がいっぱい詰まった山（トナカテペトル）にたどり着く。そこからトウモロコシの粒を持ち帰り、人間に与えた。
モグモグ
ペッ
スッ
これが君たちの糧《かて》だからね
はぁ……

こうして人間問題もクリアし、神々は5番目の太陽の制作に取りかかる。今度は、テスカトリポカとケツァルコアトルはしゃしゃり出ず、
もうダメ！
わかってるよぉ
テオティワカンの地にて、神々の民主的な話し合いによって進められた。
今度は誰が太陽をやるかね
議論が始まるとすぐさま、テクシステカトルという神が立候補した。
私こそ太陽にふさわしい男。やらないでか！
即座に決定したが、神々は念のため、補欠も用意する。
君、ちょっと悪いんだけど押さえになってくれ
え？、ボク？
そう、肌ブツブツの君だよ
このナナワツィンは皮ふ病持ちで虚弱。いつも人のうしろにいる、地味で、みんなにバカにされてるような神だった。
わかりました。崇高な目的のためにこの身を役立てられるなんて身に余る光栄です
太陽になるに当たって、2神は身を浄《きよ》めるため、それぞれ丘に上《のぼ》り、4日間断食と苦行をする。金持ちのテクシステカトルの苦行は、豪華なものに囲まれ、供物も立派だったが、
ヒスイの放血道具
最高級の香
貧乏なナナワツィンはみすぼらしい儀式であった。
雑草
自分の血で染めたマゲイのトゲを捧げるほかになかった。
神なのに貧富があるんだね～

※マゲイ＝竜舌蘭《りゅうぜつらん》。繊維になったり、建材になったり、お酒になったりと、メキシコでは古《いにしえ》より大活躍の植物。テキーラもマゲイの茎から造られる。

香の代わりに、自分のカサブタを燃やした。
ベリベリ
カサブタ⁉ こりゃまた斬新な！
どこの国の神話でも、わりと小学生かよ！レベルで、ウンコやシッコといった排泄物が必須アイテムとして物語に彩りを与えていますが、カサブタはなかなかすごいアイディアです。
まさかほかにないよなとヤホーで調べましたらなんとアイヌの神話に自分のカサブタを煮込んだ料理を人々にふるまう女神のお話がありましたよ
それにもびっくり
そしていよいよ太陽になる儀式が始まった。ここでも貧富の差をつけられる。
ナナワツィンは紙の服。
あとは火の中に飛び込むだけ。
しかし、テクシステカトル、逡巡。
ブルブル
ガタガタ
4回試したが、足がすくんでダメ。
そのとき我らがナナワツィン
パッと炎に飛び込んだ。
おおお
神々、絶賛の嵐。
やったー！ナナワツィンおめでとう！
かっこ悪くて貧乏な弱い主人公が、実は誰よりも勇気があって……っていう話はどこも王道なのですね。やっと共感できる話になってきましたよ！

これを見たテクシステカトルも
くっそー
ようやく炎に飛び込んだ。
ナナワツィンに、感動したワシとジャガーも飛び入り参加。
わしらもお供しますわい！
でも火はすでに消えかかっていたので、2匹は焼け焦げただけだった。
きょろきょろ
あれ？
ん？
あちゃー
このことにより、ジャガーに黒い斑点がつき、ワシの羽も黒くなったということです。
しかしこの勇気を買われて、2匹の動物はアステカ軍のマスコットアニマルとなった。
『ボルボニクス絵文書』より
それからしばらくすると、東の空からナナワツィンであった太陽（トナティウと呼ばれます）が現われた。
テクシステカトルも現われ、同じように輝き出した。
サン
サン
サン
まぶしー
いくらなんでもまぶしすぎる、と1人の神がその場にいたウサギをテクシステカトルに投げつける。

テクシステカトルの輝きは薄れ、ウサギの姿が刻印された。
こうして彼は月になった。
日本と同じくここも月にウサギの姿を見るのでした（マヤも同じ）。
これで完了——と思いきや、2つの輝く者たちはまったく動かず。どうした、なぜ動かないのだ、と右往左往する神々に
なぜなら血が欲しいからだ
ひ————っ
いきなりホラーな展開に!!
我らが謙虚な勇者のナナワツィンが、ダークなキャラになっちゃったよ。今までいじめられてたこと静かに怒ってたの？
これにムッとした明けの明星の神であるトラウィスカルパンテクートリは
何をカサブタ野郎がエラソーに！
ナナワツィンに槍を投じた。が
太陽、ものともせず。
逆に投げ返される
ブスッ
頭に刺さった槍により、トラウィスカルパンテクートリは石と冷気の神イツトラコリウキになった。
このせいで明け方はいつも寒いのだそうです
神々はまた民主的に話し合い、みんなで犠牲になることにした。
しかたない
ケツァルコアトルが神々の心臓を一つ一つナイフでえぐり出していった。
これに犬の姿の神ショロトルは怖じ気づき一人逃げ出し
そろ～

双子のトウモロコシに化けたり

二股のマゲイに化けたりもして

最後に水に飛び込み、アホロートルになった。

この辺は「ショロトル」っていう言葉に引っ掛けたダジャレ遊びになってます。

アホロートルは「アショロトル」のスペイン語読み。メキシコ原産であり、ナワトル語が語源の動物。

ボムッ
(ショロトルといいます)
ボム
一種の奇形
(メショロトル)
ボム
(アショロトル)

それでも完璧主義のケツァルコアトルの猛追からは逃れられず結局、太陽に捧げられた。

ナッ
ハー

また、まんまと逃げおおせたというバージョンもあって、その場合のショロトルは、神全員が死んでしまって孤独になったことで、さびしくてオンオン泣き、あまりに泣き続けたので目が流れてしまった、となっている。

ときにこういうご面相で描かれるので、そのようなあとづけ話が生まれた模様。

こうして現在の太陽がつくられ、私たち、今現在の人間の時代が始まった。

現在のこの太陽の時代は「4の動」と呼ばれている。この第5の太陽もいずれ地震によって滅亡する運命なのだそうだ。

この神話で、もっとも人民に教え込もうとしてることは、「犠牲、生けにえになることは勇気ある正しく立派な行為であり、またそれは太陽の糧《かて》になることである。神々でさえも犠牲になってるんだから、犠牲になるのを厭《いと》うなよ」ということ。

私のためだってこともお忘れなく
大地の神
トラルテクートリさん
(両性具有)

有名な
"太陽〈トナティウ〉の暦石"
(の、ど真ん中の一部分)
トナティウ
4の風
4のジャガー
4の雨
4の水
直径3.6m.
重さ24トンの
巨大石

アステカの偉大な神
ウィツィロポチトリ誕生のお話
ある日、コアトリクエという未亡人の女神が、コアテペック(「ヘビの山」の意味)で掃除をしていると、
コアトリクエ「ヘビのスカートの女」の意味
未亡人とか掃除とかずいぶん生活感漂う幕開けだね〜
空から羽毛でできた玉が落ちてきた。
はらはら
?
コアトリクエは
まぁキレイ
とつトコロにしまう。
この玉はいつの間にか消えてしまったが、このできごとでコアトリクエは妊娠した。
フーン
ところでコアトリクエにはすでに400人の息子と1人の娘がいて皆、母の妊娠に憤慨した。
なんてふしだらな
母親のすることか
とくに拒否反応を示したのは娘コヨルシャウキ(「金の鈴」の意味)。
けがらわしい女! 吐き気が止まらない
思春期の娘特有の潔癖さで怒り狂う。
400ってのはだいぶ前のページで述べたとおり、「大量」って意味です

コアトリクエは子らの怒りが高まってることにおびえ出すが、
お母さん大丈夫ですよ何も心配しないで!
と、突如、腹から励ます声!
そしてコヨルシャウキ率いる400人兄弟が、母親を討ちに来た。
ドドドド
そのときコアトリクエの腹から
完全武装したウィツィロポチトリが産まれ、
姉のコヨルシャウキを斬る!バラッバラに。
えー
コヨルシャウキの身体の部位はコアテペック(ヘビの山)から転げ落ちていった。
400人兄弟の大半もやっつけられた。ウィツィロポチトリの人生はかくも派手に始まったのだった。
この戦いを天界の動きを表わしたものと見る学者もいます。
星
400人兄弟
月
太陽
5つの太陽の話とはべつにね

アステカの神々

ここまでの神話をまとめると
とにかくアステカトップの神は

戦いの神であり太陽の神

ウィツィロポチトリ

攻撃的なハチドリ
放血の道具に彫られる

ウィツィロポチトリは「左（南）のハチドリ」の意味。メソアメリカ社会でハチドリは、血や戦いの象徴であった。「左」はアステカで「強い側」なんだとか。テスカトリポカのように足に煙の出る鏡を付けているのもあり、メソアメリカの勢力ある神々のいろんな要素をパクって創られた神だろう。もともとアステカを率いてメキシコにやってきたリーダーとか呪術師で、それが崇められて神格化したんじゃないか、とらえる人も。メイン神であるものの、単体の石像はいまだ1体も見つかっておらず（絵文書の姿も造形的にキャラ薄いし）。

背負われてることから唯一の像とされたが、女神であった（豊穣担当チコメコアトル）。メキシコ国立人類学博物館蔵

コアトリクエ

ウィツィロポチトリの母

こえーよ。メキシコ国立人類学博物館を代表する有名な像。頭は2匹のヘビを対面させて1つの顔にした力技。って、どうしてこういう発想が飛び出るかね〜。本当すごい人たちだよな〜。

コヨルシャウキ

こっちはこれまたメキシコ美術本に必ず載せられてる有名な一品。テンプロ・マヨールの博物館にあります。

ウィツィロポチトリにバラバラにされた姿である。発見されたのはウィツィロポチトリ神殿の階段の下で、コアテペックから落とされた神話をそのまま象徴してる、ということ。

もともとこの2神は古くから大地母神として崇められていて、アステカが来たことによってキャラを歪められたとも考えられている。

この古い方たちもアステカ時代、ますます手厚く信仰された。

トラロック

先輩神の貫禄を堂々見せつける

古くから第一の神としてメソアメリカ一帯を牛耳ってただけあって、アステカもこの神には相当気を遣っている。ウィツィロポチトリと同じレベルに崇め、神殿もウィツィロポチトリと並べた。

テスカトリポカ

メカニックなご容姿

攻撃的なところが、アステカ人には都合がよくて非常に愛された。

なんつーかメソアメリカの神って壮大な存在というか、まとめ役とか長《おさ》みたいな人はいない。創造神はいちおういるけど、影薄すぎるし……。ギリシア神話で言えば、ゼウスなくして、アレスが何人もいるようなイメージ。皆さん、精霊とか子鬼って感じで、あんまり神って感じがしませんよねー。

シペ・トテク

死体の皮なんでいつもまぶたは閉じられてる（っていうか半目？）

口はポカーン
奥に本体の口

痛く、こわく、でもって神の中では一番わかりやすいビジュアル。サアグン（P171）によると、アステカ時代のシペ・トテクは、ナナワツィン同様、皮ふ病であった。また目の病も患ってる。人々には自分の病気――水ぶくれや化膿など、命にはかかわらないが不快なもの――をおすそ分けした。とくに目の病気。目ヤニから、かすみ目、白内障、緑内障など、あらゆる眼病はこの方のしわざということ。本当にイヤ～な神さまだ。

ケツァルコアトル

トゥーラの伝説から、この神は生けにえNGと思われてるが、それは神官王のケツァルコアトルであり、この神自体はほかの神同様に生けにえウエルカム。チョルーラでは、この神への生けにえとしてたくさんの人が殺された。

もうこの辺になってくるとケツァルコアトルは擬人化された姿が多くなり、いろんな機能がプラスされ分身も生まれ、本体からどんどん離れていく（羽毛の生えたヘビ姿も健在だけど）。

ときにエエカトルという風の神であり、
クチバシ野郎
さらにサル要素も加わる
トラウィスカルパンテクートリ（明けの明星神）でもあり、雨の神になるときもあった。

ショロトル

この人も本来はサポテカの神らしい。

最後まで犠牲になるのを拒んだことで、弱虫でへっぴり腰なイメージだが、当たり前だ、ヤなのがふつう！　神としてはショボいが、なんとケツァルコアトルの双子の兄弟という設定である（最初の、赤とか青とかのテスカトリポカと兄弟うんぬんはお気になさらずに。昔からの神話や自分たちの神話が混在してるので、設定はコロコロと変わります）。ケツァルコアトルが明けの明星で、ショロトルが宵の明星を司《つかさど》る。奇形の神でもあり。P229のように、ショロトルという言葉は奇形や双子に関係している（『マヤ・アステカ神話宗教事典』）。この神ありきでそうなったのか、言葉からこの神が出来たのか。

ナナワツィンとかシペ・トテク、ショロトルからおわかりのように、アステカの世界では身障者も病気持ちも堂々と表に出て活躍した（アステカだけではなくこれもメソアメリカ共通要素のひとつ！）。病気を持っている人は、かえって神に愛されていると考えられたほど。小人や奇形のある人は、ことさら特別な存在として王に養われた。

小人敬い

メソアメリカ共通文化！

小人は、神話では神の付き人として描かれ、実生活でも優遇された。王の身の回りの世話をしたり、エンターテイナーとして芸を披露したりと、仕事に事欠かなかった。

でも双子は受難を迎えた。双子の魔力は強く、吉凶どっちかに大きく転び、周りを巻き込むと見なされた。両親のどちらかが死ぬとも信じられたので、生まれたとたんに片方が殺されることもあった。

そのほかの気になる神

アステカの神は主要な方たちだけでも40人以上いらっしゃって、さらにその子分やら分身やらがいて、何がなんやら状態。

その中でワタクシが心奪われたのはこのお二方

トラソルテオトル

愛と性欲、また豊穣も司《つかさど》る、アステカのビーナスに当たる方。

絶賛ご出産中〜〜!!

エラい生々しいことになってるね〜

もとは、メキシコ湾岸のワステカの神だそう。

トラエルクアニ（!!「排泄物を食べる者」の意味）という異名もあり、汚すぎなんだけど、それは、この神が人々のざんげを聞いてやることからきている。ざんげを聞くことが「汚物を食べる」ってことなんだって。口の周りが黒い肖像もあり、それは汚物を食べてることを表わしているんだそう。って、どこまでも本当汚いなし。

宴の神
オマカトル

宴での人集めを司《つかさど》る神。

いや〜細かい狭いとこでいろんな神をつくったもんです

宴の前に自分をちゃんと祀《まつ》らなかった者には、宴の料理に毛を混ぜるという罰を与えた。

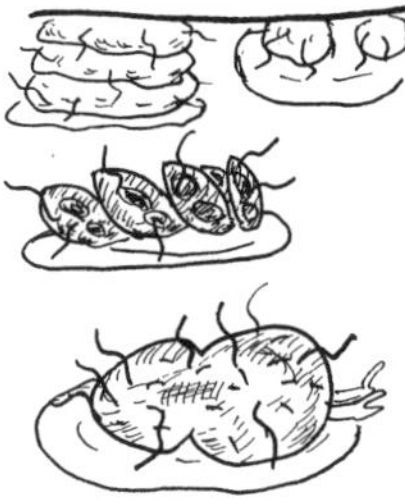

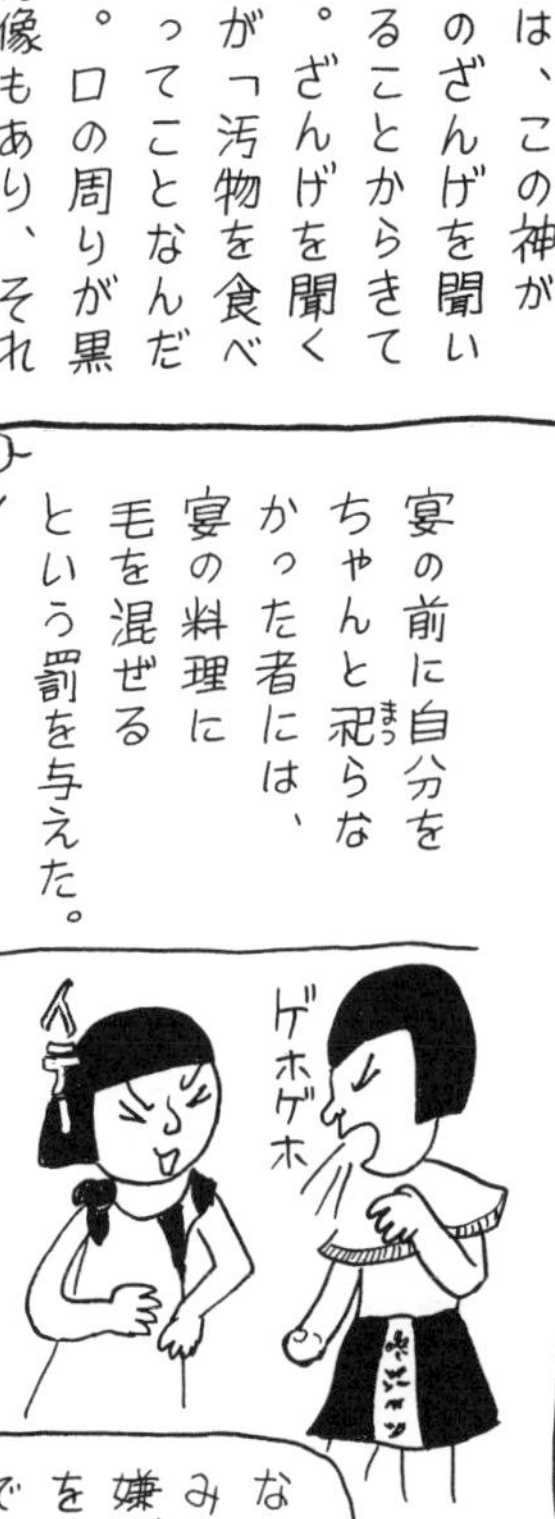
ゲホゲホ

これにより客のノドに毛をつっかえさせ胃も痛ませた。

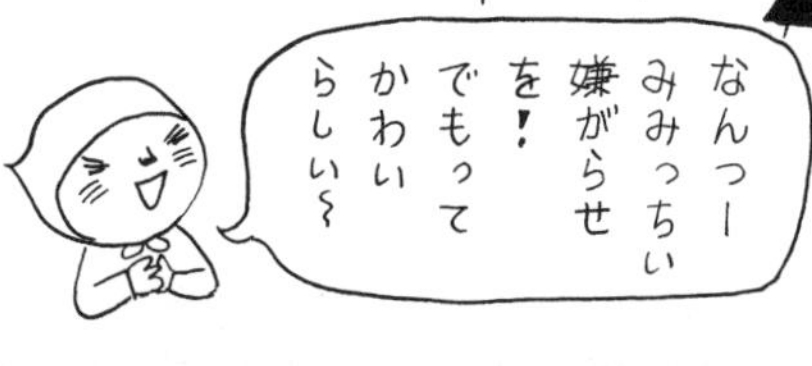
なんつーみみっちい嫌がらせを! でもってかわいらしい〜

アステカの死後の世界
人が死んだあとの、天と地下界へ振り分けられる基準は「生前の行ない」にあるのではなく、「死に方」にあった。日ごろどんなに善行を積み上げてても、まったく関係なし。死ぬときの苦しみ具合、貢献具合で量られる。
天へ行けるのは
戦死した人
生けにえになった人
この方たちは太陽の滋養となり、世界の滅亡を遅らせることに貢献した、と見なされた。
お産で死んだ人
これは苦しみもあるけど戦士を産み出したという功労で。おそらく当時お産での死は多く、慰めも必要だったのでしょう。
生けにえになった人と戦死した人の魂は、ふだん東の天国に住んでいて、東から太陽が昇るとき、正午まで太陽にお供する。正午から夕方まではお産で死んだ女たちの魂が付き添う。この魂は西の天国に住んでいる。
そして4年後にハチドリや美しい蝶に生まれ変わった。
また水死、落雷死など、雨、水に関係して死んだ人たち、または小人や不具者、さらに皮ふの病気、伝染病、痛風の人々はトラロックに愛され、天界の4層目にあるトラロカンというトラロックが支配する楽園に行けた。
へっ そんなもんに？ なんたるささやかさ……

それ以外のふつうに死んだ人たちは地下世界、ミクトランへ行く。

入り組んだ冥界にある湖や川を渡してくれるのはイヌだと信じられていたので、イヌはペットとして大人気！

主人が死ぬと殺され、いっしょに埋められた。

えっ、そーいうこと？

それも黄色いイヌが最適とされた。

白いイヌは
んー？

今、体洗ったとこだから
黒いイヌは
えっ⁉ 今、毛を染めたばっか
とつれない態度で断ってくるので使えない。

地下の冥界は寒いし大風が吹き荒れ、モノが飛び交う危険なところである。

食べ物は虫や毒草しかない。途中、山が落ちてきたり、恐ろしい怪物と戦ったり、ナイフが降ってきたりする。

生前でやらなかった、心臓をえぐり出して捧げることも、結局ここでやらなくてはならない。

4年もかかる苦難の旅を経て、第9層の一番深いところ、冥界の主ミクトランテクートリのいるところへたどり着くも、そのとき完全に魂は消滅するという、ある意味、一番恐ろしい未知の世界が待っている。

それならハチドリに生まれ変わったほうがぜんぜんいいかも……

ゾオオ
それほどなんの犠牲も払わず、死ぬのはダメなこととされてたんだよ！

「魂は消滅せず、やっとそこで安らぐ」と解釈してる研究者もいるが、どっちにしても生まれ変わりはないようだ。

死後さえも個人的利益や享楽を夢見ない、こんなストイックな思想を持つ人々がほかにおりましょうか

アステカ社会

① 生けにえ

花の戦争

そう！　アステカの人々は個人的利益より地球環境の保護に心を砕くエコな人々。太陽の寿命を延ばすために、この世に終わりが来るのをすこしでも遅らせるようにという使命感から、もともとあった生けにえの習慣がアステカ時代にさらにエスカレートした。システマティックに、大量に儀式が執り行なわれるようになる。

生けにえにされるのは、戦争捕虜や奴隷。生けにえ確保のために、敵国であるトラスカラ、ウエショツィンコをわざと征服せず戦争状態をキープし、「花の戦争」というスポーツの試合のような戦争を定期的に催した。「花の戦争」なんて、メルヘン調とも風流とも取れるような名称であるが、それは戦場を花畑に見立てての

血を流して
倒れている
兵士たちが
お花のようだから

という寒ざむしいものである。

生けにえになることイコール太陽を生かす崇高なことという教育があまりに染みとおっていたので、ほとんどの兵士は、捕虜になってしまったらば進んでその運命を受け入れたという。

アステカの捕虜となったあるトラスカラ人は、あまりに腕の立つ男だったので、生けにえにならずアステカの兵にさせられた。

頼む！生けにえにしてくれ
えー!? イヤダー

で、戦《いくさ》で
大活躍。

王がほうびを取らせようとすると

国に帰ったっていいんだぞ。たんまりみやげを出そうぞ
いえ、一刻も早くこの身を神に捧げていただきたい

と生けにえに……。

またある国の王の話。

あるとき、息子が戦で捕虜になったという報を聞くと

おお
これで息子も
神の一部に

と喜んだ。

しかし息子は許されて帰国。王はせっかくの栄誉を奪ってはいかん、とあらためて自分の手で生けにえにした。

などなど、こういったエピソードがたくさん残っているのである。


生けにえの儀式は、戦勝記念や神殿を増築した際の落成式、王の即位式などのお祝いごと、また月に1回以上あるお祭りで施行された。

テノチティトラン最大のピラミッド、ウィツィロポチトリとトラロックの2連神殿（P215）が完成したときは、4日間生けにえの儀式が続く。

生けにえになる人々は長い列をなして、殺されるのを待っていたという。

このときの生けにえの数は2万人、多いときで8万人という話があり、これはどう考えてもアステカの敵国やスペイン側の捏造《ねつぞう》のようだが、それにしても何百人、もしくは何千人単位の人が犠牲になったようである。

神殿は清潔な都の中、唯一異臭を放つ場所。こびりついた血で黒々していたという。

祭り

アステカの基本の暦は365日暦と260日暦であり、長期暦はない。祭りには365日暦が使われ、細かくスケジューリングされた。

落成式などで犠牲となる大量の方たちはともかく、ふつう、生けにえとなる人間は丁重にもてなされる。

生けにえのやり方は、基本はピラミッドの上で4人の神官が手足を押さえ、心臓を取り出し、そのあと首を斬り死体を転がす、というもの。

『フィレンツェ絵文書』より

そのあと、たいていその死体を皆で配分し、食べた。

『マリアベッキアーノ絵文書』より

これは、聖体拝領（神の体を食べることで神性を分けていただくこと）のようなもんだとか、または神と食をともにすることで神と交信できると考えてたとか、いいふうに解釈されてるが

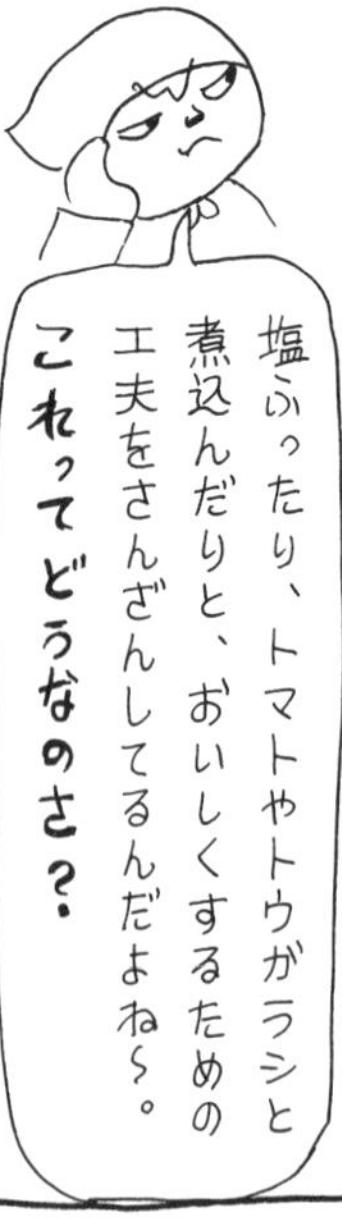
塩ふったり、トマトやトウガラシと煮込んだりと、おいしくするための工夫をさんざんしてるんだよねぇ。
これってどうなのさ？

戦争捕虜の場合、捕らえた者と捕らえられた者との間に「父と子」の関係ができる。ゆえに捕らえた者はその肉を口にしないことになっていた。とはいえ、捕らえた者はごほうびとして一番おいしい太ももを持ち帰れる、という文書もあり、よくわからない。

生けにえは基本のやり方のほかに、祭りによってさまざまなバリエーションがあり、それはスペイン人宣教師サアグンが詳細に記している。

あまりにたくさんあるので適当なのを少しだけ

トラロックへの雨乞いの祭り（アステカ暦の1月に執行）

この祭りでは雨乞いのために大勢の子供たちが山の頂上で心臓をつかみ出された。

実際、チョルーラの祭壇や、テノチティトランのトラロック神殿で大量の子供の死体が詰まった穴が見つかっている。

1月の祭りであったが、雨季に入る4月まで毎月子供たちは殺された。

子供たちが泣けば泣くほど雨がたくさん降ると信じられていた

シペの祭り（アステカ暦の2月に）
まず捕虜たちの心臓を取り出し
そのあと皮を剥ぎ取り、
捕虜の持ち主たちがそれをまとい
シャキーン
つぎの月まで20日間着っぱなす。
肉はもちろん
みんなで
分配して
食べます。
月が変わり、神殿に皮を納めて
ひとまず終了。ここでやっと体
が洗える。
それから2次会って感じで宴を
開き、今度は生けにえになった
人の骨でさまざまな儀式をする。
すべてを
ムダなく利用し
つくしますね〜
シペ（・トテク）のお祭りは春。
やはり、皮を剥ぐ行為で種子の
発芽を促してるのか？
＠祭りを盛り上げる行事として、
ローマの剣闘士試合風のヤラセ儀
式もあった。
重石を付けた捕虜を、完全武装し
たアステカ兵士4人と順々に戦わ
せ、全員に勝ったら生けにえを許
された。
黒曜石の刃
羽根
これで見事勝った強者もいたが、
やはり自由を拒み、生けにえにな
ったという。
武器は木の楯と木の剣
というみじめなもの

テスカトリポカの祭り（アステカの5月）
まずこのお祭りの1年前に1人の若者をテスカトリポカの化身として選ぶ。
健康、ハンサム、頭よし。
体にひとつの傷もない完璧な体の若者。
この若者は1年間着飾られ、食事、教育、あらゆる面で最高のぜいたくをさせてもらえる。
道行く人は若者を見るとひれ伏した。
祭りの20日前に4人の娘が若者に与えられる。この娘らはこの大役のために手塩にかけて育てられた夢のような美女たち。祭りの日までその4人とずっと肉欲ざんまい。
本番5日前になると若者のために大きな宴や祭りが毎日開かれ、チヤホヤされ度は頂点に。
キャー　キャー
そしていよいよ最後の日、神殿まで自ら上り
頭は刈られました
1年の間に吹いた笛。一段ごとに割る。
そこで心臓を取り出された、
これで終わり。
若者の頭がい骨はこのようにモザイクで加工され飾られる。
つぎの祭りのために、すぐに新たな若者を見つけ、同じことをくりかえした。

ちがう月には女神バージョンがあり、同じようにこ乙女がチヤホヤされたすえに殺された。
死の直前まで笑顔で踊るのだった。
シウテクートリ（火の神）の祭り（アステカの10月）
この祭りではまず何人かをいっぺんに火の中に放り込む。
かなり焼いたあと、火から引っぱり出し息絶える寸前にまだ動く心臓を取り出した。
ホカホカ
じゅう
じゅう
さすがにもうちょっとつらくなってきました

ーと、こういう祭りがひと月（20日）に1回以上、年間を通しては（1年は18ヶ月なので）18回もあり、しかもその1回が何日も続くものである。さらにこれら公式の祭り以外にも突発的に開かれるものもあり、1年の半分くらいが祭りの日となるのだった。

1年の余りになる最後の5日間は不吉な日。祭りもなく、やっとなんにもしない日（ホッとします）。この日に生まれた人は「何やってもダメで一生貧乏暮らし」といわれる。

また365日暦と260日暦の歯車が1周する52年はアステカの人たちにとっての1世紀。新しい52年が始まるときに、盛大な火の儀式が催された。

『ボルボニクス絵文書』より。すんごい簡略化してます。

アステカの人は、太陽の滅亡はこの世紀末とともにやって来ると信じていたので、この時期を非常に恐れていた。今までの4つの太陽が滅んだのもすべてその時期（太陽の存続期間はすべて52年の倍数に設定されている）。

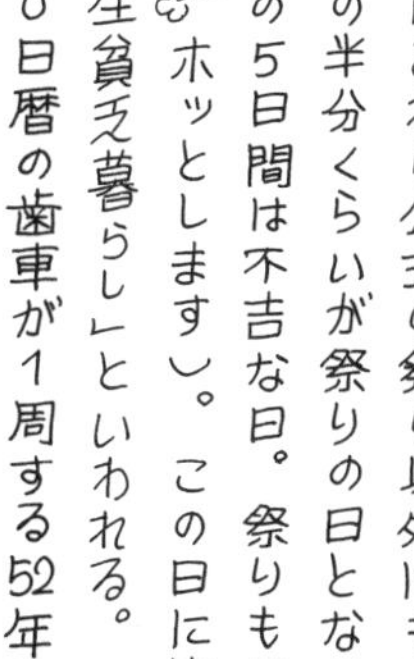
さんざんな言われようだなー

この最後の日、夜になると皆一斉にすべての火を消す。その間、丘では神官たちが星を観察。スバルが天頂を通過したら、新しい世紀も大丈夫、と神からお墨付きをもらったことになり、その観測後、一斉に火が焚《た》かれる。

このとき生けにえの上で最初の火が熾《おこ》される。
ヒドすぎる!!
火ができると生けにえの方は胸を開かれ、心臓を取り出され、火にくべられる（ハーз）。

これらの祭りはすべて、しきたりや順序が細かく定められていて神官がちょっとでもまちがえようものなら半殺しの目に遭わされた。

アステカの神官
ロングの髪は生けにえの儀式を毎日やってるため、血でガビガビ。自身も放血するため傷だらけ。悪臭もハンパなし！

② 占い

アステカの人々にとって占いは生活の基盤。結婚、戦争への出立、旅行や何かことを始めようとするなど人生の何がしかの転機のとき、占い師にかならず占ってもらった。

個人個人の運命は260日暦の生まれた日によって決まった。たとえば「1のヘビ」生まれは商人に、「1の花」生まれは芸能の道に進む、といった具合に適した職業が定められていた。

幸運、不運も決まっていた。「4の犬」生まれは何をやってもとんとん拍子、「9の風」生まれは何をやっても無駄の、サエない一生を送る、「9のシカ」はどうしようもない怠け者、「2のウサギ」は酒で身を滅ぼす、というように。とはいえ、凶日に生まれてしまっても、誕生日から近い吉日の名を付けて運命を変えられたからそんなに悲観するものでもないし、厳密でもなかった。

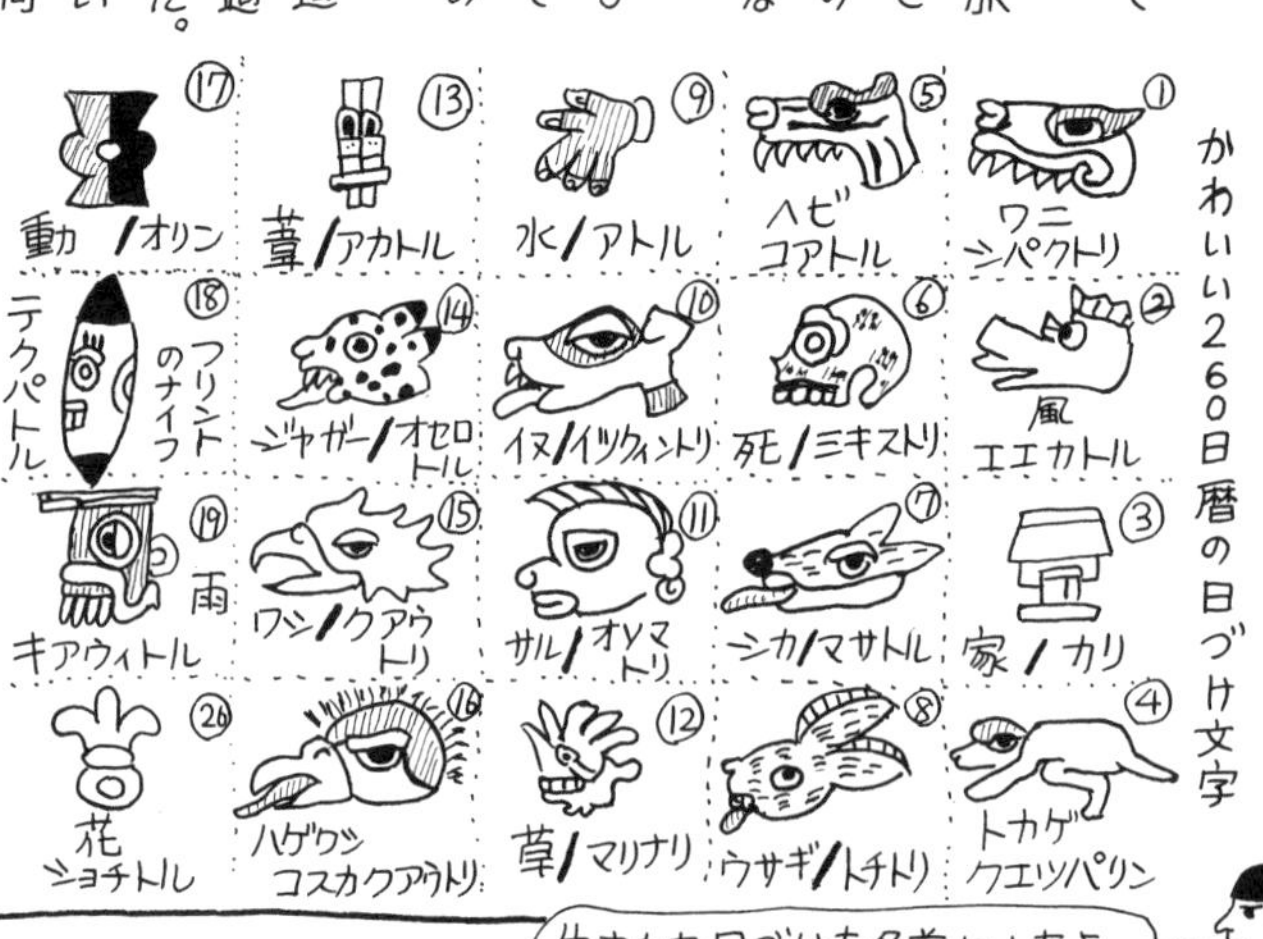
かわいい260日暦の日づけ文字
① ワニ シパクトリ
② 風 エエカトル
③ 家／カリ
④ トカゲ クエツパリン
⑤ ヘビ コアトル
⑥ 死／ミキストリ
⑦ シカ／マサトル
⑧ ウサギ／トチトリ
⑨ 水／アトル
⑩ イヌ／イツクィントリ
⑪ サル／オソマトリ
⑫ 草／マリナリ
⑬ 葦／アカトル
⑭ ジャガー／オセロトル
⑮ ワシ／クアウトリ
⑯ ハゲワシ コスカクアウトリ
⑰ 動／オリン
⑱ フリントのナイフ テクパトル
⑲ 雨 キアウィトル
⑳ 花 ショチトル

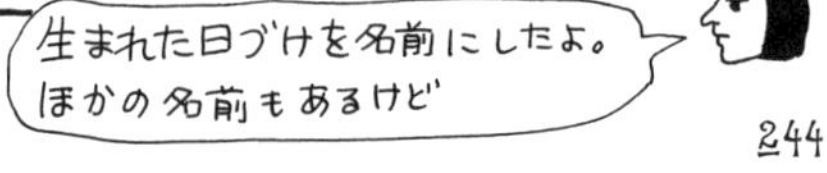
生まれた日づけを名前にしたよ。ほかの名前もあるけど

③教育
アステカの子供らは小さいうちから遊ぶことは許されず、さまざまな家の手伝いを朝から晩までさせられ、怠けグセのつくことがないように厳しくしつけられた。
男の子は簡単な運び仕事やおつかい。
女の子は5、6歳から針仕事。
針仕事は全アステカ女性の基本的仕事。

怠けたり、ウソをついたりすると
棒で叩かれたり
マゲイのトゲを刺されたり、
縛られ、放置されたり、
トウガラシをあぶった煙を吸い込まされたり
画はすべて『メンドゥーサ絵文書』から
と、なかなかな体罰を与えられる。
女はつつしみ深く貞淑であることを求められた。男女の別を厳しく説かれ、男とは口をきかないよう、目も合わさないようしつけられた。

子供たちには学校もあります。しかも無料というスバラシさ！

平民の男子の行く学校では穀物の栽培、戦《いくさ》の訓練といった実践的なことを学ぶ。

おもに貴族の男子が行く学校は、実践的なものに加え、読み書きや天文学、建築、歴史、芸術など高度なことを、神官の先生から学んだ。この学校は平民の子でも、神官を志望する子で成績優秀であれば入学できた。ここを卒業すると神官になれるし、また政治、軍事の要職にも就けた。

女学校もあり。女も下位の神官になることはできた。だが、たいてい女たちはほとんどが主婦になった。職業は産婆や結婚の斡旋の仕事といった特殊なものに限られており、せいぜい、主婦仕事の延長として市場に物を売りに行くくらいしかできなかった。

14歳ともなればもう大人。20歳くらいで結婚生活に入る。子らが結婚するときに親は長々と忠告を贈った。これは古くから、賢人たちが語った言葉を親から子へ伝えてきたもの。占領時、スペイン人が集めた、たくさんの教訓の中から一部を抜粋します。

父から息子への忠告

息子よ。
平穏に暮らしたいなら
陰口を言わないように。
陰口は侮辱と不和のもとだから。
耳にしたことを
口に出してはいけない。
お前からではなく
他人の口から
しゃべらせるようにしなさい。
もし尋ねられて
どうしても言わなくては
ならなくなったとしても
本当のことだけを述べ、
たとえよいことでも余計な
ことを付け足さないように

どこへ行ってもおだやかな視線を忘れるな

この世で生きるには多くの苦難がともなう。必要なものを手に入れるのはたやすくない

どんなに小さくつまらないものをもらったとしてもイヤな顔をしたり、もっとくれて当然だと思ってはならない

知らぬ女とかかわりを持つな。
清潔に生きなさい。
この世にふたたび
生まれることはなく
また一生は短く、
苦労とともに過ぎゆく。
やがてはすべてが
果ててしまうのだから

なかなかまっとうで人間味にあふれてます。私にはとくにこれが沁《し》みるわ〜。矢面に立つな、を強調するちょっと小ズルい処世術でありますが、親心ってこんなものでしょう

根本に厭世観《えんせいかん》も見られるねー

母から嫁ぎゆく娘への忠告
娘よ。夫に対して無礼であってはならず、よく言うことを聞いて従いなさい。言われたことはイヤな顔をせずにやりなさい。夫から顔をそむけてはなりません。仮につらく当たられることがあっても気にしてはなりません。また、もしおまえの財産で生活することになっても、そのことゆえに夫を軽んじたり、無愛想になったり、恩を忘れてはいけない。夫を辱《はずかし》めたり、人前で、あるいは2人だけのときでも下品な言葉を口にしてはなりません。というのもそうすればおまえ自身がはずかしい思いをし、結局おまえの恥辱となるからです
もし誰かほかの女が呼ばれてグズグズしてたら、おまえが機敏に行ってその女の代わりにやってあげなさい。そうすれば人から愛され好かれるでしょう
ゔえ〜なんか敵な女
何ごとも悪いほうに取ってはいけません。神がほかの者を幸福にしても妬《ねた》んではいけません
わかりました
こういうことたしなめるってことは、実際に嫁は夫をバカにしたりなじったりしてたんでしょうね〜
私どもは結婚以外でもちょっとした節目節目にこういう古くから伝わる教訓を子供たちに贈りました
どーです！生けにえのせいで得体の知れない残酷な原住民イメージだったのがぐっと身近になったでしょー
『ヌエバ・エスパニャ報告書』（ソリタ著小池佑二訳）から。言葉尻などを少々改変。

④ アステカの読み書き

アステカの文字はたいへん素朴。シンボルで事柄を表わします。

雨
発話
もーおなじみ（?）
移動・道順
宮殿
石
テトル
花
ショチトル
都市の征服
丘
テペック
歯
トラントリ
死
横たわった人で

また判じ絵（P46）のように音を表わすときもあり。

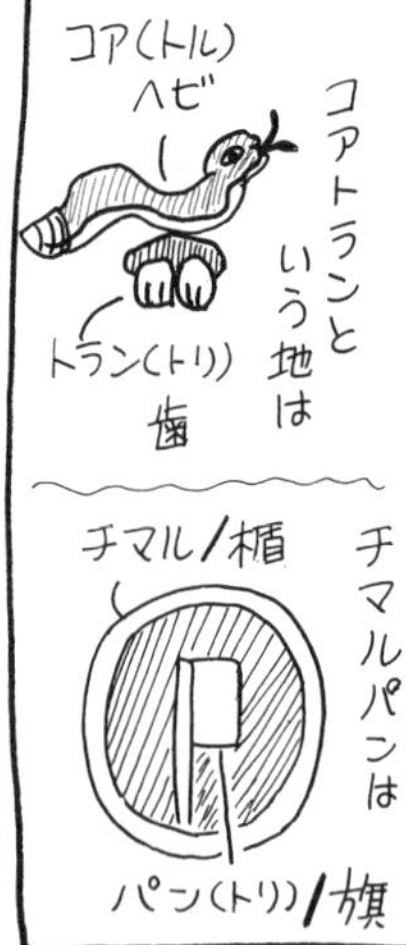
コアトランという地は
コア（トル）
ヘビ
トラン（トリ）
歯
チマルパンは
チマル／楯
パン（トリ）／旗

数字は１つを○で表わす。

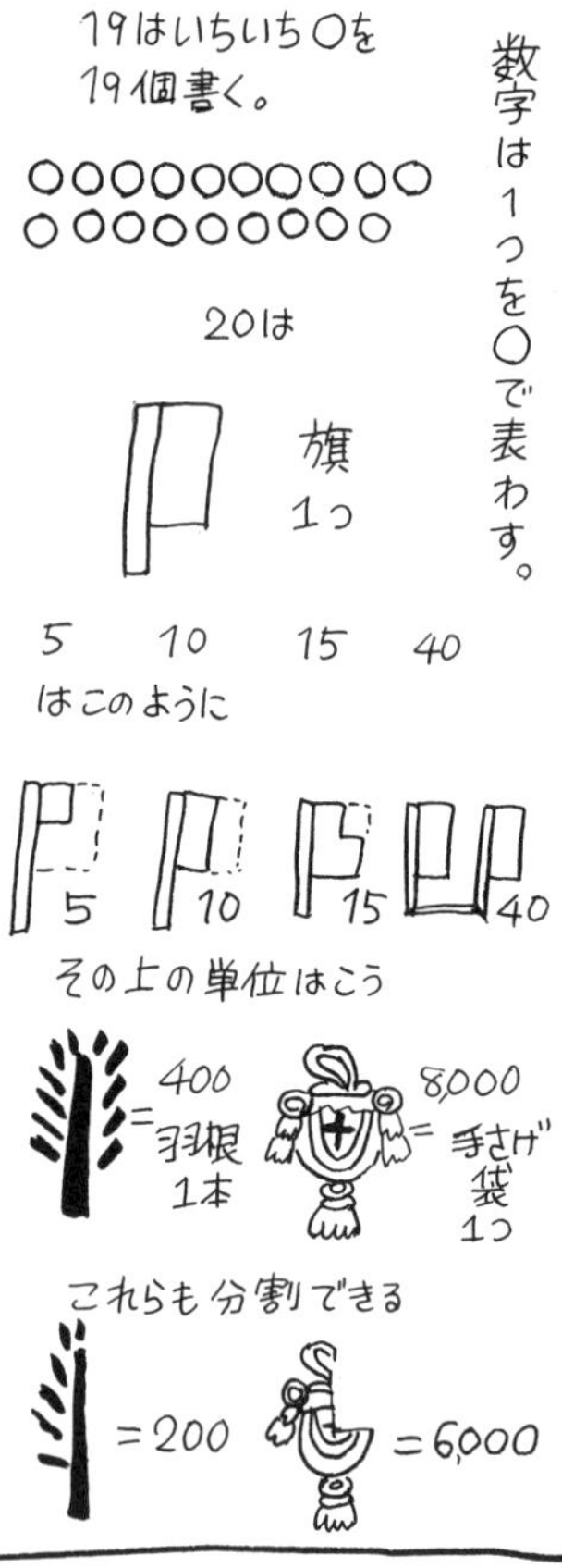
19はいちいち○を19個書く。
20は
旗1つ
5 10 15 40 はこのように
5
10
15
40
その上の単位はこう
=400 羽根1本
=8,000 手さげ袋1つ
これらも分割できる
=200
=6,000

大きな数字はこれらを掛け合わせてつくる。

例えば48万は
旗3つ=60
袋1つ=8,000
60×8,000で480,000

マヤが文字体系や０の概念を作ったのに、なぜかこういうことになった。

うーん
便利を嫌うというか
こわがるというか

メソアメリカ共通文化
あえて未発達

この方たちが、つねに大地や太陽に生かしてもらってるという負い目を抱えて生きていたのが、神話や生活の様子などからうかがえます。その謙虚さからか、賢くなりすぎないように、進歩しないように、どうも**わざと**セーブしてたようなところがあります。車輪の原理を知っていたのに、荷車などを作らなかったことや、こういう文字のこともその例に挙げられます。

⑤ 市民生活

義務

市民は皆、納税、兵役や、公共建造物が造られる際の肉体労働提供の義務があった。

でも結婚すると無料で土地がもらえたよー
それはスバラシー

でも土地はちゃんと耕さないといけない。2年放置したら勧告を受け、それでも放ったらかしてると1年後に没収された。

戦争は出世のチャンスが転がる場。

捕虜を捕らえれば捕らえるほど階級が上がった

税金を免除されたりさらに大きな土地ももらえたよ

刑罰

わりとなんでもすぐ死刑。強盗やサギ犯罪はおろか、売春斡旋《あっせん》、市場での万引き、女学校にいたずらで侵入するくらいのことも死刑。またアステカ人にとって男色はもうぜったいありえない禁忌《きんき》とされ、それも死刑。

アステカのすばらしいところは（テスココの法典に倣《なら》ったことだけど）、身分の高い人ほど罰を重くしたこと。王族も例外ではない。同じ犯罪を犯したとしても、平民は奴隷になるという罰を受け、貴族は死刑となった。そんなもんだから、役人のワイロ受け取り、公金横領など、権力にあぐらをかいた上での犯罪はぜったい許されず、即、死刑となった。

また「酔っ払う」ということも重罪のひとつ。原則、貴族、王族は死刑。平民も一度目は頭を刈られ（アステカの人たちにとっては屈辱なこと）、家を壊されるに留まるが（これもかなりキツい）、二度目には死刑になった。

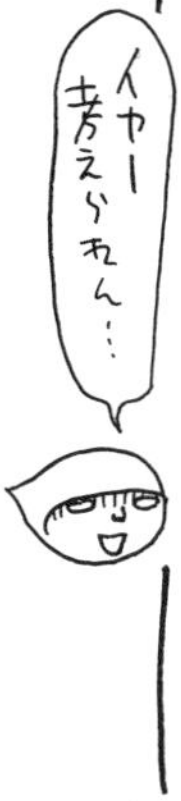
イヤー考えられん…

絵文書での酒の記号（ごはんみたいだが）
死刑の記号

酔っ払いは死刑！の図『メンドゥーサ絵文書』より

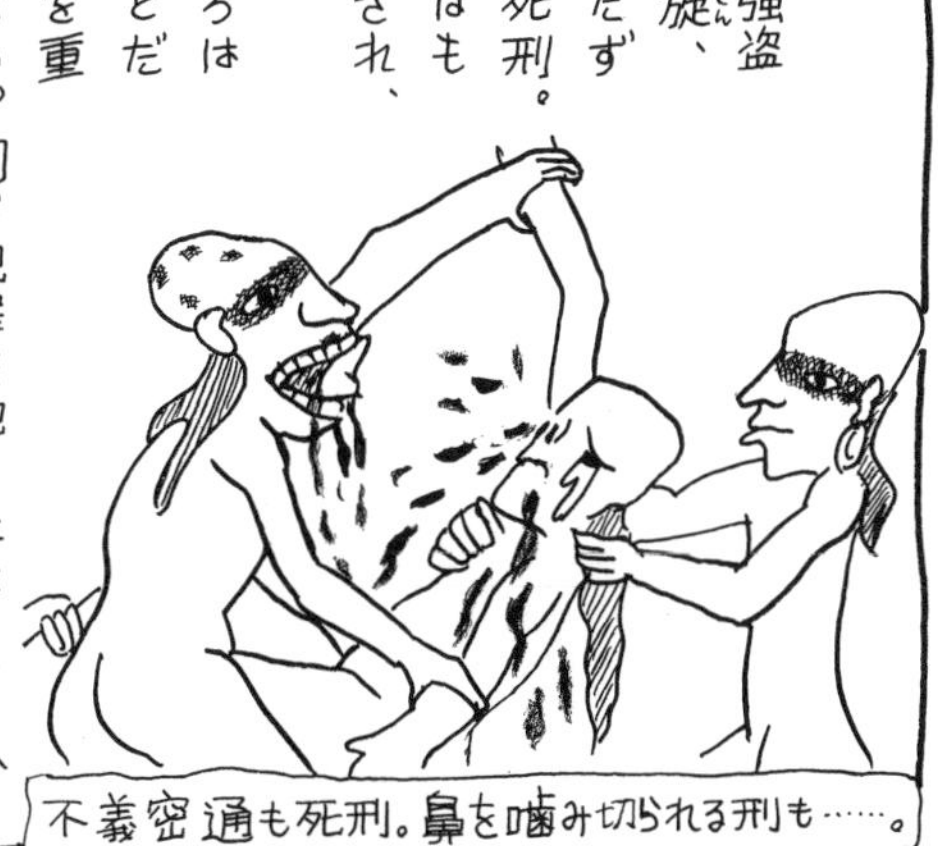

不義密通も死刑。鼻を噛み切られる刑も……。『トゥデーラ絵文書』より

ただし70歳以上の方々は、「長い人生ご苦労さまです、ということで大っぴらに飲むのをゆるされた。そのほか、病人や、50歳以上の人は小さなコップ3杯までならよい、とか祭りや結婚式のときは全員一律小さなコップ2杯まではOKなどと、細かい例外が作られていた。

飲み放題の老人
『メンドゥーサ絵文書』より

年長者は絶対的に敬われ、何はさておいても、いつでも優遇された。

また、階級社会が徹底していたアステカでは「分をわきまえる」ということに、ものすごくやかましかった。貴族、平民と、それぞれ服装規定があり、

平民
マゲイ素材(かたい)

貴族
木綿素材(やわい)

たとえばもし平民が木綿の服を着ると、それだけでもう死刑となった。

こんなに厳しいアステカの法律だが、被害者の損害を賠償すれば問われない罪もある（ちょっとした盗みなど）。さらになんと殺人さえも、終身の奴隷になることで許されたという証言もある（ディエゴ・ドゥランさんの弁）。一家の主《あるじ》を殺した場合はその家のために働き、残された家族の面倒を見ればよいとされた、というのだ。

ディエゴ・ドゥラン

宣教師。スペイン人による征服後間もないメキシコに幼少のころより移り住んだこの人は、自身の経験を生かして先住の人たちの歴史や風俗を絵入りで記録した（『ヌエバ・エスパーニャ誌』）。その挿絵は今もいろんな本に引用されてるが、どうもサアグンにくらべて軽んじられてるような。〈日本ではこれまた抜粋された形で出版されてます『神々とのたたかい2』岩波書店〉

奴隷

アステカの人々は、大きく分けると貴族、平民、奴隷の3つの身分に分けられていた（まぁ、この時代の国家としてはありきたり）。

貴族は政府の要職に就く特権階級であり、無税。給料として、王室からぜいたく品の現物支給があった。

で、奴隷なんだけど、その言葉のイメージからは遠く、かなり自由な存在であります。保護は手厚く、虐待はぜったいに許されない。勝手に転売もされない。

平民と結婚することもできるし、奴隷の身分は一代限りで、子供は自由人。奴隷を雇うくらい余裕のある奴隷もいたほどだ。

戦争捕虜や、ほかの国から貢ぎ物として連れてこられたような悲しみを背負った奴隷たちもいたが、たいがいがアステカ市民であり、借金の返済ができなくなったり、死刑までいかない軽い犯罪を犯したり、人に損害を与えたのでその弁償のため、などの理由で、わりとなんてことなくお手軽に奴隷になっているのだ。

聞いてー！オレ明日っから奴隷ーっ
マジかよダセー
とりあえずがんばりなー

マヤ人と同じでおもてなし好きのこの方たちは、たとえば大きな宴を一度でいいから主催してみたいと、その願いをかなえるために、借金を背負って奴隷になるなんて人も数多くいた。なので損害に値するだけ働いたり、罰の期間が終わるとすぐ自由になれる。たまに王の恩赦も発布され、全員いきなり解放されたりもする。

中途ハンパに貧乏自由人やるなら奴隷になったほうがいいね。3食喰わせてもらえるし、おこづかいももらえるし、軍役はあるけどなんてったって無税だからね
なるほど
生けにえにされるかもという不安はないのですか？
ないねー。生けにえになるのは、だいたい、外から連れてこられた連中だよ。あらかじめ決まってるから。オレたちには来ないねー。
アステカで奴隷はけっしてみじめなものではないのだった。
母が奴隷っていう王もいたくらいだよ
べつになーんの支障もなし！
4代目王イツコアトルさん

ほかにこんな人たちも

貿易商人ポチテカ

貴族と平民の間にはポチテカという貿易商人の階級があった。この人たちは貴族より身分は下だが、富の上では勝っていた。

王族向けのぜいたく品を仕入れに、隊を組んではるか彼方まで旅して回った。交易しながらも、各国の地理状況、防備の様子、動向などを探り、それを王に報告するというスパイ行為で王族に重宝がられる。

ポチテカはひとところにまとまって住んでいて、自分たちのことは自分たちで裁判をするなど、一種の治外法権にあった。またこの身分というか職業は世襲された。

『フェイエールヴァーリ=メイヤー絵文書』より

いつも危険と隣り合わせ。何ケ国語もペラペラで腕も立つ。

殺し殺されの世の中を処世でうまくこなしていたエレガントな人々。

アステカ人のお買い物 市場

この時代、アステカの人々ほどショッピングに恵まれた人はいなかったでしょう。

アステカはこの時代の世界一、と言い切っていいほどの大市場を持っていた。トラテロルコの市場は毎日2万人、5日ごとのスペシャル市には6万人も集まり（東京ディズニーランドの1日の平均入場者数に少し足りないくらいの人数）、スペイン兵も「ローマやコンスタンティノープルなんて目じゃない」と感動した。

市場ではありとあらゆるものが売られた。食べ物や服はもちろん、家具も工芸品も、動物も奴隷も。ここで手に入らないものはなかった。

支払いの基本は物々交換であるが、カカオ豆が貨幣の役割も持っていたのは有名な話。カカオ豆以外にも上質のマントや美しい鳥の羽根も貨幣のように扱われた。

カカオ豆1粒で大きなトマト1個、100粒で七面鳥やウサギが買えた（それぞれの国によって規定がちがうが）。偽札ならぬニセカカオも作られた（カカオ豆に似た豆に土を入れたりして）。

関係ないけど「トマト」もナワトル語起源の言葉ですのよ

⑥ 王の生活

トラトアニ（話す人）と呼ばれたアステカの王は、王の長男が順当に世襲するというものではなかった。息子の例もあるが、王の兄弟、甥、逆に叔父がなった例もあり、とにかくその時点でもっとも能力のある王族の中の誰かが、高位の人たちによる選考会で選ばれた。王になる前から軍功を挙げたり、神官としての能力を発揮したりと、人を納得させる実力をアピールしなくてはならなかった。
　王になるとあらゆることの決定権が持てる。王の下の議会は、王の提案に「NO」を言うことができたが、王がその提案を4度言ったときは、それが実行された。

出たな"4"

トラトアニのほかに、「シワコアトル（ヘビの女）」という重職もあった。
シワコアトルの位置付けについては、王に匹敵するものでありトラトアニと2王制度だったとか、いやいや総理大臣クラスだった、などと意見は分かれるが、何しろNO2だったことはまちがいない。アステカの改革者トラカエレル（p216）がこの役職に就いていた。
　王＝トラトアニの権威は、モクテスマ2世のときグッと上がった。それまでの王はもっと身近な存在だった。モクテスマ2世がどのようにして、王のカリスマ度をアップさせたのかは具体的にわからないが、王になったとき、先王に仕えていた役人、官僚、従者などなど、全員をクビにして自分のブレーンをすべての役職に配置した。このときクビにしただけではなく、粛《しゅく》清《せい》したとまでいわれる。

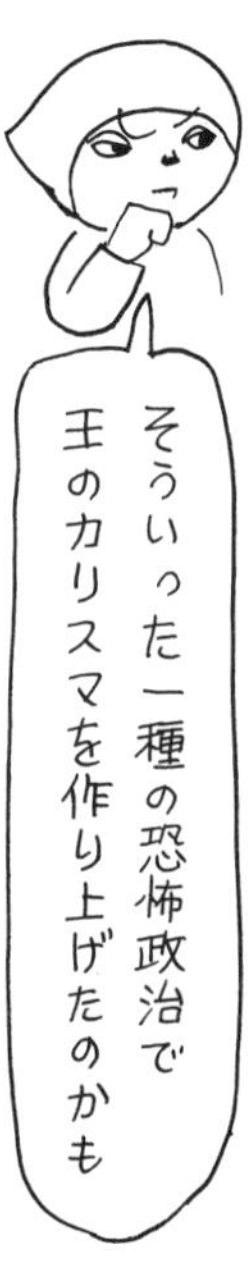
そういった一種の恐怖政治で王のカリスマを作り上げたのかも

また、モクテスマ2世は変化を嫌ったようで、身分の固定化を図った。これにより、武功などで出世しようとする者たちのチャンスが奪われた。

モクテスマ2世は半神半人扱いされ、何人も王の顔を直視することは許されず、皆、下を向いて話した。つねに輿《こし》に乗せられ、そこから降りて歩くときはその道が掃き清められ、王が地べたを踏むことのないように長い布が敷かれた。

宮殿では毎日、3千人の召使いが王のために働く。その宮殿はと言えば、とてつもない広さを持ち、あるスペイン兵が四度、朝から晩までヘトヘトになるまで探検したが、それでもぜんぶ見つくすことはできなかったという。

がっかりの平民の皆さん

王は日に四度も服を替え、一度着たものは二度と着なかった。

食事は1日300皿の料理が運ばれる。それらのお皿は冷めないように、小さな火鉢が1つずつ付いていた。この食器も一度使ったものは二度と使われなかった。チョコレートの入った大きなツボも50個以上運ばれた。食事の間、4人の美女が給仕し、音楽が奏でられ、小人や踊り子が芸をしてくれた。

王は動物園と植物園も持っていた。珍しい鳥が集められ、ジャガー、ピューマ、オオカミ、ヘビなどが飼われていた。これら動物のために毎日5千羽の七面鳥がエサになった。専任の獣医もいた。

チョコレート

本家本元オリジナルのチョコレートは、カカオの豆を挽いたものに、水、トウガラシや木の実、トウモロコシの粉などを混ぜ合わせたドロドロのドリンク。滋養強壮にいいとされ、王や貴族、武功のあった兵士しか飲めなかった。

高い位置から注ぎよく泡立たせた

占領当時のスペイン人には「激マズ！」「ブタの飲み物」と大不評。

それがこの世で一番おいしいもの（私見）になるなんて……。最初に砂糖を入れてくれた方（スペイン人の尼僧らしい）本当にありがとうございます

これらのぜいたくは、すべて征服した国からの貢ぎ物によってまかなわれていた。きちんと貢納表が残っていて、どの国がどれだけの貢ぎ物を納めたかが事細かに記されている。1年間で総計すると、日用品だけでも腰巻は40万枚、綿布200万枚、マゲイの織物30万枚、食糧数万トン、とクラクラするような数字が続く。これに加えてケツァル鳥の羽根、ヒスイ、金、銀、トルコ石のぜいたく品、武器、生けにえ用の奴隷など、思いつく限りの物品が大量に納められた。

戦闘服とか 楯とか
20
衣類
400

これはその貢納表の1ページで、ある地方に納めさせた分。（細かい物品や、都市名の絵文字は割愛）

かわいいーー！ なつかしの着せ替え人形ブックみたいだわ〜 でもそのかわいさの裏には……

アステカは、それぞれの国に自治をまかせていたが、貢ぎ物の納入を絶対的な義務として課した。
従属国は、征伐されることや戦《いくさ》になるのがイヤで、しょーがなく言われるまま貢ぎ物を出していたにすぎない（それもだいたい半年に一度）。
なんの見返りもなしに……。
ギブアンドテイクのテイクなし、アメとムチのアメなしの、アステカのただただ強硬なやり方に、どの国も不満を募らせていた。
これらの国々の恨みつらみを礎《いしずえ》に、テノチティトランは絶好調に美しく輝いていた。スペイン人が来るまでには何十もの塔や巨大建造物が建ち並ぶ秩序ある水上都市となっていた。
テペヤックへ
トラコパン（タクバ）へ
トラテロルコ
テノチティトラン
大神殿（テンプロ・マヨール）本当は西を向いてる
チャペルテペックへ
モクテスマの宮殿
イスタパラパへ
面積約16km²の小っちゃな島。人口はこの時点で20〜30万人といわれる。
そして栄華にも終わりが……。
陸地を結ぶのにいくつもの堤道（黒い部分）が渡されている。堤道は、コルテス曰く「騎兵が8組、横に並べられる幅を持ち、ところどころ、取り外しのきく橋が架かっていて、敵に備えていた」というもの。
区画から区画へは水路での移動。ベニスのような都がアメリカ大陸にもあったのです。

第9章

スペイン人、来寇

はーー、ついにいらしたよ
遠慮知らずの方たちが
（1519年～）

果てしない富への渇望

1519年2月10日、コルテス率いる11の帆船はキューバの港を出発した。

内訳
兵士553人、船員100人。
みんなスペイン本国ではパッとせず。
ひと儲けしようと参加。
そのほか、黒人奴隷1人、
ウマ16頭、犬（たくさん）がメンバー。
大砲は14基。

コロンブスの新世界発見（＝サンサルバドル島到着、1492年）以来、カリブの島々は、スペイン人が勝手に我がものとし、先住の人たちを使役して砂金採集に明け暮れていた。

金を採りつくし、自分たちが住みやすい町へと都市開発を進めるころには、先住の人々は過労や疫病によってほぼ絶滅する。それゆえ、労働力＝奴隷の確保が急務となり、「新たな土地の発見」を表立っての口実に、当時のキューバ総督ベラスケスは探検隊を出した。

もうスペイン人根本からまちがえすぎ!! ふつう先に住んでた人には菓子折り持ってごあいさつでしょう！ それを征服して働かせるってどういう育てられ方してんの！

コルテスに先立ち、すでに2回探検隊は出されていた。両方の隊は黄金を持ち帰り、まだまだあるという情報も現地から得て、3回目には一にも二にも黄金を持ち帰ることが目的となり、コルテス隊が出されたのであった。

探検隊1回目

コルドバが隊長。ユカタン発見の栄誉を担う。マヤの神殿にあった黄金製品をくすねて持ち帰っている。マヤ人との戦いでコルドバは重傷を負い、キューバに帰ってきて死す。

2回目

グリハルバが隊長。（現在の）ベラクルス付近での物々交換でかなりの黄金製品をせしめて戻ってくる。物々交換といっても、価値でいうと、向こうが1を得てこっちは300得たくらいの交換レートで、要はタダでモノもらったのといっしょ。メキシコ湾岸のだいぶ北まで進む。

コルテス

アステカ征服の主役であるこの男は、下級貧乏貴族の出。スペイン最古の名門大学であるサラマンカ大学で法律を2年学んだが、スペインにいてもうだつが上がらぬ小役人になるのが関の山と中退し、希望が見える新世界、西インド諸島へ。

ギリシア、ローマの英雄譚が好きで英雄たちの生き様に感化され、冒険を待ち望んでいた。

カエサルや
ハンニバル
アレクサンドロスの
ように生きたい

エルナン・コルテス
（1485〜1547年）

キューバへの征服隊に加わり、征服後ベラスケスの秘書になる。

——コルテスとベラスケスは、憎み合いながらも離婚できない夫婦のような関係であった。ベラスケスから見たコルテスはインテリで愛嬌があり、あらゆることに気が回り、仕事もそつなくこなし、頼りになる男であると同時にいまいましい存在でもあった。

それで仲たがいしたり、また手を組んだりをくりかえした。コルテスのこのころの欠点といえば、女にだらしないこと。ベラスケスの友人の妹をヤリ逃げしようとしたときは、怒り狂ったベラスケスによって投獄までされた。この件は責任を取って結婚するということで、なんとか落着した。

どーもバカに
されてる気が
するんだよね〜
ベラスケスさん→

遠征の隊長に選ばれたものの、ベラスケスにいつ解任させられるかという不安がつねにつきまとっていたので、コルテスは逃げるようにキューバをあとにした。

案の定、出航してすぐ召還命令。

ちょっと
待て!!
ちっ

で、無視してそのまま進んだ。

いちおうご機嫌を取るような手紙を書いてフォロー。

フンフン♪
デキるホステス並みに
筆まめな男

アギラール

コルテス隊はまずコスメル島に上陸。

そこのマヤ人に、本土ユカタンのマヤ人グループの中にスペインの男がいる、という情報を聞く。

その男アギラールはもともと聖職者で、これより8年前、カリブ海を渡っているときに乗っていた船が転覆し、仲間18人と乗り移った小ボートにて2週間漂流。その果てになんとかユカタンにたどり着いたのだった（この人たちがユカタンに足を踏み入れた最初のスペイン人）。着いた時点で仲間を餓死により（7人）失っていたが、生き残った者もマヤ人に捕らえられた。そして過酷すぎる試練、生けにえが！

日々仲間が順番に心臓を取り出され5人が餌食となったあと

残りの者はなんとか脱出。

が、またマヤ人に出遭ってしまい

……と思いきや、その人たちは前のマヤ人グループとは敵であり、アギラールたちに同情を示し保護してくれることになった。ただし奴隷として酷使されたので、アギラールと、ゲレロという者以外は病気になって結局すぐ死んでしまった。

でもその人たち以上に気の毒な人も……。

先の脱出劇の際、逃げる途中ですぐに捕まった人がいた。その人はそのとき頭を斧でパックリ割られたが死なず、その割れた頭を面白がられ、死ぬまでの3年間、道化師として生きたのだった。

アギラールは8年もの歳月、マヤ人のために働きながら、毎日カレンダーをつけ、スペインに戻れる日を待ち焦がれていた。
スペイン隊が来たという報せは、どんなにうれしかったでしょうねー
ええ……まぁ
コルテスは、マヤ人にすぐさまそのスペイン人を連れてくるよう頼んだ。
アギラールは報《しら》せを聞くと、世話になってる王にあいさつをしたあと（律儀な性格）スッ飛んで来たのだが、着いたときにはもうあとの祭り。スペイン隊は8日間アギラールを待つも現われないので、もう死んだものだろう、と船出したのだ。
ところが
ハーもー死にたい
ぬぉっ!?
なんたる幸運か。
船隊のうち1隻の船が暗礁にぶつかったため、修理が必要になって戻ってきた！ アギラールはついになつかしのスペイン人たちに会うことができたのだ。
いやーもーあのときのセーフ具合を思うと本当ドキドキします
コルテスはもう1人のスペイン人、ゲレロも連れてこい、と言ったが
お祭しますとも
はい……。ゲレロはマヤにすっかり溶け込み、イレズミも入れ耳輪もつけマヤ人そのものとなってしまいました。マヤの長の娘と結婚し、子ももうけ、戦の指揮をまかせられるほどの身分になっており今さらスペインには戻れないと申しております。
ゲレロはそのころアギラールとはちがうマヤグループにいた。
ということであきらめた。

アギラールの言うとおり、ゲレロは身も心もマヤに捧げ、スペイン軍がマヤを征服しに来たときも、マヤ戦士として、スペイン軍と戦った。戦《いくさ》のあと、亡骸《なきがら》がマヤ戦士たちの死体の中から見つかり、その死が確認された。

コルテスはマヤ語の通訳という宝を手に入れたことに大満足して、先へ進む。

マヤ人から英雄視されるゲレロさん（そりゃーそーだ）。いろんなところに銅像があります。

マリンチェ

ユカタン北部で第1、第2次隊がマヤに手ひどい攻撃を受けたという先例があるので、そこはすっとばして西を目指した。

第2次隊が「豊かなところで、人々はフレンドリー」とお勧めしてたタバスコに行ってみると、とつぜん攻めてきたので、戦争になった（フレンドリーなはずのタバスコが牙をむいたのは、前回、スペイン軍と戦わずして逆に親切にしたことで、周りの国々から腰抜け呼ばわりされたからだった）。

スペイン軍はこの最初の戦いに勝利し、タバスコの王から仲直りのしるしとして、金やぜいたくな布、そして20人の娘をもらい受ける。

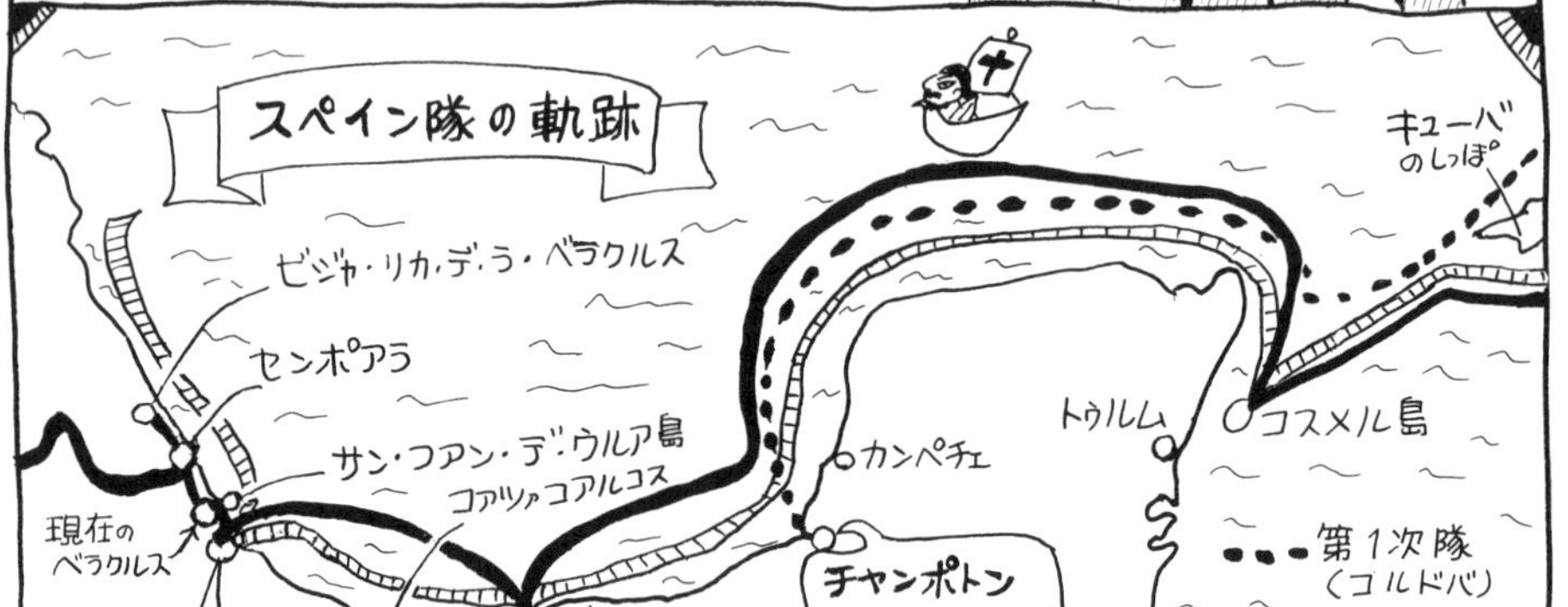
スペイン隊の軌跡
キューバのしっぽ
ビジャ・リカ・デ・ラ・ベラクルス
センポアラ
サン・フアン・デ・ウルア島
コアツァコアルコス
現在のベラクルス
カンペチェ
トゥルム
コスメル島
タバスコ
ボカ・デル・リオ
第2次隊が食事をもてなされ、ガラス玉と引き換えに大量の黄金を手に入れたのはこの辺。このとき相手は誰かわからなかったが、モクテスマ2世が送り出していたアステカの使いであった。
チャンポトン
第1次隊がマヤ人に攻撃され潰《かい》走《そう》したところ。隊長コルドバの死はこのときのケガが原因。
第1次隊（コルドバ）
第2次隊（グリハルバ）
第3次隊（コルテス）

もらい受けた20人の娘の中にマリンチェがいたことがコルテスに決定的な幸運をもたらした。

マリンチェは、コアツァコアルコス地方（場所は↘の地図に）の、あるナワトル語圏の国の王女として何不自由なく暮らす身分だったが、父が死んでから運命が狂い出す。再婚した母親は、新しい夫との間に息子が生まれたので、マリンチェを疎ましがるようになり、奴隷として売り払った。それから、めぐりめぐってタバスコ王の所有奴隷となっていたのだった。

タバスコで、マヤ語を習得したマリンチェは２ヶ国語をしゃべることができた。コルテスはまた「言葉」を手に入れた。

おとぎ話のヒロインのような生い立ちを地で行くマリンチェさん

このとき17歳。

タバスコまでの交渉はアギラールで事足りたが、アステカ圏内に入ったときは、アギラールがコルテスのスペイン語をマヤ語にし、それをマリンチェがナワトル語に訳す、というやり方で、なんの支障もなくコミュニケーションを取ることができた。しかもデキる女マリンチェはスペイン語も習得し、のちにはひとりですべて通訳できるようになった。

絵文書でもつねにコルテスにピッタリくっついて交渉をまとめる中心人物。

『トラスカラの布』（絵文書）より

コルテスとの間に子もできました。

このマリンチェのおかげで、さまざまなことがしだいにわかってきた。ここから先の広大な土地はアステカという強大な国が支配してるということ、都はテノチティトランといい、黄金がたくさんあり、そこの王モクテスマ２世が絶対権力を握っていることなどが……。

アステカとのファースト・コンタクト

コルテス隊はタバスコをあとにし、さらに西へ。サン・ファン・デ・ウルア島（第２次隊のグリハルバ隊長が名づけた）に停泊する（１５１９年４月21日）。するとモクテスマ２世からの使者が即座にやってきて、ごあいさつ。コルテスがテノチティトランへ行きたい旨を述べると、使者は何度もテノチティトランと島を往復し、ふんだんに贈り物を差し出した。

★「真実の十字架の富める町」の意味。現在のベラクルスよりすこし北。以降"ベラクルス"と略します。

その中にはたとえば馬車の車輪ほどもある大きな黄金の円盤や、動物の黄金像などがあり、よくわからん相手だというのに、破格の太っ腹を示す。

この豪華で緻密な芸術品は、現物を見た人によると驚異のものらしいのですが（画家のデューラーも興奮してます）あとですべて鋳《い》つぶされ、のべ棒になったのでもう見ることはできません

モクテスマ2世は「帰ってくれ」を贈り物で表わしたのだ。

空気を読んでくださいよ〜

しかし、このアステカ流のぶぶ漬けが、ますますスペイン人のアステカ征服への欲望の火に油を注ぐこととなる。

スペイン軍は俄然《がぜん》やる気を出し、初めて都市作りに着手。そこをアステカ征服の拠点とした（ビジャ・リカ・デ・ラ・ベラクルス★）。

モクテスマ2世の苦悩

スペイン人の噂は最初の遠征の時点で、アステカにも入っていた。

――東の海に、バカでかい山（船のこと）が現われ、それには変な風ぼうの者どもが乗っていて、シカのバケモノ（ウマのこと）を引き連れ、マヤや湾岸の人たちと戦ったり仲良くしたりしているという……。

フィレンツェ絵文書にはスペイン人が来る前に、不吉な兆候があったことが描かれている。

こわいこわい
ヤバいヤバい
どうしよどうしよ

彗星の出没
湖が沸騰
夜な夜な女の叫び声
ヒー
滅びのときが来たのじゃ〜
2つの頭を持つ人間が現われたり消えたり
頭に鏡の付いた謎の生物捕らわる
とつぜん燃え出す神殿

こんなことが本当にあったかどうかはべつとして、スペイン人が来たことを不吉な兆候と結び付けたモクテスマ2世は栄華の終わりを感じ、すっかり気落ちし何も食べず、ずっとクヨクヨしていた。

願いはただひとつ、その得体の知れない人たちが帰ってくれることだけ。
それで、第1回目のスペイン隊の話が耳に入ってからは湾岸地帯につねに偵察を出し、その人たちが来たら、すぐに贈り物を届けるよう万全の準備をしていた。また使者とともに呪術師たちもお供させ、呪いの力で病気にさせることも試みた（もちろん効果なし）。
トトナカ人来訪
アステカ側が戦々恐々としてる中、スペイン陣営に、センポアラというトトナカ人の国（ベラクルスのご近所）から使者が来て、招待を受ける。
トトナカ人はスペイン軍をもてなしながら、アステカという国が多くの国を暴力でおびやかし、大量の貢ぎ物を要求し、皆をどれほど追いつめているかと苦境を切々と訴えた。
よし これは 使える
その矢先、アステカの税徴収人がやってきた。スペイン軍を歓待してる様子に
なんだお前たち アステカの許可なしに こんなこと していいのか。
罰として 20人の生けにえを 差し出しな
コルテスは
コソ コソ
私が責任を取るから
と、税徴収人を捕縛させた。
ここでトトナカ人に頼もしさをアピール。
おおっ
そのあと自分らで監視するとアステカ人を連れて行き、トトナカ人の見ていないところで縄を解いてやり、さも自分のとりなしで解放されたというふうを装った。
トトナカのふるまいはひどいねー。私が怒ってあげましょう。私はアステカの友です。ぜひ王によろしくお伝えください

コルテスは万事この調子で、つねに策略をめぐらし、「恩を着せる」を第一の武器として立ち回る男であった。
でもこの件はとくに功を奏さないみたい
それからコルテスはトトナカ人にすっかり信頼されてきたのを見計らって、神殿にあるトトナカの神の像をなぎ倒し、マリア像と十字架をそなえつけた。
生けにえなどという汚《けが》らわしいことはやめるのだ
ふだん冷静なコルテスも、キリスト教押し付けにかんしては、こういう力ずくな無茶をよくやった。
これを、のちにラス・カサスという神父はこのように批判。
いきなり偶像倒して十字架立ててもこの人たちにはなんのことかわからんだろ！
何百年も彼らが信じてきたことをこんな形で踏みにじるなんて思い上がりもはなはだしい。これじゃー彼らの偶像が十字架やマリア像という新たな偶像に代わっただけ
ゆっくり教えを理解してもらい、彼らが心から偶像を捨てたいと思うときに初めて自らの手で壊させるべきだろう
ラス・カサス神父（1474〜1566年）征服後すぐに、先住の人たちの人権と保護を訴え出した怒れる人。
コルテス、背水の陣を敷く
コルテスはテノチティトランに向かう準備に取り掛かる。まずスペイン国王宛てに、アステカからの贈り物を載せた船を出した。
それから残った船をぜんぶ焼き払った。

部下の中には、こんな何百もの国を支配下に置く大国に、こんな乏しい人数、乏しい武器じゃ無理だから、一度キューバに戻って援軍を頼もうという現実的な考えの者が多数いた。

が、これで、反対していた部下も先へ進む以外になくなった。

第一
生けにえ
コワすぎ
ぜったい
ヤバいよ
この土地

なかば強引に出てきて、召還も無視したコルテスは、戻ればもうつぎはない。コルテスのわずかな成功の可能性はテノチティトランへの行軍にしかなかった。

ひとまず
ホッ

コルテス軍はトトナカ人700人ほどをお供に付けてもらい、ついに出発した。（1519年8月15日）。

ちなみに150人の兵士がベラクルスで留守番。

トラスカラ

アステカの宿敵にトラスカラという国があるというのを聞き、そこも仲間にしようと立ち寄った。が、とつぜん攻撃を受ける。

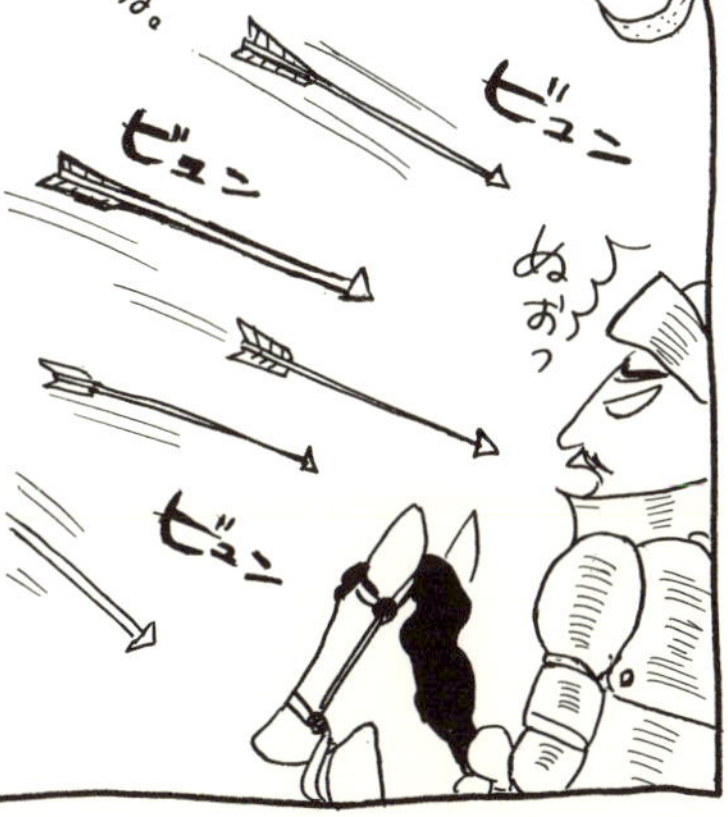
ビュン
ビュン
ビュン
ぬおっ

激しい戦いののち、トラスカラはすんなり和解を申し出てきた。

いやーすみません。
アステカの罠と思って
ひどい態度に出てしまいました。
アステカの敵はわが友。
ぜひお供させてください。

と、ここからトラスカラは最後までスペイン人の心強い友であり続け、つねに大きな戦力となってくれた。まずは5千人のトラスカラ人も同行してくれることとなった（トラスカラ入場 1519年9月23日）。

チョルーラ

トラスカラで歓待を受けている間、チョルーラからお招きを受ける。で、チョルーラに行ってみると、最初はいろんなお偉いさんが来て大歓迎の意を表わしていたのに、アステカの使者が来たとたん、急に冷たくなった。

食物を頼んでも

不作のためトウモロコシが穫《と》れなくて
こんなものしか出せません
ムスー

と薪《まき》を出してくる始末。

こんなんどーせーちゅーんじゃー

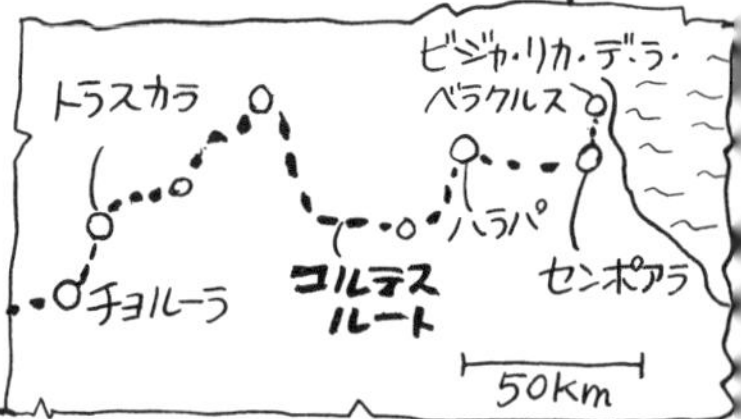

トラスカラ
ビジャ・リカ・デ・ラ・ベラクルス
ハラパ
センポアラ
チョルーラ
コルテスルート
50Km

不穏な空気が漂うなか、マリンチェはお偉いさんの妻と仲良くなり、そのご婦人から、アステカから2万人の援軍が来たことを聞き出した。半分はすでにチョルーラに入り、半分はすこし先の谷で待機し、スペイン軍に奇襲をかける予定だという。

コルテスはこの報告を聞くと、チョルーラの王に「明日去るので、皆さんにあいさつをさせてください。それから我々にお供してくれる2千人の兵士も用意してください」とチョルーラの幹部と兵士を広場に集めさせ、そこで逆に奇襲攻撃をかけ、命を奪った。それだけじゃなく攻撃は町中に及び、一般市民も虐殺された。ぜんぶで3千人以上が一気に殺された（1519年10月18日）。

ところで、チョルーラとアステカが陰謀を画策していた、というのはスペイン側の申告であり、先住の人々の文書では「とつぜんスペインが襲った」となっている。たしかに陰謀があったにしては、コルテスの奇襲のやり方ひとつ取っても矛盾点が多い。

『トラスカラの布』より

いくら奇襲で機先を制したとしても2万人もアステカの援軍が内外にいたら、やられるよね〜。でもってこのあと、どこにもそのアステカの援軍とやらは現われないし……。
★疑心暗鬼に駆られたコルテスの勇み足か

★事前にトラスカラにしつこく、チョルーラの悪口を吹き込まれていた。

このあと
チョルーラの
生き残った人々は
スペイン人に
1人1羽の
七面鳥と
ごちそうを出し、
さらにウマ
1頭1頭にも
同じものを
出したという。

悲しすぎるよ〜
ペコリ
?
?

先住の人々はウマもある程度、人間と同等に見ていたようだ。のちにスペイン人が生けにえにされたとき、人間の頭がい骨といっしょにウマの頭がい骨も並べられた。

スペイン軍にしたって、ウマは人間並みに大切な存在であった。1頭1頭、特徴や飼い主の名前を皆がソラで言えるほどであった。

ウマは非常に高価であり、最初の2つの遠征隊は連れていなかった。3度目にして初めてコルテスが、ウマを知らない先住民を威嚇《いかく》できると踏んで連れてきた。実際その思惑は当たり、彼らは充分その期待に応えたのだった。

テノチティトラン

コルテス軍はさらに歩を進める。

ちなみにこの時点でのお供はトラスカラ兵1000人（アステカの敵を連れて行くと心証が悪い、と減らした）。

トトナカ人たちは

…すんません…

アステカの領内に入るのを怖がり、ここで撤退。

テノチティトランに着くまでにいくつかの町に立ち寄った。どこもごちそうと宿を提供してくれ、おみやげも持たせてくれた。

けっこう、このくだりも頭にキたところ。（割愛しましたが）タバスコからテノチティトランに着くまでのほとんどの町が旅人へのもてなし心から、この異質な風ぼうの人々にこのように無償の親切をほどこすのです（こっちはあとのことを思うと見ちゃらんない！）。で、スペイン軍はっていうと、それにまったく恐縮せずそれどころか、わりと当たり前のことのように受け止め、つねに上からの姿勢。

本当、ニブいヤツは最強です。

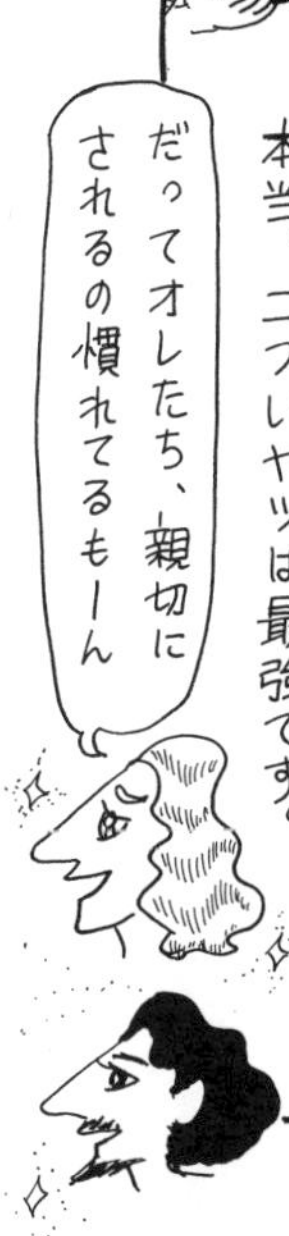
だってオレたち、親切にされるの慣れてるもーん

それから道中、到着するまでの間に何回も、アステカの使者がたくさんの贈り物を持ってきた。そして
今、わが国にいらしても不作で食物がなくろくなおもてなしができない
道が悪いので旅の苦労を思うとしのびない
王の具合が思わしくありません
わが国は湖に浮かぶ国ゆえ舟を使わなきゃならない面倒なところです
帰国しても贈り物ならいつでも好きなだけお送りします
などと、自分たちを卑下しながら思いつく限りの言い訳をうやうやしく並べ立て「来ないでくれ」を懇願するのだが、コルテスは
私たちの訪問はけっしてあなたたちに害をおよぼすものじゃありません。むしろ多くの利益をもたらすのです
と涼しい顔で使者の言葉をさえぎり、先へ進んだ。
ダ〜〜！
へりくだり戦法はダメダメ！相手はそれに乗っかってどんどん付け入ってくるよ!!
しかも一度腰低キャラになってしまったら強気なことは言えなくなるよー私もそれで苦労してるよー
そしてついに、テノチティトラン入場——！
一同、水に浮かぶ都市の、そのあまりの壮麗さに茫然。
（1519年11月8日）
夢を見ているのではないかとスペイン兵を心底、感嘆たらしめた。
これほどの土地は世界中探してもこれまでどこにも見つかったためしがない
byベルナール・ディアス★

1三りも壮麗に見えませんことを、多少、心苦しく思っております。

★ベルナール・ディアス(・デル・カスティージョ)

3回の遠征すべてに参加した兵士。

晩年に、「今、世に出てるメキシコ征服にかんする本はコルテスへのお追従《ついしょう》でしかない。真実はこうだ」と長い長い著書『メキシコ征服記』にどこまでも細かいことを書きつくした。全編、誠意を持って客観を心がけたその書は、今日では一番の歴史資料となっている。

もうぜったい見られないアステカの都の、夢のように贅《ぜい》を尽くした絢爛《けんらん》豪華な世界が再現され、旅行記としても面白い。また、コルテスのケチぶりには相当腹を立ててるようで、そのグチをちょいちょい挟んでいるところが、私には一番グッとくるところ。そしてさすが体験者、戦争の臨場感や、極限状態の兵士たちの恐怖心が、こっちにもリアルにひりひりと伝わる。

貴族の親も持ってない
財産は身一つという
一兵卒の悲哀も心に沁みます

モクテスマ2世の異常な気遣い

堤道にて、スペイン軍は出迎えてくれたモクテスマ2世と対面を果たす。スペイン軍には前王の宮殿が宿として提供され、豪華な食事がふるまわれたあとモクテスマ2世はこう言った。

我々の先祖は
「いつの日か太陽の昇るところから
この国を治める人間がやってくる」
と言い残した。
貴公たちはその人にちがいない

この、モクテスマ2世のセリフはなんなのか。

これはベルナール・ディアスが記録したもので、コルテス自身が書いた記録では、もっと「ですから、さぁさぁ国を治めてください」と促すセリフになっている。

有名すぎる説は――トゥーラのケツァルコアトル王が国を去るとき「私は1の葦《あし》の日に戻ってこよう。そのとき破壊がもたらされるだろう」と感じ悪すぎなセリフを言ったという伝説があり、またケツァルコアトルは白い肌と口ヒゲをたくわえた人とも伝えられていたので、モクテスマはコルテスをケツァルコアトルの再来と思い込んでしまった――となっている。

実際コルテス軍が来た年はアステカ暦の「1の葦」であったし、あまりにもこの話はまことしやかに伝わっていて、どの本にも載っているから、なんたる符合か、事実は小説よりも奇なり、伝説が仇《あだ》になった悲劇的な話、うまくカン違いされてラッキーなスペイン人、とパズルのはまり具合やドラマチック加減に私も興奮したのだが、なんとそれは「あとづけの作り話」だというのだ。

まず先住の人たちの絵文書には、1の葦の日に戻ってうんぬんの、セリフを吐いたという文章はどこにもないらしい。たしかにこのセリフは、話の流れと、キャラ設定からいっても、おかしい。

また同様に、ケツァルコアトルのビジュアルが白い肌にロヒゲというのもスペイン人の書いた本にしか存在しないそうだ。

えええええ〜〜〜!?
また
そーいうの?
もう!
これじゃあ
何ひとつ
信じられないよ
もー
記録って
何!?

ただ、先住の人々の話を集めたフィレンツェ絵文書などにはたしかに「モクテスマ2世はケツァルコアトルが帰ってきたと思い、おびえていた」と書かれている。

それすらも先住民による捏造説(↓)があるが、先住民文書を素直に信じると、スペイン人をケツァルコアトル本人とは思ってなくても、(最初のうちは)ケツァルコアトル王の子孫とかケツァルコアトルの国の人間くらいには思い込んでたんじゃないか、王位を主張され面倒なことになるとおびえたのではないか、と思えてくる(実際そのように唱える人も)。前ページのモクテスマ2世のセリフからもそう想像したくなる。

★先住民による捏造説。「先住の人々は、負けてしまった理由を『自分たちの戦力や武勇が劣ってた』とするのはプライドが許さないから『負けることは予言もされてたし、すでに運命として決まってた』としたかった」というもの(人類学者スーザン・ギレスピーさんという人の解釈)。

? ?
……あんまり
ピンと来ん

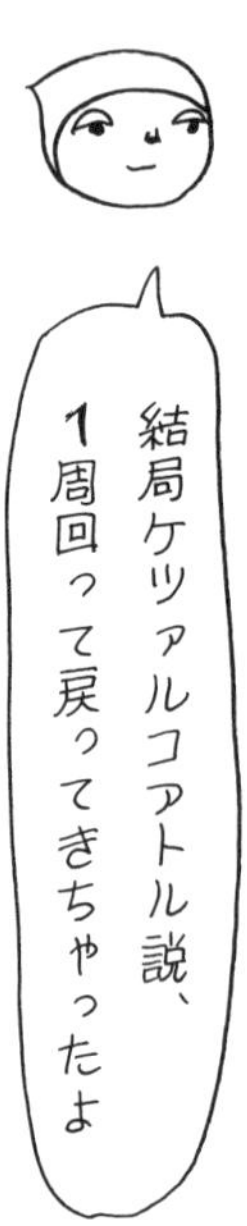
結局ケツァルコアトル説、
1周回って戻ってきちゃったよ

ケツァルコアトルのことは関係ないとしても、何しろこの人たちはつねに終末思想を抱えた人たちであった。モクテスマ2世の4代前の王モクテスマ1世が、伝説の地アストランを部下たちに探させたという伝承がある(ディエゴ・ドゥランによる記録)。

これは、部下たちがアストランを無事見つけ、ウィツィロポチトリの母にも会う、というのが大筋の話でファンタジーであり作り話だ。それはいいとして、ここで取り上げたいのは、その伝承で
旅の案内役である老人に
今のアステカ人はぜいたくに浸りきって弱くなった。堕落の極み!
と言わせ
さらにウィツィロポチトリの母に
今にアステカはほかの国にしてきたように征服される日が来る
と予言の言葉を吐かせてること。
この例から、また太陽の神話の例からも、つねにアステカは良心の呵責を抱え、栄華は長く続かないと不安を抱えていたことがわかる。
いやー、これ以上ないっていうくらいの栄華の絶頂時に、今までまったく見たこともない容貌の人たちがドカドカ来て、みんなを仲間にして近づいてきたら「これが終わる合図だ」と思ってしまうのもすごーくうなずけますよ。
スペイン軍は、モクテスマ2世からさらにたくさんの贈り物をもらい、最大の歓待を受けるという6日間をすごす。
キャッ
キャッ
もうこれでいいかげん満足して帰れよ〜
と、そこへ、ベラクルスで留守を守ってるスペイン兵がアステカ軍に襲われた、という報が入ってきた。コルテスはこれを理由にモクテスマ2世を軟禁する。
申し訳ないけど、あなたを信用できません
え〜っ、いやいや、私より娘を人質にしてくれ
親心もヘッタクレもないことを言うモクテスマ。
モクテスマ2世は事実上、人質に取られることになったが、宮廷での生活は変わらず。その間も王としてのぜいたくはできたし、またスペイン人へのもてなしもやめなかった。

スペイン兵の間では、ポンポン贈り物をくれ、気安くしてくれるこの王は大人気だった。

モクテスマ2世としては、自分のような、神と崇められる人間がひどい扱いを受けてるなんて思いたくなかっただろうし、礼儀正しくいい顔しておけばいつか国に帰ってくれるはず、とこの時点でも信じていたのだろう。コルテスはそれに付け込んで、スペイン王への忠誠を誓わせたり、アステカの配下すべての国にスペイン人にも税を納めるよう命令させたりして、とことん王としての面目をつぶし、追いつめていった。

そこでモクテスマ2世は最後の賭けに出る。アステカの宝物庫を開放し、すべての財産を差し出したのだ。それはここ以外にこの世のどこにもなく、まさにおとぎ話にしか出てこないような言語に絶する宝の山だったそうだ。ヒスイ、真珠、あらゆる宝石、銀、そして黄金。この宝を己が手にしたスペイン人はこのとき幸せの絶頂だったろう。そして本当にこいつらときたら！ 美しい細工がほどこされていた黄金製品は即座にすべてのべ棒にされた。なんと金は総計1トンもあったという。

でも、またモクテスマ2世はまちがった。これでコルテスたちがお引き取りしてくれるはずもなく、メインの2連神殿に十字架を立てるなど、やりたい放題はヒートアップ、厚かましさは肥大する一方だった。

悲しみの夜

滞在から8ヶ月が過ぎた。

このころキューバでは、コルテスの独走プラスNO連絡に、総督ベラスケスがついにシビれを切らし、コルテス討伐軍を差し向けた。コルテス軍はそれと対峙するためセンポアラに向かう。

ヤキモキ
ヤキモキ
おそい!!

コルテスたちがさっさと征服に踏み切らなかったのは、スペイン王からの征服許可を待っていたからです。

この戦いは、コルテスにとって赤子の手をひねるようなものだった。討伐軍を軽く打ち負かし、その兵をすべて仲間に加え、これでスペイン軍は総勢1500人以上となったへウマも100頭ほどプラスされたし。トラスカラ兵も新たに2000人付き合ってくれることになった。

来た道をまた戻る
（ざっと約250km）
テノチティトラン
センポアラ
ったく邪魔くさい!!

ところがそのときテノチティトランは大変なことに!!

テノチティトランの留守は、コルテスの右腕であるアルバラードに任せられていた。

アルバラード
やさしさに溢れた目
陶器のような白肌
輝く黄金の髪
趣味は略奪♪
コルテスがカエサルだとすると、この男はさしずめアントニウスといったところか。明るく楽しく笑顔で人を魅了する。イケメンぶりとその輝きから、先住の人々に「トナティウ（太陽）」と呼ばれた。
しかし愛される容姿とはうらはらに、弱者の気持ちを推し量るような繊細さはいっさい持ち合わせていない、非常識で残忍な暴れん坊だった。
テノチティトランで祭りが始まったのだが、そこでの人々の陶酔かげんや熱狂してるさまが、アルバラードらスペイン人には根源的な恐怖を呼び起こしたのだろう、反射的に剣を抜いてしまい、銃をぶっ放し、無防備なアステカ人を殺しまくった。
（ディエゴ・ドゥランによれば8600人の死者が出たそう。この絵もドゥランより）
今までひたすらガマンしていたアステカ人はこれでついに爆発。反撃が始まった
アステカ人の反撃は時間とともに激しさを増していく。
怒り狂うアステカの民を鎮めてもらうよう、コルテスはモクテスマ2世に説得を頼んだ。
戻ったコルテスはアルバラードを叱責。
いや〜ちがうんですよ。奴らが祭りに乗じて襲おうとしたんですよ。武器持ってましたもん
しどろもどろ
そんなことあるか—!!
せっかく私が築いてきたことを
ここでモクテスマ2世はついにあらがった。
もうムダだ。私には力はない。そもそももう生きていたくない。できもしない約束をするだけの貴公の言うことを聞きたくない。貴公はただのウソつきにすぎない

★先住の人々の文書では、モクテスマ2世は用済みとなったのでスペイン人に殺されたというのもある。それはちょっと解せん。

それでも王としてしぶしぶ演説をした。

が、モクテスマ2世の言ったとおり、彼の言葉に効力はなかった。もう国民は新しい王として、モクテスマ2世の弟であるクィトラワクを担ぎ上げてしまっていた。

しかも民衆が投げた石が当たり、それが原因でモクテスマ2世は死んでしまう。

スペイン人に気を遣うだけ遣って コルテスに翻弄《ほんろう》されて、財産すべてむしりとられて こんな哀しい最期を★……。

何も食べず
手当ても拒んだ。

衰えることのないアステカの敵対心に、ついにスペイン軍も退却を余儀なくされる。

このときモクテスマからもらった宝は、分配もへったくれもなくなり、

好きなだけ持て!
くそ~

となったほどのあわてよう。

堤道を渡って逃げたが、途中で橋が外され、皆、湖に飛び込まざるを得なくなった。このとき、欲の皮つっぱらせて、宝を持てる限り持ってきた者は、宝の重みで身動きが取れなくなり、捕らえられたという。

教訓童話のようなエピソードですね
まちがいなく私もこーなる

対岸のトラコパン(タクバ)にたどり着けたスペイン人はスペイン全軍の2分の1にも満たない440人、トラスカラ兵は3分の1の1000人。ウマは5分の1以下の23頭しか助からず、多くの銃や大砲も失った。この夜のことをスペイン人は「悲しみの夜」と呼んでいる(1520年6月30日)。

とにかくトラスカラに戻ろう

帰りのルート
オトゥンパ
トラコパン
テノチティトラン
アステカ配下の国を避けるため悪路を選んだ。
行きのルート

このとき、アステカは捕らえたスペイン人やトラスカラ人を生けにえにするのに大忙し。

フー
ハイ、つぎ

ロクに武器もなく、食べ物もまったくなく、歩くのもやっとな兵士たちにとって、トラスカラまでは果てしない道のり。死んだウマの皮まで食べつくしたということで、どれほどギリギリに追い詰められていたかがわかる。

最後オトゥンパにて、アステカは生けにえ仕事から解放されたのか、大軍率いて待ち伏せしていた。大激戦となったが、アステカの司令官が倒されると撤退してくれ、スペイン軍はなんとかぎりぎりで助かった。無傷の者は1人もおらず、コルテスも2本の指を失った。

ここで追撃に本気を出していたら、ズタボロのスペイン軍を倒せたのに……
もったいない
だって身についた習慣だもの、しかたないでしょー

と多くの学者にツッコまれてます。

ふたたびの挑戦

コルテスはさっそく仕切り直し。

湖上戦には船だ！船が要る

と13隻の船を建造した。

一方勝利の喜びに酔いしれるアステカも浮かれながらも、つぎの戦争にそなえてタラスコやトラスカラにも同盟を頼むなど、努力は怠らなかった（これはにべなく断られたが）。

しかし、アステカにはこのとき最大の敵、疫病がしのびよっていた。ベラスケスが出したコルテス討伐軍の中に、天然痘にかかった黒人奴隷がいたのだ。

もともとスペインから新大陸へもたらされたこの病気は免疫のない先住の人々には最大の破壊兵器であった（カリブの島の先住民もこれで絶滅）。

バタン
バタン

スペイン人はぜんぜん平気。1人の死者も出さず。

えっ疫病流行？
あった？
さすがだよ本当いろいろと……
ぜったいかなわねー

テノチティトランでは（10月末から）わずか2ヶ月で何千人もの命が奪われ、新王クイトラワクもこれにより死亡。わずか80日間の王位だった。

アステカは戦力でスペイン軍に負けたのではなく天然痘に負けた、とはよくいわれること

新しい王には若いクァウテモクが選ばれた。

20代前半
名は「急降下するワシ」の意味

一方スペイン軍は……。

トラスカラは、自分たちの大事な民の多くを失わされたというのに、スペイン軍への援助をやめなかった。そのおかげでコルテスは半年も準備に時間を割くことができた。しかも、ベラクルスにスペイン船（コルテス討伐隊の様子見船や入植のための遠征隊の船、純粋にコルテス隊に武器を売りつけにきた商船など）がつぎつぎ現われ、兵士、武器やウマの補給がなされた。

さぁ、すべてが整えられ、コルテスは満を持して再度征服に挑戦！（1520年12月28日、トラスカラ出発）

今度はとてつもない数の仲間が増えた。アステカの同盟国テスココさえも味方になってくれた。たくさんのアステカを憎む国から兵が集まり、最終的に援軍は★10万人以上になったという（そのうち、スペイン兵は約900人ほどであった）。

★数字はコルテスの報告書簡《しょかん》にあった（最低でも）15万以上というのをちょっとおさえ目にしたもの。ベルナール・ディアスは2万4千人と言っているし……。

この章の数字はコルテスの報告書簡とディアスの書を参考にして、どちらかを選んだり、間を取ったりしています。2人の数字はこのようにあらゆる場面でかなりちがいます。傾向としては、ディアスは先住民の援軍の数字を小さめに、コルテスは大きめに言います（逆に死人の数にかんしては、ディアスは多めに言って、コルテスは少な目に言う）。

兵士であるディアスは「こんなに少ない兵力で栄光を勝ち取った」ことを、コルテスは「これだけ当地の人々にも支援され望まれた」ことを強調しているようです。それぞれ何に見栄を張りたいかが透けて見えます。

ただたんに大きな数だとふんいきで勘定してるのかもしれんが

船を湖に入れ(4月28日)、都への水道を壊し、総攻撃を仕掛けたが、アステカ軍は猛者《もさ》。兵は捕らわれ、つぎつぎに生けにえ送りにされた。

からくもすんでで追っ手から逃れたスペイン兵はさっきまでいっしょにいた仲間が死にゆく様子を遠くから眺めるのが精一杯だった。

仲間たちは羽飾りをつけられ踊りを踊らされたのち、心臓をえぐりとられた。

いやぁぁ
踊りを踊らされたっていうのが一番悲しいです

しかしこれもまたアステカ人の足を引っぱった。最後まで生けにえのための生け捕りをやめないアステカ人と、戦いとはすなわち相手を即座に殺すことというスペイン人とでは、どっちが効率がいいかは言わずもがなである。

コルテスはこれ以上の戦闘を避けたかったので、スペイン軍が有利なときを見計らい、新王クアウテモクに「そのまま治め続けてよい」などと好条件を出し、降伏を迫ったが、クアウテモクは「全員死ぬか、スペイン人をぜんぶ殺すか、どちらかしかない」と頑として拒んだ。

しかし3ヶ月の攻囲により、水と食物の供給を断たれたアステカの人々は泥まで食べるほど飢えて、追い詰められた。

――そして1521年8月13日、ついに陥落。

このとき

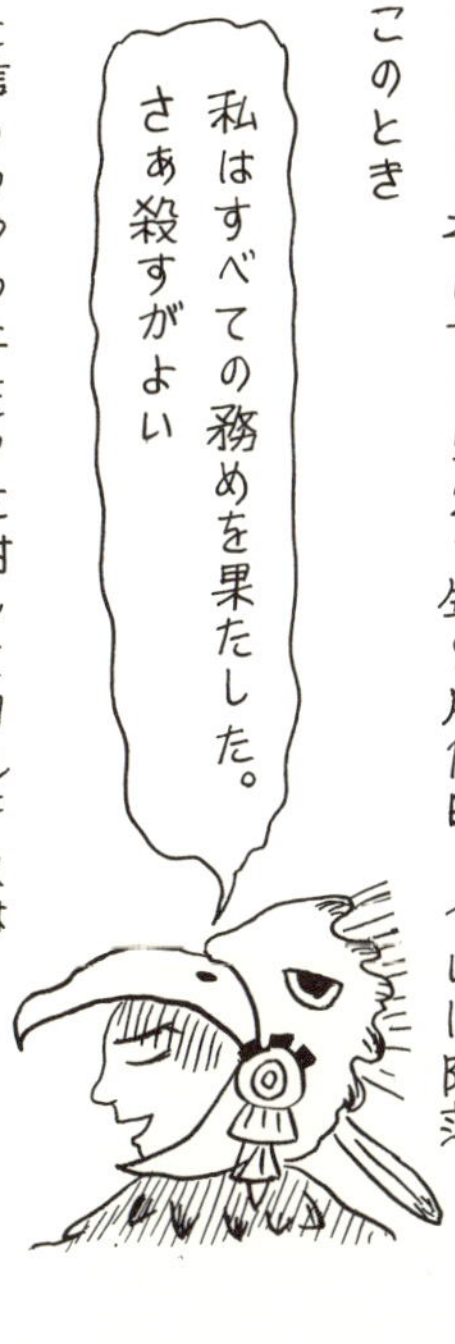
私はすべての務めを果たした。さぁ殺すがよい

と言うクアウテモクに対してコルテスは

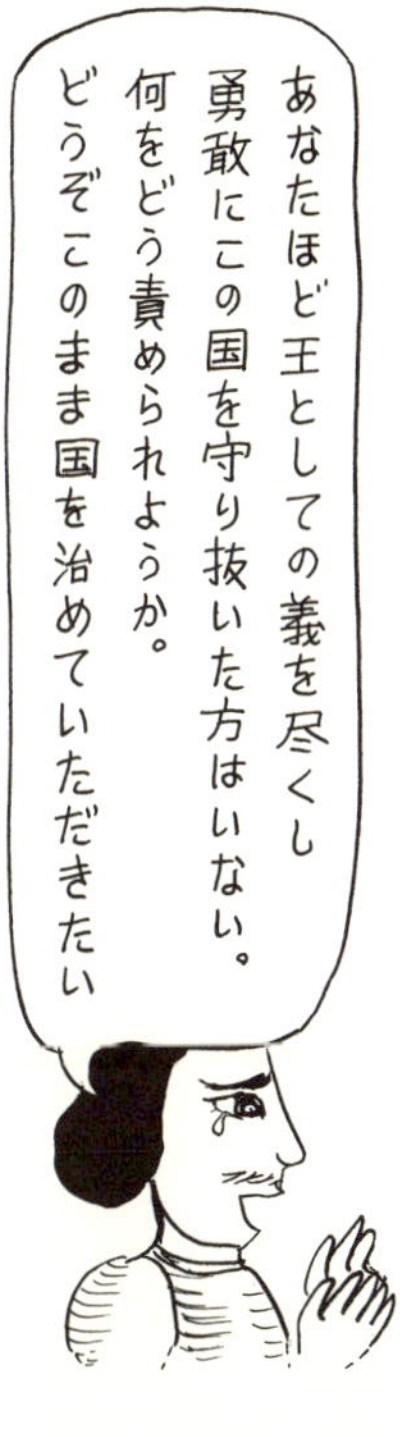
あなたほど王としての義を尽くし勇敢にこの国を守り抜いた方はいない。何をどう責められようか。どうぞこのまま国を治めていただきたい

と男気あふれる言葉を返した。

が、このあとすぐクアウテモクは拷問を受ける。

宝はどこだ!!

足に油を撒《ま》かれ、火であぶられ「悲しみの夜」にスペイン人が失った財宝のありかを問いただされるのだった。

そうまでしたけど、結局宝は、湖に放り込まれたというものを含め、全体でほんの少ししか見つからなかった。

しかも悪銭身につかず。最初にモクテスマが差し出した分よりははるかに少なくなったとはいえ、相当量の宝を集めたコルテスは、400kgの金をスペイン王に送った。が、まんまとフランス人の海賊ジャン・フローランに奪われ、金はフランスの国庫に行ってしまった。

あ

クアウテモクの受難は続く。

征服から3年後、コルテスはホンジュラス遠征に出るのだが、その際クアウテモクも同行させられた。それは、拷問の後遺症でびっこを引くようになっていたクアウテモクにとって、新たな拷問に等しい行軍であった。

そして道中、クーデターを企んでいるという疑いのもとに、裁判もなしにコルテスに即刻死刑を宣告され、セイバの木に吊るされたのだった（1525年初頭）。

そのときのクアウテモクのセリフ

コルテス殿
私には前から貴公が底の浅いうわべだけの人間だとわかっていたぞ
私をなぜ今になって殺すのだ。しかもなんの罪もないことで。きっと貴公には神の審判が下されようぞ

ホンジュラス遠征ルート
コアツァコアルコス
テノチティトラン
トルヒージョ
ホンジュラス

ホンジュラス平定のため派遣していた部下がコルテスにケツをまくり、独立した自分たちの植民地を作ることを宣言した。で、それを討伐するためという細かい事情の遠征。

コルテスはこのあとずっと良心の呵責にさいなまれたようだ。日々眠れず、暗闇の中マヤの神殿をぶらつき、足を滑らせ大ケガをしたこともあった。

テノチティトラン陥落後、すぐさまスペイン統治が始まった。実際には、コルテスがずっと待っていたスペイン王室の承認が下《お》り、メキシコにこの報が届いたのは1523年9月。ここまでずっとコルテスは個人の判断で勝手なことをやっていたことになる。勝ったからいいけど、なかなかの綱渡りであったのだ。

つーか、ひとつの国を滅ぼし、財産を根こそぎぶん取るような盗っ人行為も国が認めれば立派な国家事業になるってのが、そもそもおかしな話だけどね

この新しい土地はずうずうしくも新スペイン＝ヌエバ・エスパーニャと名づけられた。テノチティトランはメヒコ市と改名され、キューバから3千人のスペイン人がやってきた。スペイン軍はアステカの兵士や若者の額《ひたい》に奴隷のしるしの焼印を押した。唇に押すこともあったという。

メキシコはスペイン人が思ってたような黄金の国ではなかった。金は、いくつかの国が3ヶ所の川床で根気強くせっせと集めたものを、アステカが取り上げていたのであり、アステカが所有していたもの以上はなかった。

ずっと忠実な友であったトラスカラ人は税金免除など、特別待遇を受けた。

エンコミエンダ

征服にかかわった兵士たちにも失望が待っていた。夢にまで見た分配金は期待していた額にはまったく足りず。国王に5分の1、コルテスに5分の1、そして経費を差し引いた残りが兵士たちの分だったので、分けると1人当たり100ペソほどにしかならなかった。

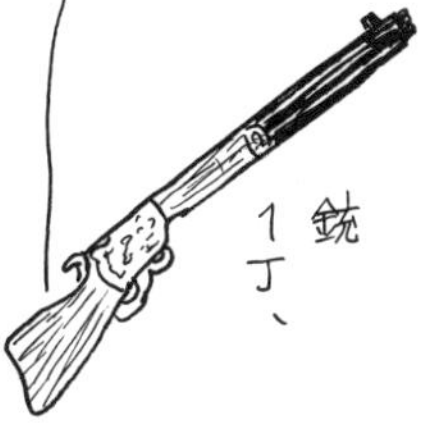

100ペソって
銃1丁、

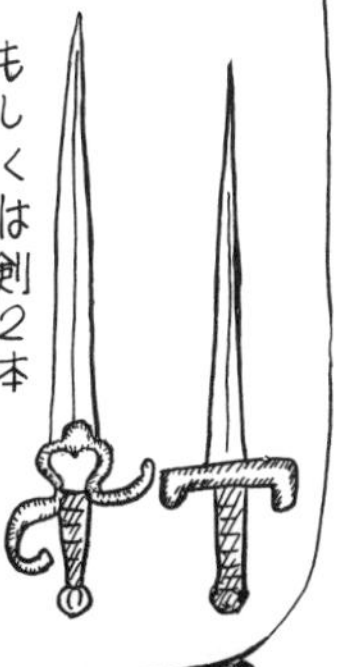

もしくは剣2本
買って終わりのお金だよ

これってどー思う？

そもそも兵士のほとんどは社会の底辺にいたような人たちで、これで大金持ちになって人生逆転してやろうと、このきつい冒険にがまんして最後までついてきたのだった。

毎日が死闘。仲間は半分以上死に、手足がなくなった人も大勢いる。かろうじてそれをまぬがれた者も、何度も重傷を負って死にかけている。けっして、ケツァルコアトルにまちがえられたラッキーなコルテスが、たった500人の兵士とともにアステカを軽く征服した、という話ではないのだ。

生きてることがただただ奇跡としか思えないほどの過酷な戦いの代償が、そんなちょっとしたお駄賃程度ではとうてい納得できないだろう。

装備もぜんぶ自前だよ！

ずっとコルテスの口車に乗せられて夢を見させられて
いっつも約束は先延ばしにされて
……でもしぶしぶ信じてがんばってきたのに……これだもの！

兵士たちのブーイングが高まり、なだめるために悪名高きエンコミエンダ制が始まった。

エンコミエンダとはもともと「信託」の意味で「王が先住民をあなたたちに任せました」ということである。一定の区域を割り当てられ、そこの先住民をキリスト教に帰依《きえ》させ、保護することを条件に、先住民から税金を徴収し、労働させる権利をもらえるもの。

これは

キリスト教っていうすんばらしいものを教えてやるんだから代わりに働きな。アガリはぜんぶよこしな

というスペイン側の都合を押し付け、しかも恩着せがましいという、まったく身勝手なもの。表向きは奴隷制じゃないことを謳《うた》っているが、実質はそうだった。

すでに西インド諸島の植民地で、エンコミエンダが施行され、先住の人々の絶滅を招いてしまったので、スペイン王家は周りの国からの批判を恐れ、渋っていたが、結局妥協したのだった。

コルテスのその後

征服直後のコルテスの多幸感、得意のほどはいかばかりだっただろうか。未来は輝いており、自分の功績にスペインの誰もが熱狂で迎えてくれることに疑いのかけらもなかっただろう。

が、スペイン王室の対応は、クールで落ち着いたものだった。新しい領土をもたらしたこの男に最初のうちだけ総督という最高位の地位を与えたが、その後その地位は取り上げられ、テキトーな肩書きとテキトーな土地（オアハカ一帯）を与えることでごまかし、メキシコ経営から締め出した。コルテスの敵の活動がその大きな要因だった。コルテスの金の出し渋りを恨む者や、ベラスケスの手の内の者、たんにやっかみを抱く者も含むさまざまな人たちが、スペイン王室にあることないことを吹き込んだのだ。

それからのコルテスはいくつか遠征や探検を続けたのち、クエルナバカに城をかまえ、農園を経営したり、タスコの銀山に投資したりで、大金を稼いだ。それでも王室の自分への対応は納得できず、スペイン征服時の支払われていない金を正式にもらうことと、貶《おとし》められた名誉の回復を求めるため、王に直接訴え出ようとスペインに帰国した。

しかしこのころは、インカ帝国を征服したピサロがもてはやされていて、コルテスは「あの人は今」状態。

王室はコルテスに、気は持たせるけど中身のないテキトーな約束をしてあしらった。それはかつてコルテスが、兵士やアステカの人たちにさんざんしてきたことだった。らちが明かないと、王を振り向かせたい一心から、得意の戦争でアルジェリア遠征に参加するも、船が転覆し退却。なんの活躍も見せずじまいで、若者には「ジイさんはおとなしく寝てろ」とせせら笑われた。

征服から26年が経った1547年12月、62歳で死亡。

一説には、娘が貴族の男に捨てられたことで頭に血が上《のぼ》り、卒中を起こしたのが原因といわれる。それも、キューバでのヤリ逃げ事件が自分に跳ね返ってきたような話である。

遺体はコルテスの希望でメキシコに葬られた。

遺言状には、メキシコの土地や財産の一部を返還すること、自分の土地の先住民を正当に扱うこと、自分の財産で病院や修道院を造ること、また先住民を奴隷に使ったことが正しかったかどうか自分ではついぞ答えがわからなかったので、息子に答えを見つけて欲しいこと、などなどが書かれていた。

コルテスは、英雄はかくあるべき、という確固たる理想像を持ち、また自分はのちに人々に語られる存在になると信じていたので、つねに英雄――仁義を重んじる寛容な男――としてふるまった。たとえば敗北した者に男気ある言葉をかけるというのが、それである。モクテスマ2世への責任感から、征服後に彼の娘をスペイン人貴族に嫁がせたりもしている。

でもコルテスの英雄気取りはある程度余裕のあるときに限られていた。金のことになるとたんに汚くなったり、怒りに身を任せての失敗も多い。クアウテモクに対する断罪を始め、捕虜の手を切断したり、火あぶりにしたり、味方でも、謀反《むほん》を起こした人を処刑したり、生かしても両足切断したり、と残酷なこともやってのけている。

晩年のコルテス
(?)

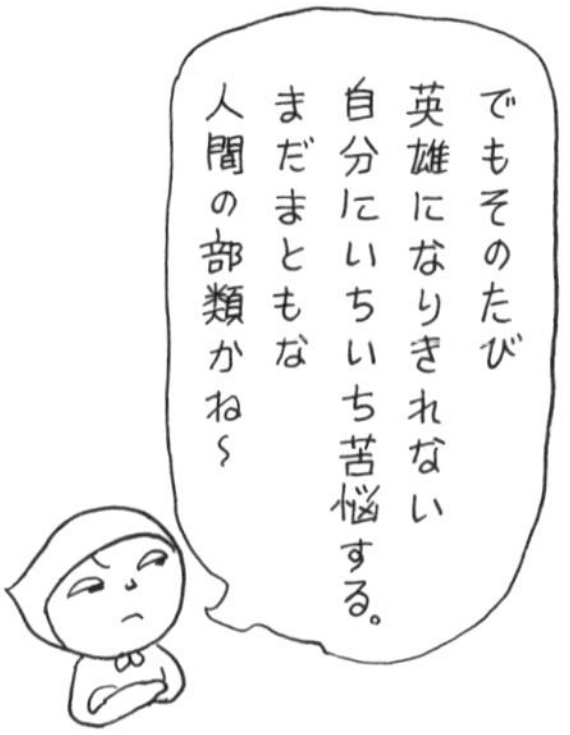
でもそのたび英雄になりきれない自分にいちいち苦悩する。まだまともな人間の部類かね～

それでも、偉業を成し遂げた男として、コルテスの名は残り、その軍事手腕、功績は高く評価されている。

しかしル・クレジオという人はこんなことを言っている。

この文明のすばらしさがなかったら、エルナン・コルテスは冒険家集団の頭にいる単なる野盗にすぎなかっただろう。偉大さが生まれるのはコルテスからでもその無謀な行動からでもない。彼が破壊に熱中したメシーカの世界からである

『メキシコの夢』望月芳郎訳

と。

★ル・クレジオ(1940～)さんはフランスの小説家。2008年ノーベル文学賞受賞。

マリンチェのその後

この人の名からマリンチスモ＝外国かぶれという言葉が生まれてます

テノチティトラン陥落後もマリンチェの通訳の仕事は続けられる。

コルテスのホンジュラス遠征に付き添ったとき、故郷であるコアツァコアルコスで、自分を売り払った母親に会った。仕返しされるのでは、とおびえる母親にマリンチェは「あなたが私を売り払ったのは無知ゆえのこと」と許し、宝の数々をみやげに与えるという寛大さを見せつける。

その後、母親は、息子ともども進んでキリスト教に帰依《きえ》した。
コルテスの提案により、遠征隊の大尉の１人と結婚し、大きな領地も授けられた。メヒコ市にも立派な家を建て、さあゆっくり人生楽しもうとなるも、１５２７年、25歳にて病死。

あまりにもはかない……

マリンチェとコルテスの息子マルティンは、コルテスとともにスペインに行き、戦争に出征。その後メキシコに帰るも、政府に反逆したと、捕らえられ、国外追放。以後、行方はわからず。
マルティンには息子がいたので、今も血脈は続いているとのこと。

アギラールのその後

エンコミエンダの土地をもらって、メキシコに踏みとどまっていたが、１５３１年ごろ、腫れ物の病気（おそらく梅毒）で死亡（ディアスによると征服直後に死んでるが……）。

こっちはかわいそうすぎて信じたくない!!

マヤ征服

テノチティトラン陥落後のスペイン人はやること目白押しであった。アステカの首都を落としたといえども、アステカの統治していた国をすべてそのまま受け継ぐことはできない。散らばった国一つひとつを征服し直さなくてはならなかった。それらをだいたい平定して、２年後にやっとマヤ征服に乗り出した。

マヤ南部の征服は「悲しみの夜」を引き起こした粗暴な男アルバラードが担当。

イエイ
イエイ
イエーイ

南部はマヤ人同士の抗争が激化し、おのおのの国が相手を出し抜こうとスペイン軍に近づいた。アルバラードはカクチケル人につき、ほかの国を攻め、虐殺をくりひろげ、しかも最終的にカクチケルも支配下に置いた。
マヤ南部攻略は計15ヶ月かかった。

ユカタン
タバスコ
（パレンケ）
（ティカル）
サクレウ（マム人）
ウタトラン（キチェー人）
ミシュコ・ビエホ（ポコマム人）
サン・サルバドル
イシムチェ（カクチケル人）
アルバラード進軍ルート

それからマヤの各都市をつぎつぎ支配していくが、マヤ征服はアステカ以上の難物であった。

ジャングルの中の細かい独立国をしらみつぶしに攻略しなくてはならない。

ジャングル。それは蒸し暑さはともかくヘビやら虫やら風土病が襲い狂うところ。

何よりマヤの戦士はアステカ以上に勇猛で、かつどこまでもあきらめなかった。一度恭順を誓っても、その言葉は守られず、スキを見て反旗を翻《ひるがえ》した。

ユカタン征服は、これまたコルテス隊にいたモンテホという男が息子と2代にわたって担当した。あまりのマヤ人の抵抗に手を焼いて一度は中止したが、マヤ人同士の抗争（シウ家とココム家の因縁の対決）に乗じて、再び征服を試み、最終的に1546年、支配下に収めた（20年かかる）。

多大な犠牲を強いたのに反比例して、ユカタンは南部以上に得るもののないところだった。

川もなく、地味《ちみ》もよくないこの土地はモンテホ親子にいっさいの富をもたらさず。それどころか、征服&経営のヘタさをなじられ、王室からほとんどの権利を取り上げられた。

なかよしが救いのモンテホファミリー
父
甥っ子
息子
とんだ貧乏クジを引かされましたよ〜

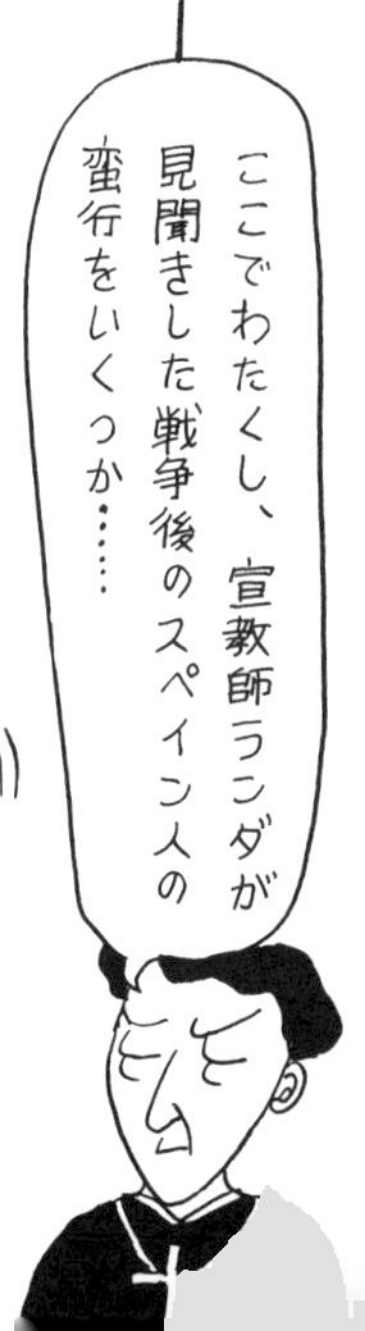
ここでわたくし、宣教師ランダが見聞きした戦争後のスペイン人の蛮行をいくつか……

彼らは木々に女たちを吊るし、その足先に子供たちも吊るし、殺した。

ストレンジ・フルーツ!!

ある場所にたいへん美しい2人の娘がいたが、スペイン人の間でその娘をめぐって争いが起きることのないように、また、マヤの女なんかに興味を持ってないことを示すために殺害した。

反乱のあったところではマヤ人の体のあらゆる部位を切り取り湖に投げ込んでもいる

マヤ人を移動させたとき、速度が合わないと子供たちを剣で刺し、また病気の者や足の遅い者がいると綱をほどく手間を省くために首を切断した。

兵士らはこんな言い訳を。

こっちは数が少ないから恐怖で支配するしかない。ヘブライ人も約束の地に渡ったとき神の命《めい》によって残虐行為を行なった。歴史上でもこうしなきゃいけない例はいっぱいあった。多少の犠牲はしかたないこと

こんなところで神を持ち出すなんて〜〜。本当に許しがたき行為です

マヤ最後の都市タヤサル

最後まで独立を守った国は、イッアー人（後古典期のユカタンの主役）が最終的に留まった国タヤサルだった（ター・イッアーがなまったもの）。

この地を初めて訪れたスペイン人は、コルテスである（ホンジュラス遠征の道中、ちょっと立ち寄ったくらいのもの）。イッアー人はコルテスをうやうやしく迎え、歓待した。コルテスの傷ついた愛馬をもらい受け、ウマが死ぬと、その像を作り、神として崇めた。

——それから約90年、放っておかれた。

このころになると、マヤ人への対策は、武力を用いて反抗されるより、言葉による説得、キリスト教の愛の力で心を動かそうというソフト路線に軌道修正されていた。

当時は行くのにとても面倒なところ。

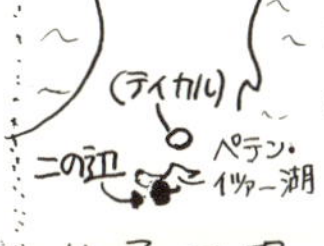

現在のフローレスがその地だといわれます

再び訪れたスペイン人は2人の宣教師フエンサリーダとオルビータ（1618年）。

2人の宣教師はコルテス同様、大歓迎され、キリスト教のことも
やりましょうぜひ! しかし、まだ その時期が きてませんので
おぉぉ
策士《さくし》であるイツァーの王は断りながらも、気を持たせるようなことを言った。その時期とは変革の年"カトゥン8アハウ"のことである(忘れた方はP190へ一瞬GO!)。
と、好感触で任務終了となりそうだったのに、ウマの像を神として崇めているのを見てしまった神父は、瞬間で拒否反応を起こし怒りで打ち砕いてしまった。
ハッ
それで思いっきり反感を買い
逃げるように帰った。
あたふた
あたふた
でも翌年、懲りずにまた訪れた。
ニコニコ
ニコニコ
また来やがった
反発はますます強くなった。
3度目は新たにデルガドという神父が足を運んだ(1623年)。今度は軍隊が合流した。
ついてこないでくれ! 向こうの警戒強めるだろう!
軍隊同行をいやがったが、どうにもできなかった。
途中で軍の行軍は禁止されたので、晴れてデルガドは単独でタヤサルに入ろうとしたが、最低これくらいはと、警護の20人が付かされた。
むぅ……
自由が欲しー

で、タヤサルに入ったとたん
またー？ もうがまんならん!!

よくもウマの像を破壊してくれたな
えっ、それは私では……

しかも何!? こんなにゴチャゴチャ連れてきやがって! 武器も! 何それ、戦争したいってこと？

と、のっけから攻撃。

警護の兵士20人は殺され、デルガドは心臓を取り出され、その体は徹底的に切り刻まれた。

ヒーン、デルガド神父、気の毒すぎ!! タイミングも何もかも悪い方向に!

このあと怒りが冷めないイツァー人は、先の軍隊をも襲い、兵士全員を殺した。こんなおそろしいことがあったもんだから、またタヤサルは70年ほど放置された。

だが信仰の力はすごい。1695年、アベンダーニョという神父が2人の若い修道士を連れて、タヤサル入り。

このときは、タヤサルの人たちはもう取りつくろうのもめんどくさいと思ったのか、のっけから高圧的で無愛想。

すごんでみせ、おそろしさばかりをアピールした。

しかしアベンダーニョは
お腹空いた。何かくれ!

差し出されたマヤの食事をパクパクと平らげ
うまっうま。
お代わりを頼むなど、すっとぼけたかわいらしさでタヤサルの人々のかたくなな心を溶かしていき、まずは子供たちの洗礼に成功した。
キリスト教受け入れは、もうちょっと先のカトゥン8アハウのとき必ず、という話にもなった。
それでもどうしても神父を忌み嫌う者もいて、その者によって命が危ぶまれてきたので、
王の手引きで闇夜にまぎれて逃がしてもらう。
途中の待ち伏せを恐れ、来たときとべつの道に入ったためマヤの広大なジャングルで迷ってしまった。
しかも2人の若い修道士はアベンダーニョを足手まといに感じ
寝てるスキに置き去りに。
ムニャムニャ
だが、神を信じる力ゆえか、アベンダーニョは自力でメリダに帰り着く。
直線距離にしても450km!!
メリダ
タヤサル
ティカル
(パレンケ)
このときの遭難でアベンダーニョは、大きな遺跡にぶつかったと言っていて
これが、スペイン人が初めて目にしたティカルの遺跡ではないかといわれている。
すんごいドキドキする話!!

アベンダーニョが命からがら帰りついたころに、軍がタヤサルに到着した。結局ここも最後は武力で制圧することになったのだ。

激しい戦いのすえ、1697年3月30日、最後のマヤの都市国家タヤサルは落とされ、皆キリスト教に帰依《きえ》した。

カトゥン8アハウより4ヶ月前のことだった。

終焉

こうしてアステカもマヤもスペインの支配下に入ってしまった。

神殿や彫像は邪教ということで打ち壊され、教会や新しい建物の土台となった。多くの書物も焼かれた。

アステカの、夢のように美しい水の都は埋め立てられ、スペインの建物が建ち並ぶ、ヨーロッパ風の凡庸な町並みになった。

すでに打ち捨てられていたテオティワカンやモンテ・アルバンは、影響力なしとそのまま放っておかれ、破壊の憂き目に遭わずにすんだ。

人口は、エンコミエンダによる強制労働、スペイン人に持ち込まれた疫病、虐待などのせいで、10分の1になったという。

ちなみにトラスカラ人への優遇も最初だけ。結局ほかの先住民同様、税金を払わせるようになった。
こういった征服や先住民への虐待も「時代だから」「どこもこんなんだったんだろう」と思いがちだが（私もそう思ってた）、そうではなかった。この時代、スペイン人の中にも「これらはまったくまちがっている」と一連の行為を声を大に批判し、王室に陳情を送るなどして訴え出る人もたくさんいた。

ラス・カサスさん
P266にも登場
先住民保護に人生を捧げた。

ソリタさん
←想像
行政官。P246のアステカの教訓はこの方の本から。

などなど。皆さん本気で怒り狂ってます。

搾取され続けたメキシコが、多くの課題を抱えながらも、スペイン人から独立を果たしたのはアステカ王国の征服から300年の月日を経た1821年のことである。

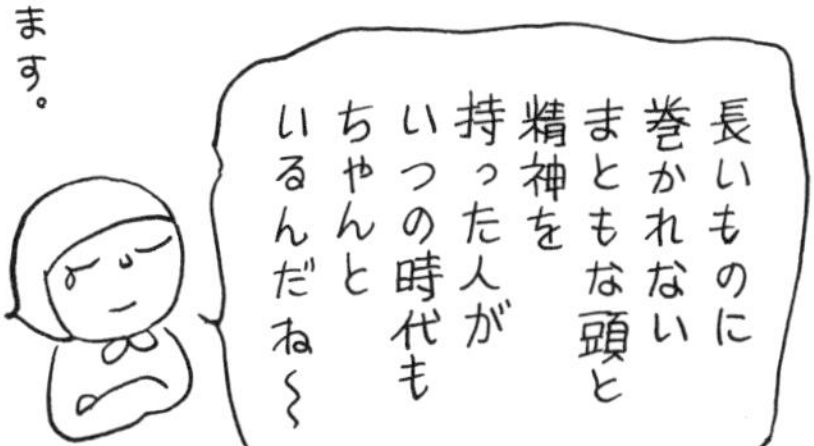
長いものに巻かれないまともな頭と精神を持った人がいつの時代もちゃんといるんだね〜

おわりに

メソアメリカ文明の本を読んでいて、おどろいたことのひとつに、通説とされるものがちがうとなったり、やっぱりそれでよかったとなったりと、けっこうオセロのように説が何度もひっくり返るということがありました。研究者の中にも「私はこの前こう言ってましたが、こっちの意見にします」と人間らしく撤回して翻《ひるがえ》ったりする人もいたりと学会全体が柔軟なムード。と、それだけ、まだまだ定まってることはそんなにない、研究の余地があまりあるところなのでしょう。

そんな感じで、つねに新たな考古学的発見や文字の解読により、日々情報は更新されまくってます。マヤ学の、おそらく現在の一番の大家であるマイケル・コウは『マヤ』と題した本の改訂版を7度、『メキシコ』というメキシコ文明全般の本の改訂版を6度に亘《わた》って出してるほど。メソアメリカ文明の情報開示はインターネットこそがふさわしいようです。

ってことで、直すの大変なこんな手書きの本は無謀にもほどがあり、即座に大後悔しました。とはいえ、だいぶ前に出された本でもまったく古さを感じないものもたくさんあります。考古学的情報は更新されても、人間の営みに根ざしたものは変わらないし、とそれだけを頼みの綱に結局やっちゃいましたよ。

また、情報更新問題だけじゃなく、そもそもメソアメリカ文明を1冊の本にするなんてのも暴挙でした。これは、ヨーロッパ文明を1冊でまとめちゃったようなものなのですが、でもこれらを分けるだなんて親を亡くした兄弟たちをいっぺんに引き取らないで、別々に引き取るような後味の悪さが残ります。そんなわけで500ページを超えてしまい、パートのひとつだった「旅行の部」は独立した形になりました。そっちも遺跡情報や、こっちで取り上げられなかったところの歴史なんかも載せてますので、よろしかったらぜひとも、ぜひとも**読んでやってください!!**

この本はいろんな方たちの尽力があって出来上がりました。まず原稿に目を通していただき、まちがいを直していただき、助言をくださり、資料をくださり、懇切丁寧に根気よくご指南してくださった多々良穣さん。高校教師という顔を持つ多々良穣さんは、精力的にマヤ文明の研究をなさっていて、大学で講師をやったり、講演したり、講座を開いたりと、マヤ文明の面白さを広めるのに日々奔走されてる方です。多々良さんの著書（『ようこそマヤ文明へ』文芸社）は、とても読みやすくシンプルで（この本と大違い）、根本的なことがきっちり収まった、誠意溢れる入門書です。それからブックデザインの清水良洋さん＆佐野佳子さん（マルプデザイン）、やりたい放題の原稿を本にして世に送り出してくださる大ハンサム藤田博編集長、ハンサム会社の草思社。私がオスカーを獲った暁には皆さんのお名前を呼ばせてもらいます。

そして、一番ありがたいのは買ってくださった貴方さまにほかなりません。この壮絶な大不況の中、こんなわけのわからない者の書いた、およそあらゆる人からガン無視される読みにくそうなものを買ってくださったなんて、なんという偏見のない広い心をお持ちなのでしょうか。一人ひとりご挨拶に伺いたいほどです。本当にありがとうございます。

またうっかりネットで買って、中を見てダマされた～っと思う方も、しょうがなく読んでやってくだされば、どこかいいとこが見つかるかもしれませんので、あきらめないで♡

それでは。

索引

ア行

ア・プチ Ah puch 92
アイーン→ヤシュ・ヌーン・アイーン1世
アウィツォトル Ahuitzotl 215,216
アカマピチトリ Acamapichtli 211,216
アカンケー Acanceh 60,176
アギラール Aguilar, Gerónimo de 260～263,285
アグアテカ Aguateca 122,125,147,151
アスカポツァルコ Atzcapotzalco 60, 202,203,210～212,216
アステカ Azteca, Aztec 29, 37,50,51,53,58,62,93,95, 104,171,172,177,179,180, 201～256,262～282,285,291
アストラン Aztlán 203,204,273
アハウ ahau 139
アベンダーニョ Avendaño, Andrés de 289～291
「嵐の空(シヤフ・カン〈チャン〉・カウィール2世)」 Siyaj Kan(Chan) K'awiil Ⅱ 116,117
アルトゥン・ハ Altún Ha 60
アルバラード Alvarado, Pedro de 274,275,285
イキン(イキン・カン〈チャン〉・カウィール) Yik'in Kan(Chan) K'awiil 122
イサパ Izapa 38,94,107,109
イサマル Izamal 188
イシムチェ Iximché 192
イシュ・チェル Ix Chel 91
イシュキック Ixquic 73～76
イシュタブ Ixtab 92
イシュバランケー Ixbalanqué 67～70,76～86,88
イシュピヤコック Ixpiyacoc 66,71,72
イシュムカネー Ixmucané 66,71,75～81
イツァー Itzá 182,183,187～191,287～289
イツァムナー Itzamná 91,92,129
イツコアトル Itzcóatl 211,216,251
イツトラコリウキ Itztlacoliuhqui 228
イワツィオ Ihuatzio 177
ウィ・テ・ナ(根の家) Wi' Te' Nah (Wi Te Nah) 135,140
ウィツィロポチトリ Huitzilopochtli 161,164,170,204～206,209,210, 213,215,217,230～232,239,273
ウエウエテオトル Huehuetéotl 58
ウエショツィンコ〈ゴ〉,(またはウエホツィンコ〈ゴ〉) Huexotzinco〈Huexotzingo〉,(Huejotzinco〈Huejotzingo〉) 202,212,214,238
ウエマク Huémac 162,163,174
ウカナル Ucanal 151,152
ウキト・トーク Ukit Took 145
ヴクブ・カキシュ Vucub Caquix 67～69,79,89,129
ヴクブ・カメー Vucub Camé 71～73,75,81～86
ヴクブ・フンアフプー Vucub Hunahpú 70～73
ウシュマル Uxmal 152,153,176,191,200
ウタトラン Utatlán 192
エエカトル Ehécatl 151,234,244
エク・チュアー Ek Chuah 92
エク・バラム Ek' Balam, Ek Balam 176
エスナー Edzná 107,176
エル・タヒン El Tajín 37,60,154,156
エル・バウル El Baúl 98, 107,154
エル・マナティ El Manatí 24,33,37
エル・ミラドール El Mirador 107,108
オシュキントック Oxkintok 176
オシュトティトラン洞窟 Cueva de Oxtotitlán 32,38
オトゥンパ Otumpa 276,277
オトミ Otomí 40,61,62
オマカトル Omácatl 235
オメシワトル Omecíhuatl 217
オメテクートリ Ometecuhtli 217
オルビータ Orbita, Juan de 287,288
オルメカ Olmeca, Olmec 23～40,42,43,48,98,136
オルメカ=シカランカ Olmeca-xicalanca (Olmec-Xicalanca) 156,157

カ行

カウィール K'awiil (Kawiil) 92,133,135,144
カカオ 22,140,253,255
カカシュトラ Cacaxtla 156,157
カクチケル Kaquchikel 192,285

カックパカル K'ak'upakal 182
カバー Kabah 152
カブラカン Cabracán 70
カマソッツ Camazotz 83
カミナルフユ Kaminaljuyú 38,60,107,117
カラクムル Calakmul 107, 110,117〜124
カラコル Caracol
103,117〜119,122〜124,147
「カワク空(カック・ティリウ・チャン・ヨアート)」K'ak' Tiliw Chan Yoaat(Yopaat) 142,143
カン・シュル2世 Kan Xul Ⅱ 132
カン・バラム2世 Kan B'alam Ⅱ 131,132
カンクエン Cancuén 122,147
キチェー(キチェー・マヤ) Quiché Maya
65,87〜89,158,192,285
キニチ・アハウ K'inich(Kinich) Ahau
92,128,135,193
球技 juego de pelota, ball game
6,37,57,71,79,113,141,142,154
キリグアー Quiriguá
37,140,142,143,145,148,177
クアウテモク Cuauhtémoc 216,278〜280
クィクィルコ Cuicuilco 50,58
クイトラワク Cuitláhuac 216,276,278
クエージョ Cuello 107
グクマッツ Gucumatz 65,68
ククルカン㊥Kukulcán (Kukulkán) 7
ククルカン(人名) 178,179,187
クック・バラム1世 K'uk' B'alam I 126
クノローゾフ, ユーリ Knorosov, Yuri 102
グリハルバ Grijalva, Juan de 258,262,263
クルワカン Culhuacán
160,202,203,207〜211,214
ケツァルコアトル㊥Quetzalcóatl
7, 34,56,58,65,105,156,166〜169,177,
217〜219,221〜225,228,229,234
ケツァルコアトル((人名) セ・アカトル・トピルツィン・ケツァルコアトル)
Ce Acatl Topiltzin Quetz-alcóatl
160〜162,165,166,179,
181,271,272,282
「煙イミシュ」Smoke Imix 137,139,141
「煙リス(カック・イピヤフ・チャン・カウィール)」K'ak' Yipyaj Chan K'awiil 143
ゲレロ Guerrero, Gonzalo 260〜262
コアツァコアルコス Coatzacoalcos
262,263,284
コアテペック Coatepec 230〜232
コアトリクエ Coatlícue 230〜232
黒曜石 obsidiana, obsidean
60,140,166,167,241
ココム Kokom (Cocom)
188,189,191,197,286
コシーホ Cocijo 7,45
コスメル島 Cozumel 260
コツマルワパ Cotzumalhuapa 154
コバー Cobá 60,176,188
コパン Copán 37,38,60,94,106,107,
110,115,135〜147,153
暦 Calendario, Calendar
6,39,43,51,55,57,70,93〜98,
152,189〜191,239,243
コヨルシャウキ Coyolxauhqui 230〜232
コルテス, エルナン Cortés, Hernán
256,258〜263,265〜285,287
コルドバ Córdoba, Francisco Hernándes de
258,262

サ行

サアグン Sahagún, Bernardino de
171,233,240
サク・クック Sak K'uk' 130
サポテカ Zapoteca, Zapotec
39,40,41〜46,57,58,61,93,94,234
サン・バルトロ San Bartolo 107,108
サン・フアン・デ・ウルア島 San Juan de Ulúa
262,263
サン・ホセ・モゴテ San José Mogote 42,43,45
サン・ロレンソ San Lorenzo 24,25,28,33,37
シウ Xiu 189,191,286
シウテクートリ Xiuhtecuhtli 243
シカランコ(シカランゴ) Xicalanco(Xicalango)
149,157,183
シトレ火山 Volcán Xitle, Xitle Volcano
50,219
シパクトリ Cipactli 56,57,116,244
シパクナー Zipacná 69
シバルバー Xibalbá 71〜75,79〜86,88,89
ジビルチャルトゥン Dzibilchaltún

60,107,176,188
シペ・トテク Xipe Totec 45,58,217,233,234,241
シヤフ・カック Siyaj K'ak' 111〜116,138
シャルトカン Xaltocan 202,212
ショチカルコ Xochicalco 156,170
ショロトル㊥ Xólotl 228,229,234
ショロトル(人名) Xólotl 202,212
シワコアトル Cihuacóatl 224,253
スターリング Stirling, Matthew W. 29,31,32,36,39
ストロンチウム同位体比(の測定) Strontium isotope ratio 55,114,137,138
セイバル Ceibal, Seibal 38,107,147,150〜152
セノーテ cenote 147,180,183〜186,188
セロス Cerros 107,109
戦争のヘビ War Serpent 56,116
センポアラ Zempoala,Cempoala 202,262,265,274
ソトゥタ Sotuta 189

タ行

「大ジャガーの足(チャク・トク・イチャーク)」 Chak Tok Ich'aak I 113,115
タカリク・アバフ Takalik Abaj 38,98,107
タタとネネ Tata y Nene 220,221
「楯・頭がい骨(ヌーン・ウホル・チャーク)」 Nuun Ujol Chaak 120
タバスコ Tabasco 262,263
「ダブル・バード(ワク・カン〈チャン〉・カウィール)」 Wak Kan(Chan) K'awiil 117,119,120
タマリンディート Tamarindito 122,125,151
タモアンチャン Tamoanchán 224
タヤサル Tayasal 149,189,287〜291
タラスコ(プレペチャ) Tarasco (Purépecha) 40,205, 214,277
タルー・タブレロ様式 Talud-tablero 59,60,113,117,136,138
チアパ・デ・コルソ Chiapa de Corzo 98
チコモストク Chicomoztoc 203
チチェン・イツァー Chichén Itzá 106,152,153,176〜185,187〜191,200
チチメカ Chichimeca, Chichimec 61, 172〜174,202〜204,206,207
チナンパ Chinampa 210
『チマルポポカ絵文書』 Códice Chimalpopoca, Codex Chimalpopoca 104, 171
チマルマ Chimalma 160
チマルマット Chimalmat 68
チャーク(またはチャク) Chaac (chac) 7,90,92,153,184
チャクモール chacmool 148,169,177,200
チャペルテペック Chapultepec 174,210
チャルチウトリクエ Chalchiuhtlicue 58,217,219
チャンポトン Champotón 183,190,262
チョルーラ Cholula 60,156,158,234,240,268,269
『チラム・バラムの書』 Libros de Chilam Balam, Books of Chilam Balam 90, 178,179,182,183,189〜191
ツィンツンツァン Tzintzuntzan 214
ツォンパントリ tzompantli 177,200
ディアス・デル・カスティージョ, ベルナール Díaz del Castillo, Bernal 270,271,278,285
ティカル Tikal 60,102,106,107,110〜125, 135,138,139,147,290
ティサパン Tizapán 207
テオティワカン Teotihuacán 37, 42,43,44,49〜62,112〜117, 120,121,138,139,144,152,156, 157,158,172,173,225,291
テオテナンゴ Teotenango 156,170
テクシステカトル Tecciztécatl(Tecuciztécatl) 225〜228
テスカトリポカ Tezcatlipoca 161〜167,173,217〜222, 225,232,233,242
テスココ Texcoco 202,211〜213,215,249,278
テナユカ Tenayuca 202
テノチティトラン Tenochtitlán 210,212〜215,239,240,256,263, 266,267,270,274〜276,278,281
テペウ Tepeu 65,68
デルガド Delgado, Diego 288,289
「投槍器フクロウ」 Spearthrower Owl

113～116
トゥーラ Tula 156,158,160～170,172～174,177～179,181,192,202,271
トゥシュトラ山脈 Sierra de Los Tuxtlas, Tuxtlas Mountains 24,28
トウモロコシの神 Dios del Maíz, Maize God 92
ドゥラン, ディエゴ Durán, Diego 250,272,275
トゥランシンゴ Tulancingo 160
トクタン Toktan 126
ドス・ピラス Dos Pilas 120,122～125,147,151
トトナカ Totonaca, Totonac 40,62,177,265～267,269
トナカテペトル(食糧の山) Tonacatépetl 224
トナティウ㊋ Tonatiuh 227,229,275
トニナー Toniná 132
トラウィスカルパンテクートリ㊙ Tlahuizcalpantecuhtli 168,169,228,234
トラカエレル Tlacaélel 216,253
トラカフエパン Tlacahuepan 161,164,165
トラコパン(タクバ) Tlacopán (Tacuba) 212,213,215,276
トラスカラ Tlaxcala 202,212,214,238,267～269,274,276～278,281,291
トラソルテオトル Tlazoltéotl 235
トラテロルコ Tlatelolco 210,214,252,256
トラトアニ Tlatoani 253
トラルテクートリ Tlaltecuhtli 222,229
トラロカン Tlalocán 236
トラロケ Tlaloque 174
トラロック Tláloc 7,56,58,112,138,174,215,217,219,233,236,239,240
トリラン・トラパラン(トリリャン・トラパリャン) Tlillan Tlapallan 165,179
トルテカ Tolteca, Toltec 152,155～174,177～181,187,191,192,203,207,211
『トルテカ・チチメカ史』 Historia Tolteca-Chichimeca 171,172,203
トレス・サポテス Tres Zapotes 24,36,37,38,39,98
トンプソン Thompson, Edward H. 184,185

ナ行

ナナワツィン Nanahuatzin 225～228,233,234
ナランホ Naranjo 122～125
ナワトル語 Náhuatl 40,50,62,154,177,205,263
西のカロームテ(大王) Ochk'in Kaloomte 115,138,139
ネサワルコヨトル Nezahualcóyotl 212～214,216

ハ行

バカブ(神) Bacab (Bakab) 90,91
パカル Pakal (Pacal) 126～131
ハサウ(ハサウ・カン〈チャン〉・カウィール1世) Jasaw Kan(Chan) K'awiil I 121,122
パツクアロ湖 Lago de Pátzcuaro 9,205,214
バラフ(バラフ・カン〈チャン〉・カウィール) B'alaj Kan(Chan) K'awiil 120,124
パレンケ Palenque 98,106,110,115,120,126～132,145,146
ビジャ・リカ・デ・ラ・ベラクルス Villa Rica de la Vera Cruz 262,264,267,273,278
ヒスイ Jade 26,37,58,128,130,136,140,161,174,225,255
ピピル Pipil 154
ヒメーネス, フランシスコ Ximénez, Francisco 65,88,104
ビルバオ Bilbao 154
『フィレンツェ絵文書』 Códice Florentino, Florentine Codex 171, 239, 264, 272
プウク(プウク様式) Puuc 152,153,181
フェンサリーダ Fuensalida, Bartolomé de 287,288
プトゥン(プトゥン・マヤ) Putun Maya 149,150,152,158,183,187
フナック・ケエル Hunac Ceel 188,190
フラカン Huracán 65
ブラッスール・ド・ブールブール Brasseur de Bourbourg, Charles Etienne 101,104,105,200
フン・カメー Hun Camé 71～73,75,81～86
フン・チュエン Hun Chuen 71,75～78
フン・バッツ Hun Batz 71,75～78
フン・フンアフプー Hun Hunahpú 70～74,88,89,157

フンアフプー Hunahpú 67〜70,76〜86,88
ベカン Becán 60,107
ベラクルス(現在のベラクルスとは別)→ビジャ・リカ・デ・ラ・ベラクルス
ベラスケス Velázquez de Cuéllar, Diego 258,259,274,277,283
ボカ・デル・リオ Boca del Río 262
ポチテカ pochteca 252
ポトレロ・ヌエボ Potrero Nuevo 24,31,34
『ポポル・ヴフ』 Popol Vuh 65〜89,104,142,157,158,192,193
『ボルボニクス絵文書』 Códice Borbonicus, Codex Borbonicus 227,243

マ行

「巻き鼻マスク」(学名ではありません) 152, 153,181
マトラツィンカ Matlatzinca 204
『マドリード絵文書』 Códice Madrid, Codex Madrid 6, 104
マニ Mani 189,191,198
マヤパン Mayapán 64,106,180,187〜191
マリナルコ Malinalco 205
マリナルショチトル Malinalxochitl 205
マリンチェ Malinche 263,268,284,285
ミクトラン Mictlán 217,222,223,237
ミクトランテクートリ Mictlantecuhtli 217,222,223,237
ミケ=ソケ Mixe-Zoque 40,136
ミシュコアトル Mixcóatl 159,160
ミシュテカ Mixteca, Mixtec 37,40,45〜47
ミトラ Mitla 45,46
「ムシロ・頭(キニチ・ポポル・ホル)」 K'inich Popol Hol 137〜139, 141
メシカ Mexica 206
メリダ Mérida 199,290
『メンドゥーサ(メンドーサ)絵文書』 Códice Mendoza, Codex Mendoza 245, 249,250
モクテスマ2世 Moctezuma II 215,216,253, 254,262〜264,271〜276,284
モンテ・アルト Monte Alto 38,107,109
モンテ・アルバン Monte Albán 37,38,42〜45,48,60,291
モンテホ Montejo, Francisco de 286

ヤ行

ヤシュ・クック・モ(キニチ・ヤシュ・クック・モ) K'inich Yax K'uk' Mo' 135〜140,144
ヤシュ・ヌーン・アイーン1世 Yax Nuun Ayiin I 111,114,116,138
ヤシュ・パサフ(ヤシュ・パサフ・チャン・ヨアート) Yax Pasaj Chan Yoaat(Yopaat) 144,145
ヤシュチラン Yaxchilán 134,147
ヤシュナ Yaxuná 176
ヤシュハ Yaxhá 60
ヤハウ・テ・キニチ2世 Yajaw Te' K'inich II 117

ラ行

ラス・カサス Las Casas, Bartolomé de 266,291
ラス・リマス Las Limas 24,35
ラブナー Labná 152
ラ・ベンタ La Venta 24〜27,31,33,34,36,39
ラマナイ Lamanai 38,107,109
ラ・モハーラ La Mojarra 24,40
ランダ, ディエゴ・デ Landa, Diego de 90,101,102,104,105,178,179,182, 187〜189,191,193〜199,286,287
ランチョ・ラ・コバータ Rancho La Cobata 24,28
リオ・チキート Río Chiquito 24,31
ル・プロンジョン, オーギュスト Le Plongeon, Augustus 177,200
ルス・ルイリェール, アルベルト Ruz Lhuillier, Alberto 127

ワ行

ワカ(エル・ペルー) Waka'(El Perú) 112,123
ワシャクトゥン Uaxactún 37,60,102,107, 109,112,113,115,119,147
ワステカ Huasteca, Huastec 40,235
ワトゥル Wat'ul Chatel 151

数字

「6の空」 Six Sky 124, 125,158
「18ウサギ(ワシャクラフーン・ウバーフ・カウィール)」 Uaxaclajuun Ub'aah K'awiil 103,140〜144

出典および主な参考文献
限りないリスペクトと感謝の意を持って

＊この本に書かれている事柄はすべて、汗と英知と創意工夫に凝らされたこれら不朽の名著からきています。もっとメソアメリカ文明を知りたい方は、細部に亘《わた》ってくわしく書かれたこれら研究書を読んで、その奥深さをぜひとも味わっていただければと願います。

メソアメリカ全般

『メキシコ』マイケル・D・コウ著　寺田和夫、小泉潤二訳　学生社　1975年
『世界の博物館5　メキシコ国立人類学博物館』増田義郎編　講談社　1978年
『太陽と月の神殿』増田義郎著　中央公論新社　1990年
　増田義郎先生の本はすべて本当に読みやすく、小説を読んでるかのような面白さがあります！　青木晴夫氏、大貫良夫氏、八杉佳穂氏も同様に。

『埋もれた古代都市2　アンデスの黄金郷』森本哲郎編　増田義郎ほか著　集英社　1978年
『中南米の古代都市文明』狩野千秋著　同成社　1990年
『図説　世界文化地理大百科　古代のアメリカ』マイケル・コウほか著　小池佑二、関雄二ほか訳　寺田和夫監訳　朝倉書店　1989年
『世界の大遺跡13　マヤとインカ』大貫良夫編著　講談社　1987年
『世界の文化史蹟　第9巻　マヤの神殿』石田英一郎編著　講談社　1968年
『マヤとインカ――王権の成立と展開』貞末堯司編　同成社　2005年
『ライフ人間世界史17　古代アメリカ』ジョナサン・ノートン・レオナード著　泉靖一日本語版監修　タイムライフブックス　1968年
『古代メソアメリカ文明』青山和夫著　講談社　2007年
『メソアメリカの考古学』青山和夫、猪俣健著　同成社　1997年
『岩波　アメリカ大陸古代文明事典』関雄二、青山和夫編著　岩波書店　2005年
『メソアメリカ建築』ドリス・ハイデン、ポール・ジャンドロ著　八杉佳穂、佐藤孝裕訳　本の友社　1997年
『世界の建築　古代メキシコ』アンリ・スティールラン著　佐藤功訳　美術出版社　1968年
『世界の歴史教科書シリーズ26　メキシコ』アマリア＝ロペス＝レイエス、ホセ＝マヌエール＝ロサーノ＝フエンテス著　清水透、高田裕憲訳　帝国書院　1982年
『マヤとアステカ』狩野千秋著　近藤出版社　1983年
『マヤとアステカ――中米文化物語』吉野三郎著　社会思想社　1982年
『メキシコの夢』ル・クレジオ著　望月芳郎訳　新潮社　1991年
『ヌエバ・エスパニャ報告書　ユカタン事物記』ソリタ、ランダ著　小池佑二、林屋永吉訳　増田義郎注　岩波書店　1982年
『図説メキシコ』宮本雅弘編・写真　宮本雅弘ほか著　河出書房新社　2001年
『チョコレートの歴史』ソフィー・D・コウ、マイケル・D・コウ著　樋口幸子訳　河出書房新社

1999年
『チョコレートの文化誌』八杉佳穂著　世界思想社　2004年
『チョコレートの博物誌』加藤由基雄、八杉佳穂著　小学館　1996年
『図説　人類の歴史7　新世界の文明——南北アメリカ・太平洋・日本　上』ヨラン・ブレンフルト編集代表　大貫良夫監訳・編訳　朝倉書店　2005年
『メキシコ古代文化の謎と遺産』シャリー・ゴレンスティン著　リー・ボルティン写真　田口実訳　佑学社　1976年
『世界の歴史18　ラテンアメリカ文明の興亡』高橋均、網野徹哉著　中央公論新社　1997年
『世界の歴史7　インディオ文明の興亡』　増田義郎著　講談社　1997年
『NEWTONアーキオ　ビジュアル考古学　Vol.8　略奪された文明——謎のマヤ・アステカ・インカの栄光と悲劇』吉村作治編集主幹　ニュートンプレス　1996年
『マヤ・アステカ・インカ文明』レンゾ・ロッシ、ダニエラ・ザニン、サラ・カセッリ著　ジョヴァンニ・カセッリ監修　畑舜一郎訳　ニュートンプレス　1997年
『「知」のビジュアル百科　アステカ・マヤ・インカ文明事典』エリザベス・バケダーノ著　川成洋日本語版監修　あすなろ書房　2007年
『大系世界の美術7　古代アメリカ美術』増田義郎責任編集・執筆　学研　1980年
『世界古代史双書5　最初のアメリカ人』　ジェフリー・H・S・ブシュネル著　増田義郎訳　創元社　1971年
『消された歴史を掘る』大井邦明著　平凡社　1985年
『地域からの世界史16　ラテンアメリカ』大井邦明、加茂雄三著　朝日新聞社　1992年
『ピラミッド神殿発掘記』大井邦明著　朝日新聞社　1985年
『チチメカ神話——ミチョアカン報告書』ル・クレジオ原訳　望月芳郎訳　新潮社　1987年
『ナショナル・ジオグラフィック』2000年12月号、2002年4月号、2003年5月号、2003年8月号、2006年10月号、2007年8月号　日経ナショナルジオグラフィック社
『古代世界70の不思議』ブライアン・M・フェイガン著　北代晋一訳　東京書籍　2003年
『銃・病原菌・鉄』ジャレド・ダイアモンド著　倉骨彰訳　草思社　2000年
『文明崩壊』ジャレド・ダイアモンド著　楡井浩一訳　草思社　2005年
『古代文明と気候大変動』ブライアン・フェイガン著　東郷えりか訳　河出書房新社　2005年
『ブルーガイド・ワールド　メキシコ』高山智博著　実業之日本社　1994年
『メキシコ　マヤ&アステカ』辻丸純一、土方美雄著　雷鳥社　2001年
『マヤ終焉』土方美雄著　新評論　1999年
『ミステリー&ファンタジーツアー　マヤ／アステカ』土方美雄著　新紀元社　2004年
『旅名人ブックス　メキシコ古代遺跡とカンクン』邸景一文・写真　飯田辰彦、荻野純一文　清水卓司、村井勝、武田和秀写真　日経BP企画　2006年
『ARCHAEOLOGICAL MEXICO』Andrew Coe 著　Avaron Travel 2001
雑誌『arqueología MEXICANA』edición regular 23,34,55,84,87, edición especial 2,21,23,24,25 INAH, Editorial Raices
『FAMSI〈Foundation for the Advancement of Mesoamerican Studies, Inc〉』
www.famsi.org/
資料の宝庫！　絵文書をほぼ網羅しています。ネット上でこんなお宝が見られるなんてありがたすぎ！　また1998年に亡くなった偉大すぎるマヤ学者リンダ・シーリ

ー（Linda Schele）さんの、遺物を1000枚近く模写しまくった「THE LINDA SCHELE DRAWING COLLECTION 〈http://research.famsi.org/schele_list.php?_allSearch=&hold_search=&x=17&y=14〉」は圧巻です。考古学者の情熱に胸が打ち震えます。この本のレリーフ模写などはだいたいすべてリンダ・シーリーさんのものを参考にしています（そのまま引用（模写）させてもらってるのもあれば、参考にさせていただく程度のもあります）。

最初のアメリカ人

『遺伝子で探る人類史』ジョン・リレスフォード著　沼尻由起子訳　講談社　2005年
『モンゴロイドの道』「科学朝日」編　朝日新聞社　1995年
『アメリカの起源』ブライアン・M・フェイガン著　河合信和訳　どうぶつ社　1990年
『モンゴロイドの地球　第5巻　最初のアメリカ人』大貫良夫編　東京大学出版会　1995年
『イブの七人の娘たち』ブライアン・サイクス著　大野晶子訳　ソニー・マガジンズ　2001年

マヤ

『古代マヤ王歴代誌』サイモン・マーティン、ニコライ・グルーベ著　長谷川悦夫、徳江佐和子、野口雅樹訳　中村誠一監修　創元社　2002年
『古代マヤ文明』マイケル・D・コウ著　加藤泰建、長谷川悦夫訳　創元社　2003年
『マヤ興亡』八杉佳穂著　福武書店　1990年
『マヤ文明はなぜ滅んだか?』中村誠一著　ニュートンプレス　1999年
『マヤ文明の興亡』ジョン・エリック・シドニー・トンプソン著　青山和夫訳　新評論　2008年
『マヤ文明の謎』青木晴夫著　講談社　1984年
『新しい考古学と古代マヤ文明』ジェレミー・A・サブロフ著　青山和夫訳　新評論　1998年
『マヤ文明』石田英一郎著　中央公論新社　1967年
『マヤ　失われた文明の謎と再発見』チャールズ・ガレンカンプ著　高山信雄訳　佑学社　1977年
『古代マヤ　石器の都市文明』青山和夫著　京都大学学術出版会　2005年
『マヤ文明』ポール・ジャンドロ著　高田勇訳　白水社　1981年
『沈黙の古代遺跡　マヤ・インカ文明の謎』クォーク編集部編　増田義郎監修　講談社　2000年
『古代マヤ文明不思議物語』村上達也著　汐文社　2000年
『マヤ文明を掘る』中村誠一著　日本放送出版協会　2007年
『ようこそマヤ文明へ』多々良穣著　文芸社　2007年
『失われたマヤ王国』カーネギー研究所編　小泉源太郎訳　大陸書房　1979年
『マヤ・インカ文明の謎』サイエンス編集部編　日経サイエンス社　1987年
『マヤ文明・インカ文明の謎』落合一泰ほか著　光文社　1988年
『マヤ神話――チラム・バラムの予言』ル・クレジオ原訳　望月芳郎訳　新潮社　1981年
『マヤ文明』山瀬暢士著　太陽書房　2002年
『図説　古代マヤ文明』寺崎秀一郎著　河出書房新社　1999年
『芸術新潮』2003年3月号　新潮社
『マヤ文字解読』マイケル・D・コウ著　武井摩利、徳江佐和子訳　増田義郎監修　創元社　2003年

『マヤ文明――征服と探検の歴史』デイヴィッド・アダムソン著　沢崎和子訳　法政大学出版局　1987年
『マヤ文明――失われた都市を求めて』クロード・ボーデ、シドニー・ピカソ著　阪田由美子訳　創元社　1991年
『マヤ文字の秘密』B・クジミシチェフ著　深見弾訳　大陸書房　1978年
『マヤ学を学ぶ人のために』八杉佳穂編著　世界思想社　2004年
『マヤ文字を解く』八杉佳穂著　中央公論新社　2003年
『マヤ文字を書いてみよう読んでみよう』八杉佳穂著　白水社　2005年
『図説　マヤ文字事典』マリア・ロンゲーナ著　月森左知訳　植田覺監修　創元社　2002年
『マヤ文明の旅』ロナルド・ライト著　池田比佐子訳　心交社　1991年
『ニュートンムック　新・世界の七不思議』ニュートンプレス　1997年
『ニュートンムック　世界遺産　謎を呼ぶ遺跡』ニュートンプレス　2005年
『ニュートンムック　世界遺産　謎多き16の大遺跡』ニュートンプレス　2005年
『特別展　マヤ――歴史と民族の十字路』大井邦明監修　たばこと塩の博物館　1992年
『NHKスペシャル失われた文明　マヤ』恩田陸、NHK「失われた文明」プロジェクト著　日本放送出版協会　2007年

アステカ

『アステカ文明の謎』高山智博著　講談社　1980年
『アステカ文明』ジャック・スーステル著　狩野千秋訳　白水社　1979年
『アステカ文明』リチャード・F・タウンゼント著　武井摩利訳　増田義郎監修　創元社　2004年
『アステカ王国――文明の死と再生』セルジュ・グリュジンスキ著　斎藤晃訳　創元社　1992年
『アステカ文明』山瀬暢士著　太陽書房　2001年
『古代のメキシコ人』ミゲル・レオン＝ポルティーヤ　山崎眞次訳　早稲田大学出版部　1985年
『インディオの挽歌』ミゲル・レオン＝ポルティーヤ著　山崎眞次訳　成文堂　1994年
『神々とのたたかい 1』ベルナルディーノ・デ・サアグン著　篠原愛人、染田秀藤訳　岩波書店　1992年
『神々とのたたかい 2』ディエゴ・ドゥラン著　青木康征訳　岩波書店　1995年
『ヌエバ・エスパーニャ布教史』モトリニーア著　小林一宏訳　岩波書店　1979年
『メキシコ征服記一、二、三』ベルナール・ディーアス・デル・カスティーリョ著　小林一宏訳　岩波書店　1986、1987年
『征服者と新世界（うち『報告書翰』）』フェルナンド・コルテス著　伊藤昌輝訳　岩波書店　1980年
『インディアスの破壊についての簡潔な報告』バルトロメー・デ・ラス・カサス著　染田秀藤訳　岩波書店　1978年
『インディアス史　1～5』バルトロメー・デ・ラス・カサス著　長南実訳　岩波書店　1981～1992年
『古代アステカ王国』増田義郎著　中央公論新社　1978年
『アステカとインカ　黄金帝国の滅亡』増田義郎著　小学館　2002年
『メキシコのマリンチェ』飯島正著　晶文社　1980年

『アステカ文明展』朝日新聞東京本社企画部編　朝日新聞東京本社企画部　1974年
『コルテス征略誌』モーリス・コリス著、金森誠也訳　講談社　2003年
『世界を創った人びと13　コルテス』寺田和夫編訳　木村尚三郎、堀米庸三監修　平凡社　1978年
『探検の世界史3　神と黄金と栄光と』ニコラス・ホーダン著　増田義郎訳　集英社　1975年
『メキシコ史』フランソワ・ウェイミュレール著　染田秀藤、篠原愛人訳　白水社　1999年

神話

『マヤ神話　ポポル・ヴフ』アドリアン・レシーノス原訳　林屋永吉訳　中央公論新社　2001年
『図説　マヤ・アステカ神話宗教事典』メアリー・ミラー、カール・タウベ編著　武井摩利訳　増田義郎監修　東洋書林　2000年
『ヴィジュアル版　世界の神話百科　アメリカ編』デイヴィッド・M・ジョーンズ著　ブライアン・L・モリノー著　蔵持不三也監訳　井関睦美、田里千代訳　原書房　2002年
『アステカ・マヤの神話』カール・タウベ著　藤田美砂子訳　丸善　1996年
『マヤ・アステカの神話』アイリーン・ニコルソン著　松田幸雄訳　青土社　1992年
「世界神話伝説大系16　メキシコの神話伝説」松村武雄編　名著普及会　1980年
『世界の民話12　アメリカ大陸Ⅱ』小沢俊夫編　関楠生訳　ぎょうせい　1977年
『マヤ・アステカの神々』土方美雄著　新紀元社　2005年
『マヤ・インカ神話伝説集』松村武雄編　社会思想社　1984年
『マヤ文明　新たなる真実――解読された古代神話『ポップ・ヴフ』』実松克義著　講談社　2003年
『マヤ文明　聖なる時間の書――現代マヤ・シャーマンとの対話』実松克義著　現代書林　2000年

その他

『幻想の古代文明』ロバート・ウォーカップ著　服部研二訳　中央公論新社　1988年
『古代文明の謎はどこまで解けたかⅠ・Ⅱ』ピーター・ジェイムズ、ニック・ソープ著　福岡洋一訳　皆神龍太郎監修　2002、2004年
『絶滅恐竜からのメッセージ』松井孝典著　ワック　2002年
『オーパーツ大全』クラウス・ドナ、ラインハルト・ハベック著　プシナ岩島史枝訳　学研　2005年
『超古代文明』朱鷺田祐介著　新紀元社　2005年
『失われた王国』ゼカリア・シッチン著　竹内慧訳　徳間書店　1998年
『神々の指紋』グラハム・ハンコック著　大地舜訳　翔泳社　1996年
『マヤの予言』エイドリアン・ギルバート、モーリス・コットレル著　田中真知訳　凱風社　1997年

著者略歴

芝崎みゆき（しばさき・みゆき）

1966年生まれ。
著書に『マヤ・アステカ遺跡へっぴり紀行』
『古代インカ・アンデス不可思議大全』
『アンデス・マチュピチュへっぽこ紀行』
『イースター島不可思議大全』（いずれも草思社）
『古代エジプトうんちく図鑑』
『古代ギリシアがんちく図鑑』（ともにバジリコ）がある。

ありがとう
本当にありがとう……

古代マヤ・アステカ不可思議大全

2010年6月 1 日　第 1 刷発行
2024年3月14日　第10刷発行

著者　芝崎みゆき
装幀者　Malpu Design（清水良洋＋佐野佳子）
発行者　碇　高明
発行所　株式会社草思社
〒160-0022　東京都新宿区新宿 1-10-1
電話　営業 03（4580）7676　編集 03（4580）7680
振替　00170-9-23552

印刷　中央精版印刷株式会社
製本　中央精版印刷株式会社

ISBN978-4-7942-1762-2
Printed in Japan
http://www.soshisha.com/